外国货币史译丛

SPANISH CURRENCY HISTORY

西班牙货币史

奥克塔维奥·吉尔·法雷斯　著

宋海　译

中国金融出版社

责任编辑：刘　钊　吕　楠

责任校对：孙　蕊

责任印制：程　颖

图书在版编目（CIP）数据

西班牙货币史／（西）奥克塔维奥·吉尔·法雷斯著；宋海译.
—北京：中国金融出版社，2019.5
（外国货币史译丛）
ISBN 978 − 7 − 5049 − 9788 − 3

Ⅰ.①西…　Ⅱ.①奥…　②宋…　Ⅲ.①货币史—西班牙
Ⅳ.①F825.519

中国版本图书馆 CIP 数据核字（2018）第 230378 号

西班牙货币史
Xibanya Huobishi

出版
发行　中国金融出版社

社址　北京市丰台区益泽路 2 号
市场开发部　（010）63266347，63805472，63439533（传真）
网上书店　http：//www.chinafph.com
　　　　　　（010）63286832，63365686（传真）
读者服务部　（010）66070833，62568380
邮编　100071
经销　新华书店
印刷　保利达印务有限公司
尺寸　155 毫米×230 毫米
印张　26.25
字数　501 千
版次　2019 年 5 月第 1 版
印次　2019 年 5 月第 1 次印刷
定价　98.00 元
ISBN 978 − 7 − 5049 − 9788 − 3
如出现印装错误本社负责调换　联系电话(010)63263947

总　　序

货币史是经济史的重要组成部分。

货币史研究可以分为两种形式：一是关于古代货币本身的研究，在中国体现为《钱谱》《古泉谱》等民间著作，西方国家亦有各种《钱币目录》流传于世，这种研究被称为"钱币学"；二是关于古代货币发展历程的研究，在中国体现为历朝的《食货志》，以及近代学者撰写的货币史论著，西方国家亦有各种关于古代货币发展历程的专著。

近代数百年间，世界范围的社会史学出现了蓬勃的发展，结合古代钱币学的丰硕成果，促进了货币史学的崛起，各种货币史著作纷纷涌现，使我们能够在此基础上，开展进一步的研究。

研究货币史可以使我们同时获得两个方面的学术成果：一是货币学的学术成果；二是历史学的学术成果。研究外国货币史更可以使我们深刻了解世界各国的社会结构、历史演变和文化根源。

货币史学借助货币学与历史学学科交叉的方式，通过对古代各王朝货币状况的分析，深入探讨货币起源、货币本质、货币演变规律等货币理论，使货币理论从历史实践上获得更加坚实的基础。

此外，货币史学更重要的意义在于揭示历史真实，辨真伪，明是非，以史为鉴，面对未来。

古代各民族、各王朝的盛衰兴替，都有政治、经济、军事、文化等诸多方面的原因。然而，传统的政治精英史对于古代各民族、各王朝的败亡，多归咎于其军事失败或政治失败，很少分析其经济原因。

　　马克思主义主张：经济基础决定上层建筑。采取马克思主义的科学研究方法，分析古代各民族、各王朝的经济变化，才是找出其败亡原因的最佳途径。

　　从经济角度研究古代社会是一个比较可靠的视角。记述历史的人，大多难以摆脱其政治立场。因此，史书典籍中记载的帝王将相、社会精英们的政治、军事活动及其言论主张，多有虚假伪造。经历了后世历代王朝基于各种不同政治立场的人们的反复篡改，历史就变得更加扑朔迷离。然而，无论是伪造历史，还是篡改历史，都围绕着政治立场展开，很少在社会经济状况方面蓄意作伪。于是，从经济角度研究古代社会，我们就获得了一个比较可靠的研究视角。

　　无论在中国古代，还是在外国古代，货币是社会经济中枢纽带。货币发展对社会变化发挥着重要的影响作用。所以，研究外国货币史是拨开世界古代各国、各王朝盛衰兴替迷雾的"钥匙"。

　　然而，迄今为止，我国对世界各国货币史知之甚少，有关资料、书籍十分匮乏。为此，国民信托博士后工作站与华南理工大学货币法制史研究中心联手合作，针对世界各国货币史进行研究。在此基础上，我们邀请了一批国内金融学、法学、史学和外国语的专家学者，经过认真广泛的调查收集，筛选了一批外国货币史著作，翻译成中文，介绍给国内读者。

　　我们相信，这套《外国货币史译丛》的出版，对于我国货币理论研究，以及我国关于世界各国历史、政治、经济和文化的研究，具有一定的参考价值。

2017 年 4 月 16 日

序　言

不可否认，当代人的求知欲与日俱增。他们不无道理地要求介入曾纯属科学的事务或只有国家才有能力做的事情，如社会经济类事务。

这就需要普及相关学科，以开展更广泛的研究。

当今世界，经济和金融研究雄踞首位，如果把货币学排除在外就很荒谬，因为这一学科的研究对象——货币恰恰是经济金融活动的主体。因此，回顾研究一国货币史就获得了处理当前和未来的经济问题所需的基础知识。货币永远是贸易不可或缺的基本元素，它的重要性和历史影响是巨大的，以致克鲁勃说："撇开道德层面，四大文明工具是语言、文字、钱币和邮政。"

在西班牙，除了极少数特例外，货币研究几乎总是在为收藏家开列目录清单或为该学科的学生编写"教材"，都在那里分类清点钱币，毫无学术建树。不可思议的是他们忽略了货币研究的根本，即货币发展的历史、地理、经济和年代背景，这才是解释货币自身演变及其存在的根本原因。

本书彻底背离以往的路径，将货币作为研究主题，着重叙述经希腊和腓尼基商人之手在西班牙出现货币到 20 世纪 30 年代货币的演变过程。

研究货币史先要解决是"历史事件"优先还是"货币事件"优先的问题。一方面，将货币作为研究主题，很自然地就会按照各时期的币种来划分西班牙货币历史阶段，但实际做起来，货币事件优先是行不通的，困难在于伊比利亚半岛在中世纪疆土分裂，而货币的分裂则一直延续到了腓力五世统治时期，甚至更久。另一方面，把主要币种放到首位，就等于无视疆界，特别是忽视最终决定各币

1

种产生和终结的历史事件的实际重要作用。因此，只要不与钱币的演变相冲突，本书就按照历史时期分章，在每章设专节介绍某币种的特点。

至此讲的是西班牙自己的货币。除此之外，对外交往、领土征服以及跨大西洋发现使得各时代的西班牙货币要么覆盖超辽阔的领域，要么模仿他国钱币。因此，我们会在相应的地方研究古希腊钱币、罗马钱币、拜占庭钱币以及西印度、佛兰德斯、西西里岛、那不勒斯、米兰等地的钱币。在这些国家或地区属于西班牙王国的时代，它们的通货等于甚至超过宗主国，我们只能在有限篇幅里简要介绍，当然我们会尽量展开，使读者对这些钱币有个准确的概念。

最后来谈一下图示。一方面，由于许多不应忽视的重要钱币十分稀缺，目前只能通过一些收藏的图画和刻版来了解它们，而且需要统一的选排来帮助认识它们，因此绘图成为普遍采用的唯一的复制方式。使用直接拍照、石膏翻模等其他方法都不能使读者如此清晰地看到钱币的特征。另一方面，我们不应忘记古代的钱币极少达到当代货币加工的完美程度，币模的磨损和在复制币上看到的其他缺陷在那些时代是很正常的。希望准确认识西班牙货币演变过程的读者，应该习惯在阅读后面的章节中发现这样或那样的"钱币"残损。

在序言的最后，我们要衷心感谢对本著作提供帮助的人们，他们有些人给予忠告和意见，有些人提供各种钱币学资料。在此要特别鸣谢中央大学图书馆馆长哈别尔·拉索·德拉维嘉先生，巴伦西亚—德唐胡安研究院院长莱奥波尔多·托雷斯·巴尔瓦斯先生，加泰罗尼亚钱币陈列室主任何塞·阿莫罗斯·巴拉先生，巴塞罗那著名收藏家安东尼奥·比略尔多先生，海牙皇家钱币陈列室主任 H. 恩诺·范杰尔德先生以及巴黎国家图书馆古币陈列室收藏家让·拉佛耶先生。

目　录

第一章　西班牙和国外货币学关于货币的一般概念 …………………… 1

第一节　货币及钱币学的起源 …………………………………………… 1

第二节　金属货币的特点 ………………………………………………… 4

第三节　金属货币的职能与演变 ……………………………………… 10

货币现象－货币作为珍藏和研究的对象－金属货币的特点：形式要素和材料要素－重量在货币的作用：出币率－货币成色－金属货币的职能－货币的比值－货币种类，币制－金本位制－钱币学的源泉－钱币学的活动

第二章　货币起源——古希腊币制、币图的演变 ………………… 14

第一节　最初的金属币制的由来 ……………………………………… 14

第二节　古希腊币制的演变 …………………………………………… 16

最初的交换制度：以物易物；创立非金属货币－最初的金属制－古希腊的金属货币－古希腊货币史综述

第三章　希腊人和迦太基人影响下的伊斯帕尼亚，罗马货币 … 21

第一节　公元前 3 世纪的伊斯帕尼亚概览 …………………………… 21

第二节　西班牙的最初制币 …………………………………………… 24

第三节　古罗马币的年代和计量单位 ………………………………… 29

公元前 3 世纪的伊斯帕尼亚－伊比利亚文字－西班牙的迦太基制币－西班牙的希腊制币－古罗马币的年代和计量单位；创建狄纳里银币单位的问题

第四章　伊斯帕尼亚半岛建立罗马币制 ·············· 33

第一节　西班牙的罗马制币概貌 ················ 33
第二节　贝提卡币 ························· 40
第三节　造币厂 ·························· 43

　　罗马统治下的伊斯帕尼亚－西班牙的罗马制币概貌－罗伊友好的
"伊比利亚"币：安普利亚斯币、萨贡托币、伊比利亚骑士币－贝提卡
的币图种类：大造币厂、迦太基组、腓尼基利比亚组、贝提卡拉丁组－
西班牙的"拉丁"造币厂－帝国初期的伊斯帕尼亚－帝国时代的伊斯
帕尼亚造币厂－埃梅里达移民城造币厂

第五章　罗马和拜占庭帝国货币　苏维汇和西哥特钱币 ·········· 50

第一节　罗马货币 ························· 50
第二节　拜占庭货币 ······················· 53
第三节　模仿帝国币 ······················· 54
第四节　西哥特货币 ······················· 58

　　币图的演变和币值的贬值－帝国时代的罗马货币：卡拉卡拉改革，
戴克里先改革和君士坦丁改革－帝国时代的伊斯帕尼亚－拜占庭货币：
从阿卡狄乌斯至阿纳斯塔修斯一世，从阿纳斯塔修斯一世至希拉克略，
从希拉克略至查士丁尼二世－模仿帝国币－蛮族的造币－苏维汇货币－
利奥维吉尔德之前的西哥特货币－利奥维吉尔德币－西哥特币第三种币
图－西哥特币的其他种币图－西哥特币的计量标准和纯度－西哥特帝国
的造币厂

第六章　西班牙的阿拉伯货币 ···················· 68

第一节　阿拉伯入侵时期的货币 ················ 68
第二节　科尔多瓦哈里发国货币 ················ 73
第三节　穆拉比特王朝币 ···················· 77
第四节　穆瓦希德王朝币 ···················· 81

　　区分历史上的中世纪与货币史上的中世纪－阿拉伯入侵西班牙－阿
拉伯币概况－阿拉伯人统治伊斯帕尼亚初期的货币－隶属酋长国货币－
独立酋长国－科尔多瓦哈里发国－哈里发货币－倭马亚王朝的泰法国－
穆拉比特王朝币－穆瓦希德王朝币－穆瓦希德王朝时期的泰法国：格拉

纳达王国

第七章　天主教双王之前的加泰罗尼亚货币 ················· 86

第一节　加洛林帝国下的迪内罗银币 ················· 86

第二节　仿制的穆斯林金币 ················· 95

　　西班牙边区－迪内罗银币时代－迪内罗银币在巴塞罗那的演变－迪内罗银币在加泰罗尼亚其他地区的演变：贝萨卢、比克、赫罗纳、安普里亚斯、鲁西永、乌尔赫尔、普罗文萨及其他地方造币－西班牙首次仿制穆斯林金币－图尔的格罗斯币－格罗斯时代的巴塞罗那；克罗埃特币和米利亚雷斯币－推出金币弗罗林币、徽章币和太平币－杜卡多金币时代

第八章　天主教双王之前的阿拉贡和纳瓦拉货币 ················· 107

第一节　建立纳瓦拉王国和阿拉贡王国 ················· 107

第二节　阿拉贡迪内罗的延续 ················· 115

　　建立纳瓦拉王国和阿拉贡王国－纳瓦拉的早期货币－阿拉贡的早期货币－阿方索一世去世之前的阿拉贡王国－阿方索帝国解体－有"IMPERATOR"和 NAIRA 币文的迪内罗币－纳瓦拉－阿拉贡货币的特点－阿拉贡迪内罗的延续－弗罗林时代的阿拉贡－阿拉贡杜卡多和银雷阿尔时代－加尔西亚四世后的纳瓦拉迪内罗－纳瓦拉的金币和银币－纳瓦拉的西班牙钱币

第九章　天主教双王之前的巴伦西亚、 马略卡、 西西里、
　　　　　那不勒斯和撒丁岛的货币 ················· 126

第一节　巴伦西亚王国货币的流通 ················· 126

第二节　马略卡王国货币的流通 ················· 131

第三节　向地中海扩张时期的货币 ················· 135

　　建立巴伦西亚王国：货币的流通－三迪迪内罗时代－弗罗林金币时代－推出银币－杜卡多时代－建立马略卡王国－推出自己的三种金属货币－弗罗林时代的马略卡－杜卡多时代－加泰罗尼亚－阿拉贡向地中海扩张－阿拉贡君主在西西里岛的制币－阿拉贡管辖下的那不勒斯－阿拉贡统治下的撒丁岛

第十章 天主教双王之前的莱昂和卡斯蒂利亚货币 …………… 142

第一节 阿斯图里亚斯 8~11 世纪货币的流通 …………… 142

第二节 12~13 世纪货币的流通 …………… 149

第三节 多乌拉称霸 …………… 158

阿斯图里亚斯的西哥特君主统治 – 8 世纪至 11 世纪货币的流通 – 本土的早期货币：费尔南多一世和阿方索六世 – 卡斯蒂利亚 – 莱昂迪内罗的延续：有乌拉卡名字的钱币，有"斗士"阿方索一世名字的钱币 – 国王币与城市币 – 国王币与特许币 – 阿方索七世的制币 – 模仿穆斯林金币：卡斯蒂利亚的马拉维迪金币；银币；银铜合金迪内罗；模仿多乌拉 – 推出马拉维迪银币 – 多乌拉称霸：桑乔四世；费尔南多四世；阿方索十一世 – 再现银币 – 国王大规模伪造假币：恩里克二世；葡萄牙的费尔南多一世；胡安一世；恩里克三世；胡安二世；恩里克四世；阿方索

第十一章 天主教双王和奥地利家族统治时期的卡斯蒂利亚 货币 …………… 173

第一节 国家统一后两次货币改革 …………… 173

第二节 殖民扩张与货币流通 …………… 180

国家统一与帝国 – 葡萄牙阿方索五世的造币 – 天主教两国王的第一次改革 – 出现 4 和 2 马拉维迪的银铜合金币 – 天主教两国王的二次改革 – 后伊莎贝拉时期的造币 – 日不落帝国 – 引入埃斯库多金币 – 八雷阿尔币和银铜合金币 – 1566 年的新图版特别法 – 百倍币和五十倍币 – 差额补偿，向银铜合金的雷阿尔发展 – 推出银铜合金雷阿尔的计价币马利亚 – 1686 年 10 月 14 日特别法 – 1686 年 11 月 4 日特别法

第十二章 卡洛斯二世统治前西印度的西班牙货币 …………… 193

第一节 殖民化与其货币 …………… 193

第二节 最早的美洲造币 …………… 196

第三节 货币种类 …………… 200

发现与殖民化过程 – 地方货币 – 计价货币与八雷阿尔 – 最早运往西印度的货币 – 最早的美洲造币：圣多明各、墨西哥、秘鲁 – 八雷阿尔 – 美洲的金币 – 铜币

第十三章　奥地利家族和腓力五世统治时期的加泰罗尼亚货币 …… 205

第一节　奥地利家族统治时期的货币体系 ……………… 205

第二节　"收割者"战争时期的钱币 …………… 212

第三节　卡洛斯二世和王位继承战争时期的钱币 ……… 217

第四节　加泰罗尼亚的地方币 …………………… 219

加泰罗尼亚杜卡多与卡斯蒂利亚杜卡之间－克罗艾特币经久不衰：
"回溯的"肖像－奥地利家族统治下的银铜合金币－收割者战争时期的
钱币：起义时期，路易十三统治时期，路易十四统治时期，加泰罗尼亚
回归西班牙时期－克罗埃特－"马利亚"币－王位继承战争时期的钱
币－加泰罗尼亚的地方币：起义时期的货币，不同种类的地方货币

第十四章　奥地利家族和腓力五世统治时期的阿拉贡、 纳瓦拉、 巴伦西亚、 马略卡和伊维萨货币 ………………… 221

第一节　阿拉贡的货币 ………………………… 221

第二节　奥地利家族统治时期的纳瓦拉货币 ………… 227

第三节　巴伦西亚的货币 ………………………… 228

第四节　马略卡的货币 …………………………… 235

第五节　伊维萨的货币 …………………………… 240

阿拉贡采用卡斯蒂亚银币的计价单位－银币和银铜合金币的延续－
奥地利家族统治时期的金币－1701 年至 1730 年的银币和银铜合金币－
奥地利家族统治时期的纳瓦拉货币－巴伦西亚推行埃斯库多金币－雷阿
尔银币的倍数－摩里斯科人与巴伦西亚经济－白币贬值－王位继承战争
时期的钱币－马略卡推出雷阿尔的倍数币－杜卡多币与埃斯库多币的竞
争－王位继承战争时期的钱币－伊维萨的铜币

第十五章　奥地利家族造的欧洲和非洲国家货币 ………………… 242

第一节　那不勒斯、撒丁岛及米兰公国货币 …………… 243

第二节　葡萄牙、勃艮第及低地国家钱币 …………… 249

第三节　德国泰勒币与奥兰造币 ………………… 254

西班牙帝国概貌与十字架－奥地利家族统治下的那不勒斯和西西里
货币－奥地利家族统治下的撒丁岛－奥地利家族统治下的米兰公国－
以几位腓力的名义发行的葡萄牙货币－以腓力二世和玛丽·都铎的名义

第一章
西班牙和国外货币学
关于货币的一般概念

第一节　货币及钱币学的起源

一、货币现象

从广义上来讲，货币可以是任何一种材料或物品，它本身的价值被用作商品交易中的参照单位。人在生活的各个方面都自给自足是一种空想，社会交往是必不可少的，总要用一些产品交换另一些产品，或者用服务，即任何一种劳动来交换产品。为了使交换双方能够接受，甚至定价交换，就必然要创立交换的基本工具——货币。

很多产品都因具有质的同一性和不可改变性、易于运输、便于分割，以及内在价值高且稳定等特质而成为货币，在远古时期，首先创立了金属货币，特别是黄金和白银等金属可锻、可熔、坚固耐磨耐腐蚀，能减少制造费用并适合于长久保存。

货币的功能使货币成为对人类社会影响极大的重要元素，货币缺少，即通货紧缩会造成一个国家的经济瘫痪；反之，如果货币过量，即通货膨胀，货币就会贬值，失去它自身原有的价值。

二、钱币学的起源

由于各个时期都有大量的金币和银币，它们比其他任何商品都更容易隐藏、运输和保存，因而人们通过珍藏它们来积累财富。随着时间的推移，人们不再仅仅为积累财富而珍藏，他们发现了钱币的艺术性、古像考古特性以及历史性，从而开始收集货币，甚至出版了介绍收集货币的书籍。由于最初的收集产生于意大利文艺复兴的热潮中，把钱币作为主要收藏品，因此不少书都题名为《古币博物馆》。

直到近代后期，以盈利为目的的珍藏或美学性质的收集才让位于从历史学、经济学和年代学角度进行的真正研究。至此，才开始了真正的货币研究，建立起钱币学。

今天，钱币学已不仅仅是一门独立的学科，还是历史学和经济学的有力助手，货币研究解释了难以理解的现象，搞清了不可解释的过程。

1. 钱币学的源泉。一项研究的基本要素被形象地比喻为源泉。货币学研究的两大要素是货币和文献。研究者最大的愿望是分析钱币样品，编出年代排列，但是，分析样币无法了解钱币的名称及其在一国的流通方式，不对样币进行损坏性分析，也无法分析它的成色。有关货币的文献可以解决这些问题。将两大要素结合起来，有时能获得重大发现。目前收集新发现币只有两个来源：个人捐赠、直接出售或拍卖与钱币发现，这也说明了它们的重要性。意外的发现往往会得到连续几位君王发行的钱币或同一时期的各种钱币，超乎寻常地帮助解决不少悬而未决的问题。对一次发现的检测必须非常小心，因此在西班牙更偏向于交给专家去做，或者在负责相关研究的省级博物馆的监护下进行。同样希望那些不打算公开其个人收藏的收藏家，为上述机构用纸或石膏复制其收藏品提供便利。复制是唯一能在任何时候都不丢失数据，也便于认识新发现钱币及其变形的方法，是钱币学的基础。

虽然也有私人性质的重要收藏能帮助钱币收集和研究，但货币系列基本都保存在博物馆里。目前，西班牙主要钱币陈列馆在马德里的国家考古博物馆、国家货币和印章厂和巴伦西亚—德唐胡安研究院的钱币陈列室。巴塞罗那的加泰罗尼亚钱币陈列室向公众展出了其主要藏品，从而成为一流钱币学培训文化中心，这要归功于该陈列室主任何塞·阿莫罗斯·巴拉先生和伯爵城市政府。其他公共收藏机构就小多了，几乎都在省级和市级博物馆里。

许多有关货币或仅仅是提及货币的文献都发表在历史类书刊上，鲜有发表在货币学刊物上的，因此必须仔细浏览至今发表的所有文献，还要研究档案馆保存的未发表的文献。西班牙最好的档案馆有国家历史档案馆、塞维利亚的西印度档案馆和巴塞罗那的阿拉贡王冠王国档案馆，当然其他一些这里没有列举的机构也不容忽视，如皇家历史研究院等。

2. 钱币学的活动。钱币学家研究收藏的或发掘的钱币以及保存在档案馆里的文献，当然就要在刊物上发表研究成果。专业杂志则收集那些论述篇幅不够成书的专题研究论文。刊物的重要性在于它们发表最新的发现，并刊登有关其他国内外刊物上的文章的简评及文献目录。除了书刊，还有从事钱币买卖的公司出版的销售商品目录、钱币拍卖通知等不定期刊物。这些商品目录引起人们对稀有币或特殊币的兴趣，因此非常重要，它们是有关钱币和极为有趣的资料永不枯竭的源泉。

在西班牙掀起钱币学高潮的一支重要力量是专业从事钱币学研究的社会机构，它们组织展览、参观博物馆等各种活动。目前，比较突出的有巴塞罗那的集邮集币社团和西班牙钱币学会，以及总部设在马德里的伊比利亚美洲钱币研究学会，该学会出版杂志《钱币》。其他发表这一学科文章的杂志有：马德里的《西班牙钱币收藏》和《档案馆、图书馆和博物馆杂志》，巴塞罗那的《安普里亚斯》，潘普洛纳的《比亚纳王子》，萨拉戈萨的《恺撒奥古斯塔》等。

资历最深的钱币学杂志是巴黎的 la Revue Numismatique，非常重要的还有：汉堡的 Hamburger Beiträge zur Numismatik、柏林的 Berliner Numismatische Zeitschrift、慕尼黑的 Jahrbuch für Numismatik und Geldgeschichte、维也纳的 Numismatische Zeitschrift 和 Mitteilungen der oesterreichischen numismatischen Gesellschaft、布鲁塞尔的 Revue Belge de Numismatique et de Sigillographie、斯德哥尔摩的 Nordisk Numismatisk Arsskrift（汇集了所有波罗的海国家的文章）、波尔图的 Nummus、那不勒斯的 Bolletino del Circolo Numismádtico Napoletano、罗马的 Annali、米兰的 Rivista Italiana di Numismática e scienze affini、苏黎世的 Schweizerische Numismatische Rundschau、巴塞尔的 Schweizer Münzblätter、阿姆斯特丹的 Jaarboek van het Konninklijk Nederlansch Genootschap voor Munt–en Penningkunde、伦敦的 The Numismatic Chronicle 和布拉格的 Numismaticky Sbornik。

一些货币商业机构登载有趣文章的简报或杂志，如伦敦的 The Numismatic Circular 和 Seaby's coin and medal bulletin，以及曼图亚阿里奥堡的 Italia Numismática。钱币学会也出定期会议的简报，如 Bulletin de la Societé Française de Numismatique。塞纳河畔纳伊的 Change 则介绍全世界新发行的货币。最后还有一个简要介绍全世界的钱币学文献的刊物——美国钱币学会主办的 Numismatic Literature。

出版了很多重要钱币学著作的钱币交易公司，在西班牙有巴塞罗那的 F&X Calicó，国外有阿姆斯特丹的 Jacques Schulman、纽约的 Hans M. F. Schulman 和 Mark M. Salton Schlessinger、里斯本的 A. Moleder、巴塞尔的 Münzen und Medaillen, A. G.、苏黎世的 Leu et Co.、卢塞尔纳的 Adolph Hess、柏林的 Ludwig Grabow y Rigö、慕尼黑的 Gerhard Hirsch、伦敦的 Glendining and Co.、意大利阿里奥堡的 Oscar Rinaldi、巴黎的 Jules Florange、那不勒斯的 Giuseppe de Falco、格拉茨的 Hermann

Lanz 等。

在国际范围内引领所有这些活动的是国际钱币学委员会和国际专家协会两大组织，前一个是科研性的，后一个是商业性的，但也寻求发展这一学科，并跟踪仿制古币的活动。至于梅达亚币，有一个国际制造商联合会（F. I. D. E. M.）。

第二节　金属货币的特点

塞维利亚主教圣伊西多罗（San Isidoro，560～636 年）曾在他的《词源》第 16 卷第 18 章里讲道：金属、图像和重量是构成货币的三大基本要素，它们囊括了货币所包含的所有形式要素和材料要素。

一、形式要素——图像

钱币两面的图案标示法定币值。各国曾有和现有的货币多种多样，货币的图案也是千差万别，但总体上我们可以使用的适用于各个时期的分类依据就是币图标志。币图标志是装饰钱币两面的主要图案。币的主面称作正面，反面称作背面。与货币发行城市名或地区名相关联的币图叫作会说话的币图标志，如卡斯蒂利亚的币图标志是城堡，西西里岛的阿格里真托的标志是螃蟹，这种币图常见于古希腊钱币。而阿拉伯货币上的币图则一般被币文（也就是文字描述）取代，钱币的两个面都叫作面。币图通常被框在一条由点连成的线里，这条点线叫缘线，有时缘线不止一条。沿着币的边缘按圆周方向有一条币文，标示发行者（城市、君王、主教等）或币制，有时则是一条宗教教规。地名是指发行城市本身的名称。文字下端朝向币边的，叫"外向"币文；文字下端朝向币内的叫"内向"币文。罗马币的下部常常有文字描述，有时用一条横线把它与主图案隔开，称作"脚线下文字部位"。没有文字的币叫无字币。有两种文字的币叫双语币，例如伊比利亚罗马币。波斯可汗阿巴克哈（Abagha，1265～1282 年）曾造过四国语言币，币面上满满地刻着蒙古语、阿拉伯语、亚美尼亚语和聂斯托里语币文。

在币面的不同位置经常可以看到各种微小的标记，如图像、文字、数字，有的表示币值，有的表示造币作坊（造币厂），有的是发行标记，还有的是参与制币的人士（制模师）的徽章。

当一种货币的币值变动，或允许一种外国币流通，就会用一个反向模在硬币上再加铸一个图案或数字来加以证明。

只有正确研究并合理评价货币的这些特点，才能正确判断货币的年代，这就要对图案和币文进行币图标志分类。

为将币模或金属坯固定在铁砧上而特意在背面留有凹孔的硬币叫模压币，是最典型的古希腊币。正背面是同一币图的币叫重纹币，有的背面重复的图案是凹纹图，古希腊币往往是这种币，如梅塔蓬托和锡巴里斯的制币，之后偶尔有这种币出现，如西班牙在罗马统治时期制的有大力神赫拉克勒斯头像的狄纳里币，腓力五世的迪内罗币。碟形币是那些锅状隆起呈拱形的硬币，常见于拜占庭币。因极薄只有一面图案的叫苞片币。至于样币的状态，刚制好时称为出模精品，而纹路模糊不清时则称为磨损币。假币是任何历史时期都有的为冒充法币流通而造的币，而仿制币则是后来模仿先前的币而造的币。一国欺骗性地制造的要在另一国流通的货币不视作假币，因为这相当于挑起国际战争的经济政治事件。最后，没有实体只是用来计价的货币叫计价币，如马拉维迪币。一般来讲，计价币是因货币贬值而消失的货币单位，各个国家各个时代都不可避免地会发生，这是货币学的一条突出定律。

二、材料要素——金属和重量

金属的质量和比例决定货币的内在价值；重量形成重量进制，从而形成了币制。

古代用来造币的基本金属是金和银，偶尔使用 3/4 金和 1/4 银天然混合的琥珀金。小额币用铜、锡和锌。铜和锡合成青铜；铜和锌合成黄铜，古罗马有些币值的币使用黄铜。中世纪流行用铜多银少的银铜合金造银本位币的辅币。到近代由于银涨价，银铜合金币被青铜或纯铜小硬币取代。19 世纪以来，低成本、坚固耐久的合金越来越多。

1. 重量在货币上的作用：出币率

已经证明，在古代，重量单位先于货币单位。货币单位采用了重量单位，没有重量的进制，就没有币值的进制，也就是币制。

在很长的一段时间里，货币或其他执行其职能的元素只有金币和银币，两种币的折算是根据两种金属在自由贸易中的价格比例调整的。随着时间的推移，有些地区只使用青铜做造币的基本金属，于是为了保持这种币与金、银币的比值，就要制造超大重量的青铜币，因为青铜币金属的价值远低于金银。

在这个时期，重量单位和货币单位是并行发展的，在有的国家两种单位的名称都是一样的。比如在罗马，重量磅与货币镑是一样的，之下等分单位重量盎司等于货币盎司。但后来因重量磅超大（每磅 273 克或 327 克），铜价又不断上涨，不得不按比例压减钱币的重量，从此重量单位和货币单位分离，它们的名字只是反映了曾经的状态。事实上，按每磅 273 克或 327 克推算，古罗马每盎司的重量应为 22.75 克或 27.25克（1 磅 12 盎司），可是在公元前 89 年，1 盎司币的重量不超过 1.13克。英镑也是如此，小金币反映的是过去非常不同的状态。

然而磅，也就是等于 327 克的重量单位，后来成为计算出币率的标准单位，出币率就是每磅金属应造多少枚某一币值的硬币。有了出币率，每种币值的钱币就保持一个固定重量，这是整个货币制度的基础。

中世纪使用的计算出币率的标准单位是马克，不同国家每马克的重量不同。卡斯蒂利亚使用的所谓科洛尼亚马克重 230 克左右。如果说发行值为每马克 70 枚币，也就是说将 1 马克平均分成 70 枚一样的币，用230 除以 70 就得出每枚币的重量。

中世纪时期，1 马克等分为 8 盎司、64 欧恰瓦、384 托敏和 4608 格令，每种重量单位的重量是 1 盎司 28.75 克、1 欧恰瓦 3.59 克、1 托敏0.598 克、1 格令 0.0499 克。了解这些重量的计量单位非常重要，因为所有介绍中世纪和近代货币的手稿或书籍都使用这套计量单位。下面是卡斯蒂利亚马克的折算表，它主要用于银币，但也用于金币。

表 1　　　　　　　　　　卡斯蒂利亚马克折算表

马克	盎司	欧恰瓦	托敏	格令	克
1	8	64	384	4608	230
	4	32	192	2304	115
	2	16	96	1152	57.5
	1	8	48	576	28.75
		4	24	288	14.375
		2	12	144	7.187
		1	6	72	3.593
			3	36	1.796
			2	24	1.197
			1	12	0.598
				6	0.299
				3	0.149
				2	0.099
				1	0.049

大概是与卡斯蒂利亚马克竞争，还使用所谓卡斯特亚诺币马克，仅用于金币。

表 2 　　　　　　　　　卡斯特亚诺币马克折算表

马克	卡斯特亚诺	托敏	格令	克
1	50	400	4800	230
	30	240	2880	138
	20	160	1920	92
	10	80	960	46
	5	40	480	23
	3	24	288	13. 80
	2	16	192	9. 20
	1	8	96	4. 60
	1/2	4	48	2. 30
	1/4	2	24	1. 15
	1/8	1	12	0. 575
			6	0. 287
			3	0. 143
			2	0. 095
			1	0. 047

搞清了什么是出币率，就会看到如果出币率增加，如从 70 枚增加到 80 枚，则硬币的重量就会减少，这是因为重量不变的马克要被等分成更多份。如果出币率为 70 枚，每枚币重 3. 28 克，那么出币率为 80 枚，每枚仅重 2. 87 克。君王就是用这种做法从货币发行中牟取更大利益，从而损害臣民利益的。

2. 货币的成色

除了重量，货币的价值还会因造币的金属或合金的不同而不同。各种合金所含贵金属金或银的含量是不同的，贵金属的含量不同，货币的价格或价值也不同。贵金属含量越高，货币的成色越好。为加强硬度而加的青铜量叫金银币的含铜量。铜含量的经济价值总被忽略，但它的比例有意义，减去它才是贵金属的含量。检测一枚钱币中各种金属的含量比例叫检定金属含量。

目前一枚货币的纯度或成色一般用千分之几来表示。如果说一种币含千分之一千的金，也就是说完全是金；千分之七百五十就是含 3/4 金；如果是千分之五百那就只有一半是贵金属。在中世纪，表示金和银的成色的单位是不一样的，金的成色单位叫开；银的成色单位叫迪内罗（Dineros，注意此处的"迪内罗"与中世纪一种名为迪内罗的货币没关系。①）。

最高纯度的金是 24 开金，最好的银是 12 迪银。一开等分为 4 格令，一迪等分为 24 格令。因此，说 24 开金或 96 格令金是一样的，12 迪银就是 288 格令银。所有这些都仅仅是在说成色。它适用于任何重量的任何货币。比如，若说两枚梅达亚币是 18 开的，则意味着两枚币的金纯度相同。1 开含金量为 41.166‰金，1 格令金是 10.41‰。1 迪的含银量是 83.333‰，1 格令银则是 3.472‰。

除了仿制币，古时候的金币和银币都是足色的，从理论上讲是千分之一千的，24 开金或 12 迪银。但是金和银都不可能与所有杂质绝对分离，事实上纯金的实际含金量为 23 $\frac{3}{4}$ 开，也就是 985.5‰，纯银的实际含银量为 11 迪 12 格令，即 958‰。以下是从高到低的成色折算表。

表 3   成色折算表

开	迪	‰	
24	12.00	1000	
23 $\frac{3}{4}$	—	989.5	
23	11.12	958	
22	11.00	917	
21	10.12	875	
20	10.00	833	
19	9.12	792	
18	9.00	750	
16	8.00	667	
14	7.00	583	
12	6.00	500	

① 译者注：为区分成色单位的"迪内罗"和货币名"迪内罗"，后面将表示成色的"迪内罗"译作"迪"

开	迪	‰	
10	5.00	417	
8	4.00	333	=4 迪（1/3 银）
6	3.00	250	=3 迪（1/4 银）
4	2.00	167	=2 迪（1/6 银）
—	2.00	125	
2	1.00	83	=1/12 银
—	0.12	42	

不难理解成色越低，含铜量越高。因 $23^3/_4$ 开金或 11 迪 12 格令银的含铜量几乎不易察觉，一直被忽略，但它仍是一个应该考虑的量。一枚 4 克重的金币，如果成色为 $23^3/_4$ 开，其实就是 24 开金，就认为其金重量是 4 克；而如果它是 18 开金，那这枚币的重量中 3/4 是金，1/4 是铜，也就是 3 克金 1 克铜。银币亦是如此。

正是这种比例关系创立了中世纪银本位币的等分辅币递减的方式，使得一定数量的等分辅币的含银量等同于一枚银本位币的含银量。这种保持比例的方式产生了出人意料的结果，解决了其他方法不能解释的问题。我们来看一个例子：中世纪在巴塞罗那流通雷阿尔银币，重 3.24克，成色为 11 迪 12 格令。沿用加洛林王朝的币制，1 雷阿尔等分为 12枚辅币，12 枚辅币总含银 3.24 克，每枚含银 0.27 克。但为了把辅币做得更重更大更坚固，就要添加铜，于是每枚辅币的重量就增至 1.08 克。0.27 克是 1.08 克的 1/4，因此这些小辅币的含银量是 1/4。如表 3 所示，由此推算出这些等分辅币的成色只有 3 迪，因此把它们叫作 3迪币。

所有这些中世纪的合金币的含铜量对确定币值毫无作用，它仅仅是一定量银的承载。国王们为了牟利，不仅悄悄地改变出币率，更经常地任意降低钱币的成色，因为不对钱币做测定分析，就无法查清它的纯度，而任何人都做不了这种测定分析。直到百姓识破了这种欺骗，君王们才不得不让发行的货币贬值，即降低其面值，体现与其他通货的内在比价。名义价值与内在价值一致是主导古代至近代货币活动的绝对原则。

第三节　金属货币的职能与演变

一、金属货币的职能

根据经济学家的看法，金属货币具备三个基本职能。第一个也是最古老的职能是价值尺度，因为如果事先没有定价的思想，没有确定欲购产品与货币的比价，就不可能用货币去交易。第二个也是最普遍的职能即交换媒介，也就是交换的参照物。第三个职能是从前两个职能派生出来的，即资本化和价值转移的媒介。把某种产品定为货币，就给予它一种购买的特殊权利，那么也就自动赋予它积累的职能，以至货币的身份就等同于财富。自此，就会更愿意用货币来"转移价值"，使用它比其他产品更便利，如农产品、矿产品或工业产品的体积和重量给它们的交易带来不便。事实上，这三种职能相辅相成，互不可缺。

二、货币的币值发展

所有国家的货币演变都有三个基本阶段：

第一阶段：从起源到 16 世纪；

第二阶段：从 16 世纪到 20 世纪；

第三阶段：当前。

第一阶段币值的内在价值 = 名义价值。起初，金属货币源自相应重量单位同种金属，为了使这块金属具有货币的性质，会在这块金属上打上标记，担保它的良好成色和特定价值。从理论上讲，不考虑造币成本，一枚 4 克的银币和一块同重量的银块的价值应该是一样的。因此，由官方赋予的名义价值等同于内在价值，即等于银块作为商品在任何地方出售的商业价值。

在这个阶段，金属币优于金属块的好处是，金属币向公众保证了它的金属质量和重量，省去了称重和检测成色的麻烦。

古希腊钱币中，所有银币的币值就是银的重量，因此用大重量币与用其等分辅币交易是一样的，因为一定量的等分币又集成一个上级单位。金币的情况以及金币与银币的比价关系也同样。在中世纪，发明了前面讲过的银铜合金币，由于其成色与银币币值相同，它的名义价值仍等于它的内在价值。

发展到第二阶段，纯铜币取代银铜合金币带来无数经济和货币问题，因为从此辅币与本位币不再同币值。要保持同币值，就要造超常重量的辅币，古罗马时期曾这样做过，但这不易操作。腓力二世 1596 年将这种新做法引入西班牙，引起其臣民的极大不满。据马塞尔·奥克讲，可能是这位"谨慎的国王"过分相信了本韦努托对他说的关于货币的话："货币的质量损害王权，于臣民无益，国家将因外国人带出货币而陷入贫穷。"从此，等分辅币的名义价值只是其内在价值的象征，直接导致贵金属的减少，并实行在用辅币换金本位币或银本位币时要加百分之几的"差额补偿"。

到了19世纪，人们发现用纸替代沉重的贵金属的好处，于是产生了票据货币。起初既可以用金银币兑换票据，也可以用票据兑换金银币。后来金币退出流通，票据取而代之，从此，票据货币就不再能"变"成黄金了。但是，正如加斯东·赫塞所说，在法律意义上，"票据货币保留了兑换外国货币相应的法定币值，持票人可以依据货币法规定的票据货币单位所代表的金量去购买"。

当今的几种欧洲货币代表了第三阶段。黄金储备因战争和革命而消失，促使经济学家寻求一种经济制度，在这种制度下，每个国家流通的货币都有一个理论价值，它与货币所含金属的内在价值无关，是各政府规定的。金币和银币消失后，"内在价值"这个词就失去了意义，因为都是贱金属（铜、镍、铁以及黄铜、青铜等合金），它们的价值不影响货币的价值。

结果是票据货币消失，因为票据货币存在的必要条件是有等量黄金作保证。于是，票据货币变成了纸币。应该区分两种纸币：一种是由国家发行的不兑现票据，另一种是强制流通的票据，也就是曾经的票据货币。

目前，大多数国家都有一种国内使用的本国货币，币值是理论性的；还有一种用于与外国交易的国际结算货币。这"第二种货币"的基础可以是任何一种黄金单位，也可以通过各国货币组织协议确定。

由此产生了黄金溢价，也就是用黄金支付与用纸币支付之间存在的差额，就像奥地利家族统治西班牙时期发生的那样。这种两个价格的情况反映了任何国家的货币在国外的价值（这里借用过去的概念，叫"内在价值"）与其在境内的价值（即名义价值或法定价值）之间实际存在的差异。这种情况再加上价格的普遍上涨有时会使经济陷入恶性循环，也就是安特萨纳·帕斯所说的"每个人都推人也被人推的乱舞"。

三、货币币制的变迁

当一个国家同时流通金银贵重金属币和青铜、黄铜、铁、镍、铝等普通金属币时，两类金属币差异巨大，必须加以区分。

事实上，有一种"主币"，即金币，被不十分准确地称作本位币，也就是基准货币，用作计价的通用单位。它有两大特点，一是自由铸造，国家不限制可流通的金币数量。例如，天主教两位国王就允许他们的臣民去王室造币厂造埃克斯塞伦特金币，不加任何限制。二是无限法偿能力，就是说用这种货币单位的货币支付，无论多大金额都可以。

并行流通的是辅币，当金币是主币时，也就是在金本位国家，银币和其他金属币都是辅币；若因缺少黄金把银币作为主币，如19世纪下半叶的德国，辅币就只有普通金属币。辅币也叫信用货币，它有以下特点：限量铸造；有限法偿性，仅限于小额支付使用；其名义价值大于内在价值。由此可见，一些国家把金币作为主币，叫作金本位制国家，另一些国家把银币作为主币。

币制包括一国流通的基准币及其倍数币和等分币，有金属币制和不可兑换为黄金的纸币制。金属币制的特点是法律规定可以有不同的金属货币流通，但一种币不能使用几种金属制。以下是使用的主要币制。

1. 简单单一金属币制。使用只有一种金属的币，有时甚至只有一种币制，例如古希腊众多城邦的铸币，其特点是自由铸造和无限法偿能力。

2. 并行本位或混合本位币制。国家发行一种或几种金属的货币，它们独立流通，相互之间的换算由各种金属在自由贸易中的价值决定。特点是价值不稳定，不断浮动。

3. 完整或完美双金属币制。源自前一种币制，铸造金币和银币，依据重量兑换，当两种金属的比价失去平衡，发行货币的政府负责重新规定它们的比价。两种金属币都可以自由铸造，并都有无限法偿能力。

4. 复合单一金属币制。也被称为"强制复合流通"的币制。只用一种金属作本位货币，但不排除用其他金属币进行小额交易。只有本位货币可以自由铸造并具有无限法偿能力。古希腊普遍使用这种币制，近代利物浦勋爵于1816年在英国确立这一币制，叫作"金本位制"。

金本位制之所以得此名，是因为这种币制用国际市场上所报的黄金价格折算各种面值的货币的价格，在这种币制中，本位货币的价值与一定量的黄金有一个固定比价。金和银并重的双金属币制不可能维持，不可避免地会倚重于金，或倚重于银，往往更容易倚重于金，因为在国际市场上金的价格比银的价格更稳定。

金本位制有以下三种：金币本位制、金块本位制和金汇兑本位制。在金币本位制中，金币仅仅是通货的一部分，同时流通的银行券可以兑换金币。金币可以自由铸造、自由熔化、自由输入输出。在金块本位制中，黄金不流通，但以黄金为货币本位。唯一的支付媒介是票据，可以自由输出输入。在金汇兑本位制中，黄金也不流通，银行必须按固定汇率用黄金外汇赎买银行券，还要按固定价格买入外汇，才可以自由输入输出。金汇兑本位制存在的前提条件是至少有一国实行真正的金本位制。

5. 不完整的双金属币制。1878 年至 1928 年法国使用的币制。它与完整双金属币制的唯一区别在于它只允许金币自由铸造。

第二章
货币起源——古希腊币制、
币图的演变

　　货币是人类进步道路上最重大的发明之一，但也是较晚的一项发明，晚于古代所有伟大的发现。普遍认为直到公元前 7 世纪，欧洲还没有出现政府发行的金属币。在耶稣降临前数千年繁荣发展的时代，坐落在幼发拉底河、底格里斯河、尼罗河和印度河流域肥沃河谷的伟大帝国还没有货币。

　　这并不意味着没有一些交换的媒介元素，自从有了人，就有了交换。正是这些元素随着时间的推移逐渐演变成货币。

第一节　最初的金属币制的由来

一、最初的交换制度：以物易物

　　人因为需要而成为一种社会存在，这种需要源自人作为个体存在不可能自给自足。原始人的活动就是获取日常食物、遮体的衣物和给他们挡风遮雨免受野兽和其他人伤害的藏身之处。不断获取每日食物是人类进化的最有利的条件，使人从采摘人进化到猎人、渔夫，进而进化到更高阶段，成为牧人和农夫，也就是成为生产保障人及后代食物的动物和植物的再生产者。但不是所有的人都能获得必需的食品，更不可能得到人所需要的丰富多样的品种。每个人的能力不同，人类活动最初的分化带来了劳动分工。于是进入贸易的初级阶段——以物易物，也就是以一种产品交换另一种产品，还有以一种产品交换一种服务。

　　然而，人们不是总能找到想要的东西或服务，有的东西又过多，同时很难在服务与服务、物与物、服务与物之间找到恰好的等价物。

二、创立非金属货币

　　原始的交换制度需要某种参照，当人成为农夫和牧人后，就能够从储存和再生产的几个品种中挑选价值最突出、最坚固的品种作为衡量其他品种价值的单位。于是产生了确定其他两个交换物的价值的参照单位，叫作交换的参照物，不知不觉就变成了钱。这样就产生了非金属货币。无法确知畜牧业时代是否出现非金属货币，比较肯定的是大约在公元前6000年农业兴起的初期，在伟大的东方文化中已经有了非金属货币。就是在这时，存在数万年之久的旧石器时代用作唯一交换方式的物物交换制度结束了。

要有效决定其他产品的价格，这个货币产品的外形和内在质量都应天生不变或极少变化。另外，为便于交易，必须数量充足，并是人们想要得到的，这是转变成其他产品的尺度的必要条件。

两大文化圈进入这一货币阶段，有的地方是两个文化圈先后进入，有的地方是同时进入。第一个是畜牧民族，把牲畜的头当作定价的元素。荷马史诗《伊利亚特》第23章中讲古希腊人把鼎定价为12头牛。在古代语言中常用一种牲畜的名称表示钱：拉丁语中，钱就源自羊，证明拉丁人长期把这种家畜当作货币使用。畜牧民族直接来自狩猎民族，狩猎民族因为皮子更经久耐用，用皮子作交换的基本元素。然而，变幻莫测的狩猎情景使人很难相信原始狩猎民族已经从物物交换制过渡到非金属货币制。在《圣经·约伯记》中可以读到："人以皮换皮，宁愿舍弃一切来换取自己的性命。"第二个文化圈是起源于采摘民族的农耕民族，把谷物或某些果子用作计价单位，不论是按重量还是按容量或数量。

三、最初的金属制

由于认识到金属坚固、经久耐用、外观漂亮，可以用来制造武器、工具和首饰，从上古时代人们就渴望拥有它们。然而，金属块的销售很费时间，需要称重和检测。称重是为了知道其准确的重量，检测是为了了解金属的纯度。随着时间的推移，大宗交易商人为了解决这些不便，就在金属块上刻上文字，说明它的准确重量和成色。最终，政府承担了这一职责，这就迈出了决定性的一步：国家确认重量和成色，人们只需要清点金属块的数量。

贸易需要制造重量递增或递减的金属块，于是就要掌握一个既能衡量铜铁也能衡量金银的尺度。由于各种金属或合金的定价不同，各种金属块成为重量尺度，也就自动成了价值尺度。因此，在大多数古代币制里，主要币种的名称也是重量单位的名称。甚至在今天的英国，英镑是"Pound"，它也是重量磅。这些金块和银块被打造成杏核的形状和杏核般大小，标刻上重量和成色。其易操作性使金属块迅速代替皮子、牲畜和谷物成为标准货币单位。

使用金属货币的优越性和积攒金属货币带来的财富，使得每个部落都赶紧制造自己的钱币，甚至仿造其他部落的钱币，其他产品通通让位。从历史上可以看到，尽管斗转星移，军税的支付却始终以金钱或金块核算。

非常可能在青铜器时代和铁器时代，伟大的古老东方帝国的经济已经发展到金属货币时期。至少确实知道埃及使用金属货币历史悠久，远在那个时代古埃及人就常常按自己习惯的重量切割他国金属货币，加上自己的传统标记。由此可以推断古埃及确实有了真正的货币，尽管其形式和概念与我们的不同。正如斯坦利·杰文斯所言："货币是金属块，其重量和纯度由国家保证，金属块表面再覆盖标记予以证明。"

当然杏核状不是唯一的形状。起初，各国使用了不同的形状。希腊使用烤肉签子形状，名字叫奥波，后来到制币时代，这个词成为一种银币单位的名称，使用至今。在西班牙发现了小金斧头和螺旋状的金丝，估计按特定重量分割可以用作货币。总之，在整个时代，任何过去的金银货币都以重量流通，根据当时与其他货币或其他典型基本产品的比价定价。

第二节　古希腊币制的演变

小亚细亚吕底亚的坎道列斯国王大约在公元前 685 年创造了已知的最早的货币：琥珀金的斯塔特币，币图是面对面的两个头；形状是杏核状，恰好延续了许多世纪前在埃及和美索不达米亚首先流通的货币。这种钱币很快从吕底亚流传到爱琴海沿岸的文明民族，后来更随着希腊和腓尼基人的海上霸权，传到整个地中海区域。

一、古希腊的货币单位

东方和古希腊的主要货币名称来自货币本身的重量单位。例如萨迪斯的舍客勒币，就取名于巴比伦的重量单位舍客勒。古希腊曾有一种重量单位塔伦托（Talento，拉丁语 Talentum），相当于 25.5 千克，等分成 60 米纳，每米纳重 425 克。在雅典，米纳的百分之一，即 4.25 克，是货币单位德拉克马的银重量。但德拉克马的重量因地区不同而不同：在马其顿和色雷斯重 4.72 克；在阿尔戈斯重 6.07 克；在吕底亚和米利都重 7.08 克。金或琥珀金币的单位是斯塔特，重 2 德拉克马，币值等于

20 个银单位。如果在重 14.1 克的米利都斯塔特上加 1 海克提（Hecte，2.3 克）就是重 16.4 克福西亚斯塔特，相当于埃维亚岛米纳的 1/26。

希腊最初的货币单位应该是奥波，等于 1/6 德拉克马。它的倍数单位是一倍半奥波、二奥波、三奥波即半德拉克马；等分单位是塔尔特莫林和半塔尔特莫林，币值分别为 1/4 和 1/8 奥波。随着各城邦的繁荣发展，尤其是大希腊（意大利南部）和西西里岛的繁荣，德拉克马显得过小，于是制造了德拉克马倍数币，如二德拉克马、四德拉克马、六德拉克马和十德拉克马。这些都是银币。铜的单位是查柯和雷普顿，1 查柯等于 1/8 奥波，也就是半塔尔特莫林，而 7 雷普顿等于 1 查柯。希腊很少有造币厂制造上述所有币值的币；有的城市只造其中一种。故而难以集齐全套古希腊币，再加上货币单位多种多样，造成了许多问题，有的至今没有解决。

二、古希腊币图

由于希腊的各城市国家都追求自由和独立，多样性成了希腊世界的本质特征。与爱琴海东部专制统治下的各帝国不同，希腊表现为许多自由独立的城邦的拼合，每个城邦都制造自己的钱币，有反映自己传统特点的币图标志。当币图是地名的写照或崇拜偶像时，就称为会说话的币图标志。例如福西亚的标志是海豹，阿格里真托是螃蟹，在雅典是雅典娜女神的头像。

小亚细亚的爱奥尼亚诸城从很早就制造带有城邦标志的货币，如米利都的狮币、以弗所的蜜蜂币、福西亚的海豹币、米蒂利尼的喷火怪币、希俄斯岛的斯芬克斯币和萨摩斯岛正面狮头币。希腊本土的埃伊纳岛制造的有海龟标志的德拉克马在整个伯罗奔尼撒半岛享有广泛信誉。

科林斯开始发行飞马币，这一图案闻名整个地中海。大多数最早的这种币保留了杏核的形状，在标志图的背面是凹陷的方形，里面有某种凸起的斜线。这种钱币在制作时，先在铁砧上固定住有图模的固定模具，然后把事先打制的金属坯再加热后放在上面，金属坯上面放有凹陷方形模的可移动模具，用锤子从上面锤打。这样，钱币的两面就打制好了。渐渐地，凹陷方形被各种各样的线条装饰，直至凹陷方形彻底消失，在背面打印其他题材的图案。

雅典最早的币是一个双耳细颈小底瓶，大概是在公元前 610 年，庇西特拉图（Pisístrato，公元前 561~528 年）改为币正面是雅典娜头像，背面是猫头鹰，以纪念不久前创定的泛雅典娜节。

希腊人喜欢冒险和经商的特性驱使他们很早就去很远的聚居地经

商，并在那些地方安营扎寨，如境况适宜，经商点就逐渐变成了移民聚居地。他们就这样把希腊文明带到了黑海沿岸、意大利南部和西西里岛、法国南部和西班牙的地中海沿岸。西西里岛的希腊人移民聚居地从公元前6世纪中期就制造自己的钱币，但由于希腊和当地土著的衡制不同，为便于交易必须确定两种衡制的换算关系。于是塞利农特的二德拉克马成了标准单位，等价于当地的10里特。5里特等于重4.25克的雅典德拉克马。当地单位里特估计是一种0.85克重的银通货，一种没有世存的货币。再晚些时候，叙拉古的僭主格隆为纪念公元前480年在希梅拉战胜迦太基人阿斯德鲁巴，制造了十德拉克马，也就是50里特币。币的一面是驷马车，另一面是奥提伽岛的阿耳忒弥斯头像，币的边缘是地名和四个海豚。这套币后来在西班牙发现了。

那些年，雅典在特米斯托克利领导下发展到鼎盛状态。公元前490年，在马拉松战胜大流士一世率领的波斯人后，发行了德拉克马，币上雅典娜女神头戴橄榄枝冠，反映了那次胜利。这时曾想改变雅典币的币图，但因雅典币已在希腊各城邦及其他国家获得了很高的商业信誉而不得不放弃这一计划。公元前478年以后的一个细节变化是，币正面雅典娜的头发从之前的耳后改到前额。公元前432年，在克拉尔克统率下强大的军事力量使雅典的币制在整个希腊推行，到公元前415年推广到更远，以致所有城邦都必须把雅典币当作自己的货币。

在雅典繁荣发展的同时，大希腊也空前繁荣。大希腊的塔兰托制造的骑手币一直沿用到罗马时代。再北边的伊特鲁里亚把西西里岛的衡制与粗糙图案的德拉克马相结合。在西西里岛上的叙拉古，公元前474年，希罗继承了格隆的王位。在公元前5世纪的最后三十几年，这座城市的造币艺术达到最辉煌阶段，币上出现了刻出驷马车、双马车和女性头像的刻模师的名字，他们是斯欧索斯、欧迈尼斯、尤安捏托斯和刻占3/4位置的头像艾伍克莱达斯，还有大概已进入公元前4世纪的基蒙。海的另一边靠近现在的突尼斯，是迦太基，也是西西里岛各城镇的劲敌。迦太基的德拉克马及倍数币的正面是珀耳塞福涅的头像，背面是站立的马，身后有棕榈树，或者只是一个马头。这些币的制作也非常精美。

就在希腊本土雅典"帝国"没落之际，马其顿国王阿尔赫拉奥斯一世（Arquelao I，公元前413～公元前399年）将波斯币制引入他的国家，二舍客勒等于1枚10.6克重的斯塔特。公元前395年底，比斯雅典联盟在一些德拉克马上用了幼年赫拉克勒斯被蛇缠绕的图案，这一图案不久后成了海上同盟的标志。海上同盟各城邦在德拉克马的一面打印这个图案，作为同盟的标志，另一面则打印同盟各城邦的标志：罗得岛的玫瑰、伊阿索斯的阿波罗头像、科尼多的阿芙罗狄蒂女神、萨摩斯岛的狮子、以弗所的蜜蜂、拜占庭的公牛、基齐库斯的狮首。公元前387年，斯巴达和波斯强加的《安太尔西达和约》结束了同盟，各城邦用盾徽替换了大力神。公元前378年底，比斯在伊巴密浓达的统领下获得了短暂的霸权。其钱币图案是盾徽和双耳细颈小底瓶，这大概是第一次币上出现执政官的名字。

腓力登上马其顿王位，给希腊的生活带来了一个重大变化。连年的内战大大削弱了希腊的实力，他们不久就转而依靠北部山区的荒蛮部落。公元前359年，腓力登基后，先是制造波斯币制的钱币，后来借用宙斯头像和骑手币的图案。攻占安菲波利斯后，为了不与雅典人为敌，按雅典币制造了斯塔特币，币图是赫拉克勒斯头像和狮子前半部及大头棒和弓。

亚历山大继承他的王位，制造斯塔特金标币及其倍数币，币图是雅典娜戴科林斯式头盔和正面的胜利女神像，模仿菲狄亚斯的《普罗迈乔司的雅典娜》。银币上出现了赫拉克勒斯头像和手持鹰的奥林匹亚宙斯的坐像，还有亚历山大的名字，希腊人还没有这样做过。但在亚洲大获全胜，大流士于公元前330年去世后，一些帝国造币厂，如亚历杭德里亚—德伊索才发行有巴西琉斯即国王的钱币。在巴克特里亚取得胜利后，巴比伦造币厂把最高行政长官神化，并交织写上造币厂名字的首字母"Bab"。

一些学者认为，亚历山大大帝统治时期开创了希腊乃至世界货币史的新时期。钱币上先是有了国王的名字，然后是称号，最后是他自己的肖像。帝国解体后，这些创新达到不容置疑的高潮，成为以后发行币的身份证。

亚历山大于公元前323年去世，立即引起了皇室家族内的互相残杀以及觊觎权位的将军之间的争斗。几场战争后，德米特里·波里奥西特成为马其顿的国王，托勒密在埃及建起自己的王国，塞琉古在巴比伦建立他的王国，利西马科斯成为色雷斯之王。希腊文化及其造币奇迹般地传向东方。但是有一段时间，上述将军谁也不敢更改已有的钱币，虽然征服者已死，却仍以他的名义发行货币。亚历山大被奉为神明使币图标志得以持续。

第一个打破这种"维持原状"的是拉古斯的儿子托勒密。他在腓力三世公元前 317 年去世后，将赫拉克勒斯头像换为亚历山大的头像，并加上埃及的象征，币背面保留了经典的宙斯坐像和亚历山大的名字"Alexandro"。后来又把币背面改为雅典娜的站像，但保留了亚历山大的名字，之后又加上了他自己的名字"Ptolemaios"（托勒密）。征服者的儿子亚历山大四世于公元前 310 年去世，托勒密清除了钱币上亚历山大的名字，公元前 305 年自立为王之后，他又在钱币上刻上自己的肖像。公元前 298 年，德米特里·波里奥西特也在马其顿王国的旧都佩拉制造的钱币上刻上了自己的肖像。

从这时起，埃及的影响是巨大的，在整个非洲北部和西西里岛都能感到埃及计量制和艺术的影响。叙拉古的希罗二世（Hieron Ⅱ，公元前 274～前 216 年）制造了 32、16、8、4 和 2 里特的银币，分别准确地对应这个尼罗河国家的八、四、二、一和半德拉克马。这位君王在钱币上放上自己的肖像，还模仿阿尔西诺伊的埃及德拉克马放上妻子菲丽媞思的肖像和儿子格隆的肖像。他的孙子希罗尼穆斯（Hyeronimus，公元前 216 年）在第二次布匿战争中支持汉尼拔。一般认为迦太基直到公元前 4 世纪末都没有制造货币，只是在西西里岛发行了支付军饷的钱币。自公元前 300 年，迦太基按照埃及币制造币，图案是坦尼特女神头像和马。有各种倍数币，最大为十二德拉克马。在第一、二次布匿战争期间征服西班牙半岛后，在西班牙半岛制造了有很大意义的钱币。

第三章
希腊人和迦太基人影响下的
伊斯帕尼亚，罗马货币

第一节　公元前3世纪的伊斯帕尼亚概览

一、民族分布

公元前3世纪，来自不同文明的人聚居在伊斯帕尼亚半岛。首先是伊比利亚人，广义上通常包括新石器时代的土著人、巨石人和阿加利克人。其次是印欧人，其中较突出的是凯尔特人和一些日耳曼人，在公元前1000年左右，他们不断侵入伊比利亚半岛，成为原住民的统治者。他们的聚居地有防御工事，相当于德国的环城墙，逐渐发展起混合了初期铁器时代成果的青铜文化。有的没有货币，但是有文字。他们又分为安达卢西亚地区的塔特苏斯人和莱万特沿海的伊比利亚人，后者源自前者。最后，或许在克里特岛繁荣发展时期，伊比利亚半岛的富饶已广为人知，大批腓尼基、希腊、迦太基和利比亚商贩纷纷被这里的富饶吸引，在地中海沿岸定居下来，他们的文化元素与伊比利亚人和凯尔特人的基本元素相结合，形成所谓的"伊比利亚艺术"，在罗马统治时期繁荣发展。

古典历史学家和地理学家们基于对这些民族的了解，给我们展示出一幅非常有趣的画面，而货币用它们的人种地理学币文证实了大部分。在加泰罗尼亚居住着印迪赫特人、拉耶达尼亚人、拉塞塔尼亚人、塞斯达尼亚人、塞雷人和奥索塞雷人。塞格雷河西，比利牛斯山和埃布罗河之间是阿坤廷人、哈塞塔尼亚人和伊莱尔赫特人的安家之处；在埃布罗河入海口，居住着伊苏尔卡翁人。巴斯孔人、巴尔杜洛人、加利斯蒂奥人和奥特里克人居住在埃布罗河的上游左岸地区；而佩伦东人、贝隆人和古布尔戈斯人则定居于埃布罗河上游的右岸和邻近的山区。在莱万特沿海地区居住着巴伦西亚的埃德塔尼亚人、阿利坎特的库特斯塔尼亚人、穆尔西亚的德伊塔尼亚人和阿尔梅里亚的巴斯特塔尼亚人。安达卢西亚的中心地带则被图尔特塔尼亚人占据着；奥尔比索人和西尔毕塞尼人居住于沿海地区。在伊比利亚山脉，杜罗河南居住着卢松人、贝利人、提提人、杜尔博莱德人、罗贝达尼人和奥尔卡德人。高原地区从北到南分布着阿斯图尔人、巴克赛奥人、阿雷瓦赛人、韦通人、卡尔佩塔尼亚人、日耳曼人、奥雷塔尼亚人和凯尔特人。在坎塔布连山脉的沿海地区，即桑坦德和阿斯图里亚斯地区，居住着坎塔布连人；再往西是加莱克人。在杜罗河和瓜迪亚纳河之间葡萄牙的大部分地区，居住着卢西塔尼亚人。

政治方面，形成两大核心，它们在数量和质量上都相差甚远。其中更为重要的是迦太基帝国，它建立在作为迦太基人第二祖国的安达卢西亚，实际上统治着梅塞塔高原的大部分地区，如后来哈里发统治的疆域。首都是新迦太基城大港口，迦太基＝卡塔赫纳。另一个核心的人口不多，由位于罗塞斯湾赫罗纳的两个旧希腊移民聚居地恩波利翁和罗德组成。

二、文字演化

铁器时代的西班牙人发展起两种自己的文字，现在这两种语言已失传：塔特苏斯语和伊比利亚语（见图1）。塔特苏斯文的使用范围包括安达卢西亚、阿尔加维和莱万特海岸，贝提卡公元前1世纪造的钱币上出现了这种文字。从公元前2000年爱琴海周边的埃及、克里特岛、塞浦路斯的线性符号中可以追寻到其起源。这种文字从右向左读，带来许多不便。

伊比利亚文字来源于塔特苏斯文字，用于整个莱万特沿海、加泰罗尼亚、埃布罗河流域、梅塞塔高原的部分地区和跨比利牛斯山的里昂湾沿岸的一些地区。今天能够读懂这一文字应归功于曼努埃尔·戈麦斯·莫雷诺的杰出研究，他扩展和完善了贝拉斯克斯、德尔加多和哈布纳的研究。这种文字的特点是：有元音、辅音和后面不带元音的音节。从左向右读。迦太基和罗马钱币上出现过这种文字。

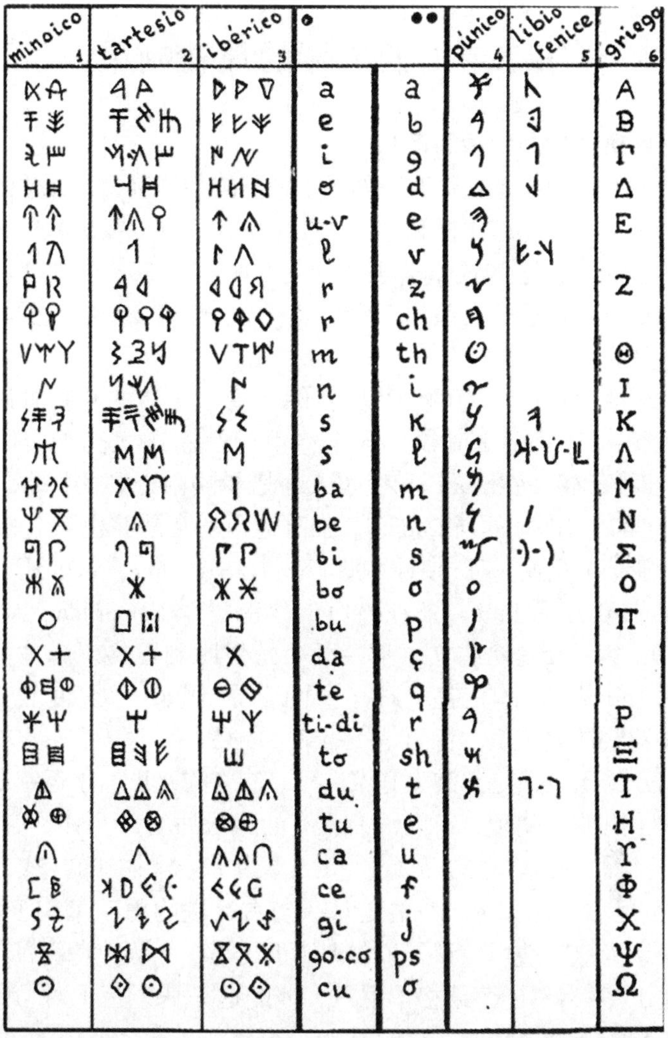

注：第1栏（克里特文）、第2栏（塔特苏斯文）、第3栏（伊比利亚文），均源自戈麦斯·莫雷诺；第4栏（迦太基文）源自马萨德；第5栏（利比亚腓尼基文）源自兹拉尔；第6栏（古希腊文）源自克鲁斯－鲁伊斯。

第1、第2、第3栏字符相当于●栏字母；第4、第5、第6栏字符对应●●栏字母。

图1 字母表

第二节　西班牙的最初制币

一、西班牙的迦太基制币①

精湛绝伦的迦太基银币充分彰显了帝国的经济实力，无论是在体积上还是在艺术上，都堪比托勒密等从亚历山大帝国分裂出来的国家的钱币。史料已证实，这些钱币造于公元前 238 年至 206 年期间。总的来讲，迦太基钱币包括三大系列：西西里系列、已简要介绍过的非洲系列和西班牙系列。

西班牙造币可以分为两个系列：固定造币坊造的和临时造币坊造的，但币图的差异微乎其微。固定造币厂在新迦太基城、伊维西姆（Ibisim，即伊维萨岛 Ibiza）和提尔人在塔希施附近建的旧移民镇——加地尔（Gadir，即加的斯 Cádiz）。临时造币坊在恩波里翁（Emporion，即安普里亚斯）、阿尔斯（Arse，即萨贡托 Sagunto），可能还有赛塔比（Saitabi，即哈蒂瓦 Játiba）。在钱币上分别写作 Emporiton、Arsgitar 和 Saitabietar，第一个是希腊文，其余两个是伊比利亚文。总体而言，这些钱币都十分罕见，有的甚至只有一个孤品，例如一枚六德拉克马，正面是阿波罗戴桂冠头像，背面是一匹站立的马。

最出众的无字币是新迦太基城造币厂制作的，正面永远都是赫拉克勒斯头像，有的有胡须，有的没有；有的头像后有大头棒，有的没有；币背面有的是一匹站立的马[1]（此处 1 表示在插图中的样式，全章节同），有的马后有棕榈树；有的是一头向右行进的象[2]。E. 巴伯隆、黑德和穆勒认为这些造币应该属于非洲造币。第一个认为它们属于西班牙造币的是 J. 索韦尔·德桑格罗尼兹，他的这一认识基于对马萨龙、切斯特和莫亨特等地发现的古币的研究。

J. 费兰迪斯把另一个非常棒的银币系列也归于迦太基帝国，这个系列币正面是无胡须、戴桂冠的头像；背面是船首[3]。而有的学者认为它们出自加地尔。最近在对塞维利亚的罗萨里奥坡的发掘中，发现了一些这种币图的币和另一个系列的二德拉克马，正面是女性头像，背面是

---

① 从本章开始，出现在印刷行上面的数字指的是插图中复制的货币的编号。当数字后面有星号时（如 57*），表示插图中的币并不确切是文中所讲的，也就是说朝代、年份和币图不一定完全相同，但本质特征是一样的。

星星下的一匹马，鲁滨孙认为属于新迦太基城。

上述这些都是银币，币值从6德拉克马到3奥波，每单位德拉克马约3.7克重，腓尼基德拉克马重3.83克。铜币有女性头像和马头币，这种币图一直沿用到罗马时代。

加地尔造币厂因造各种银币和铜币而广为人知，其特点是它使用的计量标准与以往不同，或许是由于城市的条件，使它在迦太基帝国中享有某些特权，就像一些希腊移民聚居地一样，这在这个时代很常见。加地尔造的银币保留了德拉克马、三奥波和半奥波，分别重4.75克、2.30克、0.3克，币正面是赫拉克勒斯披尼米亚狮皮的侧面头像；背面两行迦太基文字之间有条鱼[4]。铜币也是同样币图，也看到过正面头像的。但由于铜币不易保存，币重更是多种多样，6.40克、4.90～4.25克、3.40～3.00克、1.75～1.50克、0.90～0.80克和0.55克。

E. S. G. 鲁滨孙在他最近的著作中，把一些金币归入西班牙的迦太基钱币体系。这些金币按币图分为两个系列，按计量单位只有一个系列。重量从1.90克到7.50克，也就是从1/4舍客勒到1舍客勒，1舍客勒的重量相当于2德拉克马的重量。至于币图，一个系列是面左的女性头像/向右小跑的马①；另一个是无冠的男性头像/船首。最后，还有一个银币系列，背面是大象，正面是无冠长鬈发头像，不像是半岛的造币。

据迪奥多罗介绍，伊维西姆城建于公元前654年，是曾被罗得岛居民称为"琵特尤萨"岛的首府。这里最早的造币与上述币以及恩波利翁和罗德最初的德拉克马是同期的。有2.4克重的半德拉克马，因此币制与加地尔差不多，加地尔的1德拉克马约重5.05克。币的一面是行进的公牛，另一面是埃及喜神贝斯[5]，该岛和城市名就来自喜神名"Bes"。在西班牙，喜神的可笑形象通常被称为"Cabiro"（卡维罗）。另有一些类似的银币，两面都是公牛。有同样币图的铜币，牛的姿势有行进的、进攻的、站立的。6克重的大铜币一面是喜神贝斯，另一面是迦太基文字。由于磨损，许多币的确切重量和价值难以确定，有待进一步研究。

---

　　① 在所有样币描述中，斜线—/—分开币的正面和背面；永远是正面在前，背面在后。

注：依次分别为卡塔赫纳的 2 德拉克马 (1) 和 4 德拉克马 (2)，地区不明的 4 德拉克马 (3)，加的斯的 3 奥波币 (4)，伊维萨岛的 3 奥波币 (5)，萨贡托的 3 奥波币 (6、7、8)，哈蒂瓦的 2 奥波币 (9)。

图 2 1~9 号币

汉尼拔率领的从新迦太基城到意大利的军事远征军在短时间内占领了地中海西班牙沿岸的整个地区，至少曾有两个希腊移民聚居地为其军队造币。第一个是扎金索斯，也就是萨贡托，于公元前 219 年造的银币模仿新迦太基城和伊维西姆的币图，这是把这些银币归为这一历史时期的根本原因。银币的正面是无胡须的赫拉克勒斯头像，后有大头棒；背面是行进的[6-7]或站立[8]的公牛。币图有两个非常奇特之处：一是牛的头是人头，人头牛，类似于巴拉索特里的半人半畜的女妖像"Bicha"；二是有一条伊比利亚文地名币文：Arsgitar（阿尔斯），这是有这种文字的最古老的钱币，币重 3 克。之后有重约 2.5 克的币，正面是戴桂冠的头像，没有大头棒；背面是公牛，脚线下文字部位有币文。有一种币模仿上述第一种币，还有迦太基文币文，重 2.65 克。

另有一枚 1.5 克重的币，正面同样是头像和狼牙棒，背面是鹰，币周是伊比利亚文的赛塔比[9]，或许是同一时代的。

与阿尔斯造币类似的是恩波利翁为汉尼拔军队造的币。是德拉克马，正面是女性头像和希腊文的恩波利翁，背面是一匹站立的马，胜利女神为其加冕[10]。是 J. 阿莫罗斯·巴拉准确地把这种币归为 Emporion 造币。币图采用了安达卢西亚其他迦太基币的图案，重量在 4.50 ~ 5.00 克。

币文"Arsgitar"和"Emporeiton"分别为伊比利亚文和希腊文，体现了迦太基政治的务实性。萨贡托这个与非洲人为敌的希腊城市不得不或多或少地屈服于伊比利亚人，站在胜利者一边。范围更广的安普里亚斯不战就接受了汉尼拔，他的名字成了货币上的希腊文币文。

二、西班牙的希腊制币

目前普遍认可最早从希腊航海到伊斯帕尼亚的是罗得岛人。他们开通了"赫拉克利亚航线"，沿西地中海海岸，从南部意大利绕到西班牙南部富饶的矿区塔希施，罗得人命名为塔特苏斯。此航线的中途站是位于罗塞斯湾的罗得岛，建立时间早于第一届古希腊奥林匹克竞技会召开的公元前 776 年。

公元前 6 世纪，小亚细亚另一支希腊人——佛西斯人在再南一点儿的位置建立了另一个移民聚居地恩波利翁，后来隶属于马萨里亚（今马赛）。古希腊人在伊斯帕尼亚海岸建立的经商点和移民聚居地，还有前文所提的扎金索斯和艾美罗斯科佩昂、阿罗尼斯等。但在货币方面，只有前两个移民聚居地有意义。

即使可以假设古希腊人从使用货币的那一刻起，就将钱币带到了所有需要它的地方，但也应该承认，与伊斯帕尼亚土著人的最初交易是通过原始的以物易物进行的，因为他们还不知道使用货币。至于希腊移民聚居地与其宗主国的贸易，当然可以认为通常使用的是货币。似乎安普里亚斯很快就开始制造自己的钱币，但由于经商点小，交易也不多，根据实际情况，并没有制造过大于一倍半奥波的币。这是福西亚的重量单位，但币图模仿雅典币，雅典娜头像/猫头鹰，加了币文"EM"或"ME"。估计制造时间大约在公元前 450 年至公元前 380 年。发掘证明，安普里亚斯也接纳了其他希腊城市的德拉克马及其倍数币，从而补充了用于大宗交易的货币单位，一些货币和另一些货币之间已有面值和内在价值的比价，方便了货币单位的换算。

后来，随着雅典的衰落和西西里岛各城市的繁荣，为了方便与西西里岛的贸易，安普里亚斯认为应该模仿西西里的币图，实际是一种隐蔽的仿造。于是，模仿叙拉古的币图，如骑手、代表西西里岛神的女性头像，还有西西里岛的联邦城市或隶属城市的其他币图，如阿格里真托的螃蟹。加上"EM"或"EMP"[11·12·13]作为自己的标记。不过很难确定这种币发行了多长时间。

安普里亚斯最早制造的德拉克马，币值高于之前自己制造的币，仅在汉尼拔军队路过时制造。我们将会在其他段落再介绍它的币图。这种币有很多工艺粗糙的模仿品。

同年（公元前218年），格奈乌斯·西庇阿带领一支强大的军队在安普里亚斯登陆，并在这里建立了自己的大本营。这座小城和平地接纳了入侵者，从而得以继续造自己的币。西庇阿军队登陆带来了贸易额的大增，需要再造德拉克马，此时制作的德拉克马正面是3只海豚围绕的面右女性头像，背面是一匹飞马（带翼马），下面有古希腊语币文恩波利翁[14]。这个系列的币图有许多变形，表明它持续年代长久。在尚未确定的某个时刻，一位刻模师突发奇想，将飞马的头换成了一个精灵[15]的头，创立了恩波利翁德拉克马的第三个系列，被称为"飞马克律萨俄耳"币。与前一系列的唯一差别就是上述变化，其他还有一些币图在自然演变中有无足轻重的细微差别。钱币发掘证明，这两个系列币曾一度共存。

罗马军队征服加泰罗尼亚、莱万特和埃布罗河流域，使这种币的推广变得十分重要，也造成了大量的仿造，在钱币学界称其为"模仿恩波利翁的德拉克马"。最古老且图案最生动的币中，有一枚值得一提，它正面是面左的女性头像和2只海豚；背面是一匹站立的带翼马，希腊文币文也有缺陷[16]。这说明仿造源自听说，而非亲眼所见，把飞马弄成站立的马，是因为仿造者未曾真正见过飞马币，飞马币上的飞马总是飞奔或者跳跃的姿势。

除了这样或那样的特殊情况，大量模仿币模仿的是"飞马克律萨俄耳"德拉克马，特征是背面的币文由古希腊文改成了其他文字，看来是伊比利亚文[17]，一般写着伊尔提尔塔萨利尔、奥洛索尔廷、塔拉孔萨利尔、巴塞诺等。A. M. 德瓜丹最近的观点是：除了伊尔提尔塔是莱里达以外，其他币文没有任何含义。除了德拉克马，伊尔提尔塔还造奥波币，币图模仿马萨里亚钱币：正面是头像，背面分为四个象限，里面分别是波纹、M、A（或指马萨里亚的首字母）和用小字写的 Iltrita。还有一种币背面也是这个币文，此外还有一头猪和 A。

在塔拉戈纳的蒂维萨出土的文物里，出现了上述的奥波币，还有阿尔斯造的"飞马克律萨俄耳"德拉克马和"狄俄斯库里兄弟"狄纳里。没有发现伊比利亚的狄纳里这一点证明掩盖了公元前 90 年前这一时期，西德纳姆把共和国的狄纳里币与"狄俄斯库里兄弟"狄纳里币混在一起统统归于之前不久的公元前 133 年至公元前 108 年时期了。

阿莫罗斯·巴拉有力地论证了戈麦斯·莫雷诺的观点：安普里亚斯一带的部落仿造的这些德拉克马是罗马当作战利品从西班牙大量带走的钱币，蒂托·利维奥称其为韦斯卡银币显然是错误的。

罗德也造德拉克马，但发行时间比较短。正面是面左的女性头像，币周是希腊文罗德；背面是一朵从上向下看的玫瑰花[18]。从主要元素的位置看，这些币与恩波利翁的站立马德拉克马相匹配，年代也相近。到目前为止，从已发现的样币尚不能确定这些币的确切年代，但还有一些罗塞斯德拉克马，正面用海豚替换了币文，应该与前面讲过的也用海豚替换了文字的飞马德拉克马是同期的，故而这两个罗塞斯币系列在时间上也相当接近。

第三节　古罗马币的年代和计量单位

目前，关于币图标志的年代有两派观点：概括起来，一派是"长编年史说"，另一派是"短编年史说"。

一、长编年史说

关于长编年史说，我们追寻 F. 涅基的思路，他是 21 世纪初主要的意大利古钱币学家之一。

由于缺少金银，罗马最早的钱币是铜币，已知最早发行的是重量不十分精准的铜块，即所谓的粗铜。在币制之外，直到公元前 454 年，还有一些罚款是以牲畜头计价的。到第二个阶段出现了印记铜，铜块上有某些标记。再后来可能是公元前 312 年，发行了重铜或磅铜，是圆形的，但由于过厚，凸饰过于突出，难以堆放。

注：依次分别是迦太基的德拉克马（10）、希腊的奥波币（11～13）、德拉克马及其模仿币（14～17）、罗塞斯德拉克马（18）、温迪加的盎司制阿斯币（19）、阿尔斯币（20）。

图3　10～20号币

这种磅阿斯有个竖杠标记（Ⅰ）表示币值。按与阿斯的比值，发行等分辅币，等分辅币也有标记：塞米（Semis，1/2 As）的标记是S，与之类似的标记表示法有屈莱恩（Triens，1/3 As）、夸德伦（Quadrans，1/4 As）、塞克斯坦（Sextans，1/6 As）、盎司币（Uncia，1/12 As）。用名称反映各种币与上一级货币单位的比值，例如夸德伦＝1/4阿斯，用大黑点表示每种币含几盎司，例如屈莱恩＝4盎司。所有这些币的背面都是船首；正面是神的头像，不同币值用不同的神像。这个币制把重273克的拉丁磅作为标准单位，而后来的币制，半磅制等则用源自希腊的重 327 克的罗马磅。

或许是由于这种币过重，国家需要节省金属，抑或是因为铜价不断上涨，在公元前 286 年第一次缩小整个币制，缩减为罗马磅的一半，故称为半磅制，自此，阿斯重 163.5 克。到公元前 268 年，再缩减为 1/6 磅制，阿斯 = 54.40 克 = 1/6 罗马磅。涅基认为建立 1/6 磅制是为了把这些铜币与在罗马使用的银币相关联。公元前 217 年，根据《弗拉米尼亚法》，出现了盎司制，阿斯 = 27.25 克 = 1/12 磅；公元前 89 年，根据《帕皮里亚法》，又缩至半盎司制，阿斯 = 13.625 克 = 1/24 磅。每一次缩减，其他币值也按比例缩减。

在这个漫长的阶段，其他币值还有 2 磅和 3 磅，如其名称所示，重 2 磅、3 磅，分别等于 2 阿斯和 3 阿斯。回顾前文，我们看到货币单位阿斯和重量单位磅在最初意思相同，阿斯是从磅派生的。近代我们的比索或杜罗也是这样。还有一些币值，只在特定的时期制造过，有德科斯顿、多德兰、贝斯、奎盎司和塞米盎司，分别为 10、9、8、5、1/2 盎司。

也有更高层级的重量单位，用来计量大数钱的金额，因此成为计价币，从来不是实际的货币。有 27.300 千克的塔伦托，等于 100 拉丁磅阿斯，因此也被称作百磅。而米纳是它的六十分之一，455 克。

大约在公元前 335 年，卡普阿及意大利南部其他地方造的二德拉克马银币第一次进入罗马，公元前 312 年，为了与罗马的铜币成比例，币重从 7.58 克减到 6.82 克。最早的二德拉克马是无币文的，后来在脚线下文字部位有 "Romano（rum）" 字样，再后来变成 "Roma"。从公元前 286 年，这些币的正面都是两面神雅努斯的头像，背面是驷马车，因此叫驷马币。公元前 268 年，罗马建立了自己的银币制，有三个币值：狄纳里（Denario，基准单位）、奎纳里（Quinario，1/2 狄纳里）和塞斯特提（Sextercio，1/4 狄纳里），分别重 4.55 克、2.27 克、1.13 克。币图比较常见，正面是罗马女神的头像，背面是骑马的狄俄斯库里兄弟，脚线下币文为 "Roma"（罗马）。公元前 228 年，为了方便对外贸易，罗马推出了胜利女神币，朱庇特神头像/胜利女神供奉战利品。这是真正的重 3.41 克即 3 斯库鲁玻利的德拉克马，类似于伊利里亚的德拉克马。公元前 217 年，狄纳里缩减到 3.9 克，其他币值也按比例缩减，胜利女神币减到 2.92 克。从公元前 104 年开始，胜利女神币采用奎纳里的重量并取而代之，加了一个字母 "Q"。

古罗马的金币制造一直是偶尔为之，直到尤利乌斯·恺撒统治的公元前 46 年才发行奥雷金币。1 奥雷的重量是 6.82 克，也就是 6 斯库鲁玻利。

二、短编年史说

短编年史派在很长一段时间都很坚定，然而最近几年的新发现和新研究方向都使他们看到，罗马开始发行银币和铜币的时间要比他们猜测的时间更近。对这一问题更认真、更具现代性的研究要数英国人西德纳姆和捷克人克里泽克。以下是他们的基本观点。

1. 公元前 269 年前后，罗马造二德拉克马（6.84~7.60 克）、里特和等分辅币。币图仿照意大利南部钱币。同一时期还有重铜或磅铜。在这个时代，狄纳里仅仅是一种计价币，等于 10 阿斯铜币。

2. 公元前 222 年，罗马出现了驷马币，即背面是驷马车的二德拉克马，直至汉尼拔侵入时期的公元前 216 年被双马币，也就是背面是两匹马拉车的二德拉克马替代。公元前 205 年至公元前 195 年实行半磅制，公元前 195 年至公元前 187 年实行 1/3 磅制。

3. 公元前 187 年（克里泽克认为是公元前 210 年）出现了 4.50 克的狄纳里，后来缩减到 4.00 克，其等分辅币有奎纳里（1/2 狄纳里）和塞斯特提（1/4 狄纳里），币图是罗马女神头像和狄俄斯库里兄弟。铜币为 1/6 磅制，是 2.30 克的胜利女神币。西德纳姆认为"尽管没有文献的支持，但一次对造币过程的关键性研究证明，毋庸置疑，在公元前 187 年左右，罗马共和国开始了重要的货币改革"。

4. 据西德纳姆介绍，罗马在公元前 155 年至公元前 120 年实行了盎司制。在公元前 133 年至公元前 108 年期间，罗马造币大幅度压缩，仅制造塞米斯（1/2 As）到塞克斯坦（1/6 As）的小额币。这一时期，狄纳里银币的币图从狄俄斯库里兄弟改为双马车、驷马车等题材，象征符号消失了，开始加入行政长官的名字。

第四章
伊斯帕尼亚半岛建立罗马币制

罗马人对半岛的征服，也就是对迦太基人及其同盟土著人曾掌控的领土的征服战，是短暂的，但也是极其残酷的，在这场征服战中，罗马眼睁睁看着西庇阿家族两名成员被打死。公元前210年，大西庇阿来到西班牙，公元前209年攻占新迦太基城，不久后又在贝库拉和伊利帕战胜迦太基人。最终，迦太基人在公元前206年失去了加地尔。

不久，罗马元老院就将半岛划分为两个行省，派来两位总督，并于公元前197年确定了两省的边界："近伊斯帕尼亚"包括加泰罗尼亚、埃布罗河流域和地中海沿岸，一直到贝拉，也就是今天的阿尔梅里亚；而"远伊斯帕尼亚"几乎相当于今天的安达卢西亚。这种划分一直持续到帝国之初。

尽管尚未深入研究罗马统治时期伊斯帕尼亚的造币，但看来上述两省的界限需要某种变动，因为这样划分严重限制了远伊斯帕尼亚货币的发行，直至公元前1世纪下半叶。

第一节　西班牙的罗马制币概貌

最早在半岛流通的行省级制币是27克重的阿斯币，根据其重量属于盎司制。这一重量的钱币的币文都是伊比利亚文的，按币图和币文可以分为三大系列：印迪赫特人的钱币、阿尔斯币和伊比利亚骑手币。西德纳姆的研究澄清了这些币的起始时间问题。这些币曾一度普遍接受的起始时间接近格奈乌斯·西庇阿在安普里亚斯登陆的公元前218年，现在证明这是不可能的，盎司制不可能早于公元前155年，更不要说公元前133年至公元前108年期间曾废止阿斯币。

要比较可靠地确定西班牙罗马制币出现的年代，西德纳姆的研究是必不可少的。抛开之前的事不谈，众所周知，尽管努曼西亚曾是阿雷瓦赛人的主要居住地，曾收留了大批反抗罗马军团的巴克赛奥人和佩伦东人，但公元前 133 年西庇阿·埃米利安努斯在该城连一枚钱币也没有找到。没有任何类别的钱币是非常说明问题的。同样说明问题的是，带有币文"Bolscan"（博尔斯坎）的伊比利亚狄纳里银币，只在努曼西亚的罗马化人家的瓦砾中找到，而不是在伊比利亚人家中，这说明这种币不会早于该城被烧后又重建的公元前 1 世纪初。因此，综合其他相关资料，可以确信西班牙罗马行省的造币不会早于公元前 108 年。

罗马历史学家对公元前 133 年至公元前 82 年，也就是从占领努曼西亚到塞托里乌斯战争开始这一阶段的伊斯帕尼亚都保持沉默，几乎不容置疑地证实了那段时间半岛平安无战事，是有利于开始造这些币的时代。不要忘记，这些币几乎只有伊比利亚文币文，大多数驻扎在西班牙的罗马军团士兵是读不懂的，因此这些币是为原住民发行的。伊比利亚骑手币上有多种多样地理人种的币文，使用地域辽阔，决定性地证明在造这些币的时候，这些人已经懂得使用货币。自然在那些地区开始罗马化之前这是不可能的，也就是说，除了沿海地区从希腊人和迦太基人那里知道了货币，直到公元前 2 世纪末或公元前 1 世纪初其他地区还不了解货币。努曼西亚被攻占的第二年，为向罗马缴纳每年的赋税，将土著部落组织成城镇，是这一问题的另一个重要因素。

罗伊友好的"伊比利亚"币

安普里亚斯和罗塞斯使用的希腊币制的典型造币德拉克马系列在罗马统治下完全沿用，那是因为这些希腊移民聚居地是罗马的盟友。后来，考虑到应该取得比希腊人人数更多的土著人的好感，罗马开始造自己的币，用伊比利亚文写币文。自然，计量制用的是在公元前 2 世纪和公元前 1 世纪实行的罗马盎司制。

1. 安普里亚斯币。希腊人在靠近沿岸的一个小岛上建立了第一个经商点，随后在陆地上设立了另一个，在考古学上，这两个地方以分别"Paleopolis"和"Neapolis"（老城和新城）的名字为人所知。建立这两个经商点时，希腊人必须求得沿岸土著人的认可，这些土著人是附近村落的居民印迪赫特人，罗马人把这个村落称作印迪加或温迪加。在公元前 2 世纪过渡到公元前 1 世纪的时候，这个希腊人和土著人的居住地已经被一道共同的城墙保护着，被罗马人叫作恩波利翁，即"经商点"或"村镇"的意思。此时罗马人制造的钱币，第一次有土著人的人种币文，币文按当地方式用土著人的文字，即伊比利亚文书写 Unticescen，应译为"印迪赫特人的"。

这些币都是铜币，特点是正面为面向右的戴头盔女性头像，背面是飞马帕伽索斯（有的是其兄弟克律萨俄耳），脚线下文字部位是上段讲的币文[19]。重量最大因此也是最早的币，每阿斯重27克。随着时间的推移，像罗马一样，后面每次发行都会缩减重量。因此，把不同年份重量递减的所有相同币图的钱币组合在一起，在它们之间寻找一个"平均重量"，是非常错误的，这样就好像所有币都出自同一天，一批造出来的。

和在罗马一样，这里也制造阿斯的等分辅币，币图分别是：塞米斯是进攻的公牛；屈莱恩是海马；夸德伦是狮子或公鸡；萨克斯顿是马；盎司（1/12 As）是野猪。有时出现制币官的名字，也用伊比利亚语，如 Atabeles、Iscerbeles、Tiberi、Iltirarcer。

还有一个系列，币图类似，但是半盎司制。币文是拉丁文 MVNICI EMPORIT 和制币官名字的首字母。这一系列钱币及币模多种多样，使人会把最晚发行的与屋大维·奥古斯都帝国最初的造币联系起来。

2. 萨贡托币。安普里亚斯的历史在这里重演。希腊移民聚居地扎金索斯和土著人聚居地阿尔斯被征服者管辖，得名萨贡托。同样最早发行的币重27克，几乎所有币文都是伊比利亚文的。正面币图是戴头盔头像，币周是伊比利亚文的制币官名字，如 Balcacaldur 和 Icorbeles，背面是胜利女神加冕的船头，船头前有带翅双蛇棒，脚线下币文部位是伊比利亚文的阿尔斯[20]。到半盎司制时期，正面仍然可以看到制币官的名字，有的是拉丁文，有的是伊比利亚文，背面的胜利女神改为单词"SAGV"（萨贡托），这个地名有时在船头下边。

还有一个系列应该是同期制造的。与币图类似，不同之处在于：第二系列币在盎司制阶段，正面就出现单词"SAGVNTINV"（萨贡托），另有一些盎司制和半盎司制时期造的币的背面用制币官的名字替代了胜利女神。

两个阿斯币系列并存，是为了同时取悦军团士兵和土著人，双方都有各自文字的钱币，这不是罗马统治的伊斯帕尼亚独有的。同时，断言这两个系列出自同一个造币厂还不成熟，但也不是不可能。

两个系列都有等分辅币，币图分别是海豚和贝壳，每次发行所使用的伊比利亚文符号和拉丁文符号各不相同。

3. 伊比利亚骑士币。这是罗马统治下的伊斯帕尼亚钱币中数量最大的一个系列，如果注意到它所包含的地名币文，便不难发现它是流通地域最广的。从重量制讲，起始于盎司制阶段，然后是半盎司制，到奥古斯都统治的初期。直到现在，一直有人相信近百个地名币文标注的是造币作坊。然而币图一样，特别是发型都一样，币上的标记也一样，币文却分别是相隔甚远的地方，如一些海豚币的币文表示的地方在西班牙很深入的内地，甚至同样的缩写和名字在有的币上是地名，在另一些币上则是人种名或部落名，也可能是制币官的名字。因此应该意识到这种币大部分出自很少的几个造币作坊，可能起源只有一个，甚至可能就是安普里亚斯，因为安普里亚斯的德拉克马有同样的海豚。

同时，安普里亚斯发行自己的货币这一事实并不影响相信它也为其他地方造币，一些用于恩波利翁"内地"，另一些在币文标示的地方流通。关于这一点，提醒各位，1535 年查理皇帝命令大量造币厂集中于巴塞罗那，为进军突尼斯的部队造币，而这并没有影响伯爵城的作坊继续造自己的货币。还有 19 世纪马德里的造币车间既制造本国使用的货币，同时也制造发往菲律宾和波多黎各的钱币。

伊比利亚骑士币是罗马统治下的伊斯帕尼亚唯一既有铜币又有银币的系列，这是断定它是一种典型的罗马造币的基本理由，也就是说它是罗马最高当局在西班牙推出的造币。所有币值的正面都是赫拉克勒斯头像，有的有胡须，有的没有。背面图案则不同：阿斯币是骑士[21]；塞米是脱缰的马或飞马[22]；屈莱恩是马嗅草[23]；夸德伦是飞马前半部[24]；萨克斯顿是海豚[25]；盎司是跳跃的马。还有各种其他币图的钱币，如有表现一头狼的币，伊比利亚文币文 Iltirta（伊尔提尔塔）。从正面的头像[33]判断，起初是塞米币，只有到奥古斯都统治时期才是阿斯币，这时的币文是"DIVI F"和"MVNICI ILERDA"（伊莱尔达）。还应该提到一种夸德伦币，币上是行进的公牛和拉丁文币文"SECOBR"；另有一种塞米币，是公鸡和伊比利亚文币文 Arecoratas。

银币有狄纳里和奎纳里（1/5 狄纳里），币图随后介绍。新发现了一些塞米（1/2 As）币，至今只发现了币文是 Cese（塞塞）和 Lauro 的，再次证实伊比利亚骑士币和安普里亚斯的罗马铜币是同期发行的，塞米币上马的头是克律萨俄耳的头，证明两个系列很可能都出自安普里亚斯的造币坊。

币文只是表示法定流通区域或接受以金属或其他材质货币赋税的部落的名称，倘若先略过币文不考虑，就会看到整个这一系列的一致性；然而如果想寻找有同样币文的样币的币值进制，就找不到它们的一致性了，因为只要把等分辅币的数量与阿斯数量比较一下，就会看到等分辅币是偶然发行的。

下面是狄纳里的几个年代系列，也适用于正面有相同特点的铜币。

（1）币正面的头像无胡须，项圈贴在颈下部，发型为各种钩状鬈发。背面币图分别有以下几种：驾驭两匹马的骑士，带护胸盾，币文是 Icalgunscen[26]；盾改成棕榈叶，币文 Cese，其他相同[27]；驾驭一匹马的骑士和棕榈叶，币文是 Iltirtasalirban、Secaisa、Ausescen；骑士同前，但手持长矛，币文 Arecoratas。阿斯正面的一些头像一模一样，据此，这组币的年代已经绝对准确地确定在从盎司制过渡到半盎司制时期。因此，前面提到的最早的伊比利亚狄纳里，应出现于公元前 95 年到公元前 85 年间。

（2）币正面的头像无胡须，项圈与颈边缘成角度，发型为满头成对的同心半圆。背面是持长矛骑士，币文为 Oilaunu、Secobirices（塞格比里塞斯）[28]、Arecorata。还有发型是封闭椭圆的币图，币文是 Secobirices（塞格比里塞斯）、Secotias，在一枚阿斯币上也看到这种发型，有拉丁文币文 Tole（托莱），正面有罗马格式的"EXSCOI"，或"EX S C OI……"，"SC"是 Senatus Consulto 的缩写，意为经元老院批准，马丁利认为年代应为公元前 1 世纪。后一种发型的阿斯很少，都是半盎司制的。

（3）币正面的头像有胡须，项圈与颈边缘成角度，发型为成对的同心半圆，从头的两端向头中央汇集。背面是持长矛骑士，币文是 Bolscan（博尔斯坎）、Beligiom[29]、Turiasu。也有无胡须的，币文为 Colouniocu。有一枚工艺粗糙的模仿币，骑士持的是剑，币文 Bascunes。有包银币，也就是铜芯的，年代应该是塞托里乌斯战争的公元前 82 年至公元前 72 年。同样币图的铜币是半盎司制的。

（4）币正面的头像有胡须，项圈接近颈下部，发型源自前一种，满头两三个圆为一组的卷发，用束带汇于头中心。背面是持长矛的骑士，币文 Segia、Sesars、Bolscan。确定这组币的制年代的依据是有着相同发型的多米修斯·卡尔维诺[30]的狄纳里，造于公元前 39 年至公元前 37 年间的奥斯卡（Osca，今维斯卡）。币的背面出现了恺撒币的尊称。尤利乌斯·恺撒在稍前的公元前 44 年，已宣布为终身独裁官。币周币文是 DOM COS ITER IMP。

（5）币正面的头像有胡须，无项圈，螺旋式发型。背面是骑士持锤或戟，币文 Arsaos[31]。根据钱币发掘判断，这些币应与第 2 组和第 3 组是同一时期的。

（6）币正面是屋大维无胡须头像，面无表情，有横向和纵向发缝的发型，类似于有拉丁文币文 Secovia 的阿斯，其标记是棕榈叶和鱼，类似于也是奥古斯都头像的有拉丁文币文 Segobriga（塞格布里伽）的阿斯。背面是持长矛的骑士，币文 Celin（塞林）[32]。晚于第 4 组系列，可能造于公元前 30 年至公元前 25 年。

这个系列中仅有的两个被确认为拉丁文币文的是 Secovia（塞戈维亚）和 Tole（托莱），还应该加上 Ituci、Ilipla（伊利普拉）、Iliturgi、Carissa（卡里萨）、Laelia 和 Obico，因为有这些币文的钱币都是铜币，有的是真正的伊比利亚骑士币，有的是模仿其他地方的制币。根据这些地方的位置，可以想见塔拉戈纳的钱币大量渗入贝提卡，然而时至今日还几乎没有被注意到。

图 4　西班牙古钱币上比较常见的伊比利亚文币文

Abarildur	Caisesa	Iltirces (cen)	Samala
Alaun	Calacoricos	Iltirta (salirban)	Secaisa
Araticos	Caralus	Lagine	Secobirices
Arcailicos	Caraues	Laiescen	Secotia (s)
Arcedurgi	Celin	Lauro	Segia
Arecoradas	Celse	Letaisama	Segisanos
Areicoraticos	Cese/Cesse	Louitiscos	Sesars
Arsa (co) son	Colouniocu	Lutiacos	Seteiscen
Arsaos	Contebacom	Masonsa	Tabaniu
Arse (etar)	Conterbia	Meduainum	Tamaniu
Arsgitar	Cueliocos	Nertobis	Tanusia
Ausescen	Curucuruatin	Ocalacom	Tergacom
Baitolo	Eralacos	Oilaunes	Tidum
Ba (r) scunes	Ercauica	Oilaunicos	Tirsos
Basti	Eso	Oilaunu	Titiacos
Belaiscom	Eusti (baicula)	Omtices	Teitiacos
Beligiom	Gili	Ore	Turiasu
Bentian	Iaca	Orkesken	Uaracos
Bilbilis	Icalgunscen *	Orosis	Uarcas
Bolscan	Icesancom	Oscuncen	Uirouias
Bornescon	Ieso	Otobescen	Umanbaate
Bursau	Ildugoite	Rodurcon	Unticescen
Caio...	Ildurir	Saitabietar	Usamus
Caiscata	Ilduro	Salduie	Usecerte

注：①第 2 个图为第 1 个图的西班牙文译文；

②＊根据 Mateu Llopis 的观点，应读作 Icaltuneken。

图 4　西班牙古钱币上比较常见的伊比利亚文币文（续）

与伊比利亚骑士币有关联的是那些背面是持长矛的骑士、周边有拉丁文币文"HISPANORVM"（罗马统治下的伊斯帕尼亚）的钱币，它们的正面展示各种男[34]女头像。这些币的风格和重量使人相信它们属于半盎司制晚期，都是铜币，主要在西西里岛。一些学者认为是塞克斯图·庞培在公元前 45 年被尤里乌斯·恺撒在孟达击败后统治西西里岛的时期。

第二节　贝提卡币

除去"内地"安普里亚斯和萨贡托，以及加泰罗尼亚、巴伦西亚和埃布罗河流域的宽广地区，文化水平最高、地域最广阔的地区是安达卢西亚。且不说它曾是迦太基帝国的栖身地，再早之前，就有大批寻找丰富金属矿藏的船只造访它的沿海地区了。由此可以想见，在罗马钱币流入前，这里应该继续着过去的交易方式，通过称重银币进行贸易。

同时，由于对大部分贝提卡币的研究仍处于初始阶段，难以得出像有关塔拉戈纳币那样精确的结论，贝提卡地名和币图标志繁多也让人望而生畏。但仍可以肯定大量造币坊只制造过一种币，可能恺撒打庞培的战争期间除外，除个别例外，所有的造币都应该是公元前 1 世纪晚期的，因此是半盎司制时期。鉴于评价各种币的要素是一样的，这里也跟踪调查为其他各地造币的作坊，就像研究伊比利亚骑士币那样。这里所有的造币都是铜币。

一、大造币厂

唯一一间在盎司制时期开始造币的作坊在奥布尔科，即今哈恩省的波尔库纳，币上有制币官的名字，最初是塔特苏斯文字母，很难懂，后来是拉丁文，与已经介绍的安普里亚斯和萨贡托同时期，不由得令人猜想是否与罗马的某个友好协定有关。大铜币正面是带发髻的女性头像，可能是维纳斯，还有拉丁文地名；背面是麦穗、犁和那些尊称[35]。还有一些币上是阿波罗头像，可能是模仿大约公元前 89 年 L. 卡尔普尔尼乌·庇索·弗卢基的狄纳里。小额币上是骑手、公牛、鸟，还有马头，让人想起迦太基人制币。币文是塔特苏斯文的制币官名字和造币分厂名 Abra 和 Vlia，Abra 这个地名有些可疑，有一枚币上还有另一造币坊的名字 Vrsone（乌尔索）。

另一个重要造币厂在加斯图勒，今哈恩省的加斯罗那，这一名字在币上是用塔特苏斯文写的。有大重量币，但都是半盎司制的。发现的一些再造币证明这间作坊晚于奥布尔科造币厂。典型图案是斯芬克斯[36]，小额币则多是猪和牛。

二、迦太基组

比韦斯把用迦太基文（见图 1）标注造币厂地名的钱币都归为这组。这些地名有加的斯（Gades，今 Cádiz）、埃比苏斯（Ebusus，即伊维萨）、阿德拉（Abdera，即 Adra）、谢克斯（Sexs，即阿尔穆涅卡尔）、马拉加（Malaca，即 Málaga）、伊图西和奥隆提吉。此外，根据币图标志，还有萨拉西亚。这些币的大部分是共和国末期和帝国初期的。多数币图正面是戴狮皮的赫拉克勒斯头像，背面是鱼。卢西奥·科尔内略·巴尔沃制的加的斯币中，在重达 42 克的币上出现了尊称。其他各地的币图标志还有：谢克斯的里拉琴，阿德拉的神庙，马拉加是火神伏尔甘和太阳神赫利俄斯的头像[37]，或阳光等太阳神的象征。

奥隆提吉（即韦尔瓦）的造币证明了迦太基元素在安达卢西亚的重要性。那里同时发行的阿斯、塞米和夸德伦都有迦太基文和拉丁文字母，还有假的伊比利亚骑士币。

戈麦斯—莫雷诺通过研究已发现的钱币，认为还有一些铜币可以并入这一组。这些铜币无币文，一面是女性头像，另一面是棕榈叶，可能造于巴利亚（Baria，即维拉雷科斯）。

三、利比亚腓尼基组

比韦斯归于这组的钱币引起极具争议的问题。一方面，这些币上的文字尚未令人满意地被破译，还不确知是北阿拉伯和闪米特祖先的文字，还是受腓尼基文和努米底亚—迦太基文（见图 1）影响很多的利比亚文；另一方面，如戈麦斯—莫雷诺指出的，币文的解读"还没有明确的拉丁译文来引导"，一个拉丁文单词往往符合好几个"利比亚腓尼基文"币文，而不是只一个利比亚腓尼基文单词对应一个拉丁文单词。这样，拉丁文名 Asido、Oba（奥巴）、Bailo、Vesci、Lascuta、Arsa、Iptuci 和 Tuririicina 可能会有各种情况，例如 Bailo，如果前面出现一个 A，就意味着这是制币官的名字而不是地名。

发现的钱币主要在龙达山和地中海之间，已知的都是半盎司制的。总的来讲，迦太基币图标志很多：戴狮皮的赫拉克勒斯头像、鱼、公牛等。重要的还有在阿西多发现了丰饶角币，可能是模仿法维奥·马克西莫的狄纳里。在伊普图西造的币上，地名的字母被轮子的辐条分隔开了。拉斯古塔有 23 克的大铜币，币图是象，是都蓬第（2 磅）币。需要注意的是，还有同样主题风格的 5 克和 8 克的轻铜币。

四、拉丁贝提卡组

比韦斯把这组分成 5 个分组，具体如下，卡莫分组：Carmo（卡莫）、Onuba（奥努瓦）、Ostur、Laelia、Cerit、Lastigi、Ilipla（伊利普拉）、Esuri（埃苏里）、Acinipo、Callet、Searo（塞亚罗）和 Cilpe；伊利彭塞分组：Iliturgi、Ilipense（伊利彭塞）、Ilse、Caura（考拉）、Mirtilis（米尔蒂利斯）和 Sirpens；奥里波分组：Orippo（奥里波）、Irippo

和 Osset；乌尔索分组：Urso（乌尔索）；混杂分组：Carbula（卡乌拉）、Sacili（萨西里）、Sisipo（西西波）、Cunb Aria、Salpesa（萨尔佩萨）、Bora、Ipora、Dipo、Aipora、Celtitan（塞尔蒂坦）、Ventipo、Halos、Ilurco（伊卢尔科）、Sisapo（西萨波）、Murgis（穆尔希斯）、Nabrisa（纳布里萨）、Carissa（卡里萨）、Tamusiens、Brutobriga、Osonuba（奥索努瓦）和 Corduba（科尔杜瓦）。不太确定的造币厂为 Lacipo（拉西波）和 Baisipo。很大一部分有上述币文的钱币只发行过一次，因此是珍品，但保存状况往往不佳。

地名放在麦穗之间的有 Carmo、Searo、Callet、Acinipo、Aipora、Cerit、Lastigi 和 Cilpe，Acinipo 的许多币是用奥布尔科币再造而成。Baisipo 币只有一穗麦穗。Ostur 币的麦穗之间是橡子。Ilipense 币和 Ilse 币的一面是麦穗，另一面是鱼，下方有地名。Caura 和 Mirtilis 也是后一种币图。Cunb Aria 币和 Lac – ipo 币的鱼把币文分成两段，形成三个区域。Esuri 币和 Ossonuba 币使用迦太基币的样式，地名在两条鱼之间，Esuri 币是用 Laelia 的骑士铜币再打造的。Sisipo、Bora、Ipora、Orippo 及奥里波分组的币上是各种姿势的公牛。Osset 展示有关葡萄的主题。Sisapo、Celtitan 和 Halos 的币上是野猪。Sacili、Cunb Aria 和 Nabrissa 的币上是马。萨尔佩萨[41]币是阿波罗头像及里拉琴和鼎；Carbula 币没有鼎，正面像奥布尔科币。Sirpens 币是海豚和三叉戟。Tamusiens 和 Brutobriga 的币上是有人划的船，Brutobriga 币应归于公元前 38 年至公元前 36 年。Urso 的是蹲或站着的熊。Urso 用斯芬克斯像的币，有的还有塔特苏斯文的币文"Castule"（加斯图勒）。Iliberris（伊利韦利斯）币上也是斯芬克斯，是在金枪鱼铜币上再打造的。IIdurir（伊尔杜里尔）是伊比利亚文地名，它的币上有竹叶[38]。Dipo 币上是镰刀，Irippo 币是丰饶拟人女像，另一面可能是年轻的屋大维头像。Ilurco 的头像面向右。Murgis 币上是鹰。

最后再增加两个没有提到过的造币坊：Ossura（奥苏拉）[39]和 Balsa。第一个作坊制作的钱币上有很大的坦尼特女神标志，造型与埃比苏斯的一样。第二个作坊的阿斯正面是战舰的船头，背面是两条鱼，与奥索努瓦币一样，两面都有地名。

第三节 造币厂

一、西班牙的"拉丁"造币厂

除上文提到的大量造币坊外，还有几家造币坊的币图带有明显的罗马特色。常常有行政长官的描述，各种各样的等级（营造官、四人执政官等），都是帝国制币的前奏。

靠近瓜达兰克，也就是今天加的斯省的拉利内阿的入海口卡尔特亚，在公元前 171 年成了接纳罗马"获得自由的奴隶"的移民聚居地。自公元前 1 世纪后期，主要制造塞米和夸德伦币，在其各种主题中可以看到罗马诸神，主要有朱庇特、信使墨丘利、战神马尔斯、海神尼普顿；其他主题还有光束、海豚、丰饶角、船头、渔民、带翅双蛇杖、狼牙棒和弓、里拉琴、舵等。一些币的发行时间临近帝国时期，另一些币是在帝国时期发行的，如一种日耳曼尼库斯和德鲁索斯时期的夸德伦币，币图是头顶城墙冠的女性头像和船舱。新迦太基移民城（Colonia Vrbs Iulia Nova Carthago，即卡塔赫纳），由莱皮多在公元前 42 年重建，从这一年开始了有规划的造币，币上的"Quinquennales"（五年的）相当准确地表明了这一点。这种币最初的币图一面是戴头盔的智慧女神帕拉斯头像，另一面是一个雕像和地名的词首字母"C. V. I N."。其他币的币图是海豚和棕榈叶、胜利女神和军团旗、祭祀用品和鹰等。一般认为，帕特里夏移民城（Colonia Patricia，即科尔多瓦）是执政官马尔库斯·克劳狄·马塞卢斯和元老院贵族在公元前 169 年建立的。从共和末期开始加工小铜币，币图是维纳斯头像和站立的丘比特，有些是在伊比利亚骑士阿斯币上再打造的。可能最初是在土著部落泰里斯上建立的退伍士兵移民镇的巴伦西亚，制造半盎司制钱币，币图为戴头盔的罗马女神头像和丰饶角及月桂里的光束。伊比利亚老城塞尔斯在公元前 42 年得名维克特里斯—尤利亚—莱皮多移民城，加工的币图为双牛犋、公牛等，大约公元前 36 年或公元前 35 年，最后一个词 Lépida（莱皮多）改成 Celsa（塞尔萨），币图改为屋大维头像。

注：半盎司制的伊比利亚骑士币系列：阿斯（21）、塞米（22）、屈莱恩（23）、夸德伦（24）和萨克斯顿（25）；罗马统治下的伊斯帕尼亚狄纳里，币文分别为 Icalgunscen（26）、Cese（27）、Secobirices（28）、Beligiom（29）、Arsaos（31）和 Celín（32）；多米修斯·卡尔维诺的狄纳里（30）。

图5 21～32号币

帝国前期，上文提到过的一些地方继续造之前的币，如安普里亚斯还是制造它的经典币图，萨贡托和加的斯也同样。另一些地方则开始改进曾流通的伊比利亚币。如托莱、塞戈维亚、科鲁尼亚、塞格布里伽、奥斯卡、比尔比利斯、图里亚索等。德尔托萨（Dertosa，即托尔托萨）是伊莱尔人或者伊莱尔卡翁人的中心。它发行了一面是海船另一面是河船的币，币文 Municipium Hibera Iulia Ilercavonia（伊贝拉·尤利亚·伊莱尔卡翁市）[40]。

注：有币文 Iltirta（伊尔提尔塔）的塞米币（33）；伊比利亚传统的西西里铜币（34）；阿斯币：奥布尔科的（35）、加斯图勒的（36）、马拉加的（37）、伊尔杜里尔的（38）、奥苏拉的（39）和德尔托萨的（40）。

图6 33～40号币

二、帝国初期的伊斯帕尼亚

公元前 27 年，盖乌斯·尤里乌斯·恺撒·屋大维接受奥古斯都的称号。钱币上分别用阿格里帕的第三任执政官和屋大维的第七任执政官表示这一年。这一年对于半岛也具有深远影响：统帅重新划分行政区，远伊斯帕尼亚省被分为贝提卡和卢西塔尼亚，近伊斯帕尼亚被命名为塔拉戈纳省。第一个省更加罗马化，由元老院监管；后两个省由元首直辖，元首指派总督管理。币文有时反映这些情况，例如埃梅里达币上有

"P. CARISIVS LEG. AVGVSTI"（P. 卡里西奥总督·奥古斯都）字样。此外，每个行省分为几个辖区，辖区以其首府名命名。贝提卡包括四个辖区：加的斯、科尔杜瓦、阿斯蒂希（Astigi，今塞维利亚省的埃西哈）和伊斯帕利斯（Hispalis，今塞维利亚）。塔拉戈纳省有七个辖区：塔拉戈（Tarraco，即塔拉戈纳）、新迦太基、恺撒—奥古斯塔（Caesarea Augusta，即萨拉戈萨）、科鲁尼亚（Clunia，即布尔戈斯的科鲁尼亚—德尔孔德）、阿斯托加（Asturica，即 Astorga）、卢库斯（Lucus，即卢戈）和布拉加拉（Bracara，今葡萄牙的布拉加）。卢西塔尼亚划有三个辖区：埃梅里达（即梅里达）、帕克斯—尤利亚（Pax Iulia，即贝雅）和斯卡利亚比斯（Scallabis，今圣塔伦）。

屋大维统治时期，颁布了《尤利亚法》，确立了一次比半盎司制影响更大的货币改革，涉及所有金属币：发行 1/40 罗马磅（8.175 克）的奥雷金币；1/84 磅（3.90 克）的狄纳里和等于半狄纳里的奎纳里银币；分别重 1 盎司（27 克）和半盎司、币值为 4 阿斯和 2 阿斯的塞斯特提和都蓬第黄铜币（4/5 青铜和 1/5 锌，实际上是 2/5 青铜、1/5 锌和 2/5 的锡和铅）；约重半盎司的阿斯及其等分"赤铜"币，或叫纯铜币。在重量相同的情况下，黄铜币的币值是红铜或青铜币的两倍。已知的青铜币有 12 克的阿斯、48 克的塞斯特提、24 克的都蓬第、6 克的塞米和 3 克的夸德伦。黄铜币有塞斯特提、都蓬第、阿斯、塞米和夸德伦，分别重 28 克、13 克、7 克、3.50 克和 1.75 克。恺撒奥古斯塔是伊斯帕尼亚为数不多的制造这些金属币和合金币的一家造币厂，严格遵从上述法令，打制塞斯特提、都蓬第、阿斯、塞米和夸德伦黄铜币，以及从都蓬第到盎司的所有青铜币。

由于屋大维时期的罗马帝国疆域辽阔，使得大量造币坊都发行钱币，尽管这一时期造币坊数量急剧减少，伊斯帕尼亚尤甚。M. 格兰特把当时的造币区分为在整个帝国自由流通的官方造币和地方造币。从事官方造币的有皮西迪亚的安条克、罗马、叙利亚的安条克的造币厂以及小亚细亚的一家造币厂，还有法国尼姆的内毛苏斯厂和法国里昂的吕格杜努姆厂。因此，伊斯帕尼亚的所有造币都是地方造币，包括后几个世纪流出塔拉戈纳的一些铜币，都应该主要在半岛流通。

伊斯帕尼亚发行帝国币始于屋大维统治时期，结束时间依造币厂而不同，消失于提比略时期或卡利古拉时期。例外的是，有一枚埃比苏斯的无币文币，制于克劳狄时期。所有造币皆为铜币，只有埃梅里达制造了狄纳里银币，但这些银币应看作帝国币而非"行省币"。在一些大铜币上也能看到"帝国"属性，它们的背面为迷宫图案[42]，常出现在西班牙的北部，可能制于攻打坎塔布里亚人的战争期间，即公元前 26 年至公元前 19 年。

通过币上的币文可以确定一些钱币的年代：屋大维任 TRIB POT（护民官）是公元前 23 年；XIV IMP（第十四任统帅）为公元前 8 年；XI COS y DESIG（第十一任执政官并任下一任）为公元前 6 年；XII COS（第十二任执政官）为公元前 5 年；XX TRIB POT（第二十任护民官）为公元前 4 年；PATER PATRIAE（被尊为国父）为公元前 2 年；等等。

三、帝国时代的伊斯帕尼亚造币厂

在这个时期，除了安普里亚斯和萨贡托可能还用自己的币图标志造币、币上也不提统帅，塞戈维亚、塞林等地都在伊比利亚骑士币上再打制屋大维头像，此时伊斯帕尼亚造币坊共二十七间。按照所在辖区和行省，它们的所在地分别是：塔拉戈纳省的塔拉戈移民城（Colonia Vrbs Triumphalis Tarraco，即塔拉戈纳）和德尔托萨市（Municipium Hibera Iulia Ilercavonia Dertosa，即托尔托萨）；恺撒奥古斯塔辖区的恺撒—奥古斯塔移民城（Colonia Caesarea Augusta，即萨拉戈萨）[43]、格拉库里斯市（Municipium Graccurris，今洛格罗尼奥省的阿尔法罗）、卡拉古里斯市（Municipium Calagurris Iulia Nassica，今卡拉奥拉）[44]、卡斯坎特市（Municipium Cascantum，今 Cascante）、奥斯卡（Vrbs Victrix Osca，即韦斯卡）、伊莱尔达市（Municipium Ilerda，即莱里达）、奥西塞尔达市（Municipium Osicerda，即伊比利亚文的 Usecerte；那时币图为象和胜利女神，此时是公牛）、埃尔卡维卡市（Municipium Ercavica，即昆卡省）、塞尔萨移民城（Victrix Iulia Celsa，即萨拉戈萨的埃布罗河畔贝利利亚）、比尔比利斯市（Municipium Augusta Bilbilis，即萨拉戈萨的卡拉塔尤）和图里亚索市（Municipium Turiaso，即萨拉戈萨的塔拉索纳）；科鲁尼亚辖区的科鲁尼亚（即布尔戈斯的科鲁尼亚·德尔孔德）；新迦太基辖区的新迦太基移民城（即卡塔赫纳）、伊利西移民城（Colonia Iulia Ilici Augusta，即埃尔切）、阿克西移民城（Colonia Iulia Gemella Acci，即瓜迪克斯）、塞格布里伽（即昆卡省的卡韦萨—德格里格）、埃比苏斯或奥古斯塔岛（Insula Augusta，即伊维萨岛）；科尔杜瓦辖区的帕特里夏移民城（即科尔多瓦）；伊斯帕利斯辖区的罗穆拉移民城（Colonia Romula，即塞维利亚）和意大利卡市（Municipium Italica，靠近圣地庞塞）；加的斯辖区有加的斯、尤利亚—特拉杜克塔（Iulia Traducta，即阿尔赫西拉斯）、卡尔特亚（靠近拉利内阿）；卢西塔尼亚行省的埃梅里达移民城（Colonia Augusta Emerita，即梅里达）、帕克斯—尤利亚（即贝雅）和利维拉利达斯·尤利亚·埃武拉（Liberalitas Iulia Ebora，即 Evora）。

这一时期的货币量远大于帝国前期，每家造币厂都复制大量的币图，这里不可能一一介绍。需要指出的是，此时很多造币厂的制币上都有帝王家族的图像，比如在恺撒奥古斯塔造币厂的制币上，可以看到屋大维和他的妻子莉维亚，他的女婿阿格里帕和他的子女盖乌斯、卢西乌斯和大阿格丽品娜，还有大阿格丽品娜的丈夫提比略·德鲁苏斯·恺撒·日耳曼尼库斯以及他们两人的孩子尼禄、德鲁苏斯和盖乌斯·克劳

注：萨尔佩萨的阿斯币（41）、西班牙北部罗马战争的阿斯币（42）、卡拉古里斯的阿斯币（44）；公元前31年恺撒奥古斯塔的都蓬第（43）；埃梅里达—奥古斯塔的狄纳里币（45～48）。

图7　41～48号币

狄·尼禄·恺撒·日耳曼尼库斯（Caius Claudius Nero Caesar Germanicus，卡利古拉），还有上面提到的莉维亚与提比略·克劳狄·尼禄的儿子提比略一世·克劳狄·尼禄·恺撒（Tiberius I Claudius Nero Caesar，提比略）。同时，双牛犄、公牛、祭坛、月桂、寺庙、光束、造币厂缩写名称、军团标志等也出现得极为频繁。仅举一例，梅里达造币坊的一些主要特点就被其他造币坊重复使用。

四、埃梅里达移民城的造币厂

埃梅里达移民城是卢西塔尼亚行省的首府，是普布利奥·卡里西奥率领第五云雀军团和第十合组军团的退伍荣誉老兵在阿纳斯河沿岸建立的。早期发行的是行政官币，币上有行政官的名字，有的标注是执政官派驻的（公元前 25 年至公元前 23 年），有的标注是奥古斯都派驻的（公元前 23 年）。当省略他的名字，出现固定格式"PER. IMP. CAES"（终生统帅恺撒）时，就开始了移民城币系列，都是铜币，而执政官系列有银币和铜币，可能是为了支付给攻打坎塔布连人和阿斯图尔人的军团士兵。总体而言，币值是狄纳里、奎纳里、都蓬第、阿斯、塞米斯和夸德伦。币文标注 P. Carisio legado propretor（执政官派驻的 P. 卡里西奥）的钱币的正面都是青年屋大维的头像，狄纳里的几种背面币图是：戟和刀之间的护胸盾[45]，许多盾上的胜利者[46]，俘虏跪在胜利者下，剑和斧之间的面罩头盔[47]，城门[48]；奎纳里币背面是胜利女神给胜利者加冕。标注奥古斯都派驻的 P. 卡里西奥的币是铜币，币文分三行：P CARISIVS（P. 卡里西奥）/LEG（军团长）/AVGVSTI（奥古斯都），币图是城门。

移民城币系列在屋大维时期的币图是：老人从双耳细颈小底瓶倒水，小底瓶可能暗喻源泉，妇女头像；仙女头像，有的从嘴里向外喷水，嘴也暗喻源泉，城门，双牛犄，两队旗之间的军团鹰旗；法杖，祭祀盆和祭祀杯；"IMP—CAE"（统帅—恺撒）。提比略时期是：神化的屋大维戴芒冠头像，城门，祭坛，四柱神庙，前面提到的鹰旗，朱莉亚头像，有谷神特征的朱莉亚坐像。此外，还有屋大维和提比略戴桂冠或无冠头像。

第五章
罗马和拜占庭帝国货币
苏维汇和西哥特钱币

第一节　罗马货币

一、币图的演变与币值的退贬

钱币科学绝对不能同意这样的假设：一国钱币没有渐进地演变而是跳跃式地变化。确实，比较不同时期的钱币，会看到明显的变化，但同样真实的是这些变化是逐渐演变而来的，不论是影响币值的变化还是币图标志或风格的变化。

只有外族并入或发生重大政治动荡时才会引发骤变，但也不能把这视为一般规律。因此，今天所理解的"拜占庭币"只不过是罗马币在上述三个方面缓慢退贬演变的结果，尤其是在艺术风格上，不知不觉地从注重自然主义变成刻板的图解。

在艺术风格演变，有时还有币图演变的同时，货币价值也在降低，战争和经济社会问题会很快反映为货币购买力逐渐下降。一旦发生这种状况，发行货币的权力机构就会抛出与之前等值的新钱币，但成色或重量会降低，或成色和重量都降低，从而导致价格普遍上涨。这就形成了一种恶性循环，有时发行的币越来越差，直到该种币消失；有时，回归到初始的特性，但币值远高于当初，实际上变成了一种新币。但不论是哪种情况，造成的混乱都会落到老百姓的头上，他们唯一的指望在于国家的稳定，但这已不可能实现。自奥古斯都统治以后，这类货币事件就时有发生，令人惊慌不安，忠实地反映了缺乏稳定的政治经济形势。

二、帝国时代的罗马货币

奥古斯都时期的罗马币主要有 1/40 磅的奥雷金币（8.175 克）和 1/84 磅的狄纳里银币（3.90 克），两种币的成色都很好。还有黄铜币和青铜币，是信用通货。元老院负责发行铜币时，币上有缩写字母

"S. C."。皇帝保留制造金币和银币的权力，偶尔也使用其他金属。1奥雷值当25狄纳里。

很快货币就开始贬值。尼禄统治（51～68年）时期，狄纳里银币的重量降到3.41克，1/96磅，而塞斯特提币在奥古斯都之前是银币，到了这位君主统治时期变成了币值为4阿斯的黄铜币，最终成为计价货币。到了塞普蒂米乌斯·塞维鲁（Septimio Severo，192～211年）时期，狄纳里的成色更低，含银仅40%或50%。

1. 卡拉卡拉改革。货币的这种窘境总能在经济上有所反映，反之亦然，卡拉卡拉（Caracalla，211～217年）时期，国家对货币进行了一定程度的挽救，推出安东尼安银币，或叫二狄纳里，等价于5塞斯特提。重5.45克，含银仅20%，与奥古斯都的狄纳里相比，成色下降了4倍，但币值却是狄纳里的两倍。以这种欺骗手段，皇帝捞取了8倍于屋大维币值的好处。"安东尼安"银币的特征是戴芒冠的大帝头像，或一轮新月拥绕的帝后胸像。不久之后，银币的贬值无法遏制，大约公元250年银币暂时消失。

2. 戴克里先改革。为使货币保持稳定，戴克里先（Diocleciano，284～305年）在293年进行了更重大的改革。发行大铜币，即富利铜币，重9～13克，币值为20塞斯特提；币图是戴桂冠头像。其等分币是普通狄纳里，重4.50克，币值为半富利，币图是戴芒冠的头像。还推出小银币，重3.41克，也就是尼禄时期的狄纳里银币重量，被称为米利亚伦斯，因为1000枚米利亚伦斯银币等于1磅黄金。换算关系为：1磅黄金＝50奥雷＝1000米利亚伦斯。因此1奥雷（6.54克）＝20米利亚伦斯。由此推导出6.54克金等于68.20克银，或0.327克金＝3.41克银，两种贵金属之间的比值为1:10。除个别情况外，造币的金属坯更平展，图案的凸饰减少，币面趋于平滑，开始出现拜占庭货币和基督教中世纪货币的特点。

3. 君士坦丁改革。这是帝国最重要的改革，它影响范围广大，被"蛮族"普遍效仿。同时，君士坦丁（Constantino，306～337年）皈依基督教，使得新宗教题材进入罗马钱币。新币制把索利多即苏埃尔多金币作为本位币，出币率每磅出72枚，枚重4.54克。等分辅币有塞米斯（Semis，半索利多）和特莱米斯（Tremis，1/3索利多），即特列恩特，也是金币。特列恩特币重1.51克，出币率为每磅216枚，流通年代很长。银币有米利亚伦斯，此时也是1/72磅，即4.54克重。12米利亚伦斯银币等于1苏埃尔多金币（苏埃尔多金币）；从币值上讲，米利亚伦斯或米利亚雷斯的一半是 2.60 克重的西利克，据圣伊西多罗记载：Vigesima Quarta Pars Solidi Est（是索利多的 1/24）；8 西利克等于 1 特莱米斯金币。等分币有重 1.30 克的半西利克和重 0.87 克的 1/3 西利克。铜币有富利币，12 富利等于 1 西利克。

换算关系：1 苏埃尔多 = 2 塞米斯 = 3 特列恩特 = 12 米利亚雷斯 = 24 西利克 = 288 富利。1 特列恩特 = 4 米利亚雷斯 = 8 西利克 = 96 富利。1 米利亚雷斯 = 2 西利克 = 24 富利。

这一币制，尤其是金币体系，在那个时代声望极高，以致拜占庭帝国采用了同样的币制，于是后来被各"蛮族"纷纷模仿。在制币艺术上，君士坦丁币的特点是币文字体小，币薄面积大，人像仅微微凸起，占币面大部分空间。

三、帝国时代的伊斯帕尼亚

发现的钱币证明，从 1 世纪至 5 世纪，伊比利亚半岛收到大量罗马帝国币，尤其是铜币，以致它们作为部分法定币在安达卢西亚一直流通到 8 世纪，在卡斯蒂利亚、莱昂和加利西亚的一些地区流通到 12 世纪，甚至有些地区一直使用到 19 世纪才做了细微变化。

在社会方面，伊斯帕尼亚居民分为罗马公民、拉丁公民和流动公民，卡拉卡拉甚至赋予帝国所有自由公民同一等级，许多权利上的差异因此消失。这个时代大量城镇才获得真正的城市等级，其中有塔拉戈、巴西诺、恺撒奥古斯塔、伊莱尔达、奥斯卡、埃梅里达、卡塔格诺瓦、加的斯、希帕里斯、科尔杜瓦等。各种公共工程剧增，西班牙的罗马化非常突出，竟为罗马贡献了五位大帝：加尔巴、图拉真、哈德良、马克西穆斯和狄奥多西。与此同时，西班牙的人文科学也异常兴盛，从这里走出了一些世界级的文人，有非基督教的塞内加、卢坎、马提亚尔和昆提利安，还有基督教的奥西奥、胡文科、普鲁登修斯和奥罗修斯。西班牙并入罗马帝国 5 个世纪为西班牙人提供了一种领土统一和精神统一的观念，在西哥特人统治时期更能真实地感受到这一观念的存在。

在行政区划方面，公元 293 年戴克里先将帝国分为大区、行政区和省。这时半岛成为隶属于高卢大区的一个行政区，下辖贝提卡、卢西塔尼亚、加利西亚、塔拉戈纳，卡塔赫纳和位于摩洛哥北部的丹吉尔六个省，后来又增加了巴利阿里群岛。

君士坦丁于公元 330 年在紧邻博斯普鲁斯海峡的旧希腊人殖民城市拜占庭建立新都君士坦丁堡，证明东方重新占据主导地位。最终，狄奥多西（346~395 年）秉承该理念，将帝国分给他的两个儿子，把伊利里亚大区和东方大区给了长子阿卡狄乌斯，将意大利大区和高卢大区交给次子霍诺留。

这个时期出现了十努姆斯币，等于半个西利克。还有百分努姆斯币，这样叫是因为 100 个百分努姆斯等于 1 西利克。

第二节 拜占庭货币

在艺术方面，狄奥多西及几位继任者的货币已真正地成了"拜占庭"币，正如前面介绍的，金币和银币的重量标准也是拜占庭的。一般认为，从 4 世纪末到 8 世纪，东罗马帝国的货币分为三个时期。

一、从阿卡狄乌斯至阿纳斯塔修斯一世（公元 491 年）

苏埃尔多金币的正面基本是两种币图。一种是占币面 3/4 的戴盔胸像，一直用到查士丁尼（Justiniano，527～566 年）时期，并被多个"蛮族"效仿，如东哥特人、法兰克人、勃艮第人。另一种是面向右披紫金袍胸像，塞米斯和特莱米斯也使用这种币图，直到 8 世纪，改成了面向前的胸像。苏埃尔多金币的背面有象征罗马或君士坦丁堡的标志，或持球和十字架的维多利亚女神像或皇帝与共帝面对面坐于王座像。塞米斯币的背面是维多利亚女神坐像，特列恩特币是向右行进的女神站像，这种布局后来被西哥特人采用。

在狄奥多西二世（Teodosio Ⅱ，408～455 年）的妻子欧多西亚的苏埃尔多币和加拉·普拉西提阿的苏埃尔多币上首次出现了维多利亚女神面向左持长十字架的币图。在西罗马帝国，这种币图一直持续到西罗马最后一位皇帝罗慕路·奥古斯都（Rómulo Augústulo，475～476 年）时期，而在东罗马帝国，则持续到阿纳斯塔修斯一世。在查士丁和查士丁尼一世时期看到的是面向前的维多利亚女神。

二、从阿纳斯塔修斯一世至希拉克略（Heraclio，公元 610 年）

阿纳斯塔修斯一世统治时期（491～518 年），金币继续使用上述币图标志，但铜币有重大变化，发行了大铜币，通用名称"富利"，之后由此产生某些币值，一起形成一个体系：等于 40 努姆斯的富利及等分币 30 努姆斯、20 努姆斯，10 或十努姆斯和 5 或五努姆斯，最小是努姆斯或狄纳里。所有这些币背面都有一个大"M"。

查士丁尼统治时期（527～566 年）制造的西利克银币上有某些文字，用于注明相对于铜币的币值，例如，CN = 250 个铜单位，PKE = 125 个铜单位，PK = 120 个铜单位。这个时期的苏埃尔多金币的币图是手持十字架和球的正面胸像，而狄纳里，即迪内罗则变为计价货币。格里尔森最近公布了一枚这个时期的特莱米斯币，猜测是在西班牙的卡塔赫纳制造的，当时该地区及整个半岛南部都在拜占庭帝国统治之下。该币做工粗糙，直径小于同期的拜占庭特列恩特币，继续同样的币图，即面向右的头像和面向前的维多利亚女神像。币文："DN IVSTINIANVS PP AVC"（我主查士丁尼万岁奥古斯都）和"VICTON AVVCVSTOR-VN"（胜利的奥古斯都们）；脚线下是"CONOO"。提比略二世·君士坦丁时期（Tiberio II Constantino，578～582年），苏埃尔多币的背面有台阶上的十字架，西哥特币模仿了这种币图标志。

三、从希拉克略至查士丁尼二世（公元712年）

在币图制度化中，希拉克略在币正面放两个帝王胸像，在苏埃尔多币上有很强的艺术效果，在西哥特人的模仿币上成了真正的漫画式币图。同时，苏埃尔多币背面的币图也用在了拜占庭特列恩特币上。这一时期继续制造米利亚雷斯币，重3.41克，币值等于1/12苏埃尔多。同时还制造1.70克重、币值为半米利亚雷斯的西利克币和0.40克重的1/4西利克币。

在查士丁尼二世统治时期，金币和银币的背面加入了持耶稣十字架的半身像，这一题材也被西哥特人模仿。7世纪中叶，开始制造球状苏埃尔多币，非常厚，直径缩小，后来被非洲北部和西班牙南部的阿拉伯造币厂模仿。

第三节　模仿帝国币

帝国分裂之前，罗马的苏埃尔多金币就在文明世界享有极高的威望，是唯一可在所有与罗马帝国或拜占庭帝国有来往的国家中自由流通的货币。当狄奥多西把他的帝国分成东西两部分时，东帝国占有优势，君士坦丁堡继续着罗马曾经享有的霸权和奢华。因此"蛮族"使用罗马币就像是自己的钱币，他们认为罗马币无与伦比，只要可能他们就会模仿罗马币。导致这种亦步亦趋的模仿有两个基本因素：一是帝国币被所有"蛮族"普遍接受，因而需要一种等同于帝国币的钱币；二是所有"蛮族"都默认了帝国的权威性。这些"蛮族"在欧洲处于帝国的保护之下，后来成为帝国的联邦，而在独立之后，无疑将这种模仿发展到极端，不论是模仿币图还是模仿币文，以致常常很难确定一些钱币的出处。非常奇特的现象是，独立的"蛮族"国家的国王以"活着或死去的拜占庭皇帝"的名义制币，也就是在币上标注拜占庭皇帝的名字而非自己的名字。直到很久之后才敢在钱币上加上自己的名字。在介绍苏维汇和西哥特货币时，将更详细地介绍这一过程。

一、蛮族的造币

自 5 世纪初，蛮族继续潮水般涌入欧洲南部和西部，造成经济和伦理灾难，完全打乱了帝国各地区的生活。公元 410 年，亚拉里克洗劫罗马，撼动了东罗马帝国，而西罗马帝国于公元 476 年灭于奥多亚塞之手。这位侵略者制造的钱币上是皇帝阿纳斯塔修斯的头像，背面是自己名字的交织字母，他的铜币的背景里也有他名字的交织字母。东哥特国王狄奥多里克（Teodorico，493～526 年）打败奥多亚塞后，继续这样做。他的苏埃尔多币和特列恩特币上仍是那位皇帝，币上标注造币厂。在公元 497 年他接受西罗马帝国徽章后，将造币厂的标识放到背景里，在原来标注造币厂的地方放上自己的名字。这一时期的币在罗马、博洛尼亚和拉韦纳制造。他的西利克、半西利克和努姆斯币的背面都有国王名字的交织字母。阿塔拉里克继承王位后，把他的名字排成四行。狄奥达哈德（Teodato，534～536 年）制造维多利亚女神立于船头的大铜币。

伦巴第人在托斯卡纳和阿尔卑斯山南高卢地区安营扎寨，并以山南高卢命名这一地区。最早发行币模仿拜占庭币，有时造币极薄，以致一面的币图也显示在另一面。格里马尔多（Grimaldo，662 年）时期，钱币上有了国王名字的交织字母。矮子丕平的手下败将艾斯图尔夫（Astaulfo，749～756 年）时期，钱币上普遍出现了造币厂的名称。

在图尔奈发现的法兰克人的宝藏证明，希尔德里克（Childerico，458～481 年）时期的所有币都是模仿帝国币。他的继任者，克洛维一世（Clodoveo I，481～511 年）在钱币上加了两个"C"，被解释为他名字的缩写。币的背面标注造币厂，如巴黎、梅斯、拉昂、苏瓦松等。它们的本位币是苏埃尔多金币，等价于 40 狄纳里银币，即 Quadraginta Dinarios Qui Faciunt Solidum Unum。高卢索利多比君士坦丁的索利多小，重量在 3.40～3.90 克，每磅约 84 枚，但实际上仅制造 1.20 克重的特列恩特币，它出色地成为墨洛温王朝的钱币，根据一本公元 801 年的《祈祷书》记载，1 特列恩特等于 13 1/3 迪内罗银币。奥斯特拉西亚国王提乌德贝尔特一世（Teodeberto I，534～547 年）打败了帝国军队，因此他认为有权力在钱币上放上自己的名字和肖像。他在多个造币厂制造苏埃尔多币和特列恩特币，沿用君士坦丁的币制：1 磅 72 枚苏埃尔多币等于 1728 枚西利克币；1 苏埃尔多＝24 西利克；1 特列恩特＝8 西利克。

在英格兰，罗马军队撤离后，盎格鲁人和撒克逊人得以在 5 世纪初侵入，建立起 7 个王国：肯特、埃塞克斯、韦塞克斯、萨塞克斯、诺森布里亚、东盎格利亚和默西亚，即所谓的七国联邦，且制造了币图极其丰富的苏埃尔多和特列恩特金币、迪内罗银币和铜币。

二、苏维汇货币

公元 409 年至 415 年间，大量蛮族侵入伊斯帕尼亚，其中一些非常凶蛮。例如，位于杜罗河北岸的阿斯丁汪达尔人和苏维汇人；塞维利亚地区的锡林汪达尔人和梅塞塔高原中部的阿兰人。西哥特人与西罗马帝国签订盟约，成为帝国的"同盟者"后，侵入半岛，驱逐原先的居民，将苏维汇人驱赶到西北部，最终把汪达尔人驱赶到非洲北部。苏维汇人，也称苏维比人，据莱因哈特讲就是德国西南部的士瓦本人，从一开始就占据了加利西亚和卢西塔尼亚，零星占领过贝提卡的部分区域。第一位君王是赫尔梅里克（Hermerico，409～441 年），之后相继七位君王的统治时间都有记载，最后一位是莱米斯慕多（Remismundo，约 458 年）。接下来一段时期记载不清，之后是卡利亚里克（Carriarico，约 560 年），然后是几位国王，最后是爱得卡和马拉里克，两人统治期间，王国于 585 年灭亡。

苏维汇币有金币和银币。流通的铜币是曾经的罗马帝国币。跟前面提到的其他蛮族国家一样，苏维汇人的制币是模仿帝国币，但重量更轻，像后来克洛维的做法一样。于是原本 4.54 克重的苏埃尔多金币的重量降到 3.60～3.75 克。特列恩特币同比降到 1.15～1.25 克。据莱因哈特介绍，西哥特币的重量也一再减轻，直到利奥维吉尔德统治的最后几年。

苏埃尔多币的特点是西罗马帝国皇帝霍诺留（395～423 年）面向右胸像，币文也是讲他。币背面是一个站着的人像，右手持军旗，左手握维多利亚女神像。模仿拜占庭币，脚线下是"CONOB"："CON"是君士坦丁堡的缩写，"OB"是足金的缩写，意思是君士坦丁堡足金，这是根据其他币文判断的，例如"TESOB、ANOB"等，前几个字母表示地点塞萨洛尼基、安条克。当变成 COMBO 时，则认为相当于国库官足金 ＝ "金币制造官担保"。西哥特币也用这种格式的币文。

葡萄牙北部的很多发现，让人猜想苏维汇的首都可能是布拉加拉（即布拉加），它的等级超过罗马帝国时期归属加西利亚省的等级。瓦伦提尼安三世做皇帝时期（425～455 年）和苏维汇第一阶段几位国王制的其他苏埃尔多币依然以霍诺留之名。莱因哈特指出，苏维汇的苏埃尔多币模是同向的（↑↑），而霍诺留自己的是反向的（↑↓）。

苏维汇人还以皇帝之名制造特列恩特币，正面是面右的君王胸像，背面是在两枝月桂之间的十字架。再晚的苏维汇币有瓦伦提尼安三世的名字，币背面是花环中十字架[49]。另一种特列恩特币用不同性质的币文替代了帝王的名字[50]，如 Latina Tude（图德）Munita，Latina Emeri（埃梅里达）Munita，Latina Iuli（尤利亚）Munita，Latina Munita Bene，Munita Gallica Pax，Senapria（萨纳利亚）Talassimiv，Leones（莱昂）Moneta Clara，Oberisidense（比埃尔索）Vnita 等，这些币文有的像是造币坊，有的像指苏维汇君王，还有的表示币的成色好坏。总之，几乎可以确定金币上都没有国王的名字，以示对帝国的尊重和谄媚。据莱因哈特介绍，已知的钱币提供的造币厂名有：Bracara（布拉加拉）、Beriso（比埃尔索，即 Bierzo）、Emerita（埃梅里达，即梅里达）、Laura（劳拉）、León（莱昂）、Maurelos（毛雷洛）、Sanabria（萨纳利亚）、Pax Iulia（帕克斯—尤利亚）、Tude（图德）、Viseo（维塞乌）和 Verenganos（贝伦加诺斯）。马特乌·略皮斯补充了 Conimbriga（科宁布里加）、Eminio（埃米尼奥，即科英布拉）、Lameco（拉梅古）、Lancia（兰西亚）、Portocale（波尔图卡勒，即波尔图）等。这些币背面围绕中心十字架的花环比之前小很多。可能币文为"LATINA MUNITA GOTTI"的同类币属于西哥特统治时期发行的钱币。币重在 0.85～1.25 克。

到目前为止，仅发现 3 枚西利克银币。最古老的一枚在巴黎古币收藏室，币重过轻，只有 1.85 克，因此曾被怀疑是假币。但如果我们注意到苏维汇的苏埃尔多币和特列恩特币的重量也很轻，并且接受重量同比减轻，就会意识到苏维汇的西利克币就应该是 2 克左右重，几乎是这枚收藏的币的重量。以下是对该币的描述[51]：正面是币文"DN HONORIVS P F AVG"（我主霍诺留，虔敬幸福的奥古斯都）和该皇帝束带披紫金袍面右的胸像；背面币文"IVSSI RICHIARI REGES"（雷夏里奥国王）和被月桂环绕的拉丁十字架，十字架两边分别是"B"和"R"（布拉加拉的缩写）。因此，这枚西利克币是雷夏里奥时期的，从统治年代推算，制于瓦伦提尼安三世、佩特罗尼乌斯·马克西穆斯或阿维图斯（Avito，455～456 年）统治时期。另一枚银币是在拉涅济什（Lanhoso，即葡萄牙的布拉加）古城堡遗址的考古挖掘中发现的残币，此币的发现消除了人们对第一枚钱币真实性的疑虑。

第四节　西哥特货币

一、利奥维吉尔德之前的西哥特货币

西哥特帝国在疆域方面的一个特点是，起初它统治的法国南部疆土比在半岛上的疆土更广阔，因此在 419～506 年定都图卢兹。据说，为了使本民族利益更加冠冕堂皇，新侵略者以西罗马帝国"同盟者"计划的名义占领了整个半岛，但历时很长，几乎将帝国的整个兴盛时期甚至帝国存在的整个时代都投入这一伟大的计划。

西哥特币只有金币——苏埃尔多币和特莱米斯币，但由于那时资源稀缺，制造的是镀金银币或金比例极低的金银混合币，以致有些币现在全变白了。看来几乎所有苏埃尔多币都是在比利牛斯山另一侧造的，根据莱因哈特的说法，起先以西罗马皇帝的名义，后来以东罗马皇帝的名义。

普遍怀疑是否有以霍诺留名义制造的苏埃尔多币。但都知道确实有以瓦伦提尼安三世（424～455 年）的名义制的苏埃尔多币，因此应该是在狄奥多雷多（Teodoredo，419～451 年）和多里斯蒙德（Turismundo，451～453 年）时期的造币。甚至模仿到照抄帝国造币作坊的标记的地步，如米迪欧兰尼恩的 M－D，拉韦纳的 R－V[52]，罗马的 R－A，但有时会把字母弄颠倒，暴露出是仿造的。币正面是面向右的皇帝胸像，背面是面向前或略向左倾斜的人像，手持小维多利亚女神像。也以利比乌斯·塞维鲁（Libio Severo，461～465 年）之名造狄奥多里克（453～466 年）苏埃尔多币。另一些币以马约里安（457～461 年）和安特米乌斯（467～472 年）的名义制造。

莱因哈特认为，通过对比出自同一币模的两枚苏埃尔多币，一枚有马约里安（457～461 年）的名字，另一枚有东罗马皇帝利奥一世（457～474 年）的名字，可以发现西罗马皇帝名字被东罗马皇帝名字替代的确切时间是公元 461 年，很可能与很快导致西罗马帝国灭亡的灾难性事件有关。之后的苏埃尔多币有阿纳斯塔修斯（491～518 年）和查士丁一世（518～527 年）的名字，币图是面左的维多利亚女神像，也许是因为很难錾正面像的缘故。莱因哈特认为应该是在纳博讷和巴西诺那（Barcinona，即巴塞罗那）制造的。马特乌·略皮斯认为最后的苏埃尔多币是利奥维吉尔德时期的，模仿查士丁尼币。克洛维于公元 507 年在武耶击败亚拉里克二世后，西哥特人不得不丢弃法国广阔的疆域，仅保留了对纳博讷省的控制。自此，西哥特人尽力在西班牙安邦定国，集中于半岛中部，发现的墓葬证实，主要在今天的塞戈维亚、马德里、托莱多、帕伦西亚、布尔戈斯、索里亚和瓜达拉哈拉几个省。

一般认为，最早的特列恩特币是在狄奥多雷多时期（419～451 年）造的，以瓦伦提尼安三世（425～455 年）的名义。正面是面右的皇帝胸像，背面有两种币图：一种是苏维汇式的月桂中间的十字架，另一种是手持长十字架面向左的维多利亚女神。从亚拉里克二世开始模仿阿纳斯塔修斯皇帝的特莱米斯币，491 年的币图是维多利亚女神面向右[53]，手持棕榈枝和花环。马特乌·略皮斯把正面的币图分为两种式样：一种是像皇帝那样披紫金袍，另一种是胸前放十字架。因不断地模仿仿制品，币图越来越走形，到利奥维吉尔德时期，已经完全成了几何图案，极为粗陋。亚拉里克二世的这些造币在《勃艮第法》中插入的一个文件有记载，该文件写明这种币因成色过差而不应被接受：De monetis solidurum praecepimus custodire ut omne aurum quodcumque pensaverit accipiatur, praeter quatuor monetas, hoc est：Valentiani, Genovensiss et Gothium, qui a tempore Alarici regis adaerati sunt et Ardaricanus。

西哥特在国王阿马拉里克（Amalarico, 511～531 年）、狄乌蒂斯（Teudis, 531～548 年）、狄乌蒂吉斯克鲁斯（Teudiselo, 548～549 年）、阿吉拉一世（Agila, 549～554 年）、阿塔纳吉尔德（Athanagildo, 554～567 年）、利奥瓦斯（Liuva, 567～573 年）和利奥维吉尔德（573～586 年）统治期间，继续以查士丁（518～527 年）、查士丁尼（527～566 年）和查士丁二世（566～578 年）的名义造特莱米斯币。不确定有十字架的胸像是不是查士丁一世，但这种样式和另一种披紫金袍的皇帝的头是面向前或面向右的。以查士丁尼和查士丁二世之名制作的特列恩特币在背景中有交织字母，有时被解释为西哥特国王的名字，目前广受质疑。之所以质疑是因为没有看到有此特点的西哥特币，在当时的其他蛮族币上倒是常见。此外，背面的维多利亚女神完全是勃艮第币图，这种币在西班牙不常见到。

皮奥·贝尔特兰把一些胸像上十字架把项链坠成三角形的特列恩特币归到阿塔纳吉尔德统治的 566～567 年。利奥瓦斯和利奥维吉尔德继续模仿帝国币，此时以查士丁二世之名。但在后一位君王统治下，风格已经是西哥特自己的风格，废弃很多书写不正确（VIVIVI……）或字迹难以辨认[54]的币，有些币上可看到 "LIVIGILDVS REX INCLITVS"（卓越的利奥维吉尔德国王），币背面继续正面写不下的部分。皮奥·

贝尔特兰认为这时的币图是十字架不挂在项链上，项链在十字架上方，呈弧形或帷幔状。他认为始于利奥瓦斯一世时期，约公元 567 年，估计是伊斯帕利斯造币厂造。但目前还没人细致研究这个时代的造币风格，因此还没有把握确定造币厂。

二、利奥维吉尔德币

利奥维吉尔德继位时，西哥特在半岛的领土已大大减少，不仅西北部还有苏维汇王国，而且由于查士丁尼帮助阿塔纳吉尔德反击西班牙的罗马叛军，作为交换，南部瓜达尔基维尔河与胡卡尔河之间的整个区域给了拜占庭帝国。利奥维吉尔德于公元 581 年击败了巴斯克人的暴动，并在 584～585 年攻占苏维汇王国。他遇到的更大困难是，南部信奉天主教的西班牙的罗马人推举他的长子赫尔蒙内吉尔德为国王（580～585年），对抗西哥特的阿里乌斯教派。钱币上反映其中一些事件。

迈尔斯说，"西欧货币史上的一个时代性标志是利奥维吉尔德国王在西哥特人统治的西班牙引入严格自治的国家货币"。事实上，在 575～578 年，西哥特开始完全自主地发行货币。货币上出现了在位君王和造币厂的名字；撤掉了东罗马帝国皇帝的名字。这一变化如此彻底，不论是军事胜利还是占领领土都不足以解释其原因，毕竟恰恰在那时，拜占庭帝国第一次成为半岛南部广阔疆土的主人，其文化影响本应是很大的。

在利奥维吉尔德主政时期，出现了三种币图的特列恩特币。第一种是面向右胸像和面向右的维多利亚女神像，是之前造币的延续。至今仅看到一枚币上有造币厂名字——Toleto（托莱托，即托莱多）。正面币文是" + IVVIC + IXPVSI"。已发现的样币似乎沿用减轻重量的古老原则，有枚币的币文是 CLIVVIGILDI REGIS/ IVSTINIANVS（查士丁尼）。

580～584 年开始第二种币图：面向右的胸像和台阶上的十字架[55]*，应该是抄袭查士丁二世在君士坦丁堡的继任者提比略二世·君士坦丁（578～582 年）的钱币。造这种币的有巴西诺那（Barcinona，即巴塞罗那）、恺撒奥古斯塔（见萨拉戈萨）、罗达、提拉索纳（Tirasona，即塔拉索纳）、雷卡雷多镇（Reccopolis，即瓜达拉哈拉省）、托莱托、伊斯帕里（Ispali，即塞维利亚）、意大利卡（邻近圣地庞塞）、埃尔武拉（Elvora，即埃武拉）和埃梅里达（即梅里达）。正面的币文一般是"LIVIGILDVS REX"（利奥维吉尔德国王），或者"DN LIVIGILDVS"（我主利奥维吉尔德），背面是造币厂名字加一个词，如"PIVS、IVSTVS、VICTOR"（胜利者）。但有些币有特殊文字，以致过去几个世纪都认为它们是纪念币。如埃梅里达的"EMERITA VICTORIA"（胜利的埃梅里达）、意大利卡的"CVM DEO ETALICA"（神佑意大利卡）、伊斯帕里的"CVM DEO OBTINVIT ISPALI"（蒙神之佑得到伊斯帕里）和罗达的"CVM D I RODA"。马特乌·略皮斯认为，最后一条可以译为 cum Deo intravit Rodam，造币年份大约是 581 年，地点应该是特尔河畔罗达。依此类推加洛林王朝的同名币是有效的。第三条币文是纪念利奥维吉尔德打败他儿子赫尔蒙内吉尔德后，攻占塞维利亚的。

皮奥·贝尔特兰认为，在利奥维吉尔德于 584 年征服塞维利亚和他儿子后，从科尔多瓦开始推出第三种币图，币两面都是面向前胸像。此系列币有十四种地名币文。埃梅里达、雷卡雷多镇[56]和纳博讷的币图是戴王冠胸像。除了上述的一般币文，还有一些非常规的："RECCOPOLI FECIT"，纪念雷卡雷多镇建城；"CORDOBA BIS OBTINVIT"，庆祝第二次占领科尔多瓦这座城市。

利奥维吉尔德统治时期，还应包括他儿子赫尔蒙内吉尔德统治贝提卡的 580 ~ 585 年。伊斯帕里造币用的是他父亲的第一种币图，没有标注造币厂，根据币文发行了两批：一批的币文是"INCLIT REGI"，大约是 580 年发行的，另一批是"REGI A REO VITA"，在 583 ~ 584 年间。

三、西哥特币的第三种币图

从利奥维吉尔德统治的 584 年到辛达斯文托（Chindasvintho，642 ~ 653 年）统治，中间包括雷卡雷多、利奥瓦斯二世、维特里克、君德马尔、希瑟布特、雷卡雷多二世、苏因蒂拉、希森安德、易乌提拉、奇恩蒂拉、图尔加统治时期，第三种币图在全国范围推广，几乎具有排他性。而且第三种币发行量最大，币文中出现的地名达 77 个，原则上对应同样数量的造币厂。在这方面，有些学者列举出各种各样的胸像变形，几乎每个省有一种。

对此问题进行细致分析，可区分出高达 31 种胸像变形（见图 9）。一些出自利奥维吉尔德时期，一些出自后续国王统治时期。同样，有些胸像变形在所有国王统治时期都使用了，有些仅在一个国王时期使用过。最终已经证实，用一些特定币模有时可以打制出不同币文的钱币。这些问题要求分析地名 = 造币厂这一并非无关紧要的课题。但我们先要指出从利奥维吉尔德时期开始出现到辛达斯文托时期消失的第三种币图变形对应的造币总厂，它们是：Barcinona（巴西诺纳）、Cesaracosta（恺撒奥古斯塔）或 Tarracona（塔拉戈纳）、Ispali（伊斯帕里）、Emerita

（埃梅里达）、Elvora（埃尔武拉）、Toleto（托莱托）、Narbona（纳博讷）、Arros（阿罗斯）、Vallegia（巴耶奇亚）、Cordoba（科尔瓦多）、Eminio（埃米尼奥）、Rodas（罗达）、Iria（伊里亚）、Georres（赫尔莱思）、Mandolas（曼多拉斯）、Bracara（布拉加拉）、Mentesa（门特萨）、Petra（彼得拉）、Asturica（阿斯托加），有些厂不只制作一种变形，如埃梅里达、托莱托等。后附地图和各币图变形，省去了更进一步的补充解释。地图旁的钱币[61]是梅里达造币厂造的第三种币图的第 12 种变形，是本分类体系的区分标准。

注：分别为苏维汇王国的特列恩特币（49～50）；雷夏里奥的西利克币（51）；西哥特帝国；狄奥多雷多的苏埃尔多币（52）；亚拉里克（53）、利奥维吉尔德（54 和 56）、辛达斯文托（58）、瓦慕巴（55 和 57）、埃尔维希奥（59）和厄吉卡（60）的特列恩特币。

图8　49～60 号币

四、西哥特币的其他种币图

在利奥维吉尔德到辛达斯文托期间，除了占主导地位的两面都是胸像的币图，还打制其他币图的钱币，但把它们放到一起研究还很少。

雷卡雷多一世将第四种币图引入塔拉戈纳，是面向前的胸像和等长的十字架。只有一种原本就有的变形，十字架在一条弧线下。希瑟布特时期出现第五种币图，面向前胸像和台阶上的十字架，币文"Emerita"（埃梅里达）[57*]。关于雷卡雷多二世时期的造币有很多疑问。莱因哈特认为，币文为"ISPALI PIVS"的特列恩特币是这一时期的，因为所加之词放在地名后面始于君德马尔（610~612年）时期，之前一般是颠倒过来的"Pius Ispali"。

在辛达斯文托时期，卢戈的一枚钱币上出现了第六种币图，面向前的胸像，背面中心是造币厂名的花押，周边币文重复造币厂所在地地名[58]。没联系错的话，这应该是该君王之后推出的有他自己和儿子的名字的币图的一次试验。649~653年，钱币开始表现雷克斯文德与其父辛达斯文托的共治。要包括两位君王又不能忽略造币厂，从而产生了第七种币图（面右的胸像/造币厂花押）和第八种币图（面左的胸像/造币厂花押）。第七种的币文有"Toleto"（托莱托）、"Ispali"（伊斯帕里）和"Emerita"（埃梅里达）；第八种有"Ispali"（伊斯帕里），另一个是字母"SVVE"，尚未破译出来。

雷克斯文德（649~672年）独掌政权时期，使用了多种币图，有第二、第三、第五、第八种，第八种的特殊之处是币的两面重复国王的名号。此外，还推出了第九种（面右的胸像/等长十字架）、第十种（面右的胸像/造币厂花押，币周也是地名，像辛达斯文托时期的卢戈币）和第十一种（面左的胸像/台阶上的十字架）。虽然有这七种币图，但地名数量还不及辛达斯文托时期的一半。

继任者瓦慕巴（672~680年）使用第二种和第五种币图。埃尔维希奥也用这两种币图，只是埃梅里达造币厂在第五种币图的正面加了十字光环，这种题材在君士坦丁币上用过。此外，萨尔曼提卡造币厂推出第二十种币图：面右的胸像/救世主胸像[59]，马特乌·略皮斯认为是公元685年开始打制的，与前面讲过的第五种币图变形一样，也是模仿查士丁尼二世（685~695年和705~711年）的造币。厄吉卡继续使用埃尔维希奥的前两种币图，又添加了第十三种：三角形上的十字架/台阶上的十字架，在门特萨打制。篡权者苏涅弗雷多短暂统治时期（692~693年），只发现托莱多造币厂发行了一次第二种币。是皮奥·贝尔特兰发现的，这一发现是个典型例子，证明了钱币调查作为历史资料的源泉的重要性，尤其是在文件（另一种源泉）缺乏、不能确切了解事实的时候。

如辛达斯文托与雷克斯文德共治产生的币图类型一样，厄吉卡收养威蒂萨，在两人共治的 689～702 年推出了另一种特别的币图，第十四种币图：面对面的两个胸像/造币厂花押[60]，不切实际无意义地重复帝国币的双胸像。在这个短暂的时期，还出现了第十五种币图：面对面的胸像/十字架；两圈币文是地名和养子名，在科尔多瓦和埃卡夫罗制造，这里的特点是用伊比利亚文的 ti 替换了十字架。最后，第十六种币图（面前的胸像/造币厂花押）出现在赫罗纳和图德。威蒂萨统治时期，再用第二、第四、第五、第九种币图。在罗德里克（Roderico，即堂罗德里戈）和阿吉拉二世时期，无区别地使用第二种和第五种币图。前一种在托莱托和埃希塔尼亚制造；后一种在纳博讷和塔拉戈纳制造。由于两位君王统治的地区相距遥远，可能都于公元 710 年开始制造。阿吉拉应该一直制到公元 714 年。

五、西哥特币的计量标准和纯度

目前在这方面做的研究少之又少，因为对钱币进行化学分析，一般会将其整个或部分毁坏。例如金币，与其他币相比金币的样币非常少，只能满足于研究其外观，因为获得结果总是要有前提条件的。

据说，利奥维吉尔德在推出他的第三种币时，又回到了特列恩特重 1.52 克的罗马币制，双面的币图都是面向前的胸像，研究者称为"行省币图种类"。据格里尔森说，这一标准从公元 584 年沿用到厄吉卡统治的 698 年，已证实到那时币重还在 1.48 克以上。然而在苏因蒂拉及后几位继任人统治时期，或许是由于王权削弱的原因，一些不太重要的造币厂的造币重量变轻了。从厄吉卡—威蒂萨共治时期起，重量标准急剧下降。

格里尔森认为，利奥维吉尔德的第一种币的金纯度为 18 开，币图是面右的胸像/面右的维多利亚女神像，尚无造币厂名，可能在公元 575～578 年以前制造。维特里克上位后，金纯度在 16 开和 14 开之间浮动，到了辛达斯文托—雷克斯文德共治时期重又升到 18 开，尽管市面流通的是 16 开的。瓦慕巴执政后，占主导地位的是 14 开，并有继续下降的趋势。在埃梅里达制造的币图为厄吉卡和威蒂萨面对面胸像的特列恩特币几乎全是银了。

六、西哥特帝国的造币厂

前面已经介绍过，罗马统治时期，伊斯帕尼亚有一些持续年代长久的固定造币厂，如恩波里翁、萨贡托等，也有昙花一现的，像阿布拉、塞尔蒂坦、穆尔希斯等，还有第三类可称为"流动性"造币厂，负责在某个时刻在某些地区造币。在第三类造币厂中，有必要指出的是恩波里翁造币厂，最初造伊比利亚骑士币，或许被用于恺撒与庞培的战争。与之类似，法国入侵西班牙时，塔拉戈纳、雷乌斯和帕尔马的造币都出自唯一一家流动作坊。

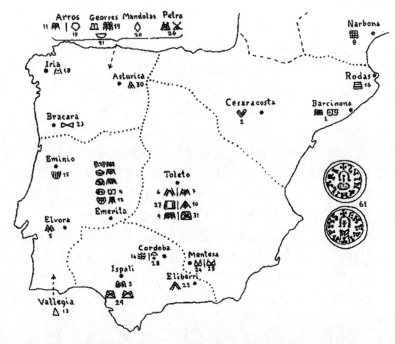

注：①图案：仅一个图案，表示币的正反面重复同一个图案；两个图案中间没有线条，表示同一币的正面和反面；两个图案被线条分开，表示两种不同图案的币，但每种币的两面重复同一图案。

②币图种类：1～9，利奥维吉尔德时期的样式；10～16，雷卡雷多时期的创新式样；17～18，威特里克时期的创新式样；19，希瑟布特时期的；20～25，苏因蒂拉时期的；26～27：奇恩蒂拉时期的；28～29，图加时期的；30～31，辛达斯文托时期的。61 号币：第三种币图的样例，是苏因蒂拉时期梅里达的造币（图案12）。

图9　从利奥维吉尔德到雷克斯文德时期制造第三种币各种变形的造币总厂

如果我们看一下中世纪基督教统治时期的地图，便可看到西班牙的正规造币厂都设在国家首都或地区首府这样级别的城市，如在卡斯蒂利亚，是莱昂、布尔戈斯、昆卡、塞戈维亚、拉科鲁尼亚等城市；在阿拉贡王冠王国，是萨拉戈萨、巴塞罗那、巴伦西亚等。只有在战乱时期或有紧急需要的情况下，小地方才会造币，例如加泰罗尼亚在反抗腓力四世的起义期间。

这些事例证明无论是在古代还是在中世纪，除了战争或别的原因造成的混乱时期，一个国家处于正常状态时，造币厂的数量相对比较少。但这却与乍看到的西哥特帝国的景象形成鲜明的反差，西哥特居然有大约 81 个作坊在造币，而且不像罗马人那样造铜币，而是只造金币。这需要解释吗?

事实上，这种情况与罗马统治的伊斯帕尼亚是一样的，问题在于没有将固定造币厂与流动造币厂加以区分，或更准确地说是将固定造币厂与使用固定造币厂的币模进行流动加工相区分。正是因为这些流动加工，"第三种币图"的变形在半岛的广大地区反复出现；在苏因蒂拉统治时期，第二种变形币上有地名 Cesaracosta（恺撒奥古斯塔）、Tarracona（塔拉戈纳）、Calagorra（卡拉奥拉）、Tirasona（提拉索纳）和 Narbona（纳博讷）。一种变形有地名币文最多的是在加利西亚，在那个时代还几乎没有大城市，要在"当地"实现用金缴税，就要在当地造币，并在币上刻上当地地名，而币模一般来自埃梅里达和托莱托。加利西亚之所以有制币模的造币厂，仅仅是因为原先的币模来源中断。

在这个意义上，可以说图示最能清楚地说明每个"造币厂"在各个国王统治时期的造币情况，如果确定钱币上的地名就是造这些币的作坊名，那么只在一个国王统治时期造币的作坊有 32 个（占 39%），在两个国王时期造币的作坊有 12 个（占 14.8%），在三个国王时期造币的作坊也是 12 个。除去例外情况，这三组地名里没有当时的任何一个大城市，却包含了大量加利西亚的小镇，这恰好印证了前面所讲。与此形成对照的是，在六个国王统治时期造币的有 Barcinona（巴西诺那）、Eminio（埃米尼奥）、Salmantica（萨尔曼提卡）和 Tucci（图克西）；七个国王时期造币的有 Lucu（卢戈）；八个国王统治时期造币的包括 Bracara（布拉加拉），Gerunda（赫伦达）和 Tude（图德）；九个国王统治时期造币的包括 Mentesa（门特萨）；十个国王统治时期造币的包括 Elvora（埃尔武拉）；十一个国王统治时期造币的是 Egitania（埃希塔尼亚）；十二个国王统治时期造币的是 Eliberri（埃利韦利）；十三个国王统治时期造币的是 Narbona（纳博讷）；十五个国王统治时期造币的是 Cesaracosta（恺撒奥古斯塔）和 Cordoba（科尔多瓦）；十六个国王统治时期造币的是 Tarracona（塔拉戈纳）；十九个国王统治时期造币的是 Emerita（埃梅里达）和 Ispali（西帕里）；二十个国王统治时期造币的是 Toleto（托莱托）。这 19 个城镇，估计只占总数的 23.17%。如果剖析利奥瓦斯短暂的三年统治时期，可以看到"第三种"币仅包含 10 个地名，除掉那些不够总场级别的，就只剩下 4 个，它们分别是托莱托、塔拉戈纳、埃梅里达和埃尔武拉。有了这些认识后，西哥特造币厂的概念就清楚多了，可以看到币文是造币厂的名称，对于钱币科学还具有反映地名、地理、历史和经济的重大意义。

以下是上文所提及的总场和地名以外的币文：Acci（阿克西），Aliobrio，Asidona，Aurense（奥伦塞），Barbi（即马尔托斯），Beati（即巴埃萨），Bergantia（即布拉干萨），Bergio，Calagorra（卡拉奥拉），Calapa，Caliabria，Cassavio，Castulona，Catora，Celo，Cepis，Cestavvi（即韦斯卡），Coleia，Contosolia（即马加塞拉），Dertosa（德尔托萨），Egabro（埃卡夫罗），Flavas，Fraucello，Italica，Laetera，Lamego（拉梅古），Laure（劳拉），Laurencio，Lebea，Leione（即莱昂），Malaca（马拉加），Mave（即帕伦西亚），Monecipio，Olovasio，Palantucio，Pannonias，Pesicos，Pincia，Portocale（波尔图卡勒，即波尔图），Reccopolis（雷卡雷多镇），Sagunto（萨贡托），Saldania（萨尔达尼亚），Semure（即萨莫拉），Senabria（萨纳利亚），Tirasona（提拉索纳），Toriviana，Tornio，Totela（图德拉），Valentia，Vallearitia，Ventosa，Veseo（101），SVVE，SCCE；最后两个字母组合是什么地方尚未搞清。

第六章
西班牙的阿拉伯货币

区分历史上的中世纪与货币史上的中世纪——正如杰出的钱币学家坎帕内尔·富埃尔特斯所说，西班牙中世纪钱币学不能从西罗马帝国灭亡的公元 476 年起算，因为这会导致忽视发生过的经济事件和货币事件。事实上，无论是苏维汇人还是西哥特人，实际上是所有蛮族，他们局限于沿用西罗马帝国或东罗马帝国的币制打造钱币，只是因为他们制币模的工匠笨拙，他们达到的只不过是真正的未开化的目标。

西班牙货币史的第一阶段是希腊迦太基的德拉克马阶段；第二阶段是罗马的狄纳里币和苏埃尔多金币阶段。而穆斯林来到我们半岛，永远地结束了第二阶段，并将半岛带到第三种币制——阿拉伯的第纳尔、迪拉姆和法尔币制，尽管在历经哈里发王朝、穆拉比特王朝和穆瓦希德王朝的历史过程中这种币制也发生了实质性的变化，但始终保持了某些前无古人后无来者的形式主义，这些形式主义的东西在西班牙的确立，使得后来的基督教民保持了独立或通过武力获得了自由。

西班牙中世纪货币诞生于两次界定分明的入侵。一次是来自南部伴有文化和宗教因素的阿拉伯入侵；另一次是一个世纪后加洛林王朝从东北的入侵，使刚刚出现的加泰罗尼亚伯爵领地得以兴盛。

本章先介绍阿拉伯入侵时期的货币，它对卡斯蒂利亚货币的影响深远，但只是局部的，主要是马拉维迪币的模仿和换算，还有多乌拉的使用；下一章讲加洛林王朝入侵时期的货币，它在西班牙的影响更大，不仅像卡斯蒂利亚的银铜合金币一样，加泰罗尼亚、纳瓦拉和阿拉贡的货币基础都是加洛林币制，而且阿拉贡王冠联合王国的所有地区使用它的换算方法，一直到 19 世纪末。

第一节　阿拉伯入侵时期的货币

如果研究过阿拉伯入侵西班牙这一对西班牙影响深远的历史事件，

就会承认，阿拉伯之所以能如此迅速地侵入，是因为生活在西哥特权贵纷争之外的伊斯帕尼亚罗马人不抵抗。同时，西哥特王国解体的决定性原因在于王权的选举特性以及统治者与被征服者之间潜在的对抗矛盾。在最后几位国王统治时期，西哥特王国已分崩离析，以致威蒂萨的后代们毫不犹豫地逃往当时在东方哈里发统治下的北非。

公元 711 年，瓜达莱特河和詹达湖战役使堂罗德里克最终败于塔里克之手，塔里克随即迅速占领埃西哈、科尔多瓦和首都托莱多，穆萨于 713 年在托莱多向大马士革哈里发称王。由于入侵者实行宗教宽容，并遵守协定，例如，允许后来成为摩尔人清真寺的科尔多瓦圣文森特大教堂继续做礼拜，半岛的大部分地区很快就实现了和平。

一、阿拉伯币概况

在钱币学方面，阿拉伯入侵意味着罗马货币和西哥特货币作为本位货币的终结。此时，西班牙开始制造与以往完全不同的中世纪所特有的货币。但是这并不意味着以往流通货币的绝对消失，因为铜币依然在使用中，但它们的换算我们不得而知，苏埃尔多和特列恩特金币按重量换算，这是任何时候都通行的币制。

总体而言，阿拉伯币的特点是没有人像，因为《古兰经》禁止。币的两面完全是与穆罕默德和在位君王以及其他要人有关的币文，并标注造币厂和造币年份。为了便于对钱币的描述，在阿拉伯币研究中，研究人员把币正面称为 I "área（面）"，正面中央称作 I C，周边为 I M，而 II A 也就是第二面，中央和周边就是 II C 和 II M。

当然，这些币文都是阿拉伯文的，要从右向左读。另一个特征在于造币年份，是文字表达的，而非相应的数字，首先是个位的词，然后是十位的词，用表示 9 的 "wa" 连接，11 至 19 省略连接词，最后是百位的词。为把阿拉伯币上的年份折算回公元纪年，采用了多种公式。以下是两个最常用的公式：币上年份加 622 年之和，减去币上年份乘以 3 除以 100 的结果①。或许索雷设计的公式更精确：币上的年份乘以 97 的积再加 621.84，注意把小数点后两位的数字与乘积最后两位数对齐，所得之和再去掉小数点后两位。下面是个具体的例子：币上年份 705 × 97 = 68385 + 621.84②。那么伊斯兰教历 705 年对应的是公元 1305 年。

① 译者注：即币上纪年 + 622 − 币上纪年 × 3/100
② 译者注：这里的意思是币上年份乘以 97 之后除以 100，再加 621.84。公式应该是：705 × 97/100 + 621.84

二、阿拉伯人统治伊斯帕尼亚初期的货币

阿拉伯鼎盛时期货币的特点是使用纯文字描述，币薄直径大。奇怪的是，最早的阿拉伯币却完全相反：允许有图案，币坯极小，直径10~12毫米，且非常厚。主要是金币，与当时的非洲币相似。金币有三种币值：第纳尔、阿尼斯佛和阿特索。第一个是基准单位，重4.20克，比拜占庭苏埃尔多略轻，其他两个分别是半第纳尔和1/3第纳尔。

关于币文，科德拉把上述金币分为两类：拉丁语类和双语类。年代大概在伊斯兰教历92年至98年，即公元710~716年。币过小导致币文的不清晰，通常币文是在币坯上直接刻的，所以很难辨认，更不用说还省略了大量的元音和辅音字母，所以很难判定币文的原本含义。

"拉丁语"类亦可分为两组。第一组是成色好的第纳尔，ⅠA（Ⅰ面）的图案是三个台阶上有一圆柱，柱上有一个球；第二面是一颗8芒星[62]。ⅠM（Ⅰ面周边）和ⅡM（Ⅱ面周边）是同样的币文："FERI-TOSSOLIINSPANAN"，也就是feritos solidus in Spania anno，意思是某年西班牙造苏埃尔多。第二组ⅠC（Ⅰ面中央）的币文是"INDC Ⅺ"（或Ⅻ），ⅡC（Ⅱ面中央）是一颗8芒星[63]。Ⅰ面中央的币文 indiccione 估计是罗马纪年，不过仍然存在着诸多疑点。边饰币文：ⅠA（Ⅰ面）是"NNSLDFRTINSPNANN"，即 novus numus solidus ferities in Spania anno，意为某年西班牙造新苏埃尔多。ⅡA（Ⅱ面）是"INNINDINDSNS-DSSLSNRS"，即 in nomine Dei non Deus nisi Deus solus nrs，意思是以真主的名义，万物非主，唯有真主。还有一些标注罗马纪年的币ⅡC的文字很难译。第二组币的金成色有时很低。

"双语"类币在ⅠA是阿拉伯语币文：穆罕默德先知使命的第一句话（Mohammadon rasulo Allahi... =阿拉派遣的穆罕默德），ⅠM的币文是造币厂名 Al–Andalus（安达卢斯）和年份伊斯兰教历98年。在阿拉伯统治西班牙的几个世纪里，安达卢斯就相当于科尔多瓦，但在我们现在讲的这个时期这样说依据还不足。G. C. 迈尔斯提出是塞维利亚。从阿拉伯人入侵时在安达卢西亚运行的西哥特造币厂判断，可以认为这些币是科尔多瓦、埃利韦利、伊斯帕里和图克西中的某个场或所有4个场制造的。ⅡC（Ⅱ面中央）是一颗星，ⅡM（Ⅱ面周边）是币文"NFERITOSSOLINSPANANXCV"，即 novus feritos solidus in Spania anno XVC（85年西班牙造新苏埃尔多）[64]。据巴斯克斯·凯波介绍，双语类第纳尔纯度为791‰。

非常奇怪的是，这些金币的发行在伊斯兰教历98年或100年突然

中断了，而大马士革的倭马亚王朝、阿拔斯王朝、图伦王朝和艾格莱卜王朝等却有大量金币发行。或许中断的原因是利用了南部西哥特造币厂储存的黄金，储存用尽后，未能补充，或者不认为补充是明智之举。

除了上述币，其他有图案的钱币就是法尔币，也就是说是铜币，名称源自拜占庭的富利币。其中一种的一面是两个面向前的胸像，模仿厄吉卡与威蒂萨共治的公元698～702年的西哥特的第十四种币图，另一面是台阶上的拉丁十字架[65]。两面的币文是"INNDOMINIVNVDS/MVSEFNYSIRAMIKA"，可译成：in nomine Domini unus Dgus/Muse filius Nusir amira，意思是穆萨，诺赛尔之子，非洲统治者。还有一种法尔币，可能是模仿西班牙的罗马铜币。有的一面是鱼，下面是星和新月[66]，于伊斯兰教历91年和92年制造，还有的是鹰。

三、隶属酋长国的货币

伊斯兰教自己的造币始于伊斯兰教历102年，即公元720年，特点是没有哈里发的名字，有发行年份。在隶属于大马士革的酋长国时期，制造金币、银币和铜币。

第纳尔[67]的ⅠC是"穆斯林的信仰告白"，ⅠM是"穆罕默德先知的使命"（《古兰经》第61章第9节）。ⅡC是"祈祷语"，ⅡM是发行年份。这种币于伊斯兰教历106年停止制造，成色为850‰。

迪拉姆币，名称源自波斯萨珊王朝发行的德拉克马，币图一直保持到哈里发王朝建立：ⅠC是"信仰告白"，ⅠM是制币年份；ⅡC是《古兰经》第112章，ⅡM"先知的使命"[69]。除动荡和王朝衰落时期，迪拉姆始终都是银制币，重量是第纳尔的7/10，也就是说约3克重，在2.58～2.96克；币值约为金币标准单位的1/10。在隶属酋长国时期，迪拉姆银币的发行一直持续到伊斯兰教历131年，刚好是倭马亚王朝在东方被推翻之年。

注意一下现在已知的货币，就会承认倭马亚王朝减少了造币厂的数量，最明显的是在伊拉克和伊朗，只留下位于底格里斯河畔的瓦西特造币厂和大马士革造币厂。再往西，Qayrawan（突尼斯的凯鲁万）造币厂的制币上用的名字是Ifriqiyah（非洲），还有科尔多瓦造币厂，与凯鲁万一样，将货币上的地名换成所在国名称安达卢西亚。这样造币厂处于伟大帝国的两端，这在原则上是值得怀疑的。

同时，已发现安达卢斯与瓦西特的迪拉姆银币相似，但没有找到令人满意的解释。最后，目前在瓦西特城进行挖掘的考古队已经发现了阿拉伯造币厂，据马塞尔·荣格弗莱希通告，考古队发现很多"精选未流通"也就是说是全新的准备流通的迪拉姆，币文令人惊奇的是"制于安达卢斯"和"制于非洲"。这是否意味着在这一时期科尔多瓦和凯鲁万都没有类似的造币厂？这样说可能还不成熟，不过根据现在的史料记载必须承认，大量所谓的安达卢斯币不是在西班牙造的，瓦西特造币厂运营时间是伊斯兰教历85年至131年，即公元705~749年。

很可能是在这一时期，西班牙仅限于发行法尔币[70]，有些标有安达卢斯，有些没有造币厂的名字，都很粗糙，币坯很厚，与已知的迪拉姆形成鲜明的对照。再造币上的字：ⅠC是信仰告白，ⅡC是先知的使命。ⅡM继续ⅠM的造币地点和时间。

四、独立酋长国

宫廷革命使阿拔斯家族登上哈里发之位，阿拔斯家族是先知叔父的后裔。倭马亚王朝成员被追杀。其中一位是哈里发希沙姆的孙子阿卜杜勒·拉赫曼·伊本·穆阿维叶，他历经无数波折后，在家族"庇护的部落"的帮助下最终逃到西班牙。这位倭马亚家族的年轻人于伊斯兰教历138年即公元755年在这里创建了一个独立王国，自称埃米尔。由于东方的哈里发手握最高的政治权力和宗教权力，是信士的长官，这个埃米尔应该服从于他，不得制造金币，这是哈里发的一项特权。因此，在这一阶段，西班牙制造的阿拉伯币仅限于银币和铜币。

目前发现的最早的迪拉姆应该是伊斯兰教历146年的，即公元763年，来自土耳其的一次考古发掘。这些钱币严格遵循隶属酋长国造币的特征，唯一改变的是造币年份，依旧没有人名。随着时间的推移，迪拉姆加工越来越差，币坯越来越薄，直径越来越大。目前已发现这一时期几乎每年的钱币，成色达到990‰，银是唯一使用的贵金属。

比韦斯已提出，ⅠM的不同式样出自不同的造币厂：多边形出自塞维利亚；圆形出自科尔多瓦；上边缘是直线型而其余部分是圆形的出自托莱多、穆尔西亚或萨拉戈萨。研究发现的钱币可以验证这一猜想。

法尔币的数量少一些，造于3世纪最后25年到4世纪初，有些可能是反叛力量造的，比如奥马尔·伊本·哈夫松驻扎在马拉加的安特克拉附近的波巴斯特罗时造的钱币。这些币通常有迪拉姆的币文，但因制作粗糙，文字很简短。

根据美国杰出研究员乔治·迈尔斯的最新著作，独立酋长国几位埃米尔的登基时间如下：阿卜杜勒·拉赫曼一世是伊斯兰教历146年，即公元763~764年；希沙姆一世在伊斯兰教历173年；哈卡姆一世在伊斯兰教历181年；阿卜杜勒·拉赫曼二世在伊斯兰教历207年；穆罕默德一世在伊斯兰教历 239 年；蒙齐尔在伊斯兰教历 274 年；阿卜杜拉在伊斯兰教历 276 年，即公元 889～890 年。

第二节　科尔多瓦哈里发国货币

一、鼎盛的哈里发国

东边的哈里发统治因领土分裂而衰落，而凯鲁万的法蒂玛家族的权势日益强大，竟敢自立为哈里发，于是阿卜杜勒·拉赫曼三世也自称哈里发。这位了不起的西班牙君王所向披靡，在半岛攻占了波巴斯特罗、托莱多、巴达霍斯、阿拉贡，还攻占了非洲北部的阿尔及利亚、奥兰内萨多和休达，在军事力量达到鼎盛时，自封 Amir Almuminin （信士的长官）尊号，让人们称他为 an nasir lidin Allah （阿拉宗教的保卫者）。

法国伟大的阿拉伯研究者李维·普罗旺斯认为，"西班牙再没能恢复倭马亚王朝的伟大君王（阿卜杜勒·拉赫曼三世和哈卡姆二世）时代所达到的重要政治地位和辉煌文明，甚至整个西方都没再出现过类似的霸权"。

确实，在这一时期，科尔多瓦逐渐成为文明世界之都，有着数不胜数的宫殿、图书馆和浴室，还有无与伦比的清真寺。然而以上建筑现大多已消失，如今麦地那—阿沙哈拉宫遗迹开始发掘，这座城市—宫殿距科尔多瓦仅几公里，那里的艺术精品达到的水准难以想象。

基督教民众的反抗遭遇到哈里发的强权统治，只有到曼苏尔死后，哈里发统治开始瓦解，才有希望收复失地；同时，抛开宗教，不论是北方人还是南方人，都是西班牙人，安达卢西亚培育了世界级的哲学家和作家。

二、哈里发货币

这一时期的特点是制造三种金属的钱币，第纳尔金币是那个年代欧洲最珍贵的钱币之一，不过比利牛斯山另一边的国家在交易中主要使用查理大帝币制的银币。

伊斯兰教历 316 年即公元 928 年开始造米特卡尔金币和高成色的迪拉姆，多亏造币厂制币师艾哈迈德·本·穆萨细心，他在伊斯兰教历 316 年至 330 年即公元 928～941 年，对币文组合提出一些疑问，比如早期第纳尔的Ⅱ面看上去像是阿拔斯王朝的，Ⅱ面周边有年份。还有迪拉姆，有双层边饰，是东方的样式，最外层刻有《古兰经》第 30 章第 3 节和第 4 节。根据各种分析，在阿卜杜勒·拉赫曼三世和哈卡姆二世时期，第纳尔的成色是895‰～979‰，希沙姆二世时期的迪拉姆币重达 3.11 克。

科尔多瓦造币厂继续叫安达卢斯，尽管有过几次小的改动，比如在伊斯兰教历381年，也就是公元991年，写成 Madinat al – Andalus（麦地那—安达卢斯），还有写成 Madinat Qurtubah（麦地那—科尔多瓦）。更重要的是，伊斯兰教历336年建立麦地那—阿尔沙哈拉造币厂，造币29年，其间科尔多瓦造币厂关闭。大约伊斯兰教历365年，颠倒了过来，科尔多瓦造币厂运营。又过几年后，又出现麦地那—阿沙哈拉造的钱币。伊斯兰教历380年，麦地那—塔里法例外地造了迪拉姆。还知道有 Al – Mansurah（曼苏拉）和 Elota（埃洛塔）发行的一些钱币，却不知道这些地名的位置。此外，这一时期在非洲北部的 Sijilmasah（Segilmesa）、Sfaqus（斯法克斯）、Fas（非斯）和 Al – Nakur（Nekor）也在造币。

金币包括第纳尔[71]、半第纳尔和1/3第纳尔，每磅黄金制84枚第纳尔，枚重3.9克；每磅出120枚迪拉姆[72]，枚重2.72克。它们的比值是：1第纳尔＝10迪拉姆。基督教民众通常把第纳尔说成曼库索。所有这些币都有哈里发的名字，之前是头衔伊玛目，之后是信士的长官和每位哈里发的尊号。当迪拉姆有一个固定主题后，可看到币文"al imam an nasir lidin Allah Abderrahman amir almuminin"（阿拉宗教的保卫者伊玛目，信士的长官阿卜杜勒·拉赫曼）替代了第二面《古兰经》的第112章。有时还会加一句"ayyadaho Allaho"（真主帮助他）。

除了出现在第纳尔和迪拉姆中央或边饰上的主币文，另一些往往出现在中央币文上方或下方的辅助币文在这个时代也变得重要了。其意义在于加上哈吉布（al – hajib，首席大臣）一词，后面是自己的名字，在很多情况下这便于判断字迹不清的钱币的年份，尤其是在哈里发统治的后期，最早的泰法国王不敢用自己的名字取代哈里发的名字，乐于以"首席大臣"的身份出现。自然币上的年份暴露了这一异常情况。

三、倭马亚王朝的泰法国

公元1002年，曼苏尔即穆罕默德·伊本·阿布·阿米尔去世，科尔多瓦哈里发王国随之陷入令人眼花缭乱的混乱。甚至倭马亚家族的希沙姆三世（Hixém Ⅲ，1027～1031年）上位，也没能避免全面崩溃，爆发无数战争，不可控制地分裂成许许多多昙花一现的小国。这些小国被称作泰法国或诸侯国。

有必要把各种各样的小国区分为南部王国与东部王国，南部王国多是由柏柏尔人，也就是曼苏尔带来的阿拉伯近卫军建立的，有的是阿拉伯贵族建立的；东部王国主要是由"斯拉夫人"建立的，他们大部分是西班牙的原住民。

注：分别为拉丁语第纳尔（62～63）和双语第纳尔（64）；有图像的法尔（65～66）；隶属酋长国：伊斯兰教历102年的第纳尔和1/3第纳尔（67～68）；伊斯兰教历116年的迪拉姆（69），伊斯兰教历108年的法尔（70）；哈里发时期：伊斯兰教历334年的第纳尔（71），伊斯兰教历351年的迪拉姆（72）；泰法王国：伊斯兰教历462年穆尔台米德的第纳尔（73）。

图10　62～73号币

曼苏尔的一个孙子在巴伦西亚建立王国之时，斯拉夫人在阿尔梅里亚、巴利阿里群岛、托尔托萨和德尼亚建国。突尼斯齐里人在格拉纳达建立齐里王朝，休达、阿尔赫西拉斯和马拉加则形成另外的小王国。在"位于上边的边界"，也就是埃布罗河，蒙吉尔一世建立萨拉戈萨，后来莱里达的贝尼胡德家族攻占了阿拉贡的大部分地区，包括萨拉戈萨，到达西班牙东部沿海莱万特地区的托尔托萨、德尼亚，并短暂占领巴伦西亚，斯拉夫人付出巨大代价。在"位于下边的边界"的塔霍河，建立起强大的托莱多王国和巴达霍斯王国，分别由昆卡山区的贝尼杜努门家族和贝尼亚拉夫塔斯家族统治。

除了萨拉戈萨，主要的王国是塞维利亚王国。它起初是阿布·卡西姆·穆罕默德领导的一个共和国。后来就是这位人物放出谣言说希沙姆二世曾是卡拉特拉瓦的一个卖席人，于是废除了希沙姆的统治并自封为哈吉布；阴谋得逞后，阿布·卡西姆成功掌权并建立了阿巴德王朝。其子穆尔台迪德（Almotadid，1042~1069年）占据了加的斯、韦尔瓦和巴达霍斯的大部分地区。在穆尔台迪德的统治下[73]，王国的疆域拓展到科尔多瓦和穆尔西亚，几乎统治了整个安达卢西亚。1085年托莱多落入阿方索六世之手后，穆尔台迪德请求穆拉比特王朝苏丹优素福·伊本·塔什芬援助。

这个时期的货币实际上延续哈里发币，依据各王朝的财富和实力，发行的货币的成色有好有差。例如塞维利亚造的第纳尔系列非常精美，但是黄金不足，大量是低成色的等分辅币。更多的是迪拉姆，银含量几乎不到20%，不断贬值甚至成了纯铜币。这就是没有法尔币的原因。因分裂成那么多小国，造币厂大增。以下是西班牙的主要造币厂：阿尔赫西拉斯、阿尔梅里亚、阿尔普恩特、巴达霍斯、卡拉塔尤、德尼亚、马略卡岛、托尔托萨、格拉纳达、马拉加、莱里达、塞维利亚、科尔多瓦、穆尔西亚、托莱多、巴伦西亚、昆卡、图德拉、萨拉戈萨和安达卢斯。最后这个名字可以隐去，因为正如前面讲过的，科尔多瓦、马拉加、阿尔赫西拉斯、塞维利亚、巴达霍斯、巴伦西亚、萨拉戈萨这些地方成为王国时，它们的小国王会以科尔多瓦哈里发的大臣的名义造币。

杰出的科德拉根据币上是否有伊玛目的名字将这些造币厂发行的钱币分为两个系列。东正教的君主们在他们的币上保留了它，有这个特点的是阿巴德王朝、哈穆德王朝、托其比王朝、阿米尔王朝和许多斯拉夫王国。因此，该系列货币的确是哈里发币的延续，仅年份和造币厂不同。在"辅助币文"的地方会有国王的名字，有时前面会加上哈吉布这个头衔。发行第二系列货币的有齐里王朝、贝尼亚拉夫塔斯王朝、贝尼胡德王朝和贝尼杜努门王朝，特点是在ⅡC只有各自名字和头衔，ⅠA有"信仰告白"，有时后面会加上"先知的使命"，都可能缩写。

哈里发币在那个时代具有很高的声望，巴塞罗那伯爵贝伦格尔·拉蒙一世（Berenguer Ramón Ⅰ，1018~1035年）和拉蒙·贝伦格尔一世（Ramón Berenguer Ⅰ，1035~1076年）都模仿哈里发币。伯爵们的曼库索币模仿的是休达的哈里发叶海亚·穆塔里（Yahia Almotali，伊斯兰教历 418 年，即公元 1027 年）的第纳尔，重 2.70 克，后来到第二位伯爵[89]时，降到 1.90 克，他在币上用拉丁文刻下自己的名字"RAIMVND-VS COMES"。这些币的特点是完全模仿，但制作人不认识阿拉伯文，所以难以辨认。

注：分别为穆拉比特王朝：伊斯兰教历 496 年优素福·伊本·塔什芬的第纳尔（74），阿里·伊本·优素福的银等分辅币（75）；穆拉比特泰法王国：伊斯兰教历 553 年穆罕默德·伊本·萨阿德的第纳尔（76）；穆瓦希德王朝：阿布·雅库布·优素福的半多乌拉（77），科尔多瓦的迪拉姆（78），哈恩的半迪拉姆（79）；奈斯尔：穆罕默德五世的多乌拉（80），阿尔梅里亚的等分币（82），哈恩的迪拉姆（81），伊斯兰教历 881 年格拉纳达的法尔币（83）。

图 11　74~83 号币

第三节　穆拉比特王朝币

阿拔斯家族将倭马亚家族赶下王位后，非洲北部分裂成了许多王国，其中最主要的是法蒂玛王国。在 11 世纪的最后三四十年，马格里布出现了穆拉比特帝国，穆拉比特在阿拉伯语里意为"武僧"。这些人来源于撒哈拉的几个部落，主要来自疯狂崇拜伊斯兰教的法律博士阿卜杜拉·伊本·雅辛的拉姆图纳部落。他们恢复了伊斯兰正教，并承认东方的哈里发，在他们的钱币上保留了"imam Abdallah amir almuminin"（伊玛目 阿卜杜拉 信士的长官）的表述，用来指他们自己，给他们留下的是埃米尔最谦逊的头衔。

在得知阿方索六世于 1085 年攻占托莱多后，阿巴德王朝的统治者穆尔台迪德感到了恐惧，于是请求优素福·伊本·塔什芬援助。优素福攻占非洲北部的丹吉尔、里夫、奥兰、突尼斯和休达，使侵入半岛变得轻而易举。攻克塞维利亚和巴达霍斯之后，1086 年优素福在继续攻打阿方索六世的萨格拉加之战获胜，各泰法国王纷纷承认他为信士的长官，从此拒绝每年向阿方索六世进贡金币。优素福来过半岛三次。他最后一次来是 1090 年，除萨拉戈萨外，所有原泰法王国都尊他为长官。他的儿子阿里（Alí，1106～1143 年）短暂占领了萨拉戈萨，但没能收复托莱多。

一、穆拉比特币的特征

与哈里发币类似，穆拉比特王也将他们的名字刻在钱币上，前面是头衔，经常还有王储的名字。可以把这个王朝在西班牙的造币看作在非洲造币的延续。

金币造每磅 84 枚的第纳尔[74]，枚重 3.88 克，基督教民众把它叫作穆拉比特币。随着时间的推移，把它作为货币单位，起初是计量穆拉比特人的借贷，之后通过他们自己的模仿[196~197]，最终成为计价货币。在一些钱币样品上，标注品质为 Waznon Kadimon，也就是"旧重量"。这些马拉维迪币（Maravedís[①]）Ⅰ面中央的前两行是信仰告白的开头，然后第 3 行是先知使命的开头，最后第 4 行是埃米尔的名字。边饰是《古兰经》第 3 章第 79 节。Ⅱ面中央也是四行字：al imam/Abd/allah/amir almuminin（伊玛目/阿卜/杜拉/信士的长官）。Ⅱ面边饰是年份，这里 samnata（年）一词替换成同义词 am。有时加上一些纪念阿拉的评语，如慈悲的、仁慈的等。

---

① 由穆拉比特币演变过来，译者注

I.

(alif), b, t, tg, ch, h, j, d, dz, r, z, c, x

a, dh, t, th, ^, g, f, k, c-q, l, m, n, h, w, y

II.

Abdala	Abulhasan	Alkasim	Attafir	Mohamed
Abdelaziz	Abulola	Almansur	Hamdin	Mondzir
Abdelmclik	Abuyacub	Almostain	Hasan	Saad
Abderrahman	Abuzacaria	Almostasim	Ibrahim	Seifo Abdula
Aben Mahfot	Ahmed	Almotadid	Idris	Sulciman
Abubeker	Alaiz	Almotamid	Ischak	Texufin
Abu Chomail	Alhaqucm	Almotawakil	Lebil	Yahla
Abdelmumen	Abuyusuf	Almostansir	Hixem	Sacut

图 12　西班牙币上的阿拉伯文字（上图）及译文（下图）

Abuhafs	Ali	Almudafar	Mocatil	Yala
		Almutaman	Mochehid	Yusuf

Ⅲ.

Al – Andalus	Córdoba	Jaén	Medina Azzahra	Tloedo
Almeria	Cucnca	Játiba	Menorca	Tortosa
Alpuente	Denia	Jerez	Mértola	Tudela
Badajoz	Elota	Lérida	Murcia	Valencia
Bacza	Granada	Málaga	Sanlúcar	Zaragoza
Calatayud	Guadix	Mallorca	Sevllla	

Ⅳ.	Ⅴ.			
al imam	1	10	10	100
amir almuminin	2	11	20	200
waly yolhad	3	12	30	300
al hagib	4	13	40	400
amir almuslimin	5	14	50	500
addinar	6	15	60	600
addirhem	7	16	70	700
alfelus	8	17	80	800
	9	18	90	900

Equivalencia de los términos alfabéticos, onomásticos, toponímicos y numerales, árabes, de la página precedente.

注：Ⅰ. 阿拉伯语字母，Ⅱ. 阿拉伯人统治时期西班牙币上最常见的人名，Ⅲ. 主要造币厂，Ⅳ. 常用的表述，Ⅴ. 词汇表述的数字；第Ⅱ、Ⅲ、Ⅳ、Ⅴ项应从右向左读。

图 12　西班牙币上的阿拉伯文字（上图）及译文（下图）（续）

　　银币体系[75]的标准单位是 2 克重的迪拉姆，非常少见，比韦斯只见过一枚样币，等分辅币非常轻，名为奎拉特。有 1 克和 1/2 克、1/4 克、1/8 克和 1/16 克的。有一枚币上写着："这是科尔瓦多造币厂的 1/8 迪拉姆"，重 0.23 克。关于币文，奎拉特的ⅠC重复第纳尔的主题，即信仰告白和先知使命的前几个词，共三行。ⅡC是埃米尔的名字及某个头衔，有时加上储君的名字。等分辅币有很多样子，最常见的特点是：所有等分币的ⅡA都重复奎拉特ⅡA的样式，币值越小，币的面积越小。至于正面，半奎拉特有一个装饰，1/4 奎拉特模仿 1 奎拉特。更小面值的奎拉特没有币文和装饰。在这个迪拉姆银币体系之外，还有很多城镇制造的铜迪拉姆。

二、穆拉比特解体后的西班牙

　　穆拉比特帝国政权的衰亡在西班牙引起新的解体，又出现许多哈里发的泰法那样的小国。这些新建的小王国中，唯一稳固了的是阿本内亚德统治的穆尔西亚王国，穆罕默德·伊本·萨阿德·伊本·马达尼斯继承了王位（1145～1171 年），称为"狼王"。他的金币[76]在基督教王国中叫作穆拉比特狼币，这是整个穆斯林西班牙制造的最后的此类型币，因为不久穆瓦希德王朝侵入，带入新的币制。

无论何种理由，这些马拉维迪币都构成穆拉比特王朝币和穆瓦希德王朝币之间的桥梁。后者沿用前者的格式，在前者同样的地方，于埃米尔之后刻上自己君王的名字，在边饰上放置第 3 章第 79 节；但受穆瓦希德王朝的影响，后面接着援引穆罕默德的一句祈祷语，并在国王名字前写上"坚持真主的准绳"。

大概从 1172 年起，卡斯蒂利亚的阿方索八世在托莱多造币厂[196]仿制这些马拉维迪币，估计是因为缺少穆尔西亚钱币。在讲述阿方索八世时期时会详细介绍。

第四节　穆瓦希德王朝币

阿特拉斯山区马斯穆达部落的一批新族人，追随穆罕默德·突麦尔特，在北非灭了穆拉比特帝国，建立起穆瓦希德王朝。他们自称穆瓦希德，意为他们是穆罕默德宗教的"一神论者"。伊本·突麦尔特的继承人是阿卜杜勒·穆敏（Abdelmumen，伊斯兰教历 524 ~ 558 年，即公元 1129 ~ 1162 年），他攻占奥兰和摩洛哥，进入半岛，半岛大部分穆拉比特泰法向他投降。他的儿子阿布·雅库布·优素福征服穆尔西亚王国，但他的后任阿布·阿布达拉·穆罕默德·纳希尔在 1212 年的纳瓦斯—德托洛萨战役中，被基督教王国联军重挫，自此，基督教恢复在半岛的政治和军事霸权。

一、穆瓦希德币的特征

在经济和货币方面，穆瓦希德币制对卡斯蒂利亚货币具有重大影响。金币单位重 2.32 克[77]，其 2 倍币是 4.60 克重的多乌拉，这种币最多，出币率为 327 克金制 70 枚。在卡斯蒂利亚，自费尔南多三世开始仿制这种币，直到 1497 年天主教两君主的改革。金币的等分币是 1/4 多乌拉。银币造 1.50 克的迪拉姆[78]和半迪拉姆[79]。

这些币是最容易识别的，因为它们的形状奇特：银币是方形的，金币是内方外圆。相反，字体从库法体变为纳斯赫体，笔法多曲线，从而辨识困难。钱币的特点是没有造币年份，少有造币厂标记，即使有也放在币面的一角，且标记极小。

根据里韦罗介绍，宗教币文占据 I 面：多乌拉的等分币首先是信仰告白或其开头，然后是先知使命。方框外先是祈祷语，然后是祝福语。多乌拉的 I 面如果是四行，每行依次是：祈祷语、信仰告白、先知使命、隐喻马赫迪。最常见的是中央有五行，第二行是祝福语或赞词，有时是赞词跟在祝福语的后面。Ⅰ面的内方框与币边缘之间，是《古兰经》的章节，第 2 章第 158 节、第 16 章第 55 节、第 11 章第 90 节。多乌拉和半多乌拉的Ⅱ面是有关人物信息的币文，先是第 12 条格式的内容，然后是名字，之后是尊称"信士的长官"。此面方框外是该币发行君王的名字，很多时候还伴有前任的名字。

大部分银币没有发行君王的名字，如果有名字，也总是阿卜杜勒·穆敏的，因此难以确定其所属期。Ⅰ和Ⅱ面都是宗教币文，即图 13 的第 13 条和第 14 条。如果某枚币的Ⅱ面是第 13 条币文，那它的Ⅰ面一般是第 15 条"赞美阿拉，万物的主宰"。

注：译文及释义见下页。

图 13　西班牙的阿拉伯钱币上最常见的币文

阿拉伯语币文图——西班牙制造的阿拉伯钱币上最常用的币文。以下是文字、译文及释义，根据杰出的阿拉伯语言文学学者科德拉、普列托·比韦斯、比韦斯·埃斯库德罗和里韦罗的研究整理。

所有以阿拉伯文再现的币文应从右向左阅读，是按照钱币上的布局画的。第 6 条是沿边缘连续展开的环转币文。第 4 条包括穆瓦希德多乌拉币方框外的四个部位。

1. 穆斯林的信仰告白：La ilaha illa/Allaho wahdaho/la xarica laho = 没［有］神，唯有/阿拉，唯有他/他没［有］同伴。

2. 祈祷语：Bismi Allahi/r – rahmani – / – r – rahimi = 以阿拉之名/仁慈的主/慈悲的主。

3. 《古兰经》第 112 章：Allaho ahadon Allaho/assamado lam yalid-wa/lam yulad walam yakon/laho kofuan ahadon = 阿拉，独一的阿拉/永恒的，没有生育，也/没有被生育，没有/可以与他比拟的。

4. Ma atam Allaho = 阿拉是多么伟大。

5. 造币地点和时间的格式：Bismi Allahi dhoriba hadza addinar［o addirhamo］bilandalosi sanata... = 以阿拉之名，此第纳尔（或迪拉姆）制于安达卢斯，……年。

6. 穆罕默德先知的使命（《古兰经》第 61 章第 9 节）：Mohammad-on rasulo Allahi ar – salaho bilhuda wadini al – akki liyothhiraho ala addini collihi walaw cariha almosricuna = 穆罕默德是阿拉派遣的，以正道和真教派遣他来用真教阐释宗教，使真教战胜一切宗教，即使引起多神论者的仇恨。

7. 《古兰经》第 3 章第 79 节：Waman yabtagui gayra alislami dinan falan yokbalo minho wahowa fi – lajirati mina – ljazirina = 在伊斯兰之外寻找某种宗教的人，不会被接受，他会陷入另一种误入歧途的人生。

8. 隐喻马赫迪：Al Mahdi imam alomato = 马赫迪是人民的伊玛目。

9. Sal Allaho ali Mohamado = 阿拉赐福穆罕默德及其全家。

10. Wa alhamad laho wahadato = 赞美阿拉，唯赞美他。

11. 《古兰经》第 2 章第 158 节：Walahkon Allah waludo/La illaha il-ia hu alrahman alrahimi/Wama bikon min namata famin Alalah/Wama taufi-cay ila bilahi = 我们的主只有一位/没［有］别的主，唯有他，仁慈的主，慈悲的主/你们得到了那么多恩惠/不要去获取，也不要感谢某个人，而要感谢主。

12. AIkaim biamir Allaho aljalifato/Abu Mohamed Abd – el – Mumen

ben/Ali Amir Almuminin = 阿拉的诏令确立的［是］哈里发/阿布·穆罕默德·阿卜杜勒·穆敏，之子/阿里 信士的埃米尔（如果全部币文为五行，前两行一般出现 "amir almuminin Abu Yacub/Yusuf ben amir almuminin" 或者第 8 条的内容）。

13. 穆瓦希德王朝的迪拉姆币ⅠC 的币文：La illaha illa Allaho/Allamro colloho lilahi/la kowata illa billahi = 没有神，唯有阿拉/整个帝国都［是］为了阿拉/没有力量，唯凭阿拉。

14. 穆瓦希德王朝的迪拉姆币的ⅡC 的币文：Allaho rabbona/Mohamado rasulona/Almahdiyo Imamona = 阿拉是我们的主宰/穆罕默德，阿拉派给我们的/马赫迪，我们的伊玛目。

15. 穆瓦希德王朝的迪拉姆币ⅠC 的另一种币文：Aljamad Allaho/rab/ala – mina = 赞美阿拉/主宰/万物的。

16. 奈斯尔币的警句：Wa la galibon illa Allaho = 没有胜利者，唯有阿拉。

17. 格拉纳达多乌拉币ⅠC 的币文（《古兰经》第 3 章第 25 节）：Koli – l – lahoma malicol – molqui/totil – molka man taxao/watanzio – l – molkamimman taxao/watoizzo man taxao watodzillo /man taxao biyadical – jairo = 你说，阿拉，王国的国王/你想将王国赐予谁就赐予谁/你想从谁手里夺回王国就从谁手里夺回/你要使谁尊贵，就使谁尊贵；你要使谁卑贱，你就使谁卑贱/只要你想，福泽尽在你手中。

18. 《古兰经》第 3 章第 200 节：Ya áyyoha – l – ladzína/ámanu – sbiru/wasábiru warábitu/wáttaku – liaha/laállakom toflihuna = 归信的人啊/你们当坚忍/意志坚定，御敌于境外/敬畏阿拉/或许我们就会快乐。

19. "造于格拉纳达城。主保佑您"（根据里韦罗的观点，此币文出现在穆罕默德五世改革以后的格拉纳达多乌拉币的Ⅰ面的方框外）。

二、穆瓦希德王朝时期的泰法国：格拉纳达王国

这个时期最重要的王国是穆尔西亚的贝尼胡德家族创立的格拉纳达王国。这个家族是艾哈迈德·塞弗德拉和萨拉戈萨的贝尼胡德的后人。该王国的币是金币和银币，币文沿用穆瓦希德王朝的式样，但币是圆形的，有些币上有造币年份和造币厂。银币边缘没有币文。标注该王朝自己的埃米尔：穆塔瓦基勒·伊本·胡德和华茨卡·伊本·穆罕默德·伊本·胡德。其主要造币厂在巴埃萨、科尔瓦多、哈恩、哈蒂瓦、马拉加、休达、穆尔西亚和塞维利亚，由此可以推断，王国拥有广阔的疆

域。1269 年，穆尔西亚被基督教徒占领。

穆罕默德·伊本·优素福·伊本·奈斯尔，被称作阿本·阿拉玛尔，意为"红色之子"，是格拉纳达王国的创立者。起初，是阿尔霍纳的领主，后来占领哈恩、格拉纳达和马拉加，在格拉纳达建都，并帮助费尔南多三世攻占塞维利亚。

这个王国的钱币，实际上是穆瓦希德王朝时期诸泰法国钱币中的一种，但这种币从 13 世纪上半叶一直使用到 15 世纪末。根据里韦罗的观点，区分奈斯尔多乌拉与穆瓦希德多乌拉的一个简单方法是，注意中央方形中的第一个词，穆瓦希德王朝的是 bismi，奈斯尔王朝的是 al – a-mir。此外，奈斯尔多乌拉的方框外是王朝使用的图 13 的第 16 条警句或格言："没有胜利者，唯有阿拉"。多乌拉和迪拉姆没有造币年份；铜币却有。

前面讲过，多乌拉沿用穆瓦希德币文的主题。现在讲一下主要的变化。自穆罕默德四世起，Ⅰ面中央改为《古兰经》第 3 章第 25 节，即图 13 的第 17 条，方框外引述穆瓦希德多乌拉币的中央币文，也就是第 2 条、第 9 条和第 11 条。Ⅱ面的方框外重复第 16 条格言。中央是君王及其前任的名字。自穆罕默德五世[80]起，Ⅰ面中央的第 25 节改为第 200 节，见第 18 条，方框外有造币厂："制于格拉纳达城，主保佑您"；Ⅱ面没有变化。

穆罕默德十一世布阿卜迪勒的一枚多乌拉币的中央三行或五行字的地方是四行字，是穆罕默德五世之前的多乌拉币的方框外出现的第 2 章第 158 节，见图 13 第 11 条。在币的另一面标注王朝系谱：Abdala Al-galib billah Mohamed ben Ali ben Saad ben Ali ben Nasar。

银币[81]没有君王的名字。Ⅰ面是信仰告白，Ⅱ面有格言和造币厂。法尔币[83]只标注年份和造币厂："制于格拉纳达，年/一、八十、八百"。

第七章
天主教双王之前的
加泰罗尼亚货币

除了阿斯图里亚斯王国是由十分接近西哥特王室的人建立，并继续西哥特君主制度外，其他抵抗阿拉伯人的独立力量主要集中在比利牛斯山脉，但政治影响不大，直到加洛林帝国入侵，于公元785年至792年建立"西班牙边区"。正如其名，它曾是比利牛斯山另一侧帝国的诸多边境省份中的一个，由边区长掌管。查理大帝统治时期，这一"边区"收录不少伯爵领地：814年收录帕利亚尔斯，792年收录里瓦戈萨，795年收录欧索纳，801年收录赫罗纳和巴塞罗那，812年收录安普里亚斯。虔诚者路易（Luis el Piadoso，814～840年）时期又纳入乌尔赫尔和塞尔达尼亚。

迅速获得重要地位的是巴塞罗那伯爵领地，目前还确定不了它是在多毛威弗雷多统治下获得了独立还是在科尔多瓦哈里发的"客户"博雷利二世统治的987年获得了独立。但不管何时独立，渴望政治自由的西班牙人在当时的两大帝国——哈里发和加洛林王朝之间摇摆不定，无法知道谁能给西班牙基督徒更多的好处。

第一节 加洛林帝国下的迪内罗银币

加泰罗尼亚各伯爵领地隶属于加洛林帝国时期，流通的货币是迪内罗银币，来自拉丁语的狄纳里；法语的旦尼尔和加泰罗尼亚语迪内尔，按照查理大帝创立的币制制造。应关注它的深远影响。

一、查理大帝币制

前加洛林时期金币的上下浮动导致金币的信用丧失，于是矮子丕平（752～768年）建立起以银币为基础的货币体系，标准单位是迪内罗，12迪内罗等于1苏埃尔多，25苏埃尔多等于327克的1罗马磅。苏埃尔多和磅是计价单位。

公元755年，1磅减至22苏埃尔多，迪内罗约重1.28克，也许是受阿拉伯的影响，趋于大直径、薄币坯。币图是占据整个币面的大字母：R（国王）P（丕平）和R（国王）F（法兰克人的）。他的儿子查理大帝（768~814年）沿用这个币制到公元774年。

查理大帝的伟大创新在于建立了每磅374克重的币制，为高卢的重量单位，每磅分为20苏埃尔多，每苏埃尔多等于12迪内罗，每迪内罗重1.55至1.60克。磅和苏埃尔多是计价单位。支付货币是迪内罗和币值等于半迪内罗的奥波，两种币都是纯银币。成色为11$\frac{1}{2}$迪，也就是说这个时代能达到最高纯度（958‰），在法国叫Argnt‐le‐roi。这个币制扩展到整个帝国，不论是它的进位方式还是换算关系都不同寻常地在欧洲国家持续使用。在英国一直使用：金币是英镑，文献中简写为L，是磅Libra的首写字母；等分为20先令，相当于苏埃尔多，每先令等分为12便士，账目中写作D，是Denarius的首写字母。在币图方面，查理大帝也创造了一些强烈影响其他国家的主题。如用交织字母写的国王名字、等长十字架和神殿之门，神殿之门后来变形为法国图尔的图尔币和路易九世1266年的格罗斯币的经典币图。

在西班牙边区，巴西诺那、Inpurias（因普里亚斯）、罗达和赫伦达造币厂制造迪内罗银币，成色是11$\frac{1}{2}$迪，使用加洛林王朝币图。这些钱币目前非常稀少。有巴塞罗那的迪内罗[84]，一面是"BAR/CINO/NA"，分为三行；另一面是等长十字架，周边币文"+HLVDOVVICVS IMP"，重量在1.40~1.70克。还有类似的迪内罗，币文是"INPV/RIAS"[85]（1.75克）或"RODDA"[86]（1.67克），马特乌·略皮斯认为不能确定"RODDA"造币厂是在希腊的罗得岛古城罗塞斯还是在特尔河畔罗达。这组币之前的钱币的中央是查理名字Karlus的花押，周边是"+GERVNDA"，背面是等长十字架和"+CARLVS REX FR"（FR是法兰克的缩写）[87]。安普里亚斯造的币也有这种币图。

二、迪内罗银币在巴塞罗那的演变

巴塞罗那伯爵领地独立后，这些加洛林王朝的迪内罗银币慢慢被本地其他钱币取代，同时由于白银匮乏或其他原因币质开始退贬。由此，拉蒙·贝伦格尔四世（Ramón Berenguer Ⅳ，1151~1162年）统治时期，支付货币迪内罗的成色从加洛林王朝时期的11$\frac{1}{2}$迪降至4迪，由此变成四迪币，也就是说仅含1/3的银。在之后的年份，成色继续下降。

可能是公元991年的一份文件，在介绍已知的当地最古老的货币时，提到"curribiles"（流通的）迪内罗苏埃尔多。1002年的一份文件也讲到"sous ex regionis nostre monete"，再后来的文件有"sous de diners grossos"（格罗斯迪内罗的索乌），这些可能讲的都是迪内罗银币。索乌就是苏埃尔多，依旧是计价货币，等于支付货币12迪内罗。

一些文献中写着"solidus aureus habet octo argentos"（金索利多等于8阿根图银币）。这段加泰罗尼亚文的描述与1052年的《西洛斯的古老仪式》中的描述相同，此文献还介绍说，阿根图1银币等于12西利克或阿罗瓦，皮奥·贝尔特兰说"因此阿根图银币是真正等于12迪内罗的苏埃尔多"。所以，金索利多估计等于96迪内罗。提及这些迪内罗的文献应是1056年的，明确说明"ut faciant de solidos de plata mera de pes（argent－le－roi）solidos . ii. de dinarios monetatos sine henganno a numero sine minuament et peiomment"，也就是此时的迪内罗的重量和成色还能达到加洛林时期的一半。加洛林时期的迪内罗是1.55克纯银的，而新迪内罗仅含0.77克的银。将上文提到的96迪内罗的含银量与索利多的含金量相比，黄白金属之比是1∶16，显然与皮奥·贝尔特兰通过其他途径得到的17.14相符。这一变化发生在拉蒙·贝伦格尔一世统治的1035～1076年。从1052年起，不再提到格罗斯币，也就是银格罗斯，可能是因发行新币而被废止，也可能因发行新币而逐渐退出流通。巴塞罗那伯爵推出的迪内罗银币的正面是等长十字架，背面的缘线内有3个小圆圈，缘线外币文"RAIMV～/BARCAN"[88]。

P. 贝尔特兰认为，在同一伯爵"统治时期"的1067年再一次减轻币重，制造仅1.9克重的曼库索[89]，根据文献记载应是"pensatos unum ad unum"。此时制造的白色币的比例应该含0.38克银，总币重可能是1.14克，因此是四迪币，含1/3纯银。此时由于拉蒙·贝伦格尔一世的任性妄为，金与银的比值降为1∶8，1064年的文献记载如下：Quia leges indicant homicidium esse compositum in CCC solidis aureis qui valent duo milia CCCC solidos platee。也就是说，2400银苏埃尔多等于300金苏埃尔多。

在之后的发行中，四迪币一直延续到拉蒙·贝伦格尔四世（1131～1162年）统治时期。这一时期发行以下钱币：四迪迪内罗币，正面是面向左的胸像，手在胸前，币文"＋BARC…ONA"（巴塞罗那），背面十字架将币文分隔为四部分："RAI－MVN－DVS－BRG"（拉蒙·贝伦格尔)[90]。迪内罗和奥波是面向前的胸像和十字架分隔开的 R－A－M－N。最后一种迪内罗，正面是三叶草，币边缘是逆时针方向的"BARCINO"，背面是十字架分隔开的圆环[91]。据博泰特介绍，检测此种币图的样币，得知它重 0.66 克，每 0.13 克银混合 0.20 克铜。拉蒙·贝伦格尔四世与修士拉米罗二世的女儿佩德罗尼拉结婚，使巴塞罗那伯爵领地与阿拉贡王国最终合并。

据博泰特—西索介绍，拉蒙·贝伦格尔四世统治期间，在巴塞罗那引入马克作为出币率的本位币。不同地方的马克重量不同，佩皮尼昂马克是 237 克，特鲁瓦马克约为 245 克，科洛尼亚马克重 233 克。巴塞罗那和阿拉贡王冠联合王国其他地区使用最后这种。

拉蒙·贝伦格尔四世与佩德罗尼拉的儿子阿方索二世（Alfonso Ⅱ，1162～1196 年），是阿拉贡—加泰罗尼亚的第一位国王，因为他父亲的头衔一直是"阿拉贡亲王"。大约在 1174 年至 1177 年之间制造名为"monetam novam Barehinonensem bonam et legalem"的钱币，这样叫是因为继续沿用之前的成色，ad quatuor denarios argenti（成色为四迪），然而看来是减轻了重量。出币率应为每马克 18 苏埃尔多的迪内罗，18×12＝216 枚，每枚迪内罗约重 1.08 克，含银 0.36 克。币图是两个圆环之间是支杆上的十字架/斯特林式十字架[92]，即效仿英国斯特林币，十字架一直延伸到币边，从此成为巴塞罗那以后货币的币图标志。币文是"BARCINO"和"CIVI REX"。有同样币图的奥波，出币率是每马克 480 枚，枚重 0.48 克，但只含 0.12 克银。这种币在文献中叫作 Bossonaya 或 Bussana，即银铜合金币，这一名称被用来指任何银成色低的钱币，或反过来说，任何含铜量大的银铜合金币。阿方索二世还制造上文介绍的拉蒙·贝伦格尔四世的最后几种迪内罗。佩德罗二世（Pedro Ⅱ，1196～1213 年）1212 年制造的迪内罗和奥波[93]，一面是英币式十字架，另一面是小十字架。

海梅一世（Jaime Ⅰ，1213～1276 年）统治时期，银铜合金币的含银量降到了这个时代的最低点，1221 年发行二迪币，即 In duode－cim marchis sunt duae marchae argenti et decem cu/pH sive coure，也就是说，成色是二迪。币图是条纹盾徽和十字架[94]。这位君王向教宗亚历山大四世举报各种伪造，获得教宗允许，于 1256 年改为制造稍好一些的钱币，成色为三迪的三迪币，含 1/4 银。因此，与阿拉贡自 1234 年和巴伦西亚自 1247 年流通的货币相同。作为补偿，对巴塞罗那人永久免征铸币税。出币率仍然是每马克出 18 苏埃尔多的迪内罗，每枚迪内罗重 1.08

克，含 0.27 克银。海梅一世命令将这种钱币作为在塞尔达尼亚、孔弗朗和瓦勒塞普流通的唯一货币。币图：国王戴王冠胸像，面左/英币式十字架。币文：BARCINO 和 IACOB REX[95]。文献中根据正面的图案，将这种钱币称为 Coronats 或 Coronatorum（科尔纳多币，意为戴王冠币）。

三、迪内罗银币在加泰罗尼亚其他地区的演变

在加洛林帝国兴盛时期产生的封建制度是欧洲中世纪的社会和政治特征之一，在加泰罗尼亚的伯爵领地有明显反映，从发现的钱币上就可以看到。西班牙边区的伯爵领地不受拘束地发展，与比利牛斯山那边享有同等特权，因而它们的币面就张扬着一种无拘无束的自由，莱昂和卡斯蒂利亚的贵族则缺乏这种自由精神，只有屈指可数的几次反抗统治君王的战争状态时除外。

不幸的是，在已发现的钱币中，很少能构成说得过去的系列。根据发行权力机构分类，这一时期钱币可分为三组：伯爵发行币、主教发行币和市政发行币。其实第二组不可能由宗教机构出资制造，更像是一种伯爵或国王的临时特许，更确切地说是伯爵或国王将一定百分比的造币盈利赠予宗教机构。不过一个不可否认的事实是确有完全宗教性的币图。这个系列尚需更加深入的研究，必会在许多方面产生令人吃惊的结果。

16 世纪之前在不同情况下发行货币的伯爵领地有安普里亚斯、贝萨卢、鲁西永、乌尔赫尔和普罗文萨；还有比克和赫罗纳主教管区，此外还有多个地区，其中值得特别关注的是莱里达、塞尔韦拉、索尔特、塔拉戈纳、托尔托萨和比克。

在贝萨卢伯爵领地，已知的领地币是银币，与巴塞罗那伯爵领地最早的制币同期，也是很古老的。有一种币图是希腊宽十字架，十字架里面有币文 "CR – VX – SAN – CTA"，十字架分隔开的币文 "BI – SXL – DV – NO" 是地名。另一面是面向前的女性胸像[96]。目前知道的有迪内罗币和奥波币。另一种币图是十字架分隔开的币文 "BR – NR – DS – CO"，是 "Bernardus Comes" 的缩写，背面是张开的手[97]。第三种的背面币文是 "BISILDVNO"，正面是站立的天使持十字架手杖[98]。

从史料得知，1074 年，贝尔纳多二世（Bernardo Ⅱ，1072～1095年）将金币和银币盈利的 1/10 捐赠给贝萨卢的圣玛利亚教堂，由此推测上述钱币可能是他和他父亲吉列尔莫一世（Guillermo Ⅰ，1020～1052年）统治时期的。

在比克主教管区，币背面出现了"树"。据最早介绍比克货币的文献记载，公元911年，欧索纳伯爵威弗雷多·博雷利让予主教比克币三分之一的造币权："Quod de ipsa moneta quod ego per donitum regis tenebam in villa Vico"。990年的文件讲到"solidos monetae ipsius terrae 和 solidos IIII bergitanos"（贝尔加的）。没有把握确定已知的钱币是这个世纪的，尽管下一世纪的一些银币明确地标注了年份，解决了至今尚未提出的疑难问题。这一时期，在比克主教管区流通的第一种货币是巴塞罗那伯爵拉蒙·贝伦格尔一世的奥波。正面是头上有光环的圣佩德罗胸像，头前后分别是"S"和"P"，手在胸前张开，身后是币文"AVSONA"（欧索纳），即比克；币背面是树，上方是横写币文"RMN – BRG"（拉蒙·贝伦格尔名字 Raimundus Berengarius 的缩写）[99]穿过树干。这个背面的特点是典型的11世纪纳瓦拉—阿拉贡币的特点，但纳瓦拉—阿拉贡币都是银铜合金币，由于拉蒙·贝伦格尔一世"统治"的时间是1035～1076年，可以推算出他的这些银币是那些纳瓦拉—阿拉贡币银铜合金币的先驱，如果所谓的"索夫拉韦之树"的确出自半岛，那么这里有比其他王国更早的代表，其他王国的这种币不会早于1063年。

流通的第二种货币是迪内罗和奥波，也是银币，正面是无装饰的圣佩德罗和圣巴勃罗头像及币文"S PETRVS S PAVLVS"（圣佩德罗圣巴勃罗），背面币文"AVSONA"（欧索纳）分为上下两行，两行之间有一双牛犊[100]。有两段记载说明发行时间是1082年："Monetae Vici optimae ubi boves sunt depicti 和 denarios monete Vici argenti purissimi ubi boves sunt depicti"。

银币还有以下几种：一种的正面与第二种描述的相同，背面是等长十字架，周边币文"AVSONA"（欧索纳）；另一种的一面是圣佩德罗胸像，另一面是十字架分隔开的"AVSONA"[101]。这两种银币都有迪内罗和奥波。还发现一枚奥波币，也是银币，一面是两个头上有光环的胸像，相对而视；另一面是站立的主教，身前有字母"B"。这些钱币因为是银币，几乎没有拉蒙·贝伦格尔一世统治时期之后的。

最后是银铜合金的迪内罗和奥波，正面是大主教头像，面向左，头像前方有法杖；背面是十字树分开的两把垂直钥匙。币文是"EPISCOPI VICI"和"SANTI PETRI"[102]。海斯认为，应该是1255年的。14世纪，造币权交给市政府。

在赫罗纳主教管区，最早关于货币的消息是在公元934年，苏涅尔伯爵把货币收益的 1/3 赠予赫罗纳的圣玛利亚大教堂。已知的钱币中有前面已见过的币图，也有新币图，同时既有银币也有银铜合金币，这证明银铜合金币从很早就有了。据坎帕内尔介绍，主要币图有以下几种。(1) 面向前的圣母胸像和"SANCTA MARIA"（圣玛利亚）/等长十字架和"GIRVNDA"（赫罗纳）[103]；(2) 张开的手和"GIRVNDA"/头上有光环的天使；(3) 等长十字架和"GIRVNDA"/天平和分为上下两行的"ST – VM"和"IV"[104]；(4) 正面与前一种相同，背面是树枝下有四个圆环的树[105]；(5) "T"和"GIRVNDA"/两个十字架组成星形；(6) 耶稣有胡须，面向前，有光环/十字架和"GIRVNDA"；(7) 有光环的无须胸像和张开的手/十字架和"GIRVNDA"；(8) 十字架分隔开的四角有圆环，币文"SANCTA CRVX"（圣十字）/有光环的无须胸像和张开的手；(9) 有胡须的头像/上下树枝之间横写的"GIRVNDA"；(10) 正方形中四个圆环和"RAMVN"/首尾悬挂的新枝上有十字架。

在钱币上标注的是胡安二世时期，有市政府发行的银铜合金迪内罗币，币图是城徽和条纹盾徽。另一种把币图改为戴王冠的国王胸像，币文为"IOANNS D. G REX"（胡安蒙神之恩为国王）和"CIVITA GERVN"（赫罗纳城）。以费尔南多二世之名发行的迪内罗也有第二种币图。

在安普里亚斯伯爵领地，已知的领地钱币是银铜合金币，很难确定它的年代，因为这些钱币上出现了"Hugo comes Impuriarum"（安普里亚斯的乌戈伯爵），从 10 世纪末到 13 世纪有许多伯爵都叫这个名字。主要币图标志是手持竖立的剑、胸像和十字架的四角有装饰物。从钱币的成色分析，它们不会早于 11 世纪下半叶。

在鲁西永伯爵领地，仅发现几枚领地钱币，都是银铜合金币，可能是四迪币。一枚迪内罗[106]是赫拉尔多一世（Gerardo Ⅰ，1102～1115 年）时期的，正面是十字架，背面是"PTA"，上下各一个十字架。高斯弗雷多四世（Gausfredo Ⅳ，1115～1163 年）时期是另一种币图，树干上方是十字架的树，两侧是竖写的"CN"和"OT"。一些文件中提到一位"Gosfridus comes"的"rossells"，可能指的就是这位伯爵。归为赫拉尔多二世（Gerardo Ⅱ，1163～1172 年）时期的有两枚迪内罗：一枚正面是十字架，背面是"P – A"，上有小十字架，下有"S"。另一枚的一面是十字架把"P – A"分隔开，还有币文"GVINARD CO"；另一面是"PETR"在上下小十字架之间和币文"ROSILIONIS"（鲁西永）。

注：分别为加洛林王朝迪内罗银币：巴塞罗那的（84），安普里亚斯的（85），特尔河畔罗达的（86），赫罗纳的（87）；拉蒙·贝伦格尔一世时期的迪内罗银币（88）和曼库索金币（89）；拉蒙·贝伦格尔四世时期的四迪币：奥波（90）和迪内罗（91）；阿方索二世的迪内罗（92）和佩德罗二世的迪内罗（93）；海梅一世时期的二迪迪内罗（94）和三迪迪内罗（95）。

图 14　84～95 号币

在中世纪不同时期，鲁西永都是制造流通于加泰罗尼亚和阿拉贡王国其他地区货币的总部，在相应的地方将会介绍。但除此之外，还应介绍一下当地的地方造币：与巴塞罗那币类似的克罗埃特币，佩皮尼昂造币厂的标记"PP"占据了被英币式十字架分隔的一角。币文是"IO-ANNES（胡安二世）D GRACIA REX COMES ROCILLIONIS"。天主教徒费尔南多二世时期，这家造币厂制造克罗埃特币和半克罗埃特币，币图与上面的一样，但只有一个"P"，且位于十字架中心。银铜合金币有迪内罗币和奥波币，正面是"PP"，背面是施洗者圣约翰。还有杜卡多币。

在乌尔赫尔伯爵领地，已知的领地钱币中，阿门戈尔八世（Armengol Ⅷ，1183～1208 年）的一枚迪内罗被认为是最古老的，币图是十字架和对角两个花饰/法杖在字母"V"上；币文是"ERMENGO COMES ACRIMONT VRGI"[107]。之后是他女儿的一枚币，十字架把三个圆点和水波纹分隔开/法杖在字母"V"上和"AVREMBIAX COMTESA VRGE"（乌尔赫尔的奥雷比亚斯伯爵）。另一枚类似的，正面无装饰图案，币文是"GIRARDVS COMES"和"VRGELLENSIS"，是格劳·德卡夫雷拉（Guerau de Cabrera，1208～1228 年）时期的。有另一种迪内罗[108]是庞塞·德卡夫雷拉（Ponce de Cabrera，1234～1243 年）时期的，法杖在两朵小花之间，币文是"PONC P COMES"/柱头十字架把圆点分隔开，周边币文是"VRGELLE（N）SIS"。13 世纪向 14 世纪过渡期间，有一种类似的迪内罗，是阿门戈尔十世（Armengol Ⅹ，1267～1314 年）时期的，币文是"ERMENGAVDVS COMES VRGELLI"。之后还有一种，是特雷莎·德恩特萨时期的，有乌尔赫尔的标识和"TER COM"，仅打制一面，这种类型被称为帕亚罗法，大概起先在阿格拉蒙特制造，后来在巴拉格尔制造。坎帕内尔认为，带有"CIVITAS VRGELLENSIS"或"VRGELLINA"字样的黄铜币是市政发行的，不属于伯爵领地币系列。"VRGELLINA"不知是否指乌尔赫尔教堂。

在普罗文萨伯爵领地，阿方索二世在 1167 年至 1196 年间是普罗文萨的伯爵。坎帕内尔介绍了阿拉贡的阿方索二世（1162～1196 年）统治时期造的两种迪内罗。第一种是面左的国王戴王冠胸像和英币式十字架，币文是"REX ARAGONE"（阿拉贡国王）和"PROVINCIA"（普罗文萨）。第二种的区别仅在于正面是面向前的头像。还有第三种，是臣属伯爵拉蒙·贝伦格尔三世（1168～1181 年）的造币，币图为无冠头像和英币式十字架，币文是"R COMES PVINCIE/MAS – SIL – IEN – SIS"。

其他的造币包括皇帝卡洛斯一世之前的各种币图的制币。自 14 世纪起，莱里达用各种各样的币模，制造普赫萨和半普赫萨铜币。币值等于 1/4 巴塞罗那或哈卡的三迪迪内罗。经典币图是嫩枝上三朵百合，有的花闭合成菱形，是巴伦西亚迪内罗的模式。币文是"PVG ESAD ELE

IDA"[109]。费尔南多二世时期,半普赫萨的币图是面向右的戴王冠胸像/花饰和币文"CIVITAS ILERDA"(莱里达城)。

马丁和胡安二世时期,塞尔韦拉制造银铜合金的迪内罗,面左的戴王冠胸像,有条纹的菱形,周边有四瓣弧形突。15 世纪,索尔特制造大黄铜币。托尔托萨 15 世纪的铜币,一面是塔在"TO"和"R"之间,另一面是十字架分隔开三个小球。比克在费尔南多二世统治时期造的钱币,一面是字母 VIC,另一面是 8 瓣弧形突中的城徽。

第二节 仿制的穆斯林金币

这一节我们将介绍西班牙首次仿制的穆斯林金币,这种货币比前面的钱币更加重要,并不逊色于外来的其他银币,因为它们都恰当反映了那个时代活跃的贸易往来,导致原有的银币已不够用。

一、仿制金币的发展概览

公元 989 年的文献开始提到"mancusosd'or pur Jafaris"(贾法里的纯金曼库索),就是贾法里的第纳尔,968 ~ 970 年,贾法里是哈卡姆二世的大臣。文献还提到"mancusos d'or cuyt"(曼库索金币)、"yuncesd'or Cuyt"(盎司金币),"jahari et almuri"。这里的"jahari"就是前面的贾法里,比韦斯认为"almuri"是之后的另一位大臣阿尔米勒。公元 1000 年蒙特塞拉特的一篇文稿介绍,1 曼库索等于 6 苏埃尔多的迪内罗,那么,如果这些迪内罗依旧保持加洛林王朝迪内罗的纯银成色,就会得出结论:当时金和银的比值超过 20,这一真正罕见的比值反映出巴塞罗那伯爵领地黄金的绝对匮乏。

贝伦格尔·拉蒙一世(1018 ~ 1035 年)时期的文献提到"sous argenti yspani quod cathini dicitur",可能是阿尔卡西姆(Al Kaçim,1017 ~ 1023 年)的迪拉姆。1019 年以后的文献记载了"mancusos d'or cuyt de manu Bonnom Ebreo","Bonnom Ebreo"(博诺姆·埃夫雷奥)是巴塞罗那一位金银匠的名字,据推算他死于 1036 年之前。他制造介绍哈里发币时讲过的仿制币。根据文献记载,这些仿制币一直使用到 1091 年。1031 年的文献提到"unces d'or cuyt almanzurris et saragoncianos",比韦斯认为是萨拉戈萨在蒙吉尔·伊本·叶海亚统治时期制造的。还记载有"unces d'or cuyt, jahari aut cepti aut almeçdi aut alcarovi"(贾法里、塞普蒂、阿尔梅斯迪、阿尔卡罗比的盎司金币)。

拉蒙·贝伦格尔一世(1035 ~ 1076 年)时期新出现一位制造巴塞

罗那曼库索的工匠师，1039 年文献记载 Ⅱ，"unum amuri et alium de manu Heneas"（埃内阿斯）。直到 1070 年还有文献提到："Veteribus de Enea monete Barchinone"（埃内阿斯的巴塞罗那币）。1057 年有一条有趣的消息讲比价："Barchinonenses inter aurum et argentum et sunt ad tale pensum quod decem manchussi faciant unam unciam"。由此推算，巴塞罗那曼库索金币与迪拉姆一样，重约 2.70 克，而阿拉伯曼库索是 1/7 盎司，也就是说重约 3.85 克。

几年之后的文献中，不再讲巴塞罗那曼库索等于 1/10 盎司，而是说重量等同于 1 阿根图。这发生在伯爵城制造一种更轻的新曼库索的时候，新曼库索重 1.90 克，币文是拉丁字母的 "RAIMVNDVS COMES"[89]。皮奥·贝尔特兰认为，变化发生在 1067 年，契约上写着应是 "pensatos unum ad unum"。由于阿根图是虚拟单位，等于当时 5 迪内罗所含的银，皮奥·贝尔特兰推断：当时应是前面讲过的银币第二次减少含银量时期。这些币应含 0.38 克银。

能够解决这些货币问题的文献收录在拉蒙·贝伦格尔三世（Ramón Berenguer Ⅲ，1096～1131 年）的法典的附件《金索利多使用惯例》。以下是基本信息：

Sou d'or ha vuyt argens，unça catorze，lliura d'or vint y un sous；lo sou val quatre morabatins，la unça set morabatins，la lliura setanta quatre morabatins［应该是：vuytanta quatre］．Cent lliures d'or de Valencia han en si dos millia et cent sous d'or，que valent vuyt milia e quatre cents morabatins；cent unces d'or de Valencia valen dos cents morabatins；e quatre mancusos e mitj de aquell or［应该是：tres e mitj］valen un morabati e set mancusos de aquell meteix or fan una unça qui val dos morabatins.

拉蒙·贝伦格尔四世时期（1131～1162 年），巴塞罗那流通 "morabatins mercatarios，melechinos，jovecios，marrochinorum" 和 "de barba rubea"。最后几个在阿拉贡的佩德罗二世时期的 1022 年再次被提道："Reddamus tibi C. sol. barchin. vel aureos barbe roge boni et fini auri unumquemque ad computum Ⅶ Solidorum"，即每种钱币或换算为迪内罗的币值。阿方索二世时期（1162～1196 年）再次提到穆拉比特币，1193 年出现 macemutinas novas jucefias（马斯莫迪纳新胡西费亚），是优素福的穆瓦希德多乌拉。可以看到，在这个时期穆斯林金币都在加泰罗尼亚流通。就像介绍 11 世纪的巴塞罗那曼库索一样，我们最后引述一下海梅一世时期有关仿制多乌拉比价的记载："65 mazmotinas bonas contrarfactas mirtamarmoli boni auri et recti pensi"，模仿 1212 年在纳瓦斯—德托洛萨战役中战败的苏丹阿布·阿布达拉·穆罕默德·纳希尔的哈里发多乌拉币。哈里发的多乌拉的价值是 4 苏埃尔多的巴伦西亚雷阿尔（Reyals，即迪内罗），而海梅伯爵的孔特拉法克塔多乌拉仅值 $3^1/_2$ 苏埃尔多。由此推断，除了伪造币，当时明确地区分了两种钱币，以至在书面合同里都将它们加以区分，只是现在无法确切知道它们的区别。还记载了"morabatins alfonsins"（阿方素的穆拉比特币）[196]，就是卡斯蒂利亚的阿方素八世在 1171 年及之后几年制造的马拉维迪币。

二、图尔的格罗斯币

在加泰罗尼亚看到的加洛林迪内罗银币的成色下降，在构成该帝国的其他欧洲国家陆续重演，证实了钱币学中货币贬值的规律。例如在法国，卡佩王朝时期只造银铜合金的迪内罗和奥波；腓力·奥古斯都（Felipe Augusto，1180～1223 年）时期，理论上贸易往来是通过巴黎迪内罗和图尔迪内罗进行的。4 图尔迪内罗等于 1 斯特林，在这个时代英国斯特林也在法国流通。这些币的币值小，迫使西班牙等地使用阿拉伯币和拜占庭币等其他更大面额的货币支付大额交易。

在法国国王圣路易改革的前几年，智者阿方素十世力排众议，率先挑战西方基督教在欧洲的这一反常的局势，创立起真正的银币体系。这个时代的很多文献都记载了他的图尔银币，1261 年该钱币在涅夫拉一带流通。不幸的是，阿方素的臣民并不看好他的创新，几年之后就不复存在了。根据当时的兑换率，他的图尔银币与穆斯林金币同比值，成为用白色金属制作的穆斯林金币的复制品。

这一币制昙花一现，影响甚微，使法国的路易九世荣幸地成为欧洲银币的修复者，因为他推出图尔的格罗斯币后，很快被许多国家模仿，从而开启了中世纪货币演变的一个重要阶段。布兰卡德推测，这种货币于路易九世第一次亲率十字军东征回来后的 1266 年在法国出现，是模仿圣胡安·德阿卡雷（San Juan de Acre，1251～1257 年）的基督教的第纳尔（基督教的第纳尔）。新币也叫作 Argenteus、Grossus Turonensis 和 Denarius Grossus，出币率每马克 58 枚，重量大于 4 克，成色是 $11^1/_2$ 迪。因为等于 12 图尔迪内罗，所以是真正的苏埃尔多银币。正面是图尔迪内罗的经典币图，即加洛林迪内罗"门"的变形，币文是"CIVIS TVRONVS"，背面是一个十字架和两圈币文："BENEDICTVM SIT NOMEN DOMINI NOSTRI DEI IHESVCRISTI"。

三、格罗斯时代的巴塞罗那：克罗埃特币和米利亚雷斯币

1268 年，海梅一世之子佩德罗王子试图在巴塞罗那制造一种等同于格罗斯的钱币，币值等于 12 枚三迪迪内罗，也就是一枚当地苏埃尔多。有一份文献阐释"fins havia passat endevant en son proposit"，但是该城以有悖市政法而反对。从 1272 年开始，海梅一世在蒙彼利埃王室造币厂制造他的钱币，币名叫"Denarios Argenti Grossos"（格罗斯银币）。成色、出币率和重量应同法国国王的"Turnenses Argenti"（银图尔）一样。币图不同：正面是端头有王冠的等长十字架和"IACOBVS DEI GRA REX ARAGONV"（海梅蒙恩为阿拉贡国王）；背面是城徽，条纹下有个圆的盾牌，币文是"DOMINVS MONTISPESVLANI"[110]（蒙彼利埃领主）。这种货币应在整个阿拉贡王国流通。

海梅一世统治时期有趣的事是伪造外国货币。除了在马略卡岛、莱里达和巴塞罗那伪造上文提到的多乌拉币，还开始伪造米利亚雷斯币或阿基拉特币，阿拉贡和巴伦西亚制造成色为 10 迪的钱币，蒙彼利埃制造的成色略低，马略卡岛制造任何成色的币。

路易斯·布兰卡德已经证实，米利亚雷斯是贝桑特的 1/10，贝桑特是计价货币，重 13.60 克，含 11.35 克银，依据以下文献："Qui s. VIII et d. Ill regalium Valencie apreciati sunt et computati de voluntate partium in Miliariis［sic］XXII argenti ad rationem de s. Ill et d. IX pro quolibet B … argenti。"一枚米利亚雷斯应重 1.36 克，模仿穆瓦希德的半迪拉姆[79]，与穆瓦希德的半迪拉姆的不同之处在于其成色差，币文不易辨认，如巴塞罗那的曼库索，"秘密圆点"代替了造币厂的名字。米利亚雷斯的币值等于 3.5 枚巴伦西亚的三迪迪内罗。

此时在加泰罗尼亚流通着很多外国货币，有英国的斯特林、拜占庭贝桑特和塞拉辛贝桑特、梅勒哥耶迪内罗和图尔迪内罗，还有哈卡迪内罗、巴伦西亚雷阿尔以及乌尔赫尔、安普里亚斯伯爵领地和比克主教管区的迪内罗。

佩德罗三世（Pedro III，1276～1285 年）于 1284 年在巴塞罗那得以制造银币，出币率为每马克 72 枚，成色是 11 $\frac{1}{2}$ 迪，币值等于 12 枚三迪迪内罗，并于公元 1285 年开始流通。1 枚三迪迪内罗的小额币含银 0.27 克。$0.27 \times 12 = 3.24$ 克，这是新推出银币的重量。可以看到两种钱币的币值仍由其内含价值决定，这种等价关系便于在没有完整资料的情况下解决中世纪的很多货币问题。

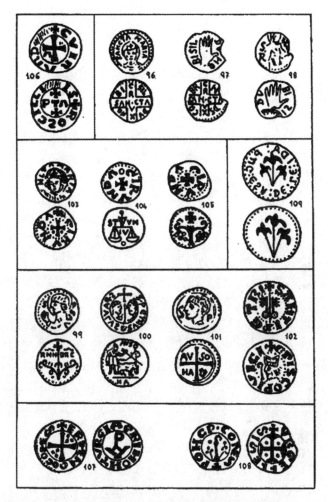

注：分别为贝萨卢的银迪内罗（96~98）；比克的银迪内罗（99~101），比克的银铜合金迪内罗（102）；赫罗纳的迪内罗（103~105）、鲁西永的迪内罗（106）和乌尔赫尔的迪内罗（107~108）；莱里达的普赫萨币（109）。

图15　96~109号货币

新币叫巴塞罗那迪内罗银币，因其背面的英币式十字架也叫十字币，还叫格罗斯银币，再后来叫克罗埃特。佩德罗三世时期的钱币分为三个系列：最早的币图是几瓣弧形突中的国王胸像，服饰如海梅一世迪内罗。币文是"P DEI GRA ARAGON SICILIA REX"（佩德罗蒙恩为阿拉贡、西西里国王）和"BARCINON BENDICTAS"（祝福巴塞罗那）。后两个系列应该是制币师贝伦格尔·德菲内斯特雷的作品，特点是胸像上有竖排纽扣。两个系列的区别在于早一些的币文是"PE-TRVS REX"（佩德罗国王）／"BARCHINO"（巴塞罗那）；晚一些的币文[111]是"PETRVS DEI GRACIA REX"（佩德罗蒙恩为国王）／"CI-VITAS BACKNONA"（巴塞罗那城）。除轻微的改变，最后这种币文沿用到费尔南多二世时期。

因为使用国外金币，这个时代经常会发布与巴塞罗那苏埃尔多和迪内罗兑换比价的公告。有一份公告写着纯银马克值60苏埃尔多，而铸造马克为72苏埃尔多或克罗埃特；金盎司值52苏埃尔多；达米尔多乌拉也就是穆瓦希德多乌拉等于15苏埃尔多；雷萨蒂亚和卡斯蒂利亚多乌拉值14苏埃尔多6迪内罗；奥古斯塔值14苏埃尔多；弗罗林值11苏埃尔多；马拉维迪值10苏埃尔多6迪内罗；图尔银币值1苏埃尔多1/2迪内罗；梅勒哥耶币值1苏埃尔多1奥波。阿方索三世（Alfonso Ⅲ，1285～1291年）统治时期，伯爵城造克罗埃特币，特点与其前任最后的克罗埃特币一样，也是在此君王统治时期，巴塞罗那迪内罗开始在托尔托萨流通，取代了阿拉贡自己的哈卡迪内罗。

海梅二世（1291～1327年）时期有四个系列的克罗埃特。1294年的第一系列钱币依旧是菲内斯特雷的作品，与之前一样有竖排纽扣。第二系列有两个花饰，中间一个十字架，制于1316年，可能是G. 库利、G. 比森斯和Br. 维拉德利的作品。第三系列有横排纽扣，制于1318年，可能是格劳·乌奇巴尔迪的作品。第四系列有三个横排的花饰，是吉列姆·比森斯的作品。

这位君主的迪内罗还有一些变形。一种是1318年的，面左胸像，头戴开放式王冠，海梅一世时期是闭合式王冠，胸前饰有圆点。币文："BARQVINONA"（巴塞罗那）／"IACOB REX"（海梅国王），出现了哥特体的"n"。另一种是1324年的，胸像有穗状缘饰，币文："IACOB REX/ BAQINONA"。

公元1296年和1297年，海梅伯爵借制币师给阿方索·德拉塞尔达在塞隆制币，但至今尚未找到这种钱币。后者是阿方索十世长子的儿子，曾试图夺取卡斯蒂利亚国王费尔南多四世的王位。海梅二世于1301年模仿易卜拉欣·阿布萨特·阿本胡德的钱币，在穆尔西亚造币厂制造1/8多乌拉。还在阿利坎特为他的军队造巴塞罗那克罗埃特币，每马克72枚，但成色11迪，还制造每马克215枚的三迪迪内罗。据文献记载，1298年小额币在阿尔科伊、科森泰纳、哈蒂瓦和希约纳流通："Treens e deu solidos de reyals de Murcia"（穆尔西亚雷阿尔）。阿方索四世（1327～1336 年）制造胸像上有三个花饰的克罗埃特币，是吉列姆·比森斯的作品，还造海梅二世第二种币图的迪内罗币。1333 年，他派送一些制币师去昆卡为阿方索十一世服务。

四、推出金币弗罗林币和太平币

佩德罗四世时期（Pedro IV，1336～1387 年），在钱币学方面最突出的是将弗罗林引入王冠联合王国的钱币体系。从 1252 年开始，Fiorino D'oro 就是意大利佛罗伦萨的经典金币。后来，由于该城与外国贸易非常活跃，弗罗林变成国际货币单位。仿制币也都保留了它的经典图案：正面是施洗者圣约翰像和币文"S IOHANNES（约翰）B"，其中"S"是 Sanctus（圣）的首字母，"B"是 Baptista（施洗者）的缩写；背面是佛罗伦萨会说话的城标百合花和地名。

佩德罗四世于 1346 年开始在佩皮尼昂造币厂制造弗罗林，成色是 $23\frac{3}{4}$ 开，每马克 68 枚，重约 3.48 克。1369 年，巴塞罗那已经制造成色为 18 开的弗罗林，开始为欺诈性发行，也成为之后正常的标准成色。西班牙弗罗林的圣约翰像一面保持不变，另一面币文是"ARAGO REX"（阿拉贡国王）和君王名字的首写字母。在正面圣约翰的头部和币文末尾之间放一个小图案标示造币厂：玫瑰表示佩皮尼昂，玫瑰代表巴塞罗那，王冠是巴伦西亚，塔是托尔托萨[112]，"M"代表马略卡岛，"Ç"代表萨拉戈萨。官方名称是"florí d'or d'Aragó"（阿拉贡金弗罗林），币值为 11 苏埃尔多的迪内罗。很快，这位国王自己就开始偷偷制造成色差的弗罗林，并威胁说惩罚那些"nols volen prendre al for que son afforats sino sonen o si alguna fulla o faurdura fogue hi haver"的人。

至于巴塞罗那自己的货币，佩德罗四世 1339 年前曾试图造更轻的克罗埃特币，为了流通缩减了的钱币，他下令规定"ab pesal que entren Lxxvi. barchinonesos en lo marc"（标准重量每马克 76 枚巴塞罗那币），而当时一直是每马克 72 枚。假克罗埃特币应该是佩雷·特里蓬所造，仅仅是从有关货币的引文中得知。收藏的克罗埃特币有正面的披风上带三个花饰的，是佩雷·比森斯 1336 年或 1345 年的作品，还有三个花饰中间有十字架的，是吉列姆·比森斯 1359 年的作品。博泰特提到过一枚铜币，直径等同克罗埃特币，重 9.70 克，币文是"PETRVS DEI GRACIA REX（佩德罗蒙恩为国王）/ CIVITAS BARCKNONA（巴塞罗那城）"。这可能是一枚标准重量币。已发现的迪内罗有两种币图，都是面朝左的胸像：披风有穗状缘饰或圆点。1346 年，为了便于贸易，在莱里达城，巴塞罗那币取代了哈卡币。在这里应提醒大家，构成王冠联合王国的每个王国——阿拉贡、巴塞罗那、巴伦西亚、马略卡等都有各自的货币，搬离一个地区时需要兑换成"Taulas de Canvi"。因此，莱里达和巴塞罗那之间活跃的贸易要求在莱里达使用伯爵城的货币，以避免无益的麻烦。

1341 年，佩德罗指控马略卡国王海梅允许其他货币在鲁西永、塞尔达尼亚、孔弗朗、瓦勒塞普与巴塞罗那货币竞争，并在佩皮尼昂伪造巴塞罗那币，违背了之前的协议。军队杀到，阿拉贡国王于 1344 年将马略卡收入他的王冠联合王国。

注：分别为海梅一世的克罗埃特币（110），佩德罗三世的克罗埃特币（111），阿方索五世的克罗埃特币（115）；佩德罗四世的弗罗林币（112）；胡安一世的徽章币（113）和科尔纳多币（114）；葡萄牙佩德罗的和平币（116）；费尔南多二世的杜卡多币（117）。

图 16　110～117 号币

　　佩德罗四世生产了很多假币：自己的、卡斯蒂利亚的和法国的。仿制卡斯蒂利亚恩里克二世的钱币每年为他提供了上万弗罗林："…no volem lexar aquell guany que havem qu'es al menys X^m florins"。为此工作的有王冠联合王国所有造币厂和许多秘密造币厂，如托尔托萨和莫维多造币厂。作为报复，恩里克二世让阿拉贡充斥大量假弗罗林，致使这种货币丧失信用。对此需要指出，秘密引入假币在中世纪已成为强有力的战争武器，不仅可以从中渔利，还会造成敌国通货膨胀和物价普遍上涨。

　　也许正因为如此，胡安一世（Juan Ⅰ，1387～1396 年）登基第一年就修改佩皮尼昂和巴塞罗那弗罗林币的标记，从此分别改为头盔和十字架。但由于这些措施不可能达到所有预期效果，1394 年进行货币改革，创建徽章金币和阿拉贡科尔纳多银币，只在佩皮尼昂皇家造币厂制造，因为如果在其他造币厂制造需要相应的城镇代表大会批准，而当时市政法禁止制造金币和特殊货币。阿拉贡徽章币[113]的币图是国王陛下/头盔和龙头的徽章，因此得名徽章币。成色是 23 $\frac{1}{2}$ 开，出币率每马克 58 $\frac{1}{2}$ 枚，枚重 4.05 克，含金 3.97 克。币值等于 1.636 弗罗林，流通时相当于 18 苏埃尔多的巴塞罗那迪内罗，比弗罗林多 7 苏埃尔多。有 1/2 币和 1/4 币。科尔纳多[114]是一种银铜合金"超级迪内罗"，成色为 5 迪，出币率 114 枚。币正面是戴王冠侧面头像和"IOHANNES DEI GRACIA REX ARAGONVM"（胡安蒙恩为阿拉贡国王）；背面是带条纹的菱形和"DOMINVS PROTECTOR MEVS ET ADIVTOR MEVS"。币值为 4 巴塞罗那三迪迪内罗，重 1.65 克，含 0.68 克银。有 2 倍币，出币率每马克 72 枚，币值 8 迪内罗；还有1/2币，每马克 288 枚，币值 2 迪内罗。1/2 币含 0.34 克银，略低于 2 枚二迪迪内罗，但官方规定币值为 2 枚三迪迪内罗，2 枚三迪迪内罗含 0.54 克银。其中的好处显而易见。

　　新一轮减重发生在马丁一世（Martin Ⅰ，1396～1410 年）统治时期，1409 年他在佩皮尼昂制造了科尔纳多白币，币图与科尔纳多币一样，成色是 4 迪 18 格令，出币率每马克 148 枚。币值为 4 枚三迪迪内罗。有 2 倍币和 1/2 币。

　　巴塞罗那对吉列姆·科洛姆 1398 年制造的克罗埃特币进行了一次"测定"，其成色是 11 迪，出币率每马克 80 枚。没能发行，因为币文被伯爵城否决。人们知道的是 1407 年巴托梅乌·塞韦拉制的克罗埃特、半克罗埃特和1/4 克罗埃特币，1410 年尼古劳或佩雷·卡塞斯又发行一次。已知的克罗埃特币是同一种币图：大头像，飘散的头发[115]*，应该是塞韦拉的作品。除某些细节有所改动，这种币图一直沿用到费尔南多二世。

根据《卡斯佩协议》选出的君主费尔南多一世（Fernando I，1412～1416年）在佩皮尼昂制造的克罗埃特币成色降为11迪10格令，这是正常的标准出币率。由于白银匮乏，此时币值为18枚三迪迪内罗。背面英币式十字架将币面分割成四个角，两个角是三枚经典纽扣，另两个角是"O"和"PP"。币文："FERNINANDVS DEI GRACIA REX ARAGONVM"（费尔南多蒙恩为阿拉贡国王）和"COMES BARCHINONE ET ROSSILIONIS"（巴塞罗那和鲁西永伯爵）。1415年，巴塞罗那的造币厂生产了马丁一世那样的克罗埃特和半克罗埃特币。

阿方索五世（1416～1458年）统治时期，老的巴塞罗那三迪迪内罗减重很多，凑足1马克需要24苏埃尔多，而不是最初的18枚苏埃尔多，正因如此，克罗埃特的币值为18枚而不是12枚三迪迪内罗。很多情况下都制造克罗埃特币，但目前仅知道一种币图，即前文已经描述的币图。目前知道的是1426年塞韦拉制造的是1克罗埃特、半克罗埃特币，可能还有夸尔托（Cuarto，1/4），1455年制造1克罗埃特、半克罗埃特和1/3克罗埃特币，也就是六迪内罗。有几枚1430年的样币，是琼·托马斯的作品，由于币文"ALFONSVS DEI GRA HEX ARA"（阿方索蒙恩为阿拉贡国王）有悖市政法而被命令停止流通。1/3克罗埃特的正面无币文，还有一些背面也无币文，只在十字架的中心有一个"B"。这批发行的币中，有1/6克罗埃特币，但文献中没有记载，正面与1/3克罗埃特币相同。

1458年至1472年期间，阿拉贡王冠联合王国的命运多舛，胡安二世（Juan II，1458～1479年）剥夺了其长子比亚纳王子卡洛斯的继承权，引起其所有封地的顽强抵抗。后来王子死去，人民错误地归咎为毒杀，致使加泰罗尼亚公开造反，其间连续拥立了三任君王。

第一位是卡斯蒂利亚恩里克四世（Enrique IV，1462～1463年），在他统治时期，加泰罗尼亚地区流通的是再加铸的卡斯蒂利亚夸尔托。后来制造克罗埃特币，币图是有穗状缘饰的胸像，这种币图在佩德罗四世之后消失不见，尽管法规说"el batiment se fahes a present ab les empremtes del alt rei D. Alfons"。有等分币：半克罗埃特、1/3克罗埃特和1/6克罗埃特。后两种有币文"TORTOSANIE"或"TORTOSACI"，确定出自托尔托萨、塔拉戈纳。博泰特认为，有些"1/3克罗埃特"是葡萄牙的佩德罗制造的，甚至有胡安二世造的。这时期还造弗罗林币。

卡斯蒂利亚人放弃巴塞罗那事业后，拥立了葡萄牙的佩德罗（1464～1467年）。他制造弗罗林币，禁止使用赫罗纳维拉城堡造的钱币，建议在奥斯塔尔里克等地造低成色币。1465年推出一种新的金币，即太平币[116]，成色是20开，出币率每马克68枚，枚重3.48克，含2.90克金。币图和币文是盾徽、王冠和"DEVS IN ADJVTOR MEVM IN-TENDE"（持权杖的国王陛下）和"PETRVS QVARTVS DEI GRACIA REX ARAGONVM"（佩德罗四世蒙恩为阿拉贡国王）。流通币值是18苏埃尔多的迪内罗，而其内在价值是$14^1/_2$，渔利很大。拉斐尔·莫利内尔被授权造30倍、40倍、50倍的太平币，但没有找到这些币。1466年，贝尔加制造了巴塞罗那那样的克罗埃特和1/3克罗埃特币，即6迪内罗。要求Taulers de Canvi每收到1弗罗林，至少上交3苏埃尔多的6迪内罗，目的是流通小钱币。有伯爵城的克罗埃特和半克罗埃特币，背面的币文沿用费尔南多一世的式样"ARCK NONA CIVI TASB"。

安茹的雷纳托（Renato de Anjou，1467～1470年）统治时期，继续熔弗罗林造太平币，币文是"RENATVS PRIMVS DEI GRACIA REX ARAGONVM"（雷纳托一世蒙恩为阿拉贡国王），引起众多抱怨。

五、杜卡多金币时代

胡安二世统治的第二阶段，货币体系的伟大创新是引进杜卡多币[117]*，这是一种模仿威尼斯的达克特的钱币，币图是基督像，币文是"SIT BIT CHRISTE DATVS QVEM TV REGIS ISTE DVCATVS"，币名源于此。西班牙最早于1475年或1476年在巴塞罗那发行这种钱币，依据是胡安二世于1477年给巴伦西亚的安德烈斯·卡塔拉的一份委托，委托他制造萨拉戈萨或巴塞罗那那样的杜卡多："ducats del pes, ley e lliga que son los ducats que en Çaragoça o açí［巴塞罗那］habem fet fer e ab la Magestat e armes nostres com está alli"。1476年下令制造金币"no sie d'escuts ni estranya moneda"的消息更证实了上述判断。与弗罗林币不同，杜卡多的币图式样很多，特点是成色为$23^3/_4$开，每237克重的佩皮尼昂马克出币67枚，每枚重3.54克。由此可以推断，按照葡萄牙的佩德罗制低成色币的建议制造的太平币可能是减重的杜卡多。杜卡多是1465年引入加泰罗尼亚的。内战后，胡安在巴塞罗那制造的第一批钱币中恰好有1/4太平币，造于1472年。杜卡多在西班牙的霸主地位持续时间不长，不到公元1535年，但它引入到卡斯蒂利亚的深远影响或许大于引入到加泰罗尼亚的，因为在加泰罗尼亚它要与弗罗林和太平币竞争。

在此之前，也就是内战期间，胡安二世委托其辖下造币厂总制币师霍尔迪·洛韦特制造了卡斯蒂利亚金币恩里凯和阿方索币，每马克出币51 枚，成色23 开，而卡斯蒂利亚金币是每马克50 枚，$23^3/_4$开；还制造巴伦西亚和巴塞罗那的成色16 开的弗罗林和雷阿尔，这两种币的出币率都是每马克82 枚，成色分别是11 迪和10 迪。为了竞争，所有钱币都是低成色或高出币率，如币文是 "ILERDENCIS"（莱里达）的1/3 克罗埃特币，即六迪内罗，1465 年就已经流通，但任何地方都不想接受它。博泰特认为这些钱币有1463 年前造的佩皮尼昂的克罗埃特币，背面是十字架分隔开的圆点和圆圈模仿巴塞罗那的克罗埃特币，还有1473 年至1475 年间造的克罗埃特币，十字架分隔的四角有 "PP" 标记。

1475 年至1479 年间，长子费尔南多已与伊莎贝拉一世结婚，成为卡斯蒂利亚的国王。作为阿拉贡的君主，1493 年他命令制造杜卡多 "en les seques de Barcelona e de Perpinya, la qual moneda haja nom e sia nomenada Principat"[117]（在巴塞罗那和佩皮尼昂造，币名为公国币）；具体有半杜卡多、二杜卡多和十杜卡多币。正面是戴王冠头像，背面是各种变形的盾徽，有的有石榴，有的没石榴等。出币率为每巴塞罗那马克出$65^1/_3$枚。还造克罗埃特币，按正常出币率每马克72 枚，成色$11^1/_2$迪，12 克罗埃特等于1 公国币。克罗埃特当时的币值是24 迪内罗，也就是2 苏埃尔多，正面推出一种新币图：面左的戴王冠头像，从上面切断缘线。半克罗埃特是一样的。1/4 克罗埃特的头像后有个 "B"，无币文；另外有一些 "B" 在十字架中央。

1494 年进行了一次银铜合金币的短暂改革，制造的迪内罗成色是1 迪14 格令，出币率为每马克24 苏埃尔多，也就是288 枚，枚重0.81 克，含0.10 克银。币图：戴王冠头像和英币式十字架。1505 年就不得不在良币上再加铸 "B"，以区别假币。最终的改革是在1513 年，决定制造成色为三迪的小额币梅努特和2 倍币多乌莱尔：前者出币率为41 苏埃尔多4 迪内罗，也就是496 枚，每枚0.47 克，含0.11 克银；后者是20 苏埃尔多8 迪内罗，即248 枚，枚重0.94 克，含0.23 克银。关于币图，前者是戴王冠头像/ "B"；后者是戴王冠头像/有巴塞罗那标识的菱形。已发现的只有多乌莱尔币，币文是 "FERDINANDVS"（费尔南多）/ "BARKNONA"（巴塞罗那）。这两种钱币的币值分别为1 迪内罗和2 迪内罗，把其含银量与海梅一世的迪内罗比较，证实了君主从中渔利，也证实了白色金属匮乏。

第八章
天主教双王之前的
阿拉贡和纳瓦拉货币

第一节　建立纳瓦拉王国和阿拉贡王国

穆斯林的迅速征服是西班牙罗马居民在西哥特王国陷落后继续留在家园的主要原因之一，否则无法解释塔霍河和埃布罗河流域的城市仍正常发展。在位于埃布罗河的"上边境"，阿拉伯人建立了三个省：潘普洛纳的 Albaquenex 省；塞格雷河流域的 Es Seistum 省；包括 Saracusta（萨拉戈萨）和 Weschka（韦斯卡）的 Arlith 省。

8 世纪中叶，在比利牛斯山地区很可能存在几组抵抗力量，受加洛林军队多少有效的保护，但是面对穆斯林骑兵的年年骚扰，他们的稳定是那么脆弱。一个世纪之后，公元 860 年在潘普洛纳出现了加西亚·伊尼格斯，他是这座城邦的第一位国王伊尼戈·阿里斯塔的儿子。国家混乱的局面使这些人比在加泰罗尼亚地区拥有更大的活动自由，因此，完全可能既没有加洛林王朝的同意，也未获得阿斯图里亚斯王朝的允许，他们就自立为王。但是，桑乔一世·加尔塞斯（Sancho I Garcés, 905 ~ 925 年）之前发生的一切都是云山雾罩的。与此同时，另一个规模更小的聚点是阿拉贡，其发源地仅限于阿拉贡河的高峡间。加林多·阿斯纳雷斯伯爵的女儿恩德雷戈特·加林德斯与加西亚一世·桑切斯（García I Sánchez, 925 ~ 970 年）结婚，这块伯爵领地并入纳瓦拉。

11 世纪初哈里发统治陷落时，在这个"上边境"建立起多个"斯拉夫人"王国，统治阿布·阿尤布·苏莱曼·本·哈德曾统治的地区，在萨拉戈萨、莱里达、卡拉塔尤和图德拉造币，因此这些城市在后来的基督教统治时期的某些情况下继续造币。同加泰罗尼亚一样，在纳瓦拉和阿拉贡应该大量流通过阿拉伯货币和加洛林王朝货币。

"大帝"桑乔三世（Sancho Ⅲ el Mayor，1000～1035年）统治时期，纳瓦拉的疆域扩张到最大，这位君主成为半岛最强大的君主，然而他承认莱昂国王的霸主地位，因为莱昂国王是西哥特君主的直接继承人。在他面前，桑乔三世显得很谦卑，称他为"imperator domnus Vermudus"（贝尔穆多大帝）。桑乔三世与贝尔穆多三世（Bermudo Ⅲ，1027～1037年）是姻亲兄弟，他们娶了卡斯蒂利亚伯爵加西亚·桑切斯的姐妹。

据1036年阿拉贡的文献记载，桑乔三世下令在他去世（1035年）后将王国按以下方式分封给他的四个儿子：Regnante imperator Veremundo in Leione，et comite FREDINANDO in Castella（费尔南多为莱昂的贝尔穆多大帝和卡斯蒂利亚伯爵），et rex GARSEA in Pampilonia（加西亚为潘普洛纳国王），et rex RANIMIRVS in Aragone（拉米罗为阿拉贡国王），et rex GVNDESALVVS in Ripacorça（贡萨洛为里瓦戈萨国王）。

一、纳瓦拉的早期货币

这些王国不论是在政治上还是在宗教上都倾向于法国，有著名的"圣地亚哥之路"为证，很自然他们最初的钱币也像加泰罗尼亚一样追随比利牛斯山另一边的主旋律，制造银铜合金的迪内罗和奥波，用苏埃尔多和磅计价。在这方面，最早的消息记载是"纳赫拉的"加西亚三世统治时期的1049年，提到"quinque solidos（索利多）illius monete"。有一些迪内罗和奥波不确定地归于其继任人桑乔四世·加尔塞斯（Sancho Ⅳ Garces，1054～1076年），这些钱币的币图是侧面人像/索夫拉韦之树，币文是"SANCIVS REX"（桑乔国王）和"NAVARA"（纳瓦拉），最后这个词在背面的上方，呈弧形。人们还知道另一种迪内罗，币图是支杆上希腊大十字架，可能是为某次反抗伊斯帕尼亚穆斯林的十字军圣战而造，可能是亚历山大二世率领的1064～1065年的十字军圣战，也可能是教宗格列高列七世发起的1073年的圣战。

二、阿拉贡的早期货币

已知最早提到阿拉贡货币是在桑乔·拉米雷斯（Sancho Ramírez，1063～1094年）统治的1068年。1086年提到"C solidus denuriorum mee monete"（100苏埃尔多迪内罗），1089年提到"mancusos iacenses"（哈卡曼库索）。在他统治期间，桑乔四世去世，纳瓦拉人决定并入阿拉贡王国，两个王国直到1134年才合并。卡斯蒂利亚的阿方索六世，因是莱昂国王而级别更高，他以此身份将桑乔四世的王国瓜分，自己留一部分，将另一部分让给桑乔·拉米雷斯，最终在主要核心地区创建纳瓦拉伯爵领地，以卡斯蒂利亚国王封地的名义转入阿拉贡国王之手。阿方索六世在潘普洛纳制造一种币，正面是面向前的戴王冠胸像，背面是支杆上的大十字，支杆上伸出两对树杈；一条弧线罩在上面，弧线两端是球形装饰。币文："REX ANFVS IMPERATORVM" 和 "LEGIO CIVI-TAS"[118]。

已知的桑乔·拉米雷斯发行的货币出乎意料地丰富，但是时间顺序还无法确定。一种有十字架，与桑乔四世的十字架一样，可能属于同时期的，不同之处是背面有币文"ARAGONENSIS"（阿拉贡），正面币文也是"SANCIVS RES"（桑乔国王），然而头像更精美，佩戴项链，发型为一层层布局相同的波纹构成的波浪形[119]。

在哈卡制造另一种迪内罗，币图是讲过的"树"，这是此阶段几乎独有的经典币图标志，尽管有很多变形。具体图案为高树干顶端有十字架，树干中间被一条弧线切断，弧线两端相对。这种图案的币文依造币地是横写的正体"IACA"（哈卡）[120]或"ARAGON"（阿拉贡）。1089年征服蒙松后，有同样的迪内罗，币文是"MONSON"（蒙松）和"ARAGON"，"P"取代小十字架，"P"是君主的儿子佩德罗的首写字母。

另一种钱币，"树"的图案是从中间的树干向两侧伸出两枝树杈，树杈两端是相对纵排的小圆环，是1089年蒙松造币坊的制币，币文是横写的正体字"MONSON"[121]或"ARAGON"。

潘普洛纳国王在该城邦制造奥波，背面是多次介绍的树干和小十字架，被挂着各种装饰物的半圆切断；上方是呈弧形的"ARAGON"。

除了有Aragonensis字样的迪内罗，其他币文的布局是确定的，一直沿用到"斗士"阿方索一世去世前。其规律是：阿拉贡造币厂是横写的正体字；纳瓦拉造币厂的名字在上方，呈弧形。

三、阿方索一世去世前的阿拉贡王国的币图

佩德罗一世（Pedro Ⅰ，1094～1104年）把阿拉贡和纳瓦拉合起来统治。文献中记载的他统治时期的货币是哈卡索利多新币，哈卡曼库索，哈卡金盎司；后两种金币都没有找到。佩德罗一世在阿尔科拉斯战胜萨拉戈萨的穆斯坦·比亚赫·阿布·贾法尔，并于1096年夺得韦斯卡。据历史学家拉富恩特介绍，这场战役后，阿拉贡人把圣乔治十字作为币图标志，此外，很久之后，阿拉贡银币上出现这场战役中阵亡的四位阿拉伯酋长的头像。

已知的佩德罗一世的币图与其前任的相同，出自哈卡、潘普洛纳和蒙松的造币厂。此外还有一种币图是支杆上的等长大十字架和头像，波

浪式发型有的是连续的线条，有的是竖向波纹，币文是 PETRVS SAN (cii) REX 和 ARAGONENSIS，可能是继续前面已经见过的币图，此时大概是在新都韦斯卡制造的。另一种新币图也许出自蒙松，缘线里是正面国王胸像，头的左边梳着发髻[122]。背面的币文只有 ARAGON 或 MON-SON。

阿方索一世（1104～1134 年）于 1108 年与乌拉卡结婚，一度将卡斯蒂利亚和阿拉贡合并。因此一些证书上称他为皇帝，如 1117 年的一份证书写着：Anfussus imperator tocius Ispanie。他于 1110 年、1118 年、1119 年、1120 年连续攻下巴瓦斯特罗、萨拉戈萨、图德拉和卡拉塔尤，文献中恰当地反映了这几次战役以及他优秀的骑兵："Regnante Ildefonso rege… quando fuit in partibus Ispaniae，scilicet Valencia Granada，et Murcia et in alias multas partes Yspanie"，还有："Regnante Aldefonso Sangiz，filii Sanzii regis Aragonensis，rex et Imperator in Castella，et in Aragone et Pampilona，et in Zaragoza，et in totam terram christianorum atque sarracenorum Ispanie"，这两段都出自 1125 年的文献。

他的造币厂已经重复介绍过的币图，如韦斯卡仍是支杆上的希腊大十字架，背面是佩戴项链的头像，发型为波纹交错的波浪形，头像周围的币文是 "ANFVS SAN REX"；还有潘普洛纳的[123]和蒙松的。此时蒙松制造的头上有发髻的胸像比佩德罗一世时期的大，胸像下部切断缘线[124]。有一种币图是两座小城堡、圆环和十字架[184*]，可能出自流动造币坊，因为找到的样币中有的币文是 "ANFVSS REX"（阿方索国王）/ "ARAGON"，有的是 "VRRACA REGI"（乌拉卡女王）/ "LEO CIVI-TAS"（莱昂城）。纳瓦拉在特奥巴尔多家族统治时期又制这种币图，稍有一些变化。作为卡斯蒂利亚国王，他们还发行其他货币，将在相应地方介绍。

四、阿方索帝国解体后的货币

"斗士"阿方索一世立下遗嘱，在他去世后把阿拉贡—纳瓦拉王国赠予圣殿骑士团和耶路撒冷圣约翰医院骑士团，然而他的弟弟"修士"拉米罗二世夺走了阿拉贡，与此同时，"Pampilonenses et nafarri coadunati sunt in civitate quae dicitur pampilonia et elegerunt super se regem nomir Garsiam Radimiri que era seoñr in Monteson et in Toleta"（大意为：潘普洛纳人将潘普洛纳城交给图德拉和蒙松的领主加西亚·拉米雷斯，并立他为国王）。到阿拉贡的胡安二世时期，这些王国联合到一起。在此期间，卡斯蒂利亚国王阿方索七世进入埃布罗河谷，占领 Naiara（即纳赫拉）

和萨拉戈萨，建立恺撒奥古斯塔王国。所有这些历史事件都发生在1134 年："Imperante Adefonso rege in Toleto, et cesaraugusta, et Legione, et Nazara. Eo anno quo mortuus est Aldefonsus rex Aragonensis. Ego Aldefonsus Ispaniarum imperator"（阿方索大帝统治托莱多、恺撒奥古斯塔、莱昂和纳赫拉。这年那个阿拉贡国王阿方索战死。这个阿方索成为西班牙皇帝）。阿方索七世先将萨拉戈萨王国给了纳瓦拉国王"重建者"加西亚四世（Garcia IV el Restaurador，1135～1136 年），后来又给了"修士"拉米罗，拉米罗曾封巴塞罗那伯爵拉蒙·贝伦格尔四世为阿拉贡和萨拉戈萨的亲王，就在一年之后的 1137 年，阿方索七世承认拉蒙·贝伦格尔四世拥有这些领土："Anno quod rex Castelle dedit potestatem Comiti barchinonensi de terras de Zaragoza"（卡斯蒂利亚国王将萨拉戈萨土地分封给巴塞罗那伯爵）。

这一系列的历史事件引发了多种货币的发行，一些是通过文件记载了解到的，还有一些则是发现了实物。在那些通过文字记载的货币中，我们引述1135 年对"修士"拉米罗时期的一种货币的描述："Per meam monetam facera de Iacha（即哈卡），in urbe Iacha, die Sancti Bricii, et ipso die mutavit domnus rex illa moneta in Iacha"，这种钱币没被找到。有关加西亚四世时期钱币的记载，1137 年："Duo millia et quatrigentos solidos de illa mea moneta que fuerunt ad compuctum CCCC morabedis"（2400 苏埃尔多兑换 400 马拉维迪币），马拉维迪＝6 苏埃尔多＝72 迪内罗；1146 年记载有 "solidos tutelane monete"（图德拉的苏埃尔多币）。1135 年关于阿方索七世的萨拉戈萨币："Facio cartam donationis et confirmationis tibi Garcie Cesaraugustano episcopo et successoribus tuis in Cesaraugustana ecclesia canonice promouendis de quarta parte medietatis monete que fiet in Cesaraugustana civitate"（加西亚写了一份捐赠确认函给恺撒奥古斯塔主教及其继任人，承诺将恺撒奥古斯塔城制币收益的 1/4 捐赠给恺撒奥古斯塔教会）。

在发掘到实物钱币中，严格按照年代顺序，应列举以下几枚：首先是加西亚四世时期的两枚孪生币，背面币图是蒙松的老币图，正体字币文分别是 "ARAGON" 和 "NAIARA"（纳赫拉）。正面是面左的头像，戴项链，梳着波纹交错的波浪发型。1134 年 9 月至 11 月制造。之后第三枚的图案相同，币文是 "IMPERATOR"（皇帝）/ "NAIARA"，是阿方索七世占领纳赫拉时制造的[125]。还有这位皇帝在萨拉戈萨制造了一种

注：分别为银铜合金迪内罗：卡斯蒂利亚的阿方索六世的（118），桑乔·拉米雷斯的（119～121），佩德罗一世的（122），阿方索一世的（123～124），卡斯蒂利亚的阿方索七世的（125～127），加尔西亚四世的（128），阿方索二世的（129）。

图17　118～129号币

迪内罗[126]，正面是骑士和"REX ÇA"，背面是支杆上的等长大十字架，末端分叉，像"斗士"阿方索一世时期的托莱多币，上面是呈弧形的币文"LEO CIVITAS"，下面在支杆脚边是"C－A"。还有与此完全一样的币，币文是"REX TO"和"REX LE"，推测这几个字母音节分别代表ÇAragoça（萨拉戈萨）、TOleto（托莱多）和LEón（莱昂）。这三枚币是阿方索七世时期的。另一枚迪内罗是1135年的，很可能是加西亚四世接收萨拉戈萨王国时在纳赫拉制造的。钱币正面是阿方索七世和加西亚四世面对面的胸像，戴着惯常的项链，梳着波纹交错的波浪式发型。两个胸像之间的上方是短支杆上的希腊十字架，下面是三排三角形堆在两排波纹上，所有这些都被两枝树杈环托着，没有币文。背面是希腊十字架，周围环绕的币文是"IMPERATOR"（皇帝）[127]。这些三角形和波纹把前一枚币与加西亚四世的另一枚币联系起来，那可能是在图德拉制的，在三角形图案上有一个拉丁十字架，周边环绕币文"NA-VARA"；正面是面左的胸像和"GARCIA REX"（加西亚国王）[128]。这位国王的其他币是在潘普洛纳制造的，币图为大幅的面左胸像，有的是波浪式发型，有的不是，背面是有十字架的枝干，两条弧线从枝干中段伸至两边再相对向回卷曲，与阿方索一世在同一造币厂造的币一样；币文是"GARCIA REX"和"NAVARA"，背面币文是正体字，位于上方。

五、有"IMPERATOR"和 NAIARA 币文的迪内罗币的归属

这两种币文的钱币正面是面左的胸像，两行项链，梳波纹交错的波浪发型，币文是"IMPERATOR"，背面是顶端有十字架的枝干，树杈伸向两边，上部是横写的"NAI - ARA"。

以下是证明这枚钱币应归于阿方索七世时期的证据。

（1）史料从未记载过桑乔三世时期的货币。

（2）加西亚三世统治（1035～1054 年）之前，纳赫拉不是纳瓦拉的首都。

（3）"Imperator"这个头衔的意思是"法律上的莱昂国王"，简单地说即非事实上的，后来的意思是"托莱多国王"：前者因为莱昂代表西哥特君主专制制度的延续；后者因为托莱多曾是该帝国的首都。其他任何地方都无权自立半岛的基督教皇帝。

（4）没有任何真实可靠的纳瓦拉王国的文件记载任命桑乔三世为皇帝，相反，却有文献记载任命莱昂国王贝尔穆多三世为帝。

（5）这枚钱币与另外两枚是同胎币，那两枚的币文是"GARCIA REX"和"NAIARA"或"ARAGON"，除了"重建者"加西亚四世，没有其他叫加西亚的国王同时统治过阿拉贡和纳瓦拉。

（6）就在制造这些币的同一年，加西亚四世与拉米罗二世签署了巴多卢恩戈协议，商定两位国王分掌两国民事权和军事权，加西亚四世掌管纳瓦拉和阿拉贡的军事，拉米罗二世负责两国的民事。这就是说两位曾同时是两个王国的共治国王，目前掌握的文献也证明了这一点。

（7）交错波纹的波浪式发型始于阿方索一世（1104～1134 年），是一位制币师的经典币图，一般认为是模仿已见过的桑乔·拉米雷斯时期的样式。即使承认带有"IMPERADOR"字样的阿方索币从其统治的第一年（1104 年）就存在了，那么到加西亚四世和阿方索七世再用这一波浪式发型币图（1134 年）也仅仅过了 30 年。相反，如果认为这枚币制于桑乔三世统治的最后一年 1035 年，阿方索一世再用这种币图，就过了 69 年，再加 25 年，制币师在做第一枚币时至少是这个年龄，即 94 岁，可见此种假设不成立。所以我们可以肯定，把有"IMPERATOR – NAIARA"币文的钱币归于阿方索七世是西班牙中世纪钱币学最站得住脚的观点之一。

最近，又有一种看法，把这枚钱币归到桑乔三世时期，理由是这是丹麦国王克努特大帝（Canuto el Grande，1018 ~ 1035 年）的另一种钱币的样式。但在我们看来是毫无根据的。除了我们已经表述的理由，应该加上以下几点考虑。

（1）这个时代的所有西班牙货币，如加泰罗尼亚、阿拉贡、纳瓦拉、卡斯蒂利亚的货币都或多或少地模仿外国货币的题材——英币式十字架，有阿尔法和欧米伽符号的十字架等，而不是相反。这是因为外国的杰出人士来到半岛，有的来帮助西班牙的十字军远征，有的来组织罗马式的西班牙教会，甚至连修道院教团也完全是外国人，有的来参观传教士圣地亚哥的陵墓，沿着所谓的"法国之路"来朝圣孔波斯特拉，给半岛带来很大影响。

（2）尚未证明西班牙币是丹麦币样式，也没有反向证明，同样没有证明何时在何种情况下如何模仿的，一种看法不能证明一种假设，更不能证明一种论断。

（3）持上述看法的人拿不准这枚钱币是克努特大帝的还是圣克努特（San Canuto，1080 ~ 1086 年）的，如果属于后者，那么就没有问题了。

（4）如我们正在讨论的钱币一样，比克和赫罗纳主教管区的银币[99]的币图也有树，它们早于 11 世纪下半叶，也证明了有币文"IMPERATOR – NAIARA"的钱币是之后的，比如 1134 年的，否则一个小小的主教管区制造"完全是银"的钱币，而同时代西班牙最大的王国纳瓦拉却只可能制四迪的银铜合金币是不可思议的。前面在讲加泰罗尼亚伯爵币时已经介绍过，加洛林王朝传统的银币不会晚于 11 世纪上半叶，之后是银铜合金币。因此，如前几条一样，这也是一个决定性的重要证明。

六、纳瓦拉—阿拉贡货币的特点

研究这些钱币时出现的一个严重问题是，将现有文献与已发现的钱币相对应非常困难，有时是不可能的。同样困难的是尝试把某一造币厂的钱币归到一起，因为并不是所有钱币上都有地名，很多时候显示的内容说明不了什么，例如同一币图却有不同币文，同一主题的两枚钱币本应出自同一个造币厂，结果币文却不止一种或两种。这说明我们常常不知钱币出自何处。如果认为地名就是造币厂名，从而忽视币图，认为币图是辅助性的，对没有地名的钱币按币图分类，对那些有币文的就按币文分类，忽略币图，这样做是否会前后矛盾呢？过于频繁地这样做，会产生非常荒谬的矛盾。

前面已经看到，在罗马时期的西班牙，币文指明该币合法流通的区域。在西哥特的利奥维吉尔德的第三种币图的特列恩特币上，币图说明所使用的币模出自哪里，而币文说明在哪里制造，大多数情况下都不是今天所讲的意义上的"造币厂"，而是临时路过时制造的。前面介绍过的阿方索在莱昂、托莱多和萨拉戈萨制造的钱币也是同样：是一个"远征"的币模，史料文献和发掘的样币都证明有这个币模。

在现在所讲的钱币上，背面的图案是造币厂的标志，币文只是说明该币合法流通的区域。正因为如此，一些币有专门的地名，如哈卡、蒙松、纳赫拉；而另一些泛泛地写着阿拉贡、纳瓦拉。决定性地证明图案揭示造币坊的是，后来国王们为每个王国只创建唯一一种币图标志，尤其是在卡斯蒂利亚，从那时起就出现了区分不同造币厂的字母或标记。

第二节　阿拉贡迪内罗的延续

一、12 世纪初至 14 世纪初的货币演变

拉米罗二世的继承人是拉蒙·贝伦格尔四世（Ramón Berenguer Ⅳ，1131~1161 年），他是巴塞罗那伯爵和萨拉戈萨亲王。他攻占托尔托萨、莱里达和弗拉加，大大扩大了哈卡币的流通区域。哈卡是四迪币，与同期的巴塞罗那币一样。1145 年的文献记载"ⅩⅠ solidos（11 索利多）de illa moneta de Seragoza de IIII dineros（四迪币）… comes de Barcilona（巴塞罗那）in Seragoza"，1151 年记载"LXXV solidos grossos（75 索利多格罗斯）… et era illa moneta Iakesa de quatuor denarios（是哈卡的四迪币）"。在 1154 年的文献中出现了这样的记载："dinares qanasir de plata de la ceca jaquesa corriente ahora en Huesca（哈卡造币厂的银 dinares qanasir 现在在韦斯卡流通)"，这里的"dinares qanasir"可理解为阿拉贡合 12 迪内罗的苏埃尔多，穆德哈尔和犹太人在他们的合同中从来不使用"sueldo"（苏埃尔多）这个词。"Dinar qanasir"从词源学上讲是"大硬币"苏埃尔多的意思。至今尚未发掘到拉蒙·贝伦格尔四世的阿拉贡迪内罗。

拉蒙·贝伦格尔四世和佩德罗尼拉的儿子阿方索二世（Alfonso Ⅱ，1161 ~ 1196 年），是第一位阿拉贡—加泰罗尼亚国王，继续发行他父亲的四迪币：1171 年的文献记载"XX solidos moneta Iacensis de quatuor denarios（20 索利多哈卡四迪币）… Et si illa moneta se cambiavat aut se baxavat aut se affollabat，reddatis nobis morabitins aiars et lopis bonos et de peso ad arrazon de Ⅶ solidos（1 马拉维迪 = 7 苏埃尔多 = 84 迪内罗）"。1175 年的文献记载"XⅡ solidos Iacces novos（12 哈卡新索利多）"。出币率都是每马克 18 苏埃尔多，也就是 216 枚 1.08 克重的钱币。350 克的阿拉贡磅出 27 苏埃尔多：27 × 12 = 324；324 × 1.08 = 349.92 克。已知的迪内罗就只有一种币图，面左的胸像，高发型，胸前有绶带，背面是一棵树，树两边是竖写的"ARA – GON"[129]。正面有币文"ANFOS REX"（阿方索国王），几乎与"斗士"阿方索在托莱多造的钱币一样，只是头的朝向相反。造币厂可能是蒙松。阿方索二世时期造的一种币，从背面的币图判断，可能是在哈卡制造的，因其币文是"PAX Vbs"，正面是支杆上的十字架，有希腊字母阿尔法和欧米伽，周边是币文"CERVATIE"（塞尔韦拉）[130]。在 1183 年的一份文献中解释过这种"地方"币："XⅣ solidos Iaccensium monete domni regis"，说明存在地方币。

佩德罗二世（1196 ~ 1213 年）希望英诺森三世为其加冕，为此，他必须将王国分封。他于 1205 年回国后，推出了马拉维迪税，在没有造币的情况下，每七年收缴一次。他的迪内罗的正面是面左的戴王冠头像和"PETRVS REX"（佩德罗国王），背面是树干上的大十字架，有树杈，两边是竖写的"ARA – GON"，但字的位置正好与他父亲的钱币相反[131]。造币厂可能是韦斯卡。坎帕内尔介绍过一种币文是"VRGEL"和"PETRVS COME"的迪内罗，可能相当于上文讲的"地方"迪内罗。在佩德罗二世统治时期，应该有好几个造币厂造币，在一份文献记载中可看到，将"in Iaca（哈卡），vel in Osca（奥斯卡），vel in alio aliquo loco"几个造币厂制币收益的 1/10 赠予韦斯卡主教。1203 年，莱里达将 1 马斯莫迪纳（mazmudina，半多乌拉）的价值定为 5 苏埃尔多 5 迪内罗，2.34 克金马斯莫迪纳 = 23.4 克银，包含 65 枚币。金与银的比值是 1：10。1212 年，佩德罗二世把哈卡币模的保管权授予圣殿骑士团。

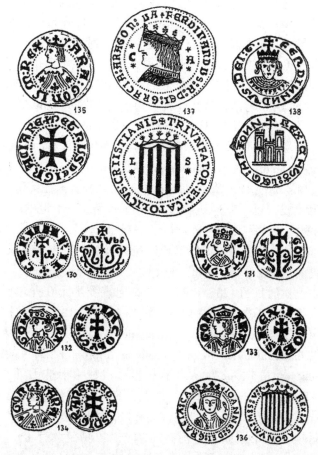

注：分别为银铜合金迪内罗：阿方索二世的（130），佩德罗二世的（131），海梅一世的（132），海梅二世的（133），佩德罗四世的（134）；佩德罗四世的苏埃尔多（135）；胡安二世的杜卡多（136）；费尔南多二世的 4 杜卡多币（137）和银铜合金币夸尔托（138）。

图18　130～138 号币

海梅一世（1213～1276 年）在其统治初期的 1215 年发行了一次成色很差的迪内罗，1218 年这些劣币被废除。从在巴塞罗那所看到的情况判断，这种钱币的成色应该是 2 迪，也就是说是之前流通货币的一半。这让人不禁想到是国王预谋的计划，以对抗当时流通的货币。没有找到这种钱币。哈卡的制币师奥斯托西奥·德奥雷利亚科、奥赫尔·德奥洛隆、佩德罗·德丰坦斯和胡安·德萨乌勒负责这桩合法骗局。1234

年，阿拉贡王冠联合王国首次发行 3 迪迪内罗，含 1/4 银，4 枚三迪币的含银量等于 3 枚旧迪内罗的含银量。1236 年，在蒙松代表大会上，海梅一世授权这座城市长期制造三迪币。正面是面向左的戴王冠胸像和"ARAGON"；背面是币文"REX IACOBVS"（国王海梅）和两横杠的十字架，这是教皇的标志[132]。这一主题后变成阿拉贡币的经典图案。

似乎在巴伦西亚曾流通一些哈卡银铜合金苏埃尔多币，至今都没有找到。币图如迪内罗，币文是国王的名字和"ARAGONVM"（阿拉贡）。如果消息属实的话，那么此种货币的流通时间应该是在攻占巴伦西亚的 1238 年至这个城市第一次发行自己货币的 1247 年。尽管两种币是一样的，为从发行货币中获取最大利益，海梅在 1247 年决定"XV denarii jaccenses denture et recpiantur pro XII denariis realium [Valentiae]"（15 哈卡迪内罗兑换 12 巴伦西亚迪内罗）。1254 年，在莱里达发行了一批小额辅币奥波，用于支付抗击卡斯蒂利亚阿方索十世的战争的开销；1259 年在莱里达和萨拉戈萨又发行了一批迪内罗，作为规划的赴圣地的十字军远征的津贴。从 1272 年开始在蒙彼利埃制造格罗斯币，尽管在阿拉贡它的实效应该很小，但在公共文献中有记载。

阿方索三世时期（1285～1291 年），巴塞罗那币在托尔托萨取代了哈卡币，海梅二世统治期间（1291～1327 年）的 1307 年阿拉贡城代表大会颁布市政法"De secunda confirmatione moneta"，以制造更多的迪内罗，因为"damnum totius Regni Aragonum … propter paucitatem monetae Iaccensis quae est in Regno"，从海梅一世就没在哈卡造币了。哈卡的造币厂搬到了萨里涅纳，在那里发行货币。海梅二世所造迪内罗类似于海梅一世的钱币，但有些不同：哥特体的"n"替代了罗马体的"n"；椭圆形眼睛替换了圆形眼睛；之前有"肩饰"，现在没有了[133]。1310 年，在攻打阿尔梅里亚胜利归来后，哈卡迪内罗在巴伦西亚短暂流通过，12 哈卡迪内罗兑换 18 巴伦西亚迪内罗。

二、弗罗林时代的阿拉贡

创建弗罗林金币的是"讲究礼仪的"佩德罗四世（Pedro IV el Ceremonioso，1335～1387 年），从一开始他就自上僭盗了巴塞罗那、巴伦西亚或萨拉戈萨城市代表大会造币的权力。萨拉戈萨从 1369 年开始发行带有标记"ç"的弗罗林币。作为阿拉贡货币，史料记载曾于 1349 年在萨拉戈萨发行过一次小额币，但未找到，1350 年同一造币厂又发行一次迪内罗和奥波，萨里涅纳的造币厂已迁到这里。币正面是戴王冠胸像从上下切断了缘线，两边分写"ARA – GON"；背面是经典十字架和"PETRVS DI GRA REX"（佩德罗蒙恩为国王）[134]。

据海斯和皮奥·贝尔特兰介绍，佩德罗四世时期还依据市政法制造了苏埃尔多币，也就是雷阿尔银币，类似于巴塞罗那雷阿尔，用哈卡迪内罗的币图，正面币文是"ARAGONVM REX"（阿拉贡国王）或"CIVITAS CESARAVGVSTA"（恺撒奥古斯塔城），主教十字架周边是国王的名字[135]。这种钱币或许是上文所介绍的海梅一世时期苏埃尔多的零星延续，但其中一枚重10.49克，应该怀疑它是标准重量币，而不是本身意义上的钱币。

关于佩德罗四世时期的货币最有趣的话题是伪造假币，对此巴塞罗那的阿拉贡王冠联合王国档案馆里有大量的文献记载，博泰特—西索研究了大部分。

公元1349年，委派佩皮尼昂造币厂的制币师西蒙·索莱尔秘密加工成色和币图都与哈卡币一样的迪内罗："en la art de la creu sia acrit Petrus rex e en l'altra part Sardinie（撒丁岛）. E aquesta moneda aytal sera appellada Alfonsins doblers（阿方索的多乌莱尔币）"。发行的一部分钱币"不经意地"在萨拉戈萨消失了，1372年面对全国代表大会的抱怨，国王回答"他顾不上解决这一问题，因为萨拉戈萨等地正流行疫病，更重要的是他要亲自去救援面临丢失的撒丁王国"。

持续时间最长的是伪造卡斯蒂利亚币。已知的最为古老的史料是1367年在萨拉戈萨的阿尔哈费里亚签署的一份秘密合同，要佩雷·萨拉"contrafase moneda castellana d'argent，ço es Reyals del Rey don Pedro，o del Rey don Enrich...de tam bona ley e taylla（仿制卡斯蒂利亚银币，可以是佩德罗国王的雷阿尔，也可以是恩里克国王的……好成色和出币率）"。1369年至1371年间继续这一"交易"，并且还扩散到其他很多王室造币厂和秘密造币厂，以至于特拉斯塔马拉王朝的恩里克二世向教皇申请援助。佩德罗四世回应称"no volem que sia nostre tributari，mas que no volem lexar aquell guany que havem qu'es al menys X^m Florins"。还有很多伪造币在阿拉贡流通，因为伪造的科尔纳多币使用的模具与哈卡迪内罗的模具是一样的。已知的有以恩里克二世名义的：科尔纳多币，面向前的胸像/城堡；九科尔纳多币，城堡/狮子都在正方形缘线中，有字母"C"和"A"，是萨拉戈萨"Çaragoça"的首尾字母。另外以胡安一世名义的有：羔羊颂白币，羊羔/字母"Y"上有王冠；科尔纳多币，侧面胸像/城堡。极有可能这些假币中的大部分用于支付葡萄牙费尔南多一世的军费，以攻打卡斯蒂利亚的恩里克二世，也正是为此阿拉贡国王依据共同协议也制造葡萄牙货币。

除了大量流通巴伦西亚的雷阿莱特币和伯爵市的迪内罗，阿拉贡在大宗交易中使用巴塞罗那的克罗埃特和弗罗林是符合逻辑的，但当地市民却坚持市政法，仍然把哈卡迪内罗当作理论上唯一流通的货币，阿方索五世统治时期的 1428 年，特鲁埃尔代表大会颁布了有这一限定的流通货币市政法。

三、杜卡多和银雷阿尔时代

胡安二世的第一次婚姻是与纳瓦拉女王布兰卡结婚，并将纳瓦拉王国收并，到他去世后重又分裂。为了第二任妻子胡安娜·恩里克斯的儿子费尔南多，他剥夺了长子比亚纳王子卡洛斯的王位继承权，与加泰罗尼亚开战，战后 1475 年在萨拉戈萨制造了重约 3.20 克的雷阿尔银币。币正面是头戴王冠的面向前的胸像，币文是"IOANNES DEI GRACIA REX"（胡安蒙恩为国王）；背面是条纹盾徽，上方有十字架，两侧分别是"I"和"C"，周边币文是"ARAGONVM NA SI VA MAI"（阿拉贡和王冠联合王国其他王国：纳瓦拉、西西里、巴伦西亚、马略卡的缩写）。根据胸像两侧的标记，可区分为 3 个连续的系列：狮子—鱼，加泰罗尼亚语的鱼是"Peix"：同词根的"Peixonat"（佩克索奈特）家族是国王的司库；C—鱼；狮子—C，狮子是另一家族继承人卡拉塔尤的路易斯·桑切斯。已知杜卡多金币始于 1477 年，出币率为每阿拉贡马克 66 $^2/_3$ 枚。正面是面向前的戴王冠胸像，权杖从上方切断了缘线；背面是条纹盾徽[136]。币文是一样的。

"天主教徒"费尔南多二世（1479～1516 年）于 1469 年与卡斯蒂利亚的伊莎贝拉结婚，并于 1479 年在其父去世后继承阿拉贡的王位。两位王位继承人的结合是纯粹个人的政治事件，每个王国都保留了自己的特权和特性。

他们的雷阿尔银币的正面是面向前的胸像，背面是"I"和"C"之间的条纹盾徽。还有 1482 年发行的雷阿尔币，正面是费尔南多和伊莎贝拉面对面的胸像，另一面是有卡斯蒂利亚、莱昂、阿拉贡和西西里标识的盾徽。按照年代顺序相继出现路易斯·桑切斯、加夫列尔·桑切斯（Gabriel Sánchez，卒于 1505 年）和路易斯·桑切斯（可能是第一个路易斯·桑切斯的孙子）的名字的首字母。里卡多·德尔阿尔科发现的一份 1484 年的《萨拉戈萨代表大会记事》对于确定上述钱币和小银铜合金币极为重要："Primo que se batan sueldos de plata de ley de onze di-

neros y que pese la pieça hun arienço, y más medios sueldos de la misma pla-
ta que pese cada pieça medio arienço, de manera que setze sueldos pesen una
onza, y ciento［此处有误：应为三十］y dos medios sueldos una onza de
plata de la dicha ley de onze dineros. Las quales monedas de plata se nom-
bren Aragoneses, e se fagan con la enprenta e senyal de los Juaynes, e que se
batan jaqueses en hun marco, de los cuales aya una onça y hun quarto de ar-
gent fino de copella, e seys onzas e tres quartos de arambre, y de hun marco
ayan de salir vintyquatro sueldos de jaqueses. E mas se hayan de batir mia-
jas, en el marquo de las cuales aya de haver treze arienços y medio de plata
fina de copella y lo restante seia de arambre, e aya aver en el marquo diziocho
sueldos de las dichas miajas"。

由此可以推断除了雷阿尔之外，也造半雷阿尔，即每盎司出币 16
枚的苏埃尔多，216 克银马克出币 128 枚，枚重 1.68 克，叫阿拉贡币，
面向前的胸像是模仿他父亲时期的胡安币。同时还有半苏埃尔多或 1/4
雷阿尔，出币率是前一种的两倍，枚重 0.84 克，因币值为 6 银铜合金
迪内罗，也叫六迪内罗，可见 1 雷阿尔 = 2 苏埃尔多 = 24 迪内罗。

每马克出 24 雷阿尔的迪内罗，也就是出 288 枚迪内罗，每枚 0.75
克重，仅含 0.11 克银，是这位君主第一次发行的巴塞罗那迪内罗。小
额辅币梅阿哈的出币率是 18 苏埃尔多，出币 432 枚，每枚 0.5 克，含
0.052 克银。另有一些迪内罗上有桑切斯名字的首写字母 "S"，可能产
于 1503 年，大概再后来的是那些没有标记的。

杜卡多币[137]是面左或面右的国王胸像和有阿拉贡标识（加泰罗尼亚
条纹）的盾徽，有些像已介绍过的费尔南多和伊莎贝拉的雷阿尔币上的
图案。币文通常是 "TRIVNFATOR ET CATOLICVS REX"（胜利的天主
教国王）和 "FERNANDVS D G REX ARAGONVM ET VA"（费尔南多
蒙恩为阿拉贡和巴伦西亚国王），有各种各样的小变化。也有雷阿尔上
的标记。

马特乌·略皮斯从无名币中找出一枚银铜合金的夸尔托币[138]，似乎
是模仿卡斯蒂利亚的恩里克四世的夸尔托。正面是面向前的戴王冠胸
像，上方有主教十字架，币文是 "FERDINANDVS DEI G"（费尔南多
蒙恩）；背面是双塔城堡，支杆上十字架，币文是 "REX CAST LEG
ARAGONA"（卡斯蒂利亚、莱昂、阿拉贡国王）。重 2.25 克，有磨损。

四、加西亚四世后的纳瓦拉迪内罗

12 世纪后半叶是桑乔六世·加尔塞斯（Sancho Ⅵ Garcés, 1150 ~

1194 年）统治时期，这一时期继续流通以前的货币。图德拉 1152 年的文献提到 morabetinos aiars（穆拉比特币），1158 年至 1188 年间是 lopinos（罗比诺）币。桑切台是指几位名叫桑乔的国王造的银铜合金迪内罗，似乎始于 13 世纪，应该是强者桑乔七世·桑切斯（Sancho Ⅶ Sánchez el Fuerte，1194～1234 年）时期的，其中面向左的头像和新月上的星星[139]，可能是 1212 年之后的，反映纳瓦拉王国积极参加的值得纪念的纳瓦斯—德托洛萨战役。币文是"SANCIVS REX"（桑乔国王）和"NAVARRE"或"NAVARRORVM"（两个词都是纳瓦拉），可能表明是两个造币厂。在其统治期间，有关于"per DCCC solidos de denariis sanchetis（800 索利多的桑切台迪内罗）bone monete regis Navarre curribilis（纳瓦拉地区流通的货币）"的记载。还有各种叫法的穆拉比特币，其中十字币是卡斯蒂利亚阿方索八世时期的。

香槟家族始于特奥巴尔多一世（Teobaldo Ⅰ，1234～1253 年），他的迪内罗的币图是一个十字架和半月上的一个小城堡，模仿的是阿方索一世时期的一些纳瓦拉迪内罗。币文是"TEBALD REX"（特奥巴尔多）和"DE NAVARRE"（纳瓦拉）[140]。币文为"TIOBALD"的是第二位同名君主（1253～1270 年）的造币。

五、纳瓦拉的金币和银币

埃夫勒家族的"恶人"卡洛斯二世（Carlos Ⅱ el Malo，1349～1387 年）登基后，建立金库管理委员会，使纳瓦拉在货币和金融管理方面大大地向前迈进了一步。那些退贬的桑切台迪内罗和西班牙金币开始以雪崩之势消灭法国的金币、银币和银铜合金币以及佛罗伦萨的弗罗林币，此外国王还委托地方造币坊模仿各式各样的钱币，从而货币之间的兑换率转瞬即变。已知的造币厂有潘普洛纳、蒙雷阿尔、圣让—皮耶德波尔和圣佩赖，但迄今为止没有任何研究来确定各种钱币出自哪家造币厂。

旧桑切台迪内罗被黑图尔币取代，13 桑切台等于 1 枚银图尔。大约在 1355 年，小额币的代表是卡尔林迪内罗，一面是十字架，另一面是图尔币的经典图案。每马克 25 苏埃尔多，成色极低，叫浅黑色或黑色卡尔林。在 1356 年，12 白色卡尔林等于 22 黑迪内罗。大约同一时期，法国的"好人"胡安（Juan el Bueno，1350～1364 年）的一枚旧埃斯库多币定价为 25 苏埃尔多的卡尔林。1356 年记载的"Leoneses de Oro Pardos"（莱昂棕褐色金币），估计是阿方索十一世的多乌拉币，虽然也可能是莱昂的旧马拉维迪币。

第八章　天主教双王之前的阿拉贡和纳瓦拉货币

金币有埃斯库多币[141]，币图是国王面向前坐像和有花装饰的十字架，币文是 "KAROLVS DEI GRA NAVARRE REX"（卡洛斯蒙恩为国王）和 "XPS VINCIT XPS REGNAT XPS IMPERAT"；还有币图是站立的国王的金雷阿尔和 3.50 克重的弗罗林。

银币有格罗斯，出币率为每马克 72 枚，成色是 8 迪。币图是字母 "K" 上有王冠和十字架[142]，也有的是面向前的胸像和十字架。格罗斯的币值为 2 苏埃尔多。含银量极低的银铜合金币或铜币是白币，币图是王冠和希腊十字架，还有一种是十字架分隔开四个王冠，另一面是百合花，叫百合花白币。其他银币重复格罗斯币的图案[143]。

注：分别为桑乔七世的银铜合金迪内罗（139）和特奥巴尔多一世的银铜合金迪内罗（140）；卡洛斯二世的埃斯库多（141）、格罗斯（142）和迪内罗（143）；纳瓦拉的胡安二世和布兰卡的埃斯库多（144）和格罗斯（145）；弗朗西斯科·费博的杜卡多（146）和格罗斯（147）。

图 19　139～147 号币

公元 1377 年模仿法国钱币，制了一批金冠币（Corona de Oro，音译金克朗）和银冠币（Corona de Plata1，音译银克朗）。银冠币的成色是 9 迪 12 格令，出币率为每马克 10 苏埃尔多 6 迪内罗，也就是 126 枚，枚重 1.82 克，币值为 1 苏埃尔多。金冠币的成色为 23 开，每马克出 65 枚，枚重 3.5 克，也可以说是模仿弗罗林币。之后的几年里，这些币的成色下降很多。

正如前面介绍的，这类纳瓦拉钱币是模仿那个时代的法国币，对西班牙的其他地区没有任何影响，所以几乎没有对这类币进行任何分析。但对这一系列货币进行深入研究绝非多此一举。

"高贵的"卡洛斯三世的女儿布兰卡嫁于阿拉贡的胡安二世，在她统治期间，制造了金币[144]、银币[145]和银铜合金币，按照币图可以归为两大类：一类是盾徽被分隔为四个象限，里面交替摆放百合花和链条；另一类是简单分为四部分，用王冠和百合花装饰。也有这种币图的金币。有 1428 年造的"银"格罗斯，成色为 5 迪 12 格令，还有科尔纳多、浅黑色卡尔林和 1438 年造的币值为 18 格罗斯的阿拉贡弗罗林。

胡安二世的不公正作为导致富瓦家族上位。弗朗西斯科·费博（Francisco Febo，1479～1483 年）制造了约 3.40 克的金币杜卡多[146]，成色 23 开，出币率为每马克 72 枚，因成色较差，币值为 46 格罗斯。正面是面向右的戴王冠胸像，背面是上有王冠的盾徽被分为四个象限，里面分别是百合花和链条。1481 年发行一次格罗斯币，出币率为每马克 88 枚，枚重 2.78 克，成色是 4 迪 3 格令。正面有两个"F"，上有王冠，币文"FRANGISCVS PHEBVS R NAVARRE"（纳瓦拉国王弗朗西斯科·费博），背面是希腊十字架和"SIT NOMEN DOMINI BENEDI-CTVM"[147]。成色低，币值等于 16 科尔纳多，科尔纳多币的出币率是每盎司 32 枚，枚重 0.95 克，成色 15 格令。浅黑色迪内罗几乎是科尔纳多的 1/4，重 0.69 克，成色 8 格令，出币率每盎司 44 枚。

弗朗西斯科的妹妹卡特琳娜嫁给了胡安·德阿尔布里特（Juan de Albrit，1483～1515 年），他们的统治与天主教两国王同期，制造了 3.50 克的杜卡多，币图是两位君主面对面胸像，模仿天主教两国王。所造是银铜合金的科尔纳多币，其币文"IK"上有王冠。16 枚等于一枚赛森币。赛森币的成色是 3 迪 15 格令，出币率为每马克 8 苏埃尔多 4 迪内罗，也就是 100 枚，枚重 2.45 克。还制造了以之前其他币为基础的钱币，如金雷阿尔、半雷阿尔和 1/4 雷阿尔，一面是十字架，另一面是王室标识；成色是 22 开，出币率为每马克 72 枚，枚重 3.4 克。还有银雷阿尔，正面是四个王冠，背面是王室徽章；成色11迪，出币率每盎司12枚，枚重2.55克。

六、纳瓦拉的西班牙钱币

1512年，"天主教徒"费尔南多占领了纳瓦拉，在他统治的4年内，先制造埃斯库多金币，其正面是面向右的头像，背面是有链条的盾徽，上有王冠。有15.9克重的四倍币。银币和白色银铜合金币的正面如同金币的背面，背面分隔为四部分，里面分别是"F"和王冠。银铜合金的小额辅币的币图是"F"上方有王冠，背面分隔成四部分，每部分一个圆。

1513年，为潘普洛纳规定了新标准。金币按照布尔戈斯和萨拉戈萨通行的标准，造23 $^3/_4$ 开、每马克70枚的金雷阿尔，也就是杜卡多。正面是国王胸像和"SIT NOMEN DOMINI BENEDICTVM"；背面是盾徽和"FERDINANDVS DEI GRATIA REX NAVARRE E ARAGONVM"（费尔南多蒙恩为纳瓦拉和阿拉贡国王）。有倍数币和等分币。还造银雷阿尔，依照卡斯蒂利亚雷阿尔的成色，11迪4格令，每纳瓦拉马克为4896格令，出币72枚，枚重3.4克；还有半雷阿尔和1/4雷阿尔。雷阿尔的币值等于68纳瓦拉科尔纳多币，等于34卡斯蒂利亚马拉维迪币，币图是纳瓦拉的盾徽，上有王冠/十字架把"F"和王冠分隔开。正面币文是有关君主，背面币文是"SIT NOMEN DOMINI BENEDI-CTVM"。没有造币厂的标记，因为当时只有潘普洛纳造币厂在运营。达西认为有一些印有"K"的钱币是卡洛斯一世时期制造的。银铜合金科尔纳多币的成色为7格令，出币率为每马克240枚，即与布尔戈斯的勃兰卡币一样，币图是"F"上有王冠/十字架。有半科尔纳多币，叫内格雷特，它的成色是科尔纳多的一半，币值也是其一半，币图是王冠/十字架。

第九章
天主教双王之前的巴伦西亚、马略卡、西西里、那不勒斯和撒丁岛的货币

第一节　巴伦西亚王国货币的流通

公元 1238 年，海梅一世攻占巴伦西亚，为加泰罗尼亚人和阿拉贡人提供了扩大其文化、商品和政治影响的机会，甚至是语言的影响，然而却没有影响到货币。君主希望在货币方面谋取最大利益，力图让每个"王国"都拥有自己的货币。然而商人们的交易却很麻烦，他们要不断地去兑换平台，把一种货币兑换成另一种货币，如果是黄金，还需要称重，天平变成不可或缺的工具。

从 1238 年占领巴伦西亚城到 1247 年制造出第一批自己的货币，在此期间流通的是旧阿拉伯货币，通过外贸进入的一些其他外国货币，还有占领国的货币，当时仅限于哈卡币和巴塞罗那币。

文献记载有阿方索的穆拉比特币[196]，就是阿方索八世的马拉维迪，主要还是 Mazmodinas（马斯莫迪纳币），区别在于 Jucifia（胡西费亚）是穆瓦希德王朝的阿布·雅各布·优素福一世的半多乌拉币，而 Contrafacta（孔特拉法克塔）是海梅一世在莱里达、巴塞罗那和马略卡仿造的币。记载的更具国际性的是米利亚雷斯银币，模仿的是穆瓦希德的半迪拉姆币，也是优素福一世的，还有许多仿制和伪造币，数量之大在今天看来简直不可思议。10 米利亚雷斯构成 1 贝桑特（Besante，计价货币）。众所周知，半岛以外造这种货币的有蒙彼利埃、梅勒哥耶、马赛、阿尔勒、托斯卡纳等城市和国家。

一、三迪迪内罗时代

1247 年，海梅一世决定为巴伦西亚和马略卡制造三迪迪内罗（1/4

银），币值与当时在阿拉贡流通的相同。出币率为每马克 18 苏埃尔多，小额辅币奥波的出币率是 20 苏埃尔多。巴伦西亚的雷阿尔，应该是基督教徒、犹太教徒和伊斯兰教徒之间流通的唯一货币。它的正面是戴王冠头像，最初极少的是面向右侧，之后都改为面向左侧，周边币文是"IACOBVS REX"（海梅国王）。背面是小树，模仿莱里达和巴伦西亚的普赫萨币[148]。据说海梅采用这种币图是为了感谢莱里达人对他的支援。民间也叫"树枝币"和"镀银小钱"。自从有了这种币，阿方索的马拉维迪的币值就成了 6 苏埃尔多或 72 个货币单位，而胡西费亚马斯莫迪纳就等于 4 苏埃尔多。新币定值很高，与王冠联合王国其地方币的比价是：12 雷阿尔 = 15 哈卡迪内罗或 18 巴塞罗那迪内罗。海梅一世下令不改变它的"成色、重量、图案、名称、币文、币值、符号和大小"。最初的币模是加西亚·阿纳尔多制造的，他也是巴塞罗那的制币师。据文献记载，新造币厂在很多年中运营方式都相当于现在的契约方式，但在其内部和个人特权方面仍遵循巴塞罗那的规定和特权，巴塞罗那造币厂是王冠联合王国的主要造币厂，因此一直是其他厂效仿的模式。巴伦西亚第二次发行货币是在 1271 年，发行迪内罗和奥波。造伪币者应处以绞刑："Fori Regni Valentiae（巴伦西亚市政法）规定 Aquells qui faran moneda tambe daur com dargent sens voluntat nostra, sens tot remei sien penjats"。

海梅二世于 1296 年在阿利坎特制造在穆尔西亚地区流通的迪内罗币，正面为面向左的戴王冠头像，背面是闭合式王冠，币文是"IACOBVS REX／DI MVRCIA"（穆尔西亚的）[160]。然而从 1301 年开始，巴伦西亚的树枝币逐渐消失。当君主征伐阿尔梅里亚回来，要求巴伦西亚城流通一段时日哈卡币，用于支付军饷。此时 12 哈卡迪内罗等于 18 巴伦西亚迪内罗，也就是说等于一个半苏埃尔多的巴伦西亚迪内罗。从 1310 年开始在巴伦西亚开始常用 Dihuitens（18 迪内罗）进行折算，之后两个地区间的贸易往来继续沿用。随着时间的推移，巴伦西亚最早的银币称作 dihuité（狄维特），表示面值等于 18 当地迪内罗。

阿方索四世时期 1331 年的一份文献记载，格拉纳达、阿尔梅里亚等地伪造阿拉贡王国的货币，可能就是巴伦西亚的迪内罗币。

注：分别为巴伦西亚：海梅一世的银铜合金迪内罗（148）；阿方索五世的银雷阿尔（149）和徽章币（150）；费尔南多二世的杜卡多（151～152）和半杜卡多（153～154）；马略卡：海梅的迪内罗（155）、银雷阿尔（156）和金雷阿尔（157）；费尔南多二世的杜卡多（158）和克罗埃特（159）。

图20　148～159号币

二、弗罗林金币时代

巴伦西亚城造弗罗林金币始于佩德罗四世统治的1369年，是由忠诚的造币监管佩雷·贝内克和其他巴塞罗那造币厂前员工制造的[112*]。此时用外国币的黄金制18开币，出币率为每马克68枚。这些造币厂被授权造银币，可能是卡斯蒂利亚的（不可能是巴伦西亚的，因为在佩德罗四世时期还没有巴伦西亚银币）。为制新币熔毁"雷阿尔币"，严重损害了城市的利益。

没有令人满意地解决的问题是巴伦西亚弗罗林币的标记，因为已知在胡安一世统治的 1387 年，用王冠取代了玫瑰，但在佩德罗四世时期的钱币里也有用王冠标记的，有弗罗林币和半弗罗林币。1 弗罗林等于 11 苏埃尔多的"雷阿尔"，也就是 132 迪内罗。

三、推出银币

胡安一世统治的 1393 年推出银币，起初叫巴伦西亚银雷阿尔，等于 18 迪内罗，因此民间叫狄维特[149]。这种钱币的第一位制币师是巴托洛梅·科斯科利亚，他的币文成为佩皮尼昂 1394 年后造科尔纳多币的模式。据马特乌·略皮斯介绍，创新之处在于"阿拉贡的盾徽变成菱形，只有两条杠，四个半圆围绕。正面是面向前的胸像和"IOHANNES DI GRA REX ARAGO"（胡安蒙恩为阿拉贡国王），背面是刚讲的创新图案和"VALENCIE MAIORICARVM SA"（巴伦西亚 马略卡 撒丁岛）。成色为 11 迪 6 格令，比卡斯蒂利亚的雷阿尔多 2 格令，比巴塞罗那的少 6 格令；出币率是每马克 68 枚。已知的样币的重量约 3.15 克"。

马丁一世统治的 1407 年，有命令将银雷阿尔的出币率改为每马克 70 枚，与"en les seques nostres de Ciutat de Barcelona, de Mallorques et de la Ciutat de Perpenya（巴塞罗那城、马略卡岛和佩皮尼昂城）"一致，并将成色降为 11 迪 2 格令，再次确认"dehuit diners de moneda menuda de reals de Valencia que vuy corre（流通的巴伦西亚雷阿尔小额币的币值等于 18 迪内罗）"。

此时弗罗林币的标记是王室造币厂的总制币师霍安·德斯普拉的标记。至于币值折算，除了规定币值为 11 苏埃尔多的小额币，还规定币的成色每低或高 1 格令，币值就减或加 2 小额币值。

阿方索五世统治的 1442 年，雷阿尔的出币率提高，每马克 72 枚，开始造半雷阿尔。1421 年重又开始制小额币，这种小额币从海梅一世就没有制过了。此时三种金属币的标记有：Puig（小山）是总制币师尼古劳·普哈达的标志，一个"B"是公证人佩雷·巴塞利亚的标志。迪内罗的出币率是每马克 24 苏埃尔多，成为 1427 年佩皮尼昂一次造币的先例，但国王刻意区别于巴塞罗那的制币，以避免伯爵城抗议。1428 年，巴伦西亚伪造格拉纳达穆罕默德九世的迪拉姆币。

1450 年，弗罗林的币值已经涨到 13 苏埃尔多，为与其竞争，1426 年出现了金雷阿尔，也叫徽章币，在巴伦西亚的特点是一面是经典图案，另一面是条形盾徽[150]。

四、杜卡多时代

胡安二世在 1477 年应儿子费尔南多的请求，命令巴伦西亚造

"ducats del pes，ley e liga que son los ducts que en Çaragoçao açi habem fet fer e ab la Magestat e armes nostres con está allí（杜卡多，重量、成色和出币率与萨拉戈萨或巴塞罗那的相同，币图像用陛下像和我们的标识）"。在卡斯蒂利亚的费尔南多五世（阿拉贡的长子）之前，巴伦西亚曾造过法国的埃斯库多币，22 开，每马克出币 68 枚，但没能获得预期的好处，就将这批币熔毁，重新变回杜卡多币。杜卡多的币图是面向前的胸像和上有王冠的条形盾徽，币文是"IOHANNES DEI GRA REX ARAG"／NAVRE VALENCIE MAIORICAR（纳瓦拉 巴伦西亚 马略卡）。币图是哥特式的，有字母"V－A"。

已知的还有几次发行。一次是 1461 年发行了徽章币、弗罗林币（此时的币图是小条形盾徽与王冠一起）和银雷阿尔，银雷阿尔的出币率是每马克 72 枚，币文中用"DEI"，胡安一世时用"DI"。另一次是 1477 年，制造的是外国币。

费尔南多二世统治的 1480 年在巴伦西亚开始造雷阿尔银币。币图是面向前的戴王冠胸像和盾形城徽。币文是"FERDINANDVS DI G REX ARA CA"（费尔南多蒙恩为阿拉贡和卡斯蒂利亚国王）和"VALENCIE MAIORICARVM"（巴伦西亚 马略卡），里面有狮子的小盾徽切断币文，这是制币师阿方索·桑切斯的标记。杜卡多有两种式样：一种是国王面向右或左的胸像和巴伦西亚城徽[151]；另一种是费尔南多和伊莎贝拉面对面的胸像，模仿两位国王的卡斯蒂利亚金币埃克斯塞伦特，背面的盾徽有卡斯蒂利亚、莱昂、阿拉贡和西西里的标识[152]。1483～1488 年的杜卡多币分两种，币上出现 S 的是阿方索·桑切斯的制币，出现"C"的是安德烈斯·卡塔拉的制币；1488 年之后出现"S－S"，是指阿方索·桑切斯的制币。造币厂的标记是一顶王冠。二杜卡多币上的币文是"FERDINANDVS ELISABET DEI GRACIA REX ARA"（费尔南多伊莎贝拉蒙恩为阿拉贡国王）／"VALENCIA MAIORICARVM SARDI"（巴伦西亚 马略卡 撒丁岛）。半杜卡多的币图是"F"和"Y"上都有王冠，背面是上有王冠的条纹盾徽[153]。还有 1/4 杜卡多。伊莎贝拉女王逝世的 1506 年制造的杜卡多币的币图是面向右或左的国王头像，背面是上有王冠的菱形盾徽，像雷阿尔银币一样。半杜卡多是上方有王冠的"F"和王室盾徽[154]。

这一时期还制弗罗林币，有阿方索·桑切斯的伸爪小狮。从 1501 年开始发行老币图的迪内罗，正面是"FERDINANDVS ELISABET"（费尔南多 伊莎贝拉），背面是"VALENCIE MAIORICARVM"；也有阿方索·桑切斯的"S – S"。这个时代流通大量锡耶纳和佛罗伦萨的钱币。

第二节　马略卡王国货币的流通

一、建立马略卡王国

1299 年攻占马略卡使海梅一世得以将一个新的"王国"并入阿拉贡王冠联合王国。然而在很长一段时间内这个新"王国"都没有自己的货币，1247 年开始流通的巴伦西亚为这个王国制造的货币，直到 1300 年才开始发行当地独有的货币。

马略卡之前一直处于阿拉伯人的统治下，因此当时的钱币与被攻占前的巴伦西亚是一类的，也就是说完全是穆瓦希德王朝的币图。自 1229 年，规定了许多与基督教征服者的货币兑换的汇率，逐渐用征服者的货币驱逐穆瓦希德币。马斯莫迪纳币也就是半多乌拉，等于 6 巴塞罗那苏埃尔多，5 马略卡苏埃尔，就是巴伦西亚"雷阿尔"。一份文献记载"duos morabatinos valentes sexdecim solidos regalium Majorioenses monete perpetuae（2 马拉维迪金币 = 16 苏埃尔多的巴伦西亚迪内罗）"，由此推算金与银的比值是 1：8.8。这种马拉维迪币重 3.80 克，可能是阿方索八世及其继任者时期的，依据是那个时代有关货币的各种记载，例如 1262 年曾有如下记载："Morabatinos Anfusinos（阿方索的马拉维迪）boni auri fini et recti fensi"。还流通梅勒哥耶迪内罗，由马盖隆新城的主教制造。1273 年，海梅一世允许马略卡居民制造"monetam miliariensium seu alquilatarum y duplices et mazmutinas"，也就是准许伪造米利亚雷斯币，也叫作阿基拉币，还有穆瓦希德王朝的多乌拉和半多乌拉——马斯莫迪纳，这才是真正的标准单位。

二、推出自己的三种金属货币

1789 年的法国大革命之前，各国都实行君主世袭制，这种有隐患的习惯做法使海梅一世得以将他的王冠联合王国分给他的两个儿子。他将主要的大部分传给了佩德罗三世，把马略卡和鲁西永给了海梅（1276 ~ 1311 年）。海梅二世从 1278 年就要向他哥哥纳贡，并给予巴塞罗那钱币一些优惠。

货币是一种能够带来巨大利益的王权，新国王着手为他的王国配备自己的钱币。1300 年的《国王敕令》制定了造银币和银铜合金币的规则："sots senyal de creu saludable e sots nom del Regne de Malorches e encara figurades en senyals de la nostra image e del nostre nom"。这样币图应

是无须有长发戴王冠的胸像和两横杠的主教十字，竖立的枝干伸到币边缘。中间图案两边有标记。

银铜合金币的成色为 2 $^3/_4$ 迪，或按通俗说法，差一普赫萨 3 迪，有出币率为每马克 11 苏埃尔多（132 枚）的二雷阿尔币[155]、每马克 22 苏埃尔多（264 枚，枚重 0.87 克至 0.98 克）的 1 雷阿尔币或梅努特及其一半的辅币马利亚币。这三个币值在拉丁文的文献中记载为：二倍币、梅努特和奥波。

银币推出了 Reyals D'argent（银雷阿尔）[156]，成色为 11 迪，巴塞罗那的是 $11^1/_2$，出币率每马克 60 枚，重 3.83 克。等于 16 马略卡迪内罗。此外还制造了 Mitj Reyal（半雷阿尔）和 Quarterola（1/4 雷阿尔），但数量很少，不得不允许卡尔林币流通。

1310 年的《国王敕令》规范了金币的制造。正面是国王的坐像，右手握权杖，左手持十字球，币文为"IACOBVS DEI GRA REX MAIOR-ICARVM"（海梅蒙恩为马略卡国王）；背面则是经典的十字架和币文"CO ROSSIL ET CERITANIE ET D N S MONTISP"[157]；成色为 23 开，出币率为每马克 60 枚，因此重量与一枚银雷阿尔币相同；叫金雷阿尔。不久后，海梅二世征收马拉维迪税，每个家庭按资产至少缴纳 10 镑梅努特雷阿尔；由于是以家庭为单位的赋税，通常叫作户税，名称来自"住户、住家"。

游历东方并与摩里亚侯国和雅典公爵封地的继承人伊莎贝尔·奥利亚结婚的费尔南多王子时期有一种迪内罗钱币：正面是等长十字架和币文"FNANS P D MAIORIC"（马略卡的费尔南多王子），背面是图尔币式城堡和"DE CLARENTIA"（克拉伦西亚的）。他是马略卡海梅三世（Jaime Ⅲ de Mallorca，1324～1343 年）的父亲，在他统治下金币定价非常高，1 金雷阿尔的币值在 23 $^1/_2$ 苏埃尔多到 25 苏埃尔多之间，法定的金与银之比变成了 1∶15。很可能是用这一措施吸引黄金流入马略卡岛。大约 1327 年，银雷阿尔叫作克罗埃特，像巴塞罗那一样。这个君主制造二倍币多乌莱尔和小额币梅努特。

注：分别为阿拉贡海梅二世的迪内罗（160）和塔林币（161）；西西里的玛丽亚的1/4雷
阿尔（162和163）和迪内罗（164）；阿方索五世的塔林币（165和167）和阿方索币（166）；
那不勒斯的费尔南多一世的加冕币，即科尔纳多币（168）和塔林币（169）。

图21　160～169号币

公元1343年，阿拉贡的佩德罗四世（死于1387年）攻占马略卡，
不再有旁系王朝。就在这年确定了马略卡小额币与巴塞罗那和阿方索银
币的比价，并将金雷阿尔的币值降为20苏埃尔多，推出其等分币半雷
阿尔和1/4雷阿尔金币。此外，由于银价上涨，每马克银的价值由80
苏埃尔多增加为120苏埃尔多，此时制造的迪内罗的出币率是每马克28
苏埃尔多。国王决定制造过去那种银雷阿尔，但币值不是16迪内罗而
是2苏埃尔多，即24迪内罗。还按比例制造币值分别等于1苏埃尔多

和半苏埃尔多的半雷阿尔和 1/4 雷阿尔。在市政府供应官的请求下，还制造 1/8 金雷阿尔，币值 2 苏埃尔 6 迪内罗，即 30 迪内罗。与币值是它的 8 倍、等于 20 苏埃尔的金雷阿尔币相吻合。在 1384 年和佩德罗四世去世后的 1390 年还发行了其他钱币，有奥波银币，币值 3 马略卡迪内罗，也就是 1/8 银雷阿尔。金雷阿尔的重量为 3.85 克，其等分辅币分别重 1.95 克、0.95 克和 0.50 克。币文一般是 "PETRVS DEI GRA REX"（佩德罗蒙恩为国王）和 "ARAGONVM ET MAIORICARVM"（阿拉贡和马略卡）。币面上有各种各样的标记，比如玫瑰、百合、鞋、贝壳、各种动物等，都是造币厂会说话的币图标志。在君王像的脚边有一些首写字母，例如 B、P、T，坎帕内尔猜测是造币厂巴塞罗那 Barcelona、佩皮尼昂 Perpiñán。与此同时继续制造三个币值的银铜合金币。

三、弗罗林时代的马略卡

胡安一世在位期间有已讲过的几项创新，其中一项就是奥波银币。相反，停止制造马略卡金币，在贝伦格尔·科迪列斯领导下制造弗罗林币及半弗罗林和 1/4 弗罗林币。成色 18 开，每马克出币 68 枚。币值等于 15 马略卡苏埃尔多，特点是有标记 "M"。沿袭一贯规则，币图是这种钱币特有的币图。银币发行雷阿尔、半雷阿尔和 1/8 雷阿尔。在此期间中断了银铜合金币的制造。

马丁一世于 1400 年颁布一道《国王敕令》，制造成色更差的银铜合金币，成色 1 迪 12 格令，每马克出币 24 苏埃尔多。1407 年造雷阿尔银币，出币率增到每马克 68 枚，币值仍为 2 苏埃尔多。费尔南多一世继续造弗罗林币、雷阿尔银币、半雷阿尔币和银铜合金迪内罗币。

阿方索五世统治的公元 1422 年，他对地方金币和银币进行了重大改革。虽然仍保持通常的币名和币值但制造 20 开的金雷阿尔，每马克 64 枚，枚重 3.59 克，几乎超过 1 枚杜卡多（那时半岛尚未制造杜卡多），超重用低成色补偿。银雷阿尔的出币率为每马克 72 枚，成色 10 迪。有半雷阿尔银币。1425 年准许梅诺卡岛在休达德亚制造的铜币，是迪内罗，币图为面向左的戴王冠胸像和菱形条纹盾徽，币文是 "ALFONSVS REX/ MINORICARVM（梅诺卡）"[178]，叫作"梅诺卡新币"。据说是应马略卡人的请求，1454 年停止制造。

在胡安二世的统治时期，马略卡开始大量流通阿拉贡王冠联合王国其他王国制造的杜卡多，币值为 16 克罗埃特，而不是曾经的 13 克或 14 克罗埃特。制造二倍和单倍的雷阿尔银币。胡安二世时期的钱币与胡安一世的不同之处在于币上有各式各样狗的标记，是德斯卡特利亚家族的标记。

四、杜卡多时代

马略卡引入杜卡多非常晚，根据已知的文献资料，大概在 1508 年，也就是伊莎贝拉去世后天主教徒费尔南多统治时期（1479～1516 年）。制造的成色为 $23^3/_4$ 开，出币率为每马克 67 枚。正面是国王面向右或左的胸像；背面是卡斯蒂利亚、莱昂、阿拉贡、西西里王国徽章，上有主教十字架；币文是 "FERDINANDVS REX ARAGONVM（阿拉贡国王费尔南多）/ MAIORICARVM CATHOLICVS（天主教的马略卡）"[158]。市政府供应官希望能保留金雷阿尔这个名字，但是民众更喜欢叫杜卡多，币值等于 32 苏埃尔多，还制造半杜卡多币。从一开始币值就比之前的金雷阿尔高百分之十。

1508 年还改革了银币。与阿方索五世 1422 年的 10 迪成色不同，此时是 11 迪，但出币率从每马克 72 枚（枚重 3.10 克）增为每 216 克的马克（与费尔南多在阿拉贡制的阿拉贡币所使用的马克一样）出币 96 枚（2.25 克），同比每重量盎司出币 12 克罗埃特。16 克罗埃特等于一枚金雷阿尔。作为一项彻底的改革，费尔迪多规定了币图：Les armes de la ciutat y la creu y de la part altra la efigie de nostra reyal cara（侧面胸像；把条纹和城堡分隔开的四等分菱形盾徽，上有十字架，下有主制币师的小盾徽）。币文与金币一样[159]。

1507 年着手银铜合金币的改革，之前按旧标准造过一些过去的钱币。新币的成色仅有 1 迪，以避免流出王国。出币率每马克 24 苏埃尔多，288 枚，只制造小额币。币图延续过去的主旋律。

第三节　向地中海扩张时期的货币

一、加泰罗尼亚—阿拉贡向地中海扩张

有时通过国王联姻（加泰罗尼亚与阿拉贡、蒙彼利埃、纳瓦拉），有时通过战争攻占（马略卡、巴伦西亚），这个君主国家不断扩大，到 13 世纪，阿拉贡王冠联合王国成为地中海的主要大国之一，在与法国的抗争中日渐强大。13 世纪下半叶，教皇想要控制西西里岛，为此他将西西里岛名义上赐予安茹的查理，条件是成为罗马教廷的封地。查理战胜了西西里岛的统治者曼弗雷德和他的侄子康拉丁，但他的专制统治引发了"西西里晚祷"暴动，阿拉贡的佩德罗三世乘机介入，于 1282 年夺取西西里岛，因为他已与曼弗雷德的女儿康斯坦斯结婚。

在这场战争中，加泰罗尼亚和阿拉贡的几股力量被称作"敌后骚扰部队"，他们的骚扰很成功，由于他们在岛上处境越来越艰难，于是在阿拉贡的海梅二世的兄弟及继承人腓特烈二世（Fadrique Ⅱ，1296～1337 年）统治时期，他们奔赴希腊，救援受到土耳其人威胁的君士坦丁堡皇帝安德罗尼卡。这几股力量的领袖是罗杰·德·弗洛尔、贝伦格尔·德·恩滕萨、贝伦格尔·德·罗卡福特，他们的胜利让他们得到安纳托利亚。著名的"加泰罗尼亚报复"之后，米格尔亲王叛变，他们占领了雅典，并在那里建立了一个公国，起初由腓特烈的二儿子西西里岛的国王曼弗雷德统治。1381 年，公国自愿献予阿拉贡国王佩德罗四世，换取了最大的特权，与巴塞罗那相仿。1388 年雅典公国丢失，但作为补偿，1323 年到 1324 年阿拉贡王冠联合王国拥有了撒丁岛，尽管引发热那亚人的起义。撒丁岛是教皇交给阿拉贡的海梅二世的，条件是帮助他收复西西里岛。1435 年那不勒斯女王让娜去世，她生前选择阿拉贡的阿方索五世作为继承人，那不勒斯王国并入阿拉贡。为了巩固统治，阿方索对安茹的雷纳托、教皇和米兰公爵发起了多次战争。

二、阿拉贡君主在西西里岛的制币

在佩德罗三世时期，开始制金币奥古斯塔（Augustal，加泰罗尼亚语是 Agostar），重 4.45 克，近似于弗雷德里希二世的金币。佩德罗在钱币正面放上条纹盾徽，背面是展翅雄鹰。第一面有两圈币文："SVMMA POTENCIA EST IN DEO/P DEI GRA ARAGON SICIL REX"（佩德罗蒙恩为阿拉贡西西里国王）。另一面是"XPS VINCIT XPS REGNAT XPS IMPERAT"。银币叫塔林，币图是那些 8 瓣弧形突内的图案。币文："P DEI GRA ARAGON SICIL REX"/"COSTA DEI GRA SICIL REGIA"（康斯坦斯蒙恩为西西里女王）。与巴塞罗那的克罗埃特币一样，重 3.15 克，币值相当于 20 被称为格令的迪内罗。

海梅一世继任，他随后是阿拉贡的海梅二世，他的银币不变，币文是"IA DEI GRA ARAGON SICL REX"（海梅蒙恩为阿拉贡西西里岛国王）和"AC BARCHINONE COMES"（巴塞罗那伯爵）[161]。银铜合金币是条纹菱形徽章和西西里的标志鹰，币文是"IACOBVS SICILIE"（西西里的海梅）和"DEI GRATIA REX"（蒙恩为国王）。

注：分别为费尔南多一世的塔林币（170 和 174）、白鼬币（171）、迪内罗（172）和金币（173）；腓特烈三世的塔林币（175）；阿拉贡海梅二世的塔林币（176）；胡安二世的迪内罗（177）；阿方索五世的迪内罗（178）。

图 22　170～178 号币

在海梅二世的弟弟腓特烈二世统治时期，银币上体现了在东方的战绩："FRIDERICVS DEI GRA REX SICILE"（腓特烈蒙恩为西西里国王）/ "AC ATHENARV S NEO PATRIE DVX"（雅典和尼奥帕尔利亚公爵）。银铜合金币有几种币图：长菱形条纹盾徽和象；近似圆形条纹盾徽和鹰；鹰和把花与"G、B"分隔开的十字架。从腓特烈二世统治开始西西里就是独立王国，因为西西里与阿拉贡是由不同国王统治的，尽管他们来自同一家族。这种状态一直持续到 1409 年"仁慈的"马丁任西西里国王。

腓特烈的儿子佩德罗二世（Pedro Ⅱ，1337～1342 年）继续制造之前的银币，币文改为"PETRVS SECVNDVS"（佩德罗二世），"简单的”腓特烈三世（Fadrique Ⅲ el Simple，1355～1377 年）同样这样做，只把币文改为 "FRIDERIC T DI GRA REX SICIL"（腓特烈三世蒙恩为西西里国王）和 "DVCA PVL PRINCIPAT' CAPVE"（普利亚公爵卡普阿亲王）。银铜合金币的币图是面向左的戴王冠头像和十字架将两个圆圈分隔开。

腓特烈三世的女儿阿拉贡的玛丽亚（María de Aragón，1377～1402 年）制造了几种 1/4 雷阿尔币：M 和近似圆形条纹盾徽[162]；面向前头像和条纹菱形徽[163]；两面都是将鹰和条纹分隔开的四等分菱形。币文："MARIA DEI GRA REGINA"（玛丽亚蒙恩为女王）和 "SICILIE ATH NEO P DVCIS"（西西里、雅典、尼奥帕尔利亚公国）。还有一种银铜合金迪内罗钱币，一面是 M 在英币式十字架上，另一面是王冠[164]。

"小" 马丁一世（Martín I el Joven，1402～1409 年）是阿拉贡国王 "仁慈的" 马丁的儿子，他第二次婚姻娶了纳瓦拉 "高贵的" 卡洛斯三世的女儿布兰卡。他仍造同样的银币，币文是 "MARTIN D GRA REX SICILIE"（马丁蒙恩为西西里国王）/ "AC ATHENAR' NEOPA DVX"。银铜合金币的币图是 M 上有 Ω，背面是两个不一致的十字构成八条光线，还有鹰和条纹盾徽的。他死后西西里岛又一次在阿拉贡王室的直接统治之下，他的父亲堂马丁接管西西里，岛上称他为 "老" 马丁（1409～1410 年），他是佩德罗四世的儿子。还没有看到他的造币。

"老" 马丁的继承人是安特克拉的费尔南多一世，根据卡斯佩协议被选为阿拉贡的君主。他的塔林银币沿用海梅的样式，币文与马丁一世时期一样，怀疑使用了那个时期的币模。

在阿方索五世（1415～1458 年）统治下，主要制造两种塔林币：一种与之前的一样；另一种是国王面向前的坐像，仿照安茹家族的造币，背面是把鹰和条纹分隔开的四等分菱形[165]，与阿拉贡的玛丽亚时期的一样。第二种的币文是 "ALFONS D GRA REX SICILIE"（阿方索蒙恩为西西里国王）/ "AC ATHEN NEOPATRIE"（雅典、尼奥帕尔利亚公爵）。这一君主又将阿拉贡、西西里岛和那不勒斯合并为一个王国。阿方索去世之后，他的兄弟胡安二世继承了阿拉贡和西西里，他的私生子费尔南多继承了那不勒斯。胡安制造的金币的币图是国王坐在两只鹰组成的御座上，背面是鹰，估计是仿照阿方索五世在那不勒斯制的银币。胡安二世的银币沿用海梅一世的图案。

胡安二世的儿子 "天主教徒" 费尔南多二世，制造他父亲已经引入的 3.50 克的杜卡多。因背面的经典标志被叫作鹰币。此时的造币厂和之前几位国王统治时期一样在墨西拿。正面是国王坐像，背面是展翅的鹰；币文："FERDINANDVS D G REX CASTELLE SICILIE ARA"（费尔南多蒙恩为卡斯蒂利亚、西西里、阿拉贡国王）/ "FERDINANDVS DEI GRACIA REX SICILIE"（费尔南多蒙恩为西西里国王）。银币上有各国的标识，分布如下：在四等分的第 1 和第 4 象限里是卡斯蒂利亚和莱昂的十字架，第 2 和第 3 象限里是阿拉贡和西西里的斜十字。银铜合金币四等分的第 1 和第 4 象限里是阿拉贡的，第 2 象限里是卡斯蒂利亚的，第 3 象限里是莱昂的；背面是把条纹和鹰分隔开的四等分菱形。这些币都有币文 "PRINCEPS CASTELLAE REX SICILIE ET ARAGONVM"（卡斯蒂利亚亲王 阿拉贡和西西里国王），因此应该是 1479 年以后的，但海斯认为第一部分币文也可能表明是"美男子"腓力 1506 年去世后，费尔南多第二次被任命为卡斯蒂利亚摄政王时期制造的。

三、阿拉贡管辖下的那不勒斯

据说那不勒斯的第一位阿拉贡国王是阿方索五世。他造大金币，民间称作 Alfonsins（阿方索币）。正面四等分的第 1 和第 4 象限里是阿拉贡标识，第 2 和第 3 象限里是那不勒斯和匈牙利的标识。背面是面向右的骑手。币文："ALFONSVS D G R ARAGON SI VL FA"（阿方索蒙恩为阿拉贡、西西里、巴伦西亚国王）/ "DNS M ADIVTOR ET EGO DES-PI INI ME"[166]。这种币重量为一个半杜卡多的重量，成色 23 开，币值 33 苏埃尔多。银币 3.50 克，正面与金币相同，背面是面向前的国王坐像，御座是背对背的两只狮子。有一种变形，背面是国王胸像[167]，3 克重。银铜合金币也是这种币图，直径小一些。造币厂地是 Aquila（拉奎拉，鹰的意思）和 Sulmona（苏尔莫纳），都在阿布鲁佐大区。苏尔莫纳的钱币上有 salmo、mihi、patria、est 的首写字母 S. M. P. E.，出自当地出生的古罗马诗人奥维德的《哀怨集》中的一首诗。海斯认为没有制币厂标记的钱币可以归为那不勒斯制币。

阿方索五世的私生子费尔南多一世（Fernando Ⅰ，1458～1494 年）继承那不勒斯王位，制造的金币正面是面向右的戴王冠胸像，背面是驾驭马车的维多利亚胜利女神[168]，估计是纪念 1462 年战胜卡拉布里亚的胡安，安茹的雷纳托的儿子；币文："CORONATVS QVIA LEGITIME CERTAVIT"（国王加冕典礼），因此叫作 "Coronati"（加冕）币。后来，根据教皇庇护二世的指示，他被象征性地加冕为西西里、耶路撒冷和匈牙利的国王，从此一些银币有加冕场景，正面是耶路撒冷十字架[169]。还有一些杜卡多金币的币图是面右的胸像和有阿拉贡、耶路撒冷、那不勒斯和匈牙利标识的盾徽，币文是"RECORDATVS MISERI-CORDIAE SVAE 和 FERDINANDVS D G R SI IE V"，重 3.50 克。有 3.85 克重的银币，币图是圣米格尔在龙的上方[170]，另一种重 1.6 克的银币是盾徽/白鼬[171]。铜币的图案是面向右的胸像和马[172]。这位君主制造杜卡多金币[173]、科尔纳多特斯通或雷阿尔银币[174]、白鼬币（Armellino，即半卡尔林币）、卡尔林币和科尔纳多铜币、卡瓦略铜币及其倍数币。运营的造币厂有以鹰为标志，有时伴有 T 的拉奎拉、有一根柱子或币文"BRVNDVSINA FIDELITAS"的布林迪西、有币文"FIDELIS AMA-TRIX"的阿马特里切和那不勒斯。

阿方索二世（Alfonso Ⅱ，1494～1495 年）制造了天使加冕银币，结合了之前的两种币图：费尔南多一世的加冕图和圣米格尔图。更小的币是白鼬币，名称源于其中一面的币图：白鼬/有火焰的祭坛。费尔南多二世（Fernando Ⅱ，1495～1496 年）在 Lici 即莱切和拉奎拉制造白鼬币，在布林迪西制造铜币。腓特烈三世（Fadrique Ⅲ，1496～1501 年）的杜卡多是面向右的头像，背面是盾徽上有头盔。银币的正面一样，背面是火焰中的书[175]，重 3.90 克。其他的银币和铜币沿袭之前的图案。

最后，在天主教君主的统治下，阿拉贡、西西里岛和那不勒斯又一次合并。在这一时期制造金币和银币杜卡多、卡尔林等，币图是费尔南多国王或伊莎贝拉女王的胸像（银币），币文写着费尔南多或他们两人："FERDINANDVS DEI GRACIA REX CATOCICVS ISP V SICILIE"（费尔南多蒙恩为西班牙和西西里天主教国王）；"FERNANDVS ET HELISABET DEI G REGES ISPANIE ET VTRIVSQE SIC"（费尔南多和伊莎贝尔蒙神之恩为西班牙和西西里国王）。钱币背面是有各王国标识的大盾徽。一些银币的背面用轭和箭装饰，币文是"TANTO MOTA"（sic）。大直径的格令铜币也用最后这种币图。

四、阿拉贡统治下的撒丁岛

教皇博尼费斯八世剥夺了比萨人对撒丁岛的统治权。阿拉贡的海梅二世与比萨人打了几仗后，于 1324 年实际掌控这座岛。直到 1714 年签订《拉施塔特条约》，才将此岛交给德国的查理六世。正是因为这段时间与加泰罗尼亚时间长期共存，岛上很多地方一直把加泰罗尼亚语作为当地语言。

海梅二世造的银币正面与西西里岛的雷阿尔相同，是条纹盾徽和 8

瓣弧形突花边。背面是柱头十字架把花分隔开，也有 8 瓣弧形突花边。
币文："IACOBS ARAGON ET SARDIN REX"（阿拉贡和撒丁岛国王海
梅）/ "FORTITVDO ET LAVS MEA DOMIVS"。重 3 克。

　　阿方索四世制造类似的币，规定币值为 18 迪内罗的阿方索梅努特。
佩德罗四世也这样做，同时还制造另一种雷阿尔，币图是条纹菱形和柱
头十字架把王冠分隔开。根据国王命令，应该允许巴塞罗那的克罗埃特
币按其本身的币值在岛上流通，因其成色和重量与当地币一样。同时，
有记录提到曾计划在萨拉戈萨的阿尔哈费里亚伪造这个岛的货币，也只
有通过史料或考古发现才能搞清这些假币是否在这里流通过。1338 年，
撒丁岛制造阿方索金币。

　　马丁的银铜合金币的正面继续使用佩德罗四世的第二种币图，背面
是十字架把圆环分隔开。阿方索五世的银币沿用海梅二世的币图，制的
银铜合金币叫作"Pitxols"。1435 年在阿尔盖罗造币。胡安二世时期有
博萨造币厂，制造银铜合金迪内罗，币图是条纹盾徽和等长十字架分隔
开圆点[177]。

　　天主教徒费尔南多制造雷阿尔银币，币图是面向左的戴王冠胸像，
背面是 4 瓣弧形突花边中的十字架，币文为 "INIMICOS EIVS INDVAM
CONFVSIONE"。银铜合金币正面与银币一样，背面是十字架将圆环和
撒丁岛的前两个字母 S – A 分隔开。币文是 "FERDINANDVS"（费尔南
多）/ "CA – STR – ICA – LAR（itana）"，表示卡利亚里造币厂。在
1491 年至 1492 年间引入杜卡多币，据胡安·杜萨伊呈交国王的报告介
绍，"a ley e pes de les aguiles que huy se baten en Sicilia que son a ley e
pes de ducat de Venecia"（成色和重量依照西西里打造的鹰币，即威尼
斯杜卡多币的成色和重量）。

　　这一漫长时期的主要造币厂是伊格莱西亚斯造币厂，在阿方索五世
之前没有标注造币厂的标记，佩德罗四世时卡利亚里造币厂开始运营。

第十章
天主教双王之前的莱昂和
卡斯蒂利亚货币

　　几乎阿拉伯人刚一入侵，在阿斯图里亚斯就组织起一个重要的抵抗核心，从政治上讲，这个核心是主要抵抗力量，因为他们是西哥特君主制的直接继承者。实际上今天已普遍接受第一任阿斯图里亚斯的西哥特国王佩拉约（Pelayo，718~737年）受威蒂萨迫害，被罗德里戈保护。佩拉约的女婿是雷卡雷多的后裔阿方索一世（Alfonso Ⅰ，739~757年），他将入侵者赶出加利西亚地区，并攻占列瓦纳和巴杜利亚。不久后"纯洁的"阿方索二世（Alfonso Ⅱ el Casto，791~842年）发起多次袭击，从阿拉伯人的桎梏中解救西班牙的罗马人，即莫萨拉贝人（保留基督教信仰的西班牙人），重新垦殖攻占的领土，并在政治上密切与加洛林帝国的关系。在阿方索二世统治时期，人们认为在伊利亚也就是加利西亚发现了传教士圣地亚哥的墓，便在以孔波斯特拉闻名于世的地方建了一座圣殿，它变成教区首府和源源不断的朝圣者的目的地，这就是著名的"圣地亚哥之路"或"法国之路"。"伟大的"阿方索三世（Alfonso Ⅲ el Magno，866~909年）沿杜罗河流域修建城堡即防御工事，建立起卡斯蒂利亚伯爵领地，在后来收复失地和统一西班牙的使命中，取代了莱昂王国。从这位君王起，莱昂的国王们都用皇帝的称号，这是在西班牙享有的最高级别的称谓。正因为如此，纳瓦拉国王桑乔三世尽管是他那个时代最强大的西班牙君主，却要臣服于他的姻亲贝尔穆多三世。桑乔去世后，他的儿子卡斯蒂利亚伯爵费尔南多一直不能用国王的头衔，直至贝尔穆多去世。

第一节　阿斯图里亚斯 8~11 世纪货币的流通

　　在这漫长的时期，阿斯图里亚斯—莱昂君主国家没有自己的货币，仅使用已有的罗马币、西哥特币和苏维汇币，以及安达卢西亚的阿拉伯人和加洛林帝国的法兰克人的制币。在西班牙考古发掘中，这两个系统的钱币都不少见，尽管仅局限在南方。在圣家族大教堂所在地和科尔多瓦，都发现了伊斯兰教历157年至298年，也就是从阿卜杜勒·拉赫曼一世到阿卜杜拉·伊本·穆罕默德时期的迪拉姆，一起被发现的还有币图为十字架和教堂的加洛林王朝的迪内罗。还应该加上拜占庭的金币，证明当时广泛的贸易往来。当然如果没有正式文献资料证明，人们不会相信。

从某些凭证可以看到，钱币如此种类混杂，却是必不可少的，收钱的依据是重量和公众的眼光。关于上述各种货币的使用，这里有几点说明。列瓦纳的圣托里维奥修道院796年的记录里，讲到 "la venta de un bobe in solido et tremise"（卖牛得苏埃尔多和特列恩特币）。奥多尼奥一世（Ordoño I，850~866年）时期有文献提到磅和银苏埃尔多，也就是加洛林王朝的货币，还有穆斯林的第纳尔和迪拉姆。公元905年有一次用 "XXV solidos gallicensis"（25加利西亚苏埃尔多）买了 "pannos vel argento et boves"，加利西亚苏埃尔多是指阿拉伯人入侵前几个世纪里苏维汇人和西哥特人制造的所有特列恩特币。基马拉斯公元924年的一份资料提到了 "solidos gallicarios usui terre nostre"，再次用到加利西亚苏埃尔多这一表述方式，加利西亚还可以写作 Gallecanos、Gallicanos 和 Gallicenses。它们只在加利西亚和葡萄牙北部流通，但不在莱昂和卡斯蒂利亚流通，这证明西哥特钱币在加利西亚流通了好几个世纪，而在梅塞塔高原地区已被加洛林王朝的钱币特别是阿拉伯人的钱币取而代之。9世纪和10世纪记载的索里多银币既可能指安达卢西亚的迪拉姆，也可能指加洛林王朝的迪内罗，因为这两种钱币都是银币。阿方索三世在遗嘱中赠予圣地亚哥教堂圣根拿丢 "500 metcales ex auro purissimo"（纯金米特卡尔），桑切斯·阿尔沃诺斯说得很对，这是东方的第纳尔，因为那个时代安达卢西亚地区还未制造钱币。从10世纪中的一百年里经常有史料提到银币：公元958年，"accepimus de vos in pretio argento pondere pensato arienzos X^m. quod nobis bene complacuit"；公元1010年，"in pretio X argenteis solidos et Jucrunt in pondere pesati coram multitudinem"，主要讲迪拉姆的折算方法。

一、本土的早期货币：费尔南多一世和阿方索六世

到目前为止，可以归于这一王国的最早的货币是最近发现的一种银

铜合金的迪内罗，都认为是桑乔"大帝"之子费尔南多一世的[179]。正面是面向前的头像从下面切断缘线，背面是希腊十字架，两面的币文分别是"SPANIA"（西班牙）和"FERNAND REX"（费尔南多国王）。这种头像的前身可以追溯到雨果·卡佩之子，法兰西国王"虔诚者"罗贝尔二世（Roberto Ⅱ el Piadoso，996~1031年）的迪内罗银币。皮奥·贝尔特兰认为，这种银铜合金的迪内罗大约制于1063年，开始向巴达霍斯、塞维利亚、托莱多和萨拉戈萨的摩尔国王纳贡之时。但是，Postquem记录的制币年份是1037年，那年贝尔穆多去世，费尔南多可以使用"Rex"（国王）的称号，正如币文所写。这种迪内罗并没有立刻流通起来，而成为孤立事件，目前没有找到令人满意的解释。

在此之后，不论是莱昂、卡斯蒂利亚和纳瓦拉的国王还是加泰罗尼亚伯爵都经常向泰法国王纳贡，他们宁可每年缴纳大量钱财，也不愿被真正占领。这种纳贡制度使得直到12世纪末莱昂和卡斯蒂利亚王国都不再制金币。

按照那个时代的习俗，费尔南多一世将他的王国分给了他的儿子们，但在货币上没有反映出来，因为直到他的二儿子阿方索六世把父亲的遗产重新组合到一起之前没有造过钱币。纳瓦拉国王桑乔四世去世时，阿方索六世果断介入，1076年那里大概制造了一种货币。他的强势使他成为西班牙各种争端的仲裁者，有文献资料称为"两种宗教信仰的国王"。于是，1077年他把自己定为最高等级："Imperator super omnes Hispaniae nationes constitutus. Ego Adefonsus imperator totius Hispaniae"（伊斯帕尼亚至高无上的皇帝）。

对政治和货币都有极大影响的大事件是1085年阿方索六世攻占托莱多王国及其都城，此事件震惊了阿拉伯世界，直接导致穆拉比特王朝的入侵。有文献记载了这一战绩："Ego Adefonsus imperator totius Castelle et Toleto necnon et Nazare seu Alave"。苏丹叶海亚·玛蒙和他的侄子叶海亚·卡迪尔在托莱多制造了铜迪拉姆，还不要说伊玛目。有一些攻占托莱多之后的无名币，弗朗西斯科·科德拉和安东尼奥·比韦斯认为应该是阿方索六世下令制造的。Ⅰ面写着"上帝是唯一的神"，边饰是"以上帝的名义于托莱多城造此迪拉姆，478年（或479年）"。Ⅱ面应该写阿拉伯长官的名字的地方重复"于托莱多城造此迪拉姆"。发行这些钱币是符合逻辑的，因为阿方索六世在进军途中遇到一家造币厂，同时托莱多是阿拉伯统治的一座大城市，需要大量钱币。

阿方索六世在他的王国制造的基督教货币是银铜合金币迪内罗和奥

波，有两种币图：一种是币中央有两个星星和两个圆圈[180]；另一种是悬挂阿尔法和欧米伽的基督符号[181]。两种币的另一面都是柱头十字架。第一种的币文只是"TOLETVM"（托莱多）；第二种的币文是"TOLET-VO"和"LEO CIVITAS"。阿方索六世的女儿乌拉卡放弃第一种而使用了第二种币图。这些情况足以让人推测阿方索六世制造基督教币始于1085年攻占托莱多。同时，从直径、重量、合金、币图看，这种迪内罗都绝对与比利牛斯山那边制造的迪内罗有关，这是由各方面的原因决定的：其一，他的女儿乌拉卡和特雷莎分别嫁给勃艮第的雷蒙多和洛林的恩里克；其二，萨阿贡修道院的第一位院长是法国克卢尼修道院的修士贝尔纳多，他后来也是托莱多的第一位大主教，他用罗马人的宗教仪式替代了莫萨拉贝人的宗教仪式；其三，这种宗教渗入到许多地方和修道院，决定性地影响了那个时代的西班牙文化。

已知阿方索六世特许圣地亚哥大主教迭戈·赫尔米雷斯用王室币模或按大主教的想法在该城造币，并获得造币的全部收益，多兹说他"生于加利西亚，但有一颗法国的心"。还有在卢戈、塞哥维亚和奥维耶多发行迪内罗的消息。

拥有英雄事迹的传奇人物罗德里戈·迪亚兹·德·比瓦尔——斗士熙德于1092年占领巴伦西亚并称王，但向阿方索六世纳贡。在《总篇》中可以读到熙德这样的呐喊："et que me dedes a mi en serviçio el diezmo de los fructos, et de la iusticia que sea mia, et yo que mande fazer mi moneda（应该向我缴纳什一税，我应拥有司法权，我可以命令制造我的货币）"。这应该是继续制造当时在巴伦西亚流通的穆斯林货币。关于这点尚需进一步研究。

二、卡斯蒂利亚—莱昂迪内罗的延续

阿方索六世的女儿乌拉卡先嫁给勃艮第的雷蒙多，雷蒙多死后又在1108年嫁给阿拉贡国王"斗士"阿方索一世，两人不和引发了无数内斗。珍藏的钱币反映了这一点，有的是以女王的名义制的，有的是以国王的名义制的，但从没有两人一起出现在钱币上的情况。

1. 有乌拉卡名字的钱币。这些币不难识别，因为乌拉卡是这个时代唯一用此名造币的卡斯蒂利亚女王。她在莱昂继续造其父亲的迪内罗，币图仍然是悬挂阿尔法和欧米伽基督符号。在托莱多还有面向前头像[182]的迪内罗。两种钱币的另一面都是柱头十字架。币文分别是"VR-RACA REGI"（乌拉卡女王）／"LEO CIVITAS"和"VRACA RE"（乌拉卡女王）／"TOLETVO"。

这里再介绍三种非常奇特的钱币。第一种币通常认为是在帕伦西亚发行的,一面是希腊十字架,另一面是背对背的一对阿尔法和一对欧米伽[183]占据整个币中央。币文:"VRRACA REGI"(乌拉卡女王)和"BEATI ANTONN"(圣安托林)。第二种币是巴黎古币收藏室尚未公开介绍的,仿照阿方索一世有两个小城堡的币图,但圆环和十字的地方换成星星和十字。币文由"ANFVS S REX/ARAGONIS"(阿方索国王/阿拉贡)改成"VRRACA REGI"和"LEO CIVITAS"。许多这样的仿制币出自伴随着君主远征的流动造币厂。第三种钱币是坎帕内尔在他的《指南》里提到的,正面是女王面向前的坐像,两边是照阿拉贡的式样横写的"VRA - REGIN"(乌拉卡—女王),背面是希腊十字,周边是"LE-GIOES ET C"(莱昂和卡斯蒂利亚)。目前尚未看到这种币图的样币。

2. 有"斗士"阿方索名字的钱币。除了已经研究过的在阿拉贡和纳瓦拉的制币,阿方索一世还在托莱多和塞哥维亚制币。塔霍城造的币是面向右的无冠胸像,头上有饰带,从上方切断缘线;背面是悬挂阿尔法和欧米伽的拉丁十字架。币文:"ANFVS REX"和"TOLETA"(托莱多)[185]。不可否认的是与阿拉贡国王阿方索二世的制币极其相似。另一种迪内罗是币文"ANFVS REX"环绕着端头开花的希腊十字架,背面是阿拉贡式样的有十字的树干和树杈,两边纵向排列"TOL - ETA"[186]。

塞哥维亚制造了以下几种钱币:

(1)希腊十字/背对背的阿尔法和背对背的十字,币文是"ANVOS REX"和"SOCOVIA CII"(塞哥维亚城)[187]。塞尔索·阿雷瓦洛认为,应该看到国王的名字中有很明显的德语的特点,用"V"代替了"F",在德语中"V"的发音是 F,这可能是因为制币师是德国籍。

(2)柱头十字/树干上顶十字,两侧有树杈,币文"ANFVS REX"和"SOCOVIA CII"[188]。

(3)柱头十字架/树干上顶十字,两边是星星、十字和圆圈,币文与前一种相同[189]。

(4)柱头十字架/面向左胸像,币文"ANFVS + S REX"(阿方索、十字、S、国王)和"SVCOVIA CIA"(塞哥维亚城)[190]。阿雷瓦洛认为,这枚钱币的币文刻意清楚指明国王的家系,两个"S"中间用十字隔开,应读作 Anfus Sancii(桑乔·拉米雷斯之子阿方索)。同时,阿方索七世之后几次在卡斯蒂利亚和莱昂发行的钱币上都直接使用了面向左的胸像模式。

第十章　天主教双王之前的莱昂和卡斯蒂利亚货币

1121 年，阿拉贡国王就在证书中自称为："Regnante Adefunso imperatore in Castella et in Pampilona，in Aragone，in Superarbi et Ripacorza，et in Calataiuby，et in Zaragoza（卡斯蒂利亚、潘普洛纳、阿拉贡、Superarbi 和 Ripacorza、卡拉塔尤、萨拉戈萨的皇帝阿方索）"。

三、需明确的几个问题

1. 国王币与城市币。凡是研究过卡斯蒂利亚—莱昂王国史料的人，就会在 1017 年的《莱昂市政法》中看到两种表述：quinque solidos monetae regiae（国王的索里多币）和 V solidos monetae urbis（城市索里多币），因此钱币学家大胆猜想那时存在两种本国币，一种是国王的，另一种是市政府的。但之后就证明该市政法中列举的钱币都是仿造币，而且这两个短语是在公元 1118 年前不久插入的。与此同时，日期在 1010 年至 1035 年间的其他莱昂史料中，仍然讲苏埃尔多 "Pondere Pessatos"，却没有提及特定的货币。因此，应该承认 "Monetae Regiae"（国王币）和 "Monetae Urbis"（城市币）是乌拉卡统治时期的说法，我们在下面将会看到，这一时期可能有两种钱币。

2. 国王币与特许币。针对这一货币问题，目前有两派完全不同的观点，分别以历史学家克劳迪奥·桑切斯·阿尔沃诺斯和钱币学家安东尼奥·比韦斯为代表。我们认为，这两位杰出的研究者都有道理，因为在某些情况下卡斯蒂利亚—莱昂币是国王亲自掌管的，有时是特许教会、修道院甚至城市制造的。恰恰是分析这一问题使人自动摒弃了 "笼统概括" 这种钱币学中致命的错误方法，去研究每种值得研究的情况，却不忘记还有其他情况，也就是同时进行整体研究和个别研究。从到现在介绍过的钱币可以推断出以下几点结论。（1）阿方索六世和乌拉卡在托莱多和莱昂造的币图相同、地名不同的币是 "国王币"，同样还有乌拉卡和阿方索一世的夫妻币，一个刻有 Aragonis（阿拉贡），一个刻有 Legio Civitas（莱昂城），甚至还有阿方索一世在塞哥维亚制造的一些印有国王币图的钱币，卡斯蒂利亚—莱昂货币和纳瓦拉—阿拉贡的造币也都有这种国王币图。（2）那些有个别币图（圣地亚哥、塞哥维亚）的造币，甚或一般币图（帕伦西亚）但币文独特的造币可以认为是 "特许币"。在没有实物币（已经消失了）的情况下，文献资料可以解决问题。从史料得知，阿方索六世特许赫尔米雷斯的圣地亚哥大教堂获得在该城市造币的全部收益，并准许将国王币模换成大主教座椅的币模。阿方索六世统治时期只在莱昂、托莱多和奥维耶多有王室造币厂，由此推测圣地亚哥造币厂是纯粹的特许造币厂。同样情况的是有

"Beati Antonn"（圣安托林）字样的制币，一些资料称是在帕伦西亚造的，是圣地亚哥那种性质的非王室造币厂。造币收益的 1/3 给该城的圣安托林，1/3 给萨阿贡（圣法昆多）修道院，剩下的 1/3 交女王。看到乌拉卡和阿方索一世的个人差异后，发现后者可能在塞哥维亚造了类似于帕伦西亚的特许币。币图是柱头十字架把一些圆圈分隔开和一个法杖，币文是"IN N E PATRIS"（以圣父之名），还有些是"ANFVS"（阿方索）"RICA"（富饶的）/SOGOVIA CII[191]。同样是完全授权，如果是有限授权，受益人一定会监督造币过程以防权益被劫掠，这使人猜测如果造币厂不是自己的，教会与造币厂之间应有密切联系。

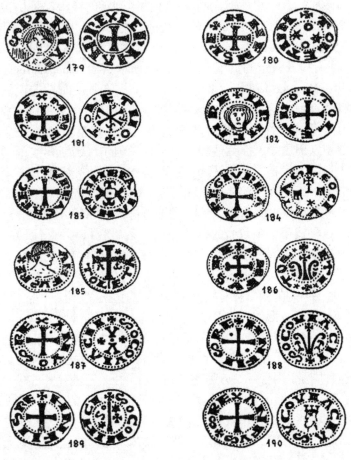

注：分别为银铜合金迪内罗：费尔南多一世的（179）；阿方索六世的（180～181）；乌拉卡的（182～184）和"斗士"阿方索的（185～190）。

图 23　179～190 号币

第二节 12～13世纪货币的流通

一、阿方索七世的制币

阿方索七世登基时，他的母亲乌拉卡还在世，那时"斗士"阿方索一世已撤回到他的阿拉贡联合王国。1134年，阿方索一世去世，阿方索七世进入阿拉贡，制造了多种钱币，在前面介绍阿拉贡钱币时已有研究。有些文献资料中称他为"Rege Petit"（小国王），一份这年的文献记载："Imperante Adefonso rege in Toledo，et Cesaraugusta et Legione et Nazara. Eo anno quo mortuus est Aldefonsus rex Aragonensis. Ego Aldefonsus Ispaniarum imperator（阿方索统治托莱多、恺撒奥古斯塔、莱昂、纳赫拉。今年阿拉贡国王阿方索去世，阿方索成为西班牙的皇帝）"。这一年，unum morabetinum 等于 quinque solidos（1枚穆斯林的马拉维迪金币 ＝5苏埃尔多），根据加洛林王朝的币制，每苏埃尔多等于12迪内罗银铜合金币。1135年，他在莱昂加冕为皇帝，出席加冕典礼的有纳瓦拉国王加西亚四世、巴塞罗那伯爵拉蒙·贝伦格尔四世、托洛萨和加斯科涅等地的伯爵，还有萨拉戈萨的贝尼胡德家族的后代穆斯林酋长萨法多拉。这一盛大典礼在之后几年有记载："Tertio anno postquam primum in Legione coronam Imperii suscepi"。

归于阿方索七世的钱币很多，但由于缺乏批评性研究，其中许多钱币也可能是阿方索六世或"斗士"阿方索一世的，因为他们的名字一样，三人都曾参与过卡斯蒂利亚—莱昂和纳瓦拉—阿拉贡的治理，币图也相同。三位还都只造了银铜合金的迪内罗。

在纳赫拉制造的一种钱币，币图是面对面的胸像，币文是"Imperator"（皇帝），还有一种币图相同的币（见《因格拉达收藏》），但有币文"LEONI CIVI"（莱昂城），可能是他回莱昂后制造的。有一种骑士币，币文是"REX CA"（国王 卡斯蒂利亚），还有两种币图一样的骑士币，币文分别是"REX TO"（国王 托莱多）和"REX LE"（国王 莱昂），证明确实有随军流动的币模，用于为军队补给或不测之需制币。

至于卡斯蒂利亚—莱昂自己的钱币，应该介绍以下几种基本币图：面向左的头像／有阿尔法和欧米伽的十字架，币文是"TOLETVM"／"ANFVS REX"；希腊十字架和"ANFVS REX"／币文"LEON"在阿尔法和欧米伽之间[192]。狮身人面像和"LEON"／等长十字架和"TOLETA"；还有几种狮头（王国会说话的标志）和十字架的变形。有时

149

还会看到称号"Superrex"（至高无上的国王），再次证明有"皇帝"称谓的钱币应归属这位君主。

在这一统治时期，继续或多或少地"授权"王国的主要教堂制币。已知圣地亚哥造的币是希腊十字架和 S IACOBI（圣雅各布）／悬挂阿尔法和欧米伽的基督符号；还有一种是希腊十字架分隔开圆环/上有十字架的树干两侧有树权、十字架和圆环[193]。只有正面有币文"SAINCOVE"（圣雅各布），也可能是"斗士"阿方索一世的。与这些钱币很相似的还有一种，币图是面向左的胸像和同样布局的狮子，币文是"IMPE + RA-TOR"（皇帝）和"BEATI⋯ACOBI"（蒙福的雅各布）[194]。授权托莱多的教会"decimam totiuos monete que in Toleto fuerit fabricata（托莱多造币的1/10）"。塞哥维亚也被授权发行同样的钱币，1139 年的一份文献记载："Quartam partem monetae quae in Segoviensi civitate formatur（塞哥维亚城造币的1/4）"。已知的是迪内罗，币图是面向左头像/两个交叉的柱头十字架，八条臂中的四条顶端是十字。币文是"ANFVS R REX"（阿方索·R 国王）和"SOCOVIA CIV"[195]，这里指他的父亲阿方索·雷蒙德斯，这种钱币沿用其前任阿方索一世的币制所造，在前面介绍塞哥维亚币时已经讲到。在 1139 年的一份捐赠书中可以看到："Imperatore regnante Ilde-fonso in Toleto et in Secovia et in Legione et Imperatrice Berengaria cum eo（统治托莱多、塞哥维亚、莱昂的皇帝阿方索和皇后贝伦格拉）"。正如阿雷瓦洛所讲，在这个时代的卡斯蒂利亚，或者说布尔戈斯没有造币厂，而塞哥维亚是埃斯特雷马杜拉的首府，"卡斯蒂利亚国王阿方索八世的登基恰逢其时，这样除了托莱多和塞哥维亚造币厂的首写字母，还出现了布尔戈斯和他最看重的占领城市昆卡的首写字母"。

二、模仿穆斯林金币

阿方索七世将王国分给了他的两个儿子。但与费尔南多一世相反，他将卡斯蒂利亚给了大儿子桑乔三世（Sancho Ⅲ，1157 ~ 1158 年），证明这一地区已经强盛。把莱昂给了小儿子费尔南多二世（Fernando Ⅱ，1157 ~ 1188 年）。桑乔三世的继承人是阿方索八世（1158 ~ 1214 年）和恩里克一世（Enrique Ⅰ，1214 ~ 1217 年）；费尔南多的继承人是阿方索九世（Alfonso Ⅸ，1188 ~ 1230 年）。"圣徒"费尔南多三世从 1217 年成为卡斯蒂利亚国王，于 1230 年继承莱昂王位，最终合并了两大王冠联合王国。

在这个阶段，卡斯蒂利亚和莱昂的国王们继续实施向穆斯林收取贡赋的制度，因此穆斯林缴纳的金币在基督教国家流通就像他们本国货币一样。12 世纪下半叶，穆尔西亚的苏丹们贡献了这种货币的大部分，但在 1170 年，穆瓦希德王朝入侵的前一年，国王穆罕默德·伊本·萨阿德停止供奉金币。目前认为，为填补这一缺失，阿方索八世开始制造同样的钱币，这便是已知的这些王国最古老的金币。造币厂位于托莱多，当时还是阿拉伯的大城市，可能是他的国家人口最多的城市。这些卡斯蒂利亚的马拉维迪币保留了穆拉比特第纳尔的成色、重量和币文布局，币文表述方式几乎一样，而且还是阿拉伯文的，币名马拉维迪即来源于穆拉比特币的谐音。

伊斯兰教历 563 年即公元 1166 年的穆拉比特第纳尔币图如下所示。Ⅰ面中央的币文是：没有神，唯有阿拉/穆罕默德是阿拉派遣的使者/跟随阿拉的道路/阿卜杜拉长官/阿拉助穆罕默德·伊本·萨阿德，Ⅰ面边饰币文是：伊斯兰世界不会接受追寻其他宗教的人，他会陷入另一种离经叛道的人的人生；Ⅱ面中央：伊玛目/阿卜杜拉/信士的长官/阿拔斯，Ⅱ面边饰：以宽厚慈悲的阿拉之名。资料表明，于 563 年在穆尔西亚制此第纳尔。

阿方索八世的马拉维迪币图如下所示。Ⅰ面中央：长官/天主教徒的/桑乔之子阿方索/上帝助他/保佑他，Ⅰ面边饰：于西班牙纪元 1213 年（公元 1175 年）在托莱多的麦地那制此第纳尔；Ⅱ面中央：教会的伊玛目/基督教的，教皇/罗马的，至高无上的，Ⅱ面边饰：以圣父、圣子和圣灵之名，受过洗礼的信教者得救（《马可福音》第 16 章第 15 节）。

这些模仿币始于 1172 年，大概持续到 1221 年。有时Ⅰ面中央的上下方装饰有十字架和字母 ALF[196]。有些钱币是恩里克一世统治时期造的，但仍用其前任的名字。在文献史料中多次提到，1211 年的一份资料有："Pro quatuor morabetinis Alfonsinis bonis auro et pondere；per CLX morabetinos bonos alfonsis de Hechureros"。

费尔南多二世也造马拉维迪币，但式样完全不同[197]*：面向左的戴王冠胸像/向右的狮子，脚线下是"LEO"（莱昂）；币文："FER-NANDVS DEI GRATIA REX"（费尔南多蒙恩为国王）/"IN NE PATRIS Z FLIS Z SPS SCI"。普遍认为这种币出现于 1172 年以后，因为很像阿方索九世的钱币[197]和葡萄牙桑乔一世的钱币，桑乔于 1185 年开始统治，他的制币的币文是"SANCIVS REX PORTVGALIS"（葡萄牙国王桑乔）/"IN NE PTRIS IFLII SPS SCI"。葡萄牙马拉维迪的币图是葡萄牙国徽/骑马的国王。依据一些钱币上的标志和现有文献资料判断，莱昂币是在莱昂、萨拉曼卡和圣地亚哥打造的。1186 年的一份文件记载特

许萨拉曼卡的教会 "tertiam partem auree monete de Salamantica eo modo quo tertiam argentee eiusdem ville habetis et possidetis…"，还知道阿方索九世于 1193 年批准孔波斯特拉主教拥有制造金币的权力："Concedo ut liceat vobis et successoribus vestris in sempiternum auri monetam habere et proprie monete morabetinos facere"。

没有发现这个时代的银币，但保留了阿方索八世时期的 1200 年一段有关钱币的文字描述："第二点记述了吉普斯夸的市政法规定，20 坎塔布里亚的奥波等于 30 卡斯蒂利亚银苏埃尔多"。根据这一陈述，一枚奥波应该等于 18 迪内罗，可能是四迪币，据此推测奥波是 6.48 克的银币，或许是理论上的银币。但如果我们接受这种迪内罗的成色是 2 迪，如费尔南多三世的，那么一枚奥波含 2.70 克银，就可以假定它与旧的哈里发迪拉姆一样了。

目前所知费尔南多二世的迪内罗的币图是面向右的戴王冠头像/狮子，币文是 "FERNAND REX"（费尔南多国王）/ "REX D LEON"（莱昂国王）[198]。还有希腊十字架/背对背的狮子和 "LEO CIVITAS"（莱昂城）[199]。1184 年规定，"Ⅷ solidos legionenses pro qualibet morabetino（每马拉维迪等于 8 莱昂苏埃尔多）"。阿方索八世未成年时人们称他的前任为 "Regnante Rege domino Fernando in Toleto, Stremadura, Legione, Gallecia, Asturris（统治托莱多、埃斯特雷马杜拉即塞哥维亚、莱昂、加利西亚、阿斯图里亚斯的费尔南多国王）"。1157 年，特许卢戈的教会铜币，"tertia parte Regiae monetae quae in urbe vestra Lucensi condita fuerit et fabricata（该城造币的 1/3）"。1182 年，特许圣地亚哥获得该城造币一半的收益："Ducentos morabitinos et eos inmediate monete beati Iacobi"，应译作上述金额的银铜合金迪内罗。

阿方索九世的迪内罗的币图是面向右的头像/希腊十字架，币文是 "ADEFONSVS"（阿方索）/ "LEGIONENSIS"（莱昂）。还有一种是朝向右的狮子/希腊十字架，币文是 "ADEFONSVS REX"（阿方索国王）/ "SCI IACOBI APES"，或 "LEGIO CIVITAS"（莱昂城）[200]。从许多文献资料里发现，确实存在国王币和特许币，如奥维耶多的大教堂的一份会议记录里提到 "32 马拉维迪和 2 个半苏埃尔多国王币"，意味另一种是 "非国王币"。

莱昂既接受安达卢西亚的货币要素，也接受比利牛斯山另一端的货币要素，就产生了非常奇特的 "双重换算"，既要换算为旧的穆拉比特王朝的金币单位马拉维迪，又要换算为加洛林王朝的计价单位苏埃尔多迪内罗。按 1184 年的数据，1 马拉维迪等于 8 苏埃尔多，上段讲的 32 马拉维迪就是 3072 迪内罗；2 个半苏埃尔多又是 30 迪内罗，一共是 3102 迪内罗。

在不造币的情况下，国王每七年征收一次马拉维迪税，似乎在之前几任国王统治时期就已这样做，可能用其他名称，只不过在阿方索九世统治的 1202 年贝纳文特的一份文件明确地讲到了。所谓"法定货币"和司法权、战时税和过境税一起构成国王最高统治权的四大特权。根据旧法典："non los deve dar a ningund ome, nin las partir de si, ca pertene-sien a por razon de señorio natural（任何自然领主都不得有这些权力或部分权力）。"

桑乔三世的迪内罗的币图是等长十字/面向右的戴王冠头像从上下切断缘线，币文是"SNACIVS REX"（桑乔国王）和"TOLETA"（托莱多）[201]。在阿方索八世未成年时，他的叔叔莱昂的费尔南多二世在托莱多造币。先制造了一些迪内罗和奥波，币图是新月上的十字/有树杈的树干上的十字架，币文是"ERA MCCIIII"（西班牙纪元 1204 年，也就是公元 1166 年）和"TOLETVM"（托莱多）[202]。值得注意的是，模仿托莱多的阿拉伯钱币标注年份，没有国王的名字，背面是阿拉贡的币图。不久后制造的是迪内罗，币图是一大一小两个人的站像/ 新月上的十字，币文是"ALFON"（阿方索）和"FERNANDVS REX"（费尔南多国王）[203]。阿方索八世成为国王后制造的钱币是面向左的戴王冠大胸像/城堡，"ANFVS REX"（阿方索国王）/ "CASTELLE"（卡斯蒂利亚）[204]；等长十字/城堡；胸像/上方有胸像的城堡。都是相似的币文。一份 1212 年的文献记载过这些钱币："20 苏埃尔多的布尔戈斯迪内罗……旧币"。

12 世纪中叶，穆瓦希德王朝的入侵，将他们的金币和银币带入了半岛，其中最突出的是重 4.60 克的金多乌拉，这个重量相当于卡斯蒂利亚马克的 1/50，卡斯蒂利亚马克是费尔南多三世统治期间在卡斯蒂利亚建立的标准单位。同时，多乌拉的重量等于 460 克磅的 1/100，这种磅正好是两马克。

很可能"圣徒"费尔南多三世（1217～1252 年）是第一位制造这种钱币来替代金马拉维迪的卡斯蒂利亚君主，可能是在攻占科尔多瓦（1236 年）、穆尔西亚（1241 年）和塞维利亚（1248 年）之后，当时在这些地方穆瓦希德王朝的多乌拉是流通的金本位币。葡萄牙的迪尼什国王 1280 年的一份文献证实了这点，里面提到"duplas magnas ffernan-dis（费尔南多的大多乌拉）"和"duplas parvas ffernandis（费尔南多的小多乌拉)"。后一种是 4. 60 克的标准单位币；前一种是十倍币，也就是 46 克币。这两种钱币都没有看到实物，但它们在卡斯蒂利亚贸易中的主导作用是惊人的，直到 1497 年一直是金币单位。

注：分别为迪内罗："斗士"阿方索的（191）、阿方索七世的（192～195）、费尔南多二世的（198～199）、阿方索九世的（200）、桑乔三世的（201）；奥波：费尔南多二世—阿方索八世的（202）；马拉维迪：阿方索八世的（196）、阿方索九世的（197）。

图 24　191～202 号币

第十章　天主教双王之前的莱昂和卡斯蒂利亚货币

费尔南多三世在莱昂制造莱昂迪内罗，在布尔戈斯制造布尔戈斯迪内罗。180 布尔戈斯迪内罗相当于 1 马拉维迪，大概是 15 苏埃尔多，有文献记载："computatis 15 solidis pipionum pro marabotino（1 马拉维迪等于 15 布尔戈斯苏埃尔多）"。莱昂迪内罗币值高一些，96 枚相当于 1 马拉维迪。

这种将 1 金马拉维迪折算为一定数量银铜合金迪内罗的方法，应该是从穆拉比特王朝的第纳尔事实上成为卡斯蒂利亚和莱昂的金本位币后的通行做法，但很有可能到了费尔南多三世统治时期，为了引入多乌拉金币，这种马拉维迪在多数情况下成了理论上的计价单位。

费尔南多三世统治时期最常见的迪内罗，两面的缘线里分别是城堡和狮子，周边币文是 "F REX CASTELLE"（费尔南多国王卡斯蒂利亚）/ "LEGIONIS"（莱昂）[205]。已知的几枚样币是：布尔戈斯制造的，标记是 "B"；拉科鲁尼亚制造的，贝壳或扇贝壳；托莱多的，"T"；昆卡的，钵；塞维利亚的，S；科尔多瓦的；莱昂的。有一些与布尔戈斯迪内罗一样的钱币，币文是 "F REGIS（费尔南多国王）"，其余的都一样，皮奥·贝尔特兰认为应该是更早期的。根据分析，这些钱币的成色都是 2 迪的，也就是二迪币，0.90 克重的钱币含 0.15 克银。留存的文献资料还提到莱昂迪内罗，两面分别是十字架和树，币文是 "MONETA LEGIONIS（莱昂币）"[206]。还有一些钱币的币图是十字架将扇贝壳分隔开/朝向左的狮子，币文相同[207]，被归为拉科鲁尼亚造币。

三、推出马拉维迪银币

阿方索十世（1252～1284 年）沿用前任的样式制造银铜合金迪内罗，但考虑到金币单位从马拉维迪变成多乌拉带来的短缺，着手制造马拉维迪银币。这在西班牙乃至整个欧洲都是极大的创新，比法国的路易九世推出格罗斯还早几年。在我们的研究《解决一个有争议的问题："智者"阿方索十世统治时期马拉维迪的价值》中展开论述了这种钱币与他发行的银铜合金币属于同一年代的理由。这里我们只能简单介绍它的主要特点。

通过文献资料，我们知道阿方索十世发行了四次银铜合金币。第一次是在 1252 年，是布尔戈斯迪内罗，也叫阿方索币、白币和格拉纳达第一次战争币。阿方索十世将币值定为他父亲的布尔戈斯迪内罗的两倍，因此 1 马拉维迪等于 90 迪内罗，但由于成色很低，引起了物价普遍上涨，成为他统治时期的灾难。也有文献提到 1 马拉维迪等于 15 苏埃尔多这种钱币，而此时 1 苏埃尔多只等于 6 迪内罗（15×6＝90）。

西班牙西北地区的币制有所不同，采用旧马拉维迪"Dineros blancos da primeyra guerra de Granada a oyto soldos cada mri（每马拉维迪等于8苏埃尔多的格拉纳达第一次战争的白迪内罗）"（$8 \times 12 = 96$）。这种货币消失之后，这一习惯在西班牙北部延续，因此，90布尔戈斯迪内罗相当于96莱昂迪内罗，此时的马拉维迪只等于10枚任意银铜合金迪内罗之和了，而在北部地区等于$10^2/_3$枚，在很久之后的王朝里，又出现这一现象。因此"费尔南多四世时1马拉维迪相当于30迪内罗"，在阿方索十一世统治下"1马拉维迪等于$10^2/_3$迪内罗"。

1252年制造的这些迪内罗的币图应该是城堡/朝向左的狮子，币文是"ALF REX CASTELLE"（阿方索国王卡斯蒂利亚）/"ET LEGIONIS"（与莱昂）[205]*，抄袭费尔南多三世的其他迪内罗，而且与圣徒国王的第四个儿子恩里克制造的迪内罗也一样，恩里克只是将币文"ALF"换成"E"，他于1255年彻底离开西班牙。

1258年出现浅黑色迪内罗，在文献资料中提到两种折算方式，一种是折算为银马拉维迪，15迪内罗等于1马拉维迪；或折合为金马拉维迪计价币，1马拉维迪等于$7^1/_2$苏埃尔多，即90迪内罗。成色是四迪，相当于9枚1252年的白色迪内罗。

1271年的制造了第二批浅黑色币，"1马拉维迪等于5苏埃尔多"，也就是根据名义汇率，每马拉维迪等于60枚浅黑色迪内罗。据1276年的一份资料记载，币值等于"4枚白币"。

最后一次发行大约在1276年，是阿方索的新白币，又称为格拉纳达第二次战争币。每马拉维迪等于$7^1/_2$苏埃尔多，即90枚新白币，新白币等于6枚第一次战争的白币。根据1282年的《库埃利亚尔法令》，它的成色是2迪18格令。1287年的资料称为"每马拉维迪15迪内罗的厚币"。这种钱币是弧形突花边中的徽章币图，两面连续币文为"MONEDA CASTELLE ET LEGIONIS"（卡斯蒂利亚和莱昂币）[212]。

除了第一批浅黑色迪内罗没有直接的数据，1279年的一份文件介绍了阿方索十世的其他迪内罗的换算关系："… ade diez mrs. de la moneda prieta, que es a cinco ss. el mri., … diez sueldos dessa mesma moneda que facen de la moneda de la primera guerra cinco mrs. e tercio. Et el que oviere valia de diez mrs. de la moneda nueva que es a siete sueldos e medio el mr., que de diez sueldos dessa mesma moneda, que facen ocho mrs. de la moneda de la primera guerra…（……10马拉维迪的浅黑币，每

马拉维迪等于 5 苏埃尔多的浅黑币，……10 苏埃尔多的此种钱币等于 $5^{1}/_{3}$ 马拉维迪的第一次战争币。也等于 10 马拉维迪新币，每马拉维迪为 $7^{1}/_{2}$ 苏埃尔多新币，10 苏埃尔多的此种钱币相当于 8 马拉维迪的第一次战争币）"。

　　阿方索十世制的金币沿袭他父亲的风格，制造多乌拉[208]、半多乌拉和 1/4 多乌拉，使用前面讲过的徽章币图，正面币文是"ALFONSVS DEI GRACIA REX CASTELLE（阿方索蒙恩为卡斯蒂利亚国王）"，背面是"LEGIONIS（莱昂）"。

　　这一时期在货币领域做出的最重大的事情是建立起完整的银币体系。正如纳西索·森特纳奇所言，这些钱币逐渐代替了已经消失的金马拉维迪，在理论上金马拉维迪仍然是贸易结算单位，因此它现在是一种计价货币。新的货币单位是马拉维迪银币[209]，重 5.40 克至 6.00 克。还有等分币：半马拉维迪[210]和 1/4 马拉维迪[211]。1258 年的资料出现它们的币值关系，如 15 浅黑色迪内罗等于 1 马拉维迪银币。

　　关于是否真有这些钱币以及它们与金币换算关系已经讨论很多了。现在可以确定 6 马拉维迪银币等于 1 马拉维迪金币，正如森特纳奇所言："规定 6 马拉维迪国王币等于 1 马拉维迪金币，这样 1 枚马拉维迪金币相当于 6 马拉维迪"。这一比值使得金与银之比是 1∶9。这一时期的两份文件都证实了这一比例关系。一份 1272 年关于格拉纳达国王"为去帝国"准备贡品的文件，其中讲到多乌拉等于 7 马拉维迪。这里的马拉维迪仍然是银币，根据以下比值可以得到证实：

　　6 马拉维迪银币 =36 克银 =3.90 克金（马拉维迪金币）

　　7 马拉维迪银币 =42 克银 =4.60 克金（多乌拉金币）

　　另一份是 1268 年关于赫雷斯召开的一次"市政会"的文件，证明多乌拉与未铸币的银之比正好是 1∶10，证实了前面的论点。

　　现在介绍银币的特点。马拉维迪[209]还是前面所讲的徽章币图，每面一个，放在穆瓦希德式的正方形缘线中，正面币文是"ALFONSVS D GRATIA REX CASTELLE（阿方索蒙恩为卡斯蒂利亚国王）"，背面是"LEGIONIS"。半马拉维迪[210]是同样的徽章放在弧形突花边里，但弧形突的相交点朝外。币文与金币一样。重量最小，2.75 克。1/4 马拉维迪的布局也是穆瓦希德式的，正面币文分为六行[211]："ALF/ONSVS/REX CAS/TELLE E/T LEGIO/NIS（卡斯蒂利亚和莱昂国王阿方索）"，背面被四等分的 4 个象限里是城堡和狮子，在第一个象限的上面有造币厂的标记"M、S"等。这两个字母最可能是穆尔西亚和塞维利亚的首写字母,如果这样,就不容置疑地证明了这些钱币是专供穆斯林使用的。重量在 1.40 克到 1.50 克之间。

第三节　多乌拉称霸

阿方索十世统治末期银币开始消失,尽管后来曾试图发行,仍继续制造多乌拉币。

一、桑乔四世时期

只知道桑乔四世(1284～1295 年)统治时期有一种多乌拉,币图是面向左的胸像和四个象限里的城堡和狮子,币文:"IMAGO SANCII REGIS ILLVSTRIS"和"CASTELLE LEGIONIS ET TOLETI"(卡斯蒂利亚、莱昂和托莱多),像是造于穆尔西亚。

还在做王子时,在与其父亲的战争中,桑乔四世在 1282 年的《库埃利亚尔法令》里规定制造布尔戈斯币、莱昂币、萨拉曼卡币等,"在我曾祖父阿方索九世和祖父费尔南多三世时常见的那些钱币"。12 枚这种迪内罗名义上相当于 18 枚阿方索十世的第二种白币,下令其余货币退出流通。似乎本打算发行成色为四迪的钱币,但实际不会超过 3 迪,也就是说只比刚提到的白币多 6 格令。

1286 年,已成为国王的桑乔四世着手制造银铜合金的科尔纳多币,因与阿方索十世的第一种白币的兑换率而在民间叫作九科尔纳多币[213]和六科尔纳多币[214]:"回到布尔戈斯的国王下令造一种币,根据其币图标志叫作戴王冠币(Coronado,音译为"科尔纳多币")……10 迪内罗等于 1 马拉维迪的战争币"(10∶90,即 1∶9)。都是面向左的戴王冠头像,币名就源于此,但是九科尔纳多币的头像从上下切断了缘线。背面分别是城堡和希腊十字架。由于这两种钱币分别定值为 9 枚和 6 枚阿方索十世第一次战争的迪内罗,因而它们名义币值之比几乎和上一任国王统治时期的第二批浅黑色币与第二批白币的比值相同,都相差 1/3:

12 枚第一次战争白币 = 2 枚第二批白币(阿方索十世的)

12 枚第一次战争白币 = 3 枚第二批浅黑币(阿方索十世的)

18 枚第一次战争白币 = 2 枚九科尔纳多币(桑乔四世的)

18 枚第一次战争白币 = 3 枚六科尔纳多币(桑乔四世的)

注：分别为银铜合金迪内罗：费尔南多二世—阿方索八世的（203）、阿方索八世的（204）、费尔南多三世的（205～207）、阿方索十世的（212）；阿方索十世的：多乌拉（208）、银马拉维迪（209）、半马拉维迪（210）、1/4马拉维迪（211）。

图25　203～212号币

每种钱币与第一次战争白币的比价是：

1枚阿方索十世的第一批浅黑币＝9枚第一次战争白币

1枚阿方索十世的第二批浅黑币＝4枚第一次战争白币

1枚阿方索十世的第二批白币＝6枚第一次战争白币

1枚桑乔四世的九科尔纳多币＝9枚第一次战争白币

1枚桑乔四世的六科尔纳多币＝6枚第一次战争白币

成色最好的可能是六科尔纳多币，是三迪。最差的是九科尔纳多币，因此在 1288 年的《维多利亚法令》中允许将它们带出王国。使用的造币厂有阿维拉、布尔戈斯、阿科鲁尼亚、昆卡、莱昂、穆尔西亚、塞维利亚、托莱多，还有一个造币厂的标记是两颗星。币文都提到卡斯蒂利亚和莱昂，但有一枚科尔纳多币的城堡上有 "L"，币文是 "SANTA ORS/A DEPICTA V IAGO N"。

当大部分银币退出流通时，"马拉维迪" 就变成了十枚任何种类的银铜合金币之和的意思。现在介绍一下最终达到这一等价关系的过程：（1）1258 年制造第一批浅黑色迪内罗，90 枚等于 1 马拉维迪金币，15 枚等于 1 马拉维迪银币，从而 1 马拉维迪银币相当于 1/6 马拉维迪金币。（2）1276 年制造的第二批白币与之前的钱币的出币率相同，成色几乎一样，保持同样的比值。（3）1282 年幼年的桑乔规定 18 枚第二批白币等于 12 枚新迪内罗时，就使得 15 枚白迪内罗（= 1 理论马拉维迪银币）兑换 10 枚新迪内罗，而且 12 枚白迪内罗（= 1 苏埃尔多）兑换 8 枚新迪内罗。（4）1286 年制造科尔纳多币时，可能成色与 1282 年的迪内罗相同，比值也就相同，据说 10 科尔纳多等于 1 马拉维迪，8 科尔纳多等于 1 苏埃尔多。因此 "每马拉维迪 10 迪内罗" 的说法诞生于 1282 年。

二、费尔南多四世时期（1295～1312 年）

卡斯蒂利亚最古老的大多乌拉币制造于费尔南多四世统治时期，之前曾归于费尔南多三世，模仿桑乔四世制币的币图和币文，可能是同一制币师，不过每面都有 8 瓣弧形突花边，没有造币厂标记。币文是 "I-MAGO FERNANDI DEI GRACIA REX CASTELLE ET TOLETI"（至高无上的费尔南多蒙恩为卡斯蒂利亚和托莱多国王）和 "FERNANDI DEI GRACIA REX CASTELLE ET LEGIONIS"（费尔南多蒙恩为卡斯蒂利亚和莱昂国王），重 44.77 克，直径 67 毫米。

几乎无人知晓他制造的银铜合金币。有一种币图是 5 瓣弧形突花边里的狮子和城堡，但没有币文的钱币可能是他统治时期的。1297 年，特许洛尔卡制造成色为 2 迪的钱币，出币率是每苏埃尔多 8 枚，每马克 25 苏埃尔多："费尔南多国王命令制造的是每马拉维迪 10 枚的白迪内罗"。但由于成色比桑乔四世的制币差，到 1303 年不得不规定 6 枚旧科尔纳多币等于 1 马拉维迪。

费尔南多四世的制币经常被伪造，主要是在他统治初期，有当时正与他打仗的阿拉贡国王海梅二世，还有加泰罗尼亚君主的盟友胡安王子和费尔南多王子的儿子阿方索王子。他们在莱昂、卡斯特罗—托拉菲、杜埃尼亚斯、奥斯玛和德萨制造成色比 2 迪还低 5 倍，也就是 9.6 格令的伪币。

三、阿方索十一世时期（1312～1350 年）

这位君主在 1330 年之前没有制造银铜合金币，导致大量外国迪内罗流入。据编年史记载，哈卡的迪内罗和巴伦西亚的雷阿尔，与六科尔纳多币和九科尔纳多币一起按比例流通。与此同时，曼努埃尔王子之子胡安也"在他的一个叫埃尔卡尼亚瓦特的地方"伪造科尔纳多币。

1330 年，阿方索十一世命令制造"九科尔纳多币，成色和出币率按照其父亲费尔南多国王的指令"，但实际上更差，纯度只有 44 格令。出币率是每马克 27 马拉维迪的浅黑币。已知的科尔纳多的币图是面向左的头像和城堡。1343 年在围打阿尔赫西拉斯的时候，他还命令在塞维利亚"造另一种标识且成色更低的钱币"，币图是 5 瓣弧形突花边中的狮子和城堡，币文："A DI GRA REX CASTELLE（阿方索蒙恩为卡斯蒂利亚国王）"或"LEGIONIS（莱昂）"。夺取该城后在那里制造另一种科尔纳多币，根据皮奥·贝尔特兰描述，是面向前的头像[215]和标记"A"，币文是"AFOS V REX"和"ALFONSVS REX CIASTEL"。在其统治时期，还仿制桑乔四世时期看到的有"特别"币文的科尔纳多币。此时的脚线下是"L"。还有币图为正方形缘线中的城堡和狮子的迪内罗[216]。

阿方索十一世统治时期，多乌拉十分充裕，因为他几次打败贝尼梅里王朝的军队，从他们手中夺得了大量财富。有些文件记载：1340 年在塔里法打败阿布哈桑后，找到"许多与摩洛哥多乌拉含金量一样的多乌拉，以及大量制造多乌拉的金条……金与银的价值比是 1：6"。

阿方索十一世的多乌拉有两种币图。第一种正面是头像，背面是四个象限里的城堡和狮子，很多文件根据币图称其为头像多乌拉或十字分隔多乌拉（Cruzada，音译为"克鲁萨多多乌拉"）。第二种正面是城堡，背面是狮子，叫作城堡币（Castellano，音译为"卡斯特亚诺"）[208]*。因为在那个时代它的价值是 35 马拉维迪，也就是当时的 350 迪内罗，所以还制造币值为 20 和 15 马拉维迪的辅助币，按比例理论重量分别为 2.63 克和 1.97 克，用第二种币图，方形缘线中的图案，城堡下方标注币值"XX（20）"或"XV（15）"。币文是通用币文。

四、佩德罗一世（Pedro I，1350～1369 年）时期再现银币

制造雷阿尔[217]，成色为 11 迪 4 格令，出币率为每马克 66 枚。仿制当时的巴塞罗那克罗埃特币，重 3.48 克，币值为 3 马拉维迪。12 雷阿尔等于 1 多乌拉，由此推测金和银之比是 1：9。雷阿尔的币图：正面是

"P"上有王冠，两圈币文是"DOMINVS MICHI ADIVTOR ET EGO DI/
SPICIAM INIMICOS MEOS"。背面是4瓣弧形突花边中四个象限里的城
堡和狮子，币文"PETRVS REX CASTELLE E LEGIONIS（卡斯蒂利亚
和莱昂国王佩德罗）"。半雷阿尔的正面币图相同，币文简化，背面是4
瓣弧形突花边中的城堡。造币厂的标记在城堡下方。

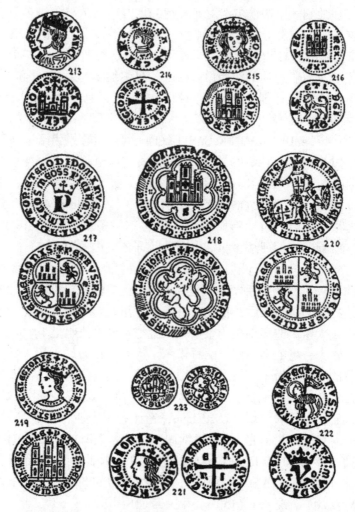

注：分别为桑乔四世的：九科尔纳多币（213）、六科尔纳多币（214）；阿方索十一世的：
科尔纳多币（215）、九科尔纳多币（216）；佩德罗一世的：雷阿尔银币（217）、大银铜合金
币（218）、20马拉维迪的金币（219）；恩里克二世的多乌拉（220）、克鲁萨多币（221）；胡
安一世的白币（222）、1/6雷阿尔（223）。

图26　213～223号币

有一种重 3.50 克的大直径银铜合金币[218]，直径为 30 毫米，雷阿尔的直径是 25 毫米。币图是 6 瓣大弧形突花边中的城堡和狮子，两面的边饰重复同样的币文 "PETRVS DEI GRACIA REX CASTELLE E LEGIONIS"（佩德罗蒙恩为卡斯蒂利亚和莱昂的国王）。它与其他钱币的比价尚有疑问。其他银铜合金币是科尔纳多迪内罗，与阿方索十一世的极为相像，而且与阿方索十一世一样，也有一种奇特的币，菱形框里的词首字母，背面的城堡同样。此外，开始造白币，币图是 6 瓣弧形突花边里的城堡和狮子，两面重复同样币文 PETRVS REX CASTELLE E LEGIONIS（卡斯蒂利亚和莱昂的佩德罗国王）。直径 23 毫米，重 4.55 克。

至于金币，佩德罗一世也造阿方索十一世那两种辅助币，并且也是头像和城堡两种币图，只是城堡图案在断开的弧形突花边里。20 马拉维迪的金币是"头像币"，15 马拉维迪的金币是"城堡币"。有一种币值为 10 多乌拉的头像多乌拉币，直径和重量与费尔南多四世的多乌拉一样。正面的币文与雷阿尔银币一样，背面是 PETRVS DEI GRACIA REX CASTELLE E LEGIONIS E MCCCLXXXXVIII（佩德罗蒙恩为卡斯蒂利亚和莱昂国王 1360①）。币名为"佩德罗币"，有大量伪造的假币。

五、恩里克二世大规模伪造假币

在特拉斯塔马拉家族的恩里克二世与佩德罗一世之间爆发兄弟之战后，1367 年，恩里克二世在布尔德奥斯造了一种骑士多乌拉[220]，模仿法国国王约翰二世的法郎。钱币的正面是面向右的骑士高举着剑，背面是四个象限图案。币文："ENRICVS DEI GRACIA REX CASTEL（恩里克蒙恩为卡斯蒂利亚国王）"和"ENRICVS DEI GRACIA REX E LEGION（恩里克蒙恩为莱昂国王）"。从不同的文献了解到，1369 年西班牙制造了三种成色极差的钱币：雷阿尔、克鲁萨多和科尔纳多。雷阿尔币值为 3 马拉维迪，成色 3 迪，不再是 11 迪 4 格令，出币率为每马克 70 枚；币图与佩德罗一世时期的一样，只是用"EN"替换了"P"，并换了名字。十字分隔币（Cruzado，音译"克鲁萨多"）[221]的币值为 1 马拉维迪，成色为 1 迪 12 格令，含 1/8 银，出币率为每马克 120 枚；币图正面是面向左的戴王冠头像，背面十字架将 E－N－R－I 或 L－E－O－N 分隔开，币名就源于此。科尔纳多的成色为 18 格令，含 1/16 银，出币率为250 枚，币图是面向右的胸像。由于阿拉贡国王佩德罗四世打算伪造这

---

① 译者注：罗马数字是 1398，不知作者把哪个数搞错了

些钱币，并且确实伪造了，就在 1369 年这年，琼·普鲁埃尔分析了这几种钱币，得到的结果是每种钱币的实际成色还低于介绍的。此外，还讲到一种恩里克二世的文件中没有包括的币，币值为四马拉维迪，成色 2 迪 20 格令，出币率为 50 枚，是多乌拉的重量 4.60 克，却没有看到实物。还有面向前胸像的科尔纳多，在科尔多瓦的加利亚纳宫珍藏中的一些科尔纳多币上可以看到币文"ENRICVS REX（恩里克国王）"和"R SIDM D MI"加标记"G"和十字，或者"NSI DAS MI"加标记扇贝壳。

在 1371 年的托罗代表大会上，雷阿尔的币值降到 1 马拉维迪，克鲁萨多降到 2 科尔纳多或 3 迪内罗 2 梅阿哈。就如 B. 迪盖克兰指出的，超高规定币值"是为了能够向莫森·贝尔特兰·德克拉金偿还巨额欠债"。

1373 年《托罗法令》中规定制造良币：雷阿尔银币的币值为 3 马拉维迪，半雷阿尔的币值为 15 迪内罗，1/3 雷阿尔等于 10 迪内罗。还制科尔纳多币和辛肯币，6 科尔纳多等于 1 马拉维迪，2 辛肯等于 1 马拉维迪。

六、葡萄牙的费尔南多一世（1367～1383 年）时期

卡斯蒂利亚国王佩德罗一世去世，葡萄牙国王费尔南多一世认为自己有权继承王位，于是入侵卡斯蒂利亚。这一时期的各种钱币的造币厂标记是卡斯蒂利亚各城镇，如"Ç-A"是萨莫拉，"C-V"或"CRV"是阿科鲁尼亚，"Q"是科里亚，"V"或"V-A"是巴伦西亚—德阿尔坎塔拉，"M"是米尔曼达，城堡估计是"维拉堡"。所有钱币都是葡萄牙特有的币制和币图，如图尔币的币图是葡萄牙国徽/"F"上有王冠或面向左的戴王冠胸像，巴尔布达币的币图是葡萄牙国徽/戴头盔的骑兵，还有两种钱币的等分币。

包括葡萄牙学者也对某些上文讲的造币厂的标记所代表的城镇持怀疑态度，因此有必要澄清以下几点。（1）除了"萨莫拉"的钱币，其他所有钱币的币文，都是典型的葡萄牙币文，区别仅在于标记不同。（2）因标记为"Ç-A"而归于萨莫拉的钱币的币文是"FERNANDVS REX PORTVGALIE ÇAMORE（费尔南多国王葡萄牙萨莫拉）"，币图也不同，例如图尔币的葡萄牙国徽在 4 瓣弧形突花边里，而典型的葡萄牙钱币是 6 瓣弧形突花边。这些变化恰恰是因为带有标记"Ç-A"的钱币不是在萨莫拉制造的，而是在萨拉戈萨制造的，萨拉戈萨的首写字母是"Ç-A"：1370 年 8 月 9 日，阿拉贡的佩德罗四世授权热那亚人巴达

萨洛·德斯皮诺拉和葡萄牙人布莱·贡萨尔维斯为即将入侵卡斯蒂利亚王国的葡萄牙国王造币。从其他文件可知，所需金币在巴塞罗那打造，在另一份文件中可以看得，佩德罗允许在萨拉戈萨制造："LA DONADA ALS PORTOGALESOS，que es aytal ço es aquells puxen batre moneda dargent del rey D. Pedro qui fo rey de Castella，E DE REY DE PORTVGAL e no altre"。

标注萨莫拉而非其他任何卡斯蒂利亚地名，是承认这批钱币是从萨拉戈萨运给费尔南多的关键证明。（1）因为与典型的葡萄牙钱币一样，在钱币中央已经出现了造币厂的标记"Ç – A"，表明是在卡斯蒂利亚制造的，再在币文里出现就多余了。（2）倘若费尔南多作为卡斯蒂利亚国王造币，他会在币文中标注"CASTELLE"或"LEGIONIS"，或者两个都标，但绝不会标注萨莫拉，短暂占领萨莫拉让萨拉戈萨人以他的名义制造了一种纪念币。

七、胡安一世（1379～1390 年）时期

有一份 1384 年国王本人的债务凭证，很有意思，里面提到了 20、15、10 马拉维迪的多乌拉，至今还未看到过 10 马拉维迪的多乌拉，这种钱币应该重 1.32 克。此时的卡斯蒂利亚多乌拉的币值为 37 马拉维迪，摩尔多乌拉为 35，法郎为 31，弗罗林为 21，埃斯库多为 35，每马克银出币 210 枚。1386 年，1 卡斯蒂利亚多乌拉等于 18 阿维尼翁的格罗斯，弗罗林是 10，"经证实 1 阿维尼翁的格罗斯等于 2 枚旧马拉维迪"。

1387 年出现了一些使用旧的钱币描述方式的文字："Por doce maravedis curtos de diez dineros o maravedi"（12 枚 1/4 马拉维迪，每 1/4 马拉维迪为 10 迪内罗或马拉维迪）和"por diez maravedis longos de oito soldos por cada maravedi de moneda que se corra"（10 枚旧马拉维迪，作为流通货币的马拉维迪每枚等于 8 迪内罗）。

与兰开斯特公爵的战争，最终是安排公爵的女儿卡特琳娜与胡安的继承人恩里克三世结婚，他们首次采用"阿斯图里亚斯王子和王妃"这个称号，为了支付战争的费用，胡安一世制造了羔羊颂白币[222]。钱币的正面是国王名字的首字母"Y"，上面有王冠，背面是圣约翰的羊羔。币文在钱币的两面连续写完："AGNVS DEI QVI TOLLIS PECATA MVNDI MISERERE NOBIS"。最初流通的币值为 1 马拉维迪（4 马拉维迪 = 1 雷阿尔银币），但 1387 年布里维斯卡代表大会规定只值 6 枚九迪内罗。由于成色差，到了恩里克三世统治的 1391 年，降到等于 1 科尔纳多。

1388 年制造的科尔纳多币，3 科尔纳多等于 1 勃兰卡，6 科尔纳多或 2 勃兰卡等于 1 马拉维迪。在布尔戈斯收藏的钱币中，多年前曾保存有一些大直径的羔羊颂白币，现如今都消失了。

制造银雷阿尔及 1/2、1/4、1/6[223]等分币。银雷阿尔继续使用恩里克二世的雷阿尔的币图和币文，只是用"IOHN"替换了"EN"。其他雷阿尔等分币的币图和币文也一样，只是正面像羔羊颂白币那样，只是"Y"上有王冠。胡安一世的第二位妻子葡萄牙的贝亚特里斯有一种格罗斯币，通常被归到葡萄牙钱币里。正面是面向左的王后胸像在"S"和"A"之间，两圈币文是"DOMINVS MICHI ADIVTOR ED EGO DIS-PI/CIAM INIMICVS DOOMINVS Ml"。背面等分为四个象限，第 1 和第 4 象限里是城堡和狮子，第 2 和第 3 象限里分别是葡萄牙国徽和同源民族的标识小盾徽，币周的币文是"BEATRICIS DEI G RREGINA CASTELE E POR"（贝亚特里斯蒙恩为卡斯蒂利亚和葡萄牙女王），重 3.20 克。

八、恩里克三世（1390～1406 年）时期

据 1390 年的一份文件记载，恩里克三世在其统治的第一年就制造了"非常好的银铜合金勃兰卡币"，继续使用佩德罗一世开创的城堡和狮子的币图。之前的统治者习惯于重复制造每位国王的钱币，但成色下降，币值上涨，民众怨声载道，也带来越来越复杂的兑换问题。于是在发行了几次非常差的"羔羊币"后，1391 年的马德里代表大会把"羔羊币"的币值降为 1 科尔纳多。此外，由于胡安一世的科尔纳多和九科尔纳多成色远差于恩里克二世的科尔纳多和旧迪内罗，于是不得不规定"前面提到的科尔纳多等于 1 枚旧迪内罗，而前面提到的迪内罗等于半枚旧迪内罗"，有时也描述为"每个为 2 迪内罗的……马拉维迪和等于 2 勃兰卡的马拉维迪"。还规定 1 枚雷阿尔银币等于 16 枚羔羊颂白币，或 3 马拉维迪旧币。1394 年讲到常用的钱币"2 勃兰卡等于 1 马拉维迪和 1 勃兰卡等于 5 迪内罗"。这里的"勃兰卡"是指表面看是白色的币，有时是辛垦币，1399 年"1 马拉维迪等于 2 辛垦"；1401 年"400 马拉维迪的勃兰卡，每勃兰卡为 5 迪内罗，每马拉维迪 10 迪内罗"；1402 年"1 枚马拉维迪币等于 2 枚辛肯白币"。1 科尔纳多等于 10 梅阿哈。

恩里克三世制造十字分隔的多乌拉。奇怪的是，在币值等于 35 马拉维迪旧币时，一些文件会重复阿方索十一世的这种迪内罗的成色和出币率。恩里克三世的雷阿尔可能是那些币图为"HEN"上有王冠的。有半雷阿尔和 1/4 雷阿尔。在这里有必要提请注意，尚缺少对特拉斯塔

马拉家族的制币的批判性研究，除了介绍的雷阿尔，其他钱币的分类还都仅仅是假设。

有一份文献记载昆卡造币厂制造的雷阿尔和二雷阿尔。从提到雷阿尔的凭证可以看到，雷阿尔的币值为 5 迪内罗，落在账上记作勃兰卡和 2 勃兰卡，自然 2 勃兰卡的币值为 1 马拉维迪。"勃兰卡"的出币率为每马克 110 枚，枚重 2.09 克，成色为 54 格令。币图是 6 瓣弧形突花边中的城堡和狮子。没有见到过"二勃兰卡"，但有半勃兰卡币，币图是城堡/狮子，下方分别是布尔戈斯的标记"B"和"BVR"。还制造扁平迪内罗，出币率为每马克 26 马拉维迪，260 枚，成色为 1 迪 3 格令。布尔戈斯造币厂将币图标志放在正方形花边里，而其他造币厂放在菱形框里。

九、胡安二世（Juan Ⅱ，1406～1454 年）时期

这一时期制造各种多乌拉，最突出的是倍数币，有十多乌拉、二十多乌拉甚至五十多乌拉。与恩里克四世时期一样，许多钱币是个人制造的，他们获得授权把自己的金子和银子制成流通货币，当然必须去王室造币厂打制。

据文献记载，这一时期继续使用摩尔人的多乌拉，由于在马拉加等地方制造的钱币的成色已逐渐降至原来的 1/5，胡安二世决定制造其他等值币，自己从降低成色中牟利。于是推出了绶带多乌拉[224]。一面是盾牌和两个狮子头之间的斜绶带，另一面是十字分隔的图案。币文是"IOHANES DEI GRACIA REX LEGI 或 CASTE（胡安蒙恩为莱昂或卡斯蒂利亚国王）"。成色不再是 $23\frac{3}{4}$ 开，只有 19 开，出币率从 50 枚变成 49 枚，枚重 4.70 克。并命令应"小于之前的造币"，然而已发现的钱币恰好相反。有一枚这种钱币的样币，是 50 多乌拉，约 235 克，币图是武装骑士，盾牌如前面描述的，两面的币图标志都放在弧形突花边里。当时的一份文件还提到绶带多乌拉的单位币："恩里克（三世）国王死后，他的儿子胡安登基，要求制造非纯金的绶带多乌拉，重量是佩德罗国王的阿方索币的重量，并规定币值为 90 马拉维迪。"布尔戈斯造币厂制造了半绶带多乌拉和二绶带多乌拉。关于成色下降的多乌拉，不论是摩尔人的多乌拉还是仿制的绶带多乌拉，一份 1415 年的文件似乎揭示了它们的存在，文件指出支付必须用"卡斯蒂利亚的大多乌拉"，也就是 $23\frac{3}{4}$ 开的，不能用那些多乌拉的倍数币，因为它们不是通常的货币，而是特殊的货币。

注：分别为胡安二世的绶带多乌拉（224）和"头像"雷阿尔（225）；恩里克四世的绶带勃兰卡（226）、"御座"恩里凯（227）、半雷阿尔（228）、雷阿尔（229）和银铜合金币夸尔蒂约（230）；王位继承人阿方索的雷阿尔（231）。

图 27　224～231 号币

　　很有可能无论是摩尔人的多乌拉还是卡斯蒂利亚仿制的绶带多乌拉，都被伪造了，因为它们的纯度低，在 1435 年的文献资料中可以看到公众抱怨瓦拉杜多乌拉，因为货币兑换人在买入时说是发白币（Blanquillas，因金成色低而发白），以 85 马拉维迪买入，之后又当作良币以 96 马拉维迪卖出。为避免这种欺诈性倒卖，公众请求胡安二世制造与有他肖像和名字的钱币一样成色和币模的多乌拉，由此推断这个国王也已经造过头像多乌拉。根据《马德里加尔法令》，1438 年绶带多乌拉的币值为 111 马拉维迪的勃兰卡，每马拉维迪 2 勃兰卡；瓦拉杜多乌拉和塞皮提多乌拉为 106 勃兰卡，萨莫拉多乌拉与萨卢特一样为 100 勃兰卡，杜卡多和法郎为 105 勃兰卡，佛罗伦萨的弗罗林为 103 勃兰卡，阿拉贡的弗罗林为 70 勃兰卡；诺乌莱为 210 勃兰卡。雷阿尔银币等于 $8\frac{1}{2}$ 马拉维迪的勃兰卡。

托莱多递交给马德里代表大会的一份有关币重的报告中澄清过，50 枚卡斯特亚诺重 8 盎司，正好等于 1 科洛尼亚马克，也就是布尔戈斯的银马克，与托莱多的马克完全一样，因智者阿方索而被称为阿方索马克，"阿方索十一世命令整个王国的金币、银币及所有货币都保持这样的币重关系"。

1442 年的《法令》规定"每个造币厂所制造的雷阿尔、半雷阿尔和1/4雷阿尔银币的成色都必须是 11 迪 4 格令，出币率为每马克 66 雷阿尔。"单位币值为 7 至 8 马拉维迪新白币。有一枚雷阿尔的币图是面向左的胸像，背面是 4 瓣弧形突花边中的四个象限图案，币文："IO-HANES SECVNDVS REX CASTELLE"（胡安二世为卡斯蒂利亚国王）和"IOHANES DEI GRACIA REX CASTELLE"（胡安蒙恩为卡斯蒂利亚国王）[225]。有些币图为词首字母上有王冠的雷阿尔可能是他的。还有戴王冠胸像的半雷阿尔，背面是 4 瓣弧形突花边中的城堡的半雷阿尔和 1/4 雷阿尔，以及弧形突花边中的城堡和狮子的 1/4 雷阿尔。

1447 年胡安二世在阿维拉的时候，巴利亚多利德作为当时的首都，申请开一家造币厂，1451 年在这个城市和阿维拉制造的雷阿尔、半雷阿尔以及 1/4、1/5、1/6 雷阿尔，都是银币，后因贵金属涨价而停工。常设的王室造币厂是布尔戈斯、托莱多、塞维利亚和阿科鲁尼亚，有时还有昆卡。

1429 年，许多钱币"被带出王国，尤其是带到葡萄牙王国，被熔化铸造……"鉴于此，胡安二世在布尔戈斯和塞维利亚制造勃兰卡，据说成色和出币率与其父亲的一样。1435 年再发行一次勃兰卡，同时还发行了科尔纳多，币图是面左的胸像/城堡。之后国王承认出于攻打摩尔人的战争需要，他制造了带有欺骗性的勃兰卡：恩里凯三世的勃兰卡的出币率是每马克 56 马拉维迪，成色为 21 格令；而胡安二世的分别为 59 马拉维迪和 20 格令。为了弥补这一粗制滥造，胡安二世不得不于 1442 年规定 2 枚恩里克三世的旧勃兰卡等于 3 枚他的新勃兰卡，也就是 1 马拉维迪分别等于 2 枚旧勃兰卡或 3 枚新勃兰卡。同样，胡安二世说 "恩里克三世的 1 勃兰卡等于 3 科尔纳多，1 马拉维迪为 2 勃兰卡，而我的勃兰卡币 1 勃兰卡等于 2 科尔纳多，1 马拉维迪为 3 勃兰卡"，因为胡安二世的成色更差。

研究一下马拉维迪的表示方式在西班牙北部如何演变是很有意义的。最初是 "差$^1/_3$ 11 迪内罗"，但面对不同的货币单位，1440 年时说 "3 勃兰卡的旧马拉维迪和每马拉维迪 1 迪内罗"。在这个时代，所有马拉维迪都以勃兰卡计算："60 马拉维迪旧币，是 120 勃兰卡"。

在 1442 年这一年，胡安二世命令熔掉他的新勃兰卡，按照旧勃兰卡的成色和出币率重新制造，"一面是城堡，另一面是盾牌上有绶带"[226]。由于其成色下降了很多，到 1451 年被叫作塞维利亚勃兰卡和鸡尾勃兰卡，鸡尾币可能造于阿科鲁尼亚。

十、恩里克四世（1454～1474 年）时期

1455 年恩里克四世重开塞戈维亚造币厂，从此开始在其钱币上做渡槽的标记，就像昆卡造币厂做酒杯或钵的标记，阿科鲁尼亚做扇贝壳标记一样。

恩里克四世统治时期有许多种多乌拉，但或由于内战，或由于抵抗摩尔人、攻打阿拉贡国王胡安二世，其中含有大量低成色币和假币。可以假设其统治之初与统治的最后三年是正常时期，但下此结论还没有把握。

已知的有塞戈维亚的绶带多乌拉，币文是 "ENRICVS QVARTVS REX CASTELLE"（卡斯蒂利亚国王恩里克四世）和 "ENRICVS DEI GRATIA REX"（恩里克蒙恩为国王）。卡斯特亚诺的币文是 "NRICVS DEI GRATIA REX CASTELLE"（恩里克蒙恩为卡斯蒂利亚国王）和 "XPS VINCIT XPS REGNAT XPS IMPERAT"，还有新恩里凯币，或叫托莱多币，尽管塞维利亚、布尔戈斯和塞戈维亚也有这种钱币，国王面向前坐在御座上，故名 "御座" 恩里凯[227]，以区别于高凳和矮凳。有的背面用十字分隔开，有边饰或 4 瓣弧形突花边。币文："ENRICVS QVARTVS DEI GRACIA REX"（恩里克四世蒙恩为国王）和 "ENRICVS REX CASTELLE ET LEGIONIS"（卡斯蒂利亚和莱昂国王恩里克）。布尔戈斯的半恩里凯的背面是正方形被分为四等分的图案。这些恩里凯有二倍币、四倍币、十倍币、二十倍币，直至五十倍币，五十倍币的重量为 1 马克。

由于战争不断，任何一种货币的价格都不可能稳定。故而 1462 年

时，恩里凯的币值为 210 马拉维迪，多乌拉为 150 马拉维迪，雷阿尔为 16 马拉维迪。三年后，便分别上涨到 300、200 和 20 马拉维迪。到恩里克四世统治末期，雷阿尔值 31 马拉维迪。阿拉贡的弗罗林币在这里像多乌拉一样频繁流通，格拉纳达的赋税可用奈斯尔多乌拉缴纳。1470 年形势变得更加混乱，国王造币厂制造 7 开的恩里凯，正常的应是 $23^3/_4$ 开，那些欺骗性的作坊制造的成色更低。为挽救形势，1471 年的《塞戈维亚法令》规定制造成色好的恩里凯，每马克 50 枚，币值 420 马拉维迪；雷阿尔和半雷阿尔，每马克 67 雷阿尔，比前任统治时期每马克多 1 雷阿尔，成色是 11 迪 4 格令，币值 31 马拉维迪；勃兰卡和半勃兰卡出币率为 205 勃兰卡，成色 10 格令，2 勃兰卡 = 1 马拉维迪。造币厂有布尔戈斯、托莱多、塞维利亚、塞戈维亚、昆卡、拉科鲁尼亚，好像还有巴利亚多利德（三角标记）。尽管如此，1471 年托莱多的恩里凯在贸易中只值 350 马拉维迪，而旧恩里凯值 420 马拉维迪。

雷阿尔也是多种多样，已知的有面向左的胸像，拉科鲁尼亚的面向右[225]/4 瓣弧形突花边中四个象限；还有半雷阿尔，字母 "EN" 上有王冠，背面是在 4 瓣或更多瓣弧形突花边中的城堡[228]。塞维利亚的造币厂还制造了一些有胡须的头像币。还有一些雷阿尔，可能是恩里克四世统治初期的制币，正面是在字母 "HEN" 上有王冠，币文是 "XPS VIN-CIT XPS REGNAT XPS IMPERAT"，这种币文现在是把许多有疑问的钱币归于恩里克四世的关键依据。一些币上出现了世序：ENRICVS CAR-TVS（恩里克四世）……王位继承人阿方索 1465 年给莱昂的胡安·庞塞的一封信中说：在塞戈维亚恩里克四世"预示着进入到雷阿尔成色极差几乎为假币的阶段"。据这位君王讲，比利亚隆的贝纳文特伯爵在此交易中表现得极为聪明。

银铜合金币也出现了同样的混乱，不断改变成色。1462 年的文献提到夸尔蒂约币[230]，与雷阿尔一般大，币值为 4 马拉维迪。币正面是面向前的戴王冠胸像，背面是城堡。但假币泛滥，成色还不如勃兰卡，可能是为远征纳瓦拉和加泰罗尼亚制造的。还有一些 1471 年改革期间制造的夸尔托，币值 2 马拉维迪，后贬值到 3 勃兰卡。除国王造币厂外，知道的还有托罗制造的这种币。勃兰卡仍保留胡安二世及其前任时期的币图：城堡/狮子；城堡/有绶带的盾牌[226]。成色 10 格令，出币率每马克 205 枚。62 勃兰卡等于 1 雷阿尔银币。没有看到每马克 410 枚的半勃兰卡。还有科尔纳多，面向左的胸像和城堡；2 科尔纳多等于 1 勃兰卡。

十一、阿方索（1465~1468 年）时期

对他哥哥恩里克四世的统治不满的贵族在阿维拉推举他为国王。他曾在阿维拉、托莱多、布尔戈斯，可能还有萨拉曼卡造币。金币是骑士多乌拉，背面是十字分隔开阿维拉和托莱多的标识，币文是"DOMINVS MICHI ADIVDOR ED EG/ALFONSVS DEI GRACIA REX CAST"（阿方索蒙恩为卡斯蒂利亚国王）。他的雷阿尔银币[231]是字母"A"上有王冠和四个象限图案，币文与金币相同；同时有半雷阿尔。银铜合金币夸尔托是面向前的胸像和城堡。阿维拉的一枚钱币很特别，正面标有阿方索的名字，背面币文是"ENRICVS CARTVS DEI GRA"（恩里克四世蒙恩），表明两兄弟中有一人用了另一人的币模。已知有一枚布尔戈斯的夸尔托，背面是四个象限图案，币文与多乌拉相同。

第十一章
天主教双王和奥地利家族
统治时期的卡斯蒂利亚货币

第一节 国家统一后两次货币改革

一、国家统一与帝国

卡斯蒂利亚的恩里克四世和阿拉贡的胡安二世的王室在其各自国家，出于不同原因，都以为到了有利于完全分裂的关键时刻，而法国和格拉纳达等国家的君主却不知利用其为己谋利。

1468 年阿方索王子去世，反对恩里克四世的卡斯蒂利亚贵族们推举恩里克的妹妹伊莎贝拉为女王，伊莎贝拉于 1469 年与阿拉贡的王储费尔南多结婚。1474 年恩里克四世去世，伊莎贝拉继承王位。1479 年胡安二世去世，费尔南多继位。从此天主教两位国王个人的结合将卡斯蒂利亚和阿拉贡从政治上联合起来，他们是西班牙帝国的真正缔造者。

天主教双王的举措不胜枚举。对内削弱不安分的贵族势力，消灭那个时代的恶疾。对外巩固继承的国家，寻求民族统一且于 1492 年 1 月 2 日征服格拉纳达王国，1512 年 7 月 25 日征服纳瓦拉王国，此时伊莎贝拉已离世。此外值得一书的篇章是 1492 年 10 月 12 日发现美洲，为西班牙开启了人类历史上唯一的最辉煌持久的殖民时代。

起初这些举措受阻，甚至受到威胁，因为葡萄牙的阿方索五世觊觎卡斯蒂利亚王冠联合王国，他先作为恩里克四世之女胡安娜的保护人，后又成为她的丈夫。胡安娜被认为是贝尔特兰的私生女，因此得绰号"贝尔特兰之女"。

二、葡萄牙阿方索五世的造币

不知道他开始造币的年份，但天主教女王 1475 年 6 月 7 日签署的一份文件专门讲到他的造币："任何人都不得分发、使用或收取有葡萄牙国王或其所谓妻子胡安娜名字的钱币，违反者将被处以死刑"。1479年的《特鲁希略和约》（就卡斯蒂利亚与葡萄牙的分歧达成协议。

目前只知道很少几枚阿方索五世的制币，葡萄牙币制的有埃斯库多金币、格罗斯和半格罗斯银币；卡斯蒂利亚币制的可能是雷阿尔币。埃斯库多[232]的正面是有葡萄牙国徽的盾牌，背面是另一个盾牌分为四个象限，里面是城堡和狮子，每面的两边各有一个公牛头。币文："ALFONSVS DEI GRACIA R"（阿方索蒙恩为国王）/ "ALFONSVS DEI GRACIA REX CA"（阿方索蒙恩为卡斯蒂利亚国王）。格罗斯雷阿尔有两种币图：（1）与埃斯库多币一样，但没有王冠的盾牌；（2）背面分隔为四个象限。一些第一种币图的币也有公牛头，两面币文都是"ALFONSVS DEI GRACIA REX CASTELE ET"（阿方索蒙恩为卡斯蒂利亚等国王）。这种钱币和埃斯库多金币都是在萨莫拉的托罗制造的，这里是他在西班牙活动的大本营。另一些第一种币图的币文是"ALFONQ QVINTIS REIS CASTELE ELIO REES"（阿方索五世卡斯蒂利亚国王莱昂国王），小牛头改为在西班牙盾徽上或两国盾徽上方的首写字母 C、L、T 和 P，推测分别代表 Coria（科里亚）、León（莱昂）、Toro（托罗）和 Plasencia（普拉森西亚），这些钱币是在行军途中造的，与他的前任费尔南多一世一样。第二种币图的格罗斯的正面是典型的葡萄牙币图，背面是四个象限里放城堡和狮子，摆放的顺序有所不同，两面的币文都是"ALFONSVS DEI GRACIA REX"。但没有造币厂的首写字母或会说话的标志。半格罗斯币是双层 4 瓣弧形突花边中的葡萄牙国徽/四个象限中的城堡和狮子。

最近发现一枚雷阿尔币[233]可能是他制造的钱币。正面是字母"IL"上有王冠，环绕两圈币文"DEVS INDICIVM TVVM REGI/DA ET IVSTICIAM T"。背面是四个象限中的城堡和狮子，外围 4 瓣弧形突花边和币文"IVSTICIAM TVAM FILLE REGIS"。

三、天主教双王的第一次改革

安东尼奥·比韦斯清晰地将这两位君主在卡斯蒂利亚的制币区分为两个时期和两种币制。克劳迪奥·桑斯·阿里斯门迪的功绩则是发现了决定第一次改革的 1475 年的《国王意旨》。这年的 2 月 20 日推出了一份货币比价表：卡斯蒂利亚的恩里凯的币值为 435 马拉维迪；绶带多乌拉为 335 马拉维迪；阿拉贡的弗罗林为 240 马拉维迪；卡斯蒂利亚的雷阿尔银币为 30 马拉维迪；3 勃兰卡等于 1 马拉维迪；而其他更差的勃兰卡要 6 枚才能等于 1 马拉维迪。

第十一章　天主教双王和奥地利家族统治时期的卡斯蒂利亚货币

天主教双王的第一次改革是迫于改变恩里克四世造成的钱币混乱局面，当时仅法定的银铜合金币就超过 15 种。总体而言，这次改革仅仅是给当时使用的卡斯蒂利亚货币重新定值，使金和银的成色恰如其分。为此他们更换了币图，把卡斯特亚诺的二倍币作为金币的标准单位，这种币的重量略高于 9 克。1475 年 6 月 26 日，女王给塞维利亚造币厂的一封"信函"写道：

"我的塞维利亚造币厂……的司库、贵金属检测员、称重师傅、公证人、雕刻师和守卫人员：我命令你们造……金币和银币，金币的成色按照我哥哥恩里克国王在世时造的卡斯特亚诺金币的成色……出币率每马克 25 枚，每枚重量不得低于 2 枚卡斯特亚诺金币的重量，命名为埃克斯塞伦特（Excelente，意译"优质"）币。并造……半埃克斯塞伦特币……和 100 枚重 1 马克的 1/4 埃克斯塞伦特币……成色为 $23^3/_4$ 开……银币为雷阿尔，成色为 11 个迪 4 格令，每马克出币 67 枚……每枚埃克斯塞伦特币等于 2 卡斯特亚诺……半埃克斯塞伦特币等于 1 卡斯特亚诺，1/4 埃克斯塞伦特币等于半卡斯特亚诺。雷阿尔、半雷阿尔和 1/4 雷阿尔的币值为今天的价值……任何想造上述金币和银币的人必须按上述成色制造。"

埃克斯塞伦特币应重 9.20 克，$23^3/_4$ 开金，正面是两位国王的坐像，背面是圣约翰鹰守护着两个盾徽，一个盾徽里是卡斯蒂利亚和莱昂的标志性图案，另一个有阿拉贡和西西里的标志。币文："FERDINANDVS ET ELISABETH DEI GRACIA REX ET REGINA CASTELLE LEGIONIS"（费尔南多和伊莎贝拉蒙恩为卡斯蒂利亚莱昂国王和女王）和"SVB VMBRA ALARVM TVARVM PROTEGE NOS DOMINE"（《诗篇》第 16 篇第 8 节）。4.60 克的半埃克斯塞伦特币[234]和 2.30 克的 1/4 埃克斯塞伦特币的正面都是面对面的胸像和币文"QVOS DEVS CONIVNGIT HOMO NON SEPARET"（《马太福音》第 19 章第 6 节），背面是上有王冠的盾徽，盾徽被分隔的四个象限里是城堡和狮子的图案。

雷阿尔银币[235]的正面是鹰守护着盾徽，盾徽的四个象限里是城堡和狮子，周边是两位国王的名字，与之前的钱币一样，背面的盾徽一半是阿拉贡的标志，一半是西西里的标志，币文是"OMINVS MIHI ADIVTOR ET NON TIMEBO QVOD FACIAT MIHI HOMO"。半雷阿尔币是字母"FY"上有王冠，周边币文为"QVOS DEVS CONIVNGIT HOMO NON SEPARET"，背面的四个象限里是城堡和狮子。除了两位国王的名字，1/4 雷阿尔也有同样特别的币文，币图是每面一位国王名字的首写字母上加王冠。已知的昆卡的半雷阿尔上的"标志"是在盾徽里面，像金币那样，正面是字母"Y"和"F"上有王冠。半雷阿尔和 1/4 雷阿尔的出币率分别为每马克 134 枚和 268 枚。这个时期的官方造币厂是布尔戈斯、拉科鲁尼亚、昆卡、塞戈维亚、塞维利亚和托莱多，此外下面会看到还应加上格拉纳达。

直至目前，人们都认为在这第一次改革阶段，两位天主教国王没有造银铜合金币，因为在已知的文件中没有提到过。由于第二次改革中只命令造勃兰卡，于是人们把有费尔南多和伊莎贝拉名字的四马拉维迪和二马拉维迪币归到卡洛斯一世时期，更准确地说是 1520 年前后。也就是说两位天主教国王认可的恩里克四世时期，至少 1497 年以前流通的银铜合金币为良币。但依据以下考虑，不能接受这些假设。

首先，永远不能用一个负面资料（没有文献资料）证明一个正面资料（这一阶段没有他们自己的银铜合金币）。其次，在这个时代调节货币正常发挥职能的"尺度"是"各种钱币所含贵金属的比例"：如果恩里克四世时期出现货币混乱恰恰是因为小额币所含贵金属与金币和银币不成比例，那么符合逻辑的应该是两位天主教国王尽早停止这些劣币的流通，因为货币的良性流通要求金币、银币和银铜合金币三种钱币成比例，而不是两种钱币成比例。

最后一点是根本也是决定性的。毋庸置疑，任何钱币在第一次铸造时，都是另一种或另几种流通币的"精确倍数或等分"，否则它的出现就毫无意义。那么，如果我们知道 4 马拉维迪币是银铜合金币，是作为雷阿尔银币的等分辅币制造的，而且是精确的等分币，那么它是什么时候制造的呢？4 的 7 倍是 28，4 的 9 倍是 36。4 马拉维迪币不可能是在雷阿尔等于 28 马拉维迪时造的，因为那还是天主教双王统治之前；也不可能是雷阿尔值 36 马拉维迪时造的，因为那时已是他们统治之后很多年。事实上直到腓力二世统治的 1566 年，雷阿尔还只值 34 马拉维迪。因此只有一个结论：4 马拉维迪币是在雷阿尔值 32 马拉维迪时造的，也就是在银币折合马拉维迪数恰恰是 4 的精确倍数时。1480 年，雷阿尔值 31 马拉维迪；1497 年，雷阿尔的币值升到"34 马拉维迪，每马拉维迪 2 勃兰卡"。因此是在那两个年份之间开始制造四马拉维迪币和二马拉维迪币。

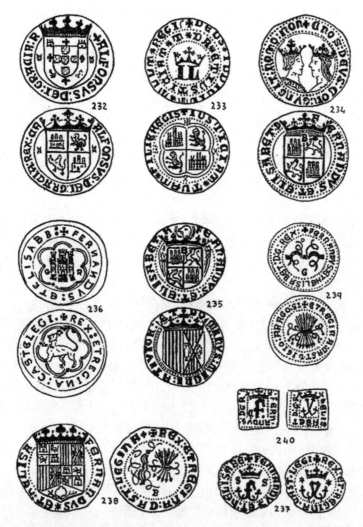

注：分别为葡萄牙的阿方索五世的埃斯库多（232）和雷阿尔（233）；天主教双王的第一次改革：半埃克斯塞伦特（234）、银雷阿尔（235）和银铜合金夸尔托（236）；天主教双王的第二次改革：1/4 埃克斯塞伦特（237）、雷阿尔（238）、半雷阿尔（239）和 1/8 雷阿尔（240）。

图 28　232～240 号币

　　各次分析检测出非常不同的合金，而且币图在细节上有很多变化，造币厂标记也多种多样，这一切都证明二马拉维迪和四马拉维迪被制造了很多次，有些可能到了腓力二世统治时期。造币厂中有格拉纳达。1475 年的《法令》非常重视缺少银铜合金币，证实了上面的假设，恰恰是恩里克四世的银铜合金币处于最糟糕的状态。两种币图一面是城堡，另一面是狮子[236]。二马拉维迪的图案外是一圈缘线，四马拉维迪是弧形突花边，有时标注币值 4 或 IIII。在民间，沿用前几任国王统治时期的钱币的大概比例，分别把它们叫作欧恰博（ochavo，意译"1/8币"）和夸尔托（cuarto，意译"1/4 币"）。

1480 年 1 月 28 日颁布《托雷多法令》，规定以下换算关系：金币单位是埃克斯塞伦特，即 2 卡斯特亚诺，值 960 马拉维迪；半埃克斯塞伦特或 1 卡斯特亚诺值 480 马拉维迪；绶带多乌拉值 360 马拉维迪；杜卡多和葡萄牙的克鲁萨多值 365 马拉维迪；阿拉贡的弗罗林值 265 马拉维迪；银雷阿尔币值 31 马拉维迪。

巴利亚多利德的圣贝尼托修道院的一本 1489 年支出账簿中出现了一些奇特的提法："没有头像的卡斯特亚诺币"，是指卡斯蒂利亚和莱昂自己的"卡斯特亚诺币"；"有两个头像的卡斯特亚诺币"是指半埃克斯塞伦特币。

四、天主教双王的第二次改革

根据《梅迪纳乡村特别法》，1497 年 6 月 13 日开始第二次改革，较上一次改革影响更深远。金币采用了阿拉贡杜卡多的币制，把杜卡多 2 倍的重量作为标准单位，但保留了埃克斯塞伦特面对面胸像的币图。之所以改变标准单位，是因为"发现杜卡多是所有王国和基督教徒的省中最普遍的货币，也是交易中使用最多的货币"。银币虽然改变了币图，但保持了过去币制的成色和出币率，银铜合金币制造勃兰卡。

法规要求："制造成色不低于 $23^3/_4$ 开的纯金币，这种成色的造币叫格拉纳达的埃克斯塞伦特，在币图的盾徽中出现格拉纳达的标志，重量为每马克 $65^1/_3$ 枚……制造的银币叫雷阿尔，出币率和重量为每马克 67 雷阿尔，成色不低于 11 迪 4 格令，银币造雷阿尔、半雷阿尔、1/4 雷阿尔和 1/8 雷阿尔。"

如果我们注意已发现的钱币或《特别法典》，就会发现新金币的币值关系有差异，因为有时是把杜卡多作为标准单位，有时是以 2 倍币为标准单位。

2 杜卡多的格拉纳达的埃克斯塞伦特的正面是面对面的两个胸像和两国王的名字，背面是鹰守护的西班牙君主国家的大盾徽，周边币文是"BVB VMBRA ALARVM TVARVM PROTEGE NOS DOMINE"。出币率为每马克 $32^2/_3$ 枚，每枚重 7 克。1 杜卡多的半埃克斯塞伦特币也是同样的胸像，币文是"QVOS DEVS CONIVNGIT HOMO NON SEPARET"，和没有鹰的大盾徽。出币率是每马克 $65^1/_3$ 枚，每枚重 3.50 克，币值 11 雷阿尔 1 马拉维迪，即 375 马拉维迪。达西认为，人们常常把杜卡多叫作埃克斯塞伦特币，"是因为已知的这些钱币的币值是以杜卡多为单位的"。

有《特别法》没有提到的其他半埃克斯塞伦特币，币图是首写字母上有王冠，这是 1/4 埃克斯塞伦特币[237]（半杜卡多）所特有的币图。币文是半埃克斯塞伦特币的币文。1/4 埃克斯塞伦特币是每马克 $130^2/_3$ 枚，币值为 5 雷阿尔 1 勃兰卡。允许个人到国王造币厂打造这些钱币及它们的倍数币，并"给出每马克银等于半盎司金比例"，即 1：16。每马克银应值 65 雷阿尔，而每马克银要出 67 枚雷阿尔，一枚是造币厂的利润，另一枚是银的拥有者的利润，以鼓励个人打造贵金属币。

雷阿尔银币[238]应该"一面有我们王国的标志，另一面有我国王的标志枷锁和我女王的标志箭"。两面币文接着写："FERNANDVS ET ELISABET REX ET REGINA CASTELLAE ET LEGIONIS ET ARAGONVM ET SICILIE ET GRANATAE"（卡斯蒂利亚、莱昂、阿拉贡、西西里和格拉纳达国王费尔南多和女王伊莎贝拉）。半雷阿尔[239]和 1/4 雷阿尔的一面是枷锁，另一面是箭，币文同上。1/8 雷阿尔[240]是正方形的，每面一位国王名字的首写字母，上方都有王冠，目前只发现很少几枚昆卡造币厂生产的这种钱币，出币率按照与标准单位的比例。

据加西亚·卡瓦列罗介绍，从这时起将二卡斯特亚诺币称作大埃克斯塞伦特，并将卡斯特亚诺和半卡斯特亚诺分别称作 1/2 和 1/4 大埃克斯塞伦特，而杜卡多被称作小埃克斯塞伦特。安东尼奥·德内夫里哈说，大约是这个时期或者稍后一点，头像多乌拉普遍被叫作佩德罗币，绶带多乌拉叫作胡安币。

银铜合金的勃兰卡币像旧迪内罗那样，非常薄，每面缘线内有一位国王名字的首写字母，上方都有王冠，"币文与雷阿尔的一样"。成色是每马克 7 格令银，即 24‰银，出币率为 192 枚，理论上重 1.20 克。此时 2 勃兰卡等于 1 马拉维迪，8 勃兰卡等于一枚 4 马拉维迪币。68 枚勃兰卡等于一枚雷阿尔银币。

五、后伊莎贝拉时期的造币

有两位天主教国王名字的钱币远不止上文介绍的那些。相反，有卡洛斯一世名字的钱币非常少。这些反常现象使得聪明的安东尼奥·比韦斯教授猜测，许多有天主教国王的名字的钱币是皇帝统治时期的，乍看这个猜想不合逻辑，但能令人满意地解释某些情况。这位研究者发现

"两个统治时期的钱币在艺术方面有很大差异""有些钱币与腓力二世早期造币的贵重金属检定员的标记相同。此外还有一些发现虽然说服力不那么强，但也值得注意，例如出现了银雷阿尔的倍数币，1497 年的特别法中并未提到，天主教女王也应该不知道"。后面我们再讲这些倍数币。

1504 年 11 月 26 日伊莎贝拉辞世，她的女儿胡安娜继承卡斯蒂利亚的王位，胡安娜的父亲费尔南多为摄政王。有一枚格拉纳达的雷阿尔应该是这一历史性时刻的，币图是 1497 年规定的币图，币文是 "FERNANDVS ET EVANA D G"（费尔南多和胡安娜蒙恩）和 "REX ET REGINA CAST LIGIO ARAGON"（为卡斯蒂利亚、莱昂、阿拉贡国王和女王）。

之后 1506 年 6 月 27 日费尔南多卸任，但其女婿美男子腓力于 1506 年 11 月 25 日突然去世，费尔南多再次摄政，直到 1516 年 5 月 30 日，他的女儿胡安娜和胡安娜的儿子卡洛斯一世被宣布为最高统治者。1516 年到 1517 年间，曾经历了红衣主教西斯内罗摄政。在这短暂的历史时期，卡斯蒂利亚王国没有特定的货币。

在费尔南多摄政时期，西班牙人于 1509 年攻占了奥兰。攻城"完全是赤裸裸地掠夺，每个人都把抢夺的东西据为己有，有的人拿了上万杜卡多，而士兵和鼓手的手里攥满了多乌拉金币，就像玩勃兰卡币似的"。

第二节　殖民扩张与货币流通

1516 年，卡洛斯成为西班牙国王，继承了天主教国王统治的所有疆域，包括卡斯蒂利亚和格拉纳达、纳瓦拉和阿拉贡以及加泰罗尼亚、巴伦西亚、马略卡、鲁西永、西西里和撒丁岛、那不勒斯以及非洲的奥兰、梅利利亚和加那利群岛，还有那时已发现的所有美洲大陆。1519 年 7 月 10 日，他的祖父马克西米利安皇帝去世，日耳曼帝国落入他手中，囊括组成该王国的所有国家以及低地国家、弗朗什孔泰和米兰。

他统治初期的重大事件是西班牙的殖民地扩张，1519 年 9 月 20 日麦哲伦开启了第一次环海航行，1522 年 9 月 7 日胡安·塞瓦斯蒂安·埃尔卡诺完成这次航行，1521 年 8 月 13 日埃尔南·科尔特斯实现了对墨西哥的征服。

一、引入埃斯库多金币

引入埃斯库多金币和推出八雷阿尔都是货币领域的重大事件，后面再讲八雷阿尔。很久以来，欧洲各国使用一种成色比杜卡多低的金币，从而导致外国人不断将西班牙的货币带出。因此 1523 年巴利亚多利德代表大会要求"以后在这些王国制造新货币，成色和币值要不同于邻近王国，成色 22 开，重量和币值相当于法国的太阳冠币，这样就不会有人把它们带出本王国……"

直到 1534 年埃斯库多币才成为事实，因为皇帝这时准备远征突尼斯，需要大量的金钱发军响。于是他在那年的 4 月 20 日把布尔戈斯、昆卡、丰特斯、佩皮尼昂、托莱多、萨拉戈萨和潘普洛纳造币厂召集到巴塞罗那城组建一个规模庞大的造币厂，制造金币、银币、银铜合金币，币文统一为"CAROLVS QVINTVS IMPERATOR"（查理五世皇帝）/"HISPANIARVM ET VTRIVSQUE SECILIE REX"（西班牙和奥地利西西里国王）。

第一次造的埃斯库多（Escudo，意译"盾徽"）金币，出币率为每卡斯蒂利亚马克 68 枚，每枚重约 3.38 克，成色 22 开。正面是大盾徽上有双头帝国鹰，上面是王冠，背面是端头为王冠的十字架。

银币也使用卡斯蒂利亚马克标准，制造币值为 12 雷阿尔的埃斯库多银币，约 41.6 克，还制造 6 雷阿尔的半埃斯库多，3 雷阿尔的 1/4 埃斯库多或叫托斯通，1 雷阿尔的 1/12 埃斯库多和 1/2 雷阿尔的 1/24 埃斯库多。最后两个币值的钱币的正面是波浪上两根柱子，中间的上方是王冠。更高币值银币的币图模仿帝国在欧洲其他领地的钱币，甚至被归为那不勒斯和西西里的钱币系列。没有发现八雷阿尔，让人觉得此时还没有造这种币值的钱币。

银铜合金币似乎符合当时流通的巴塞罗那迪内罗标准，出币率为每马克 280 枚，成色 24 格令。正面是上面最后提到的币图，背面是耶路撒冷十字架。

与此同时，命令在塞维利亚用"旧币模"也就是旧币图造二雷阿尔币和四雷阿尔，这是至今发现的最早提到这两种雷阿尔倍数币的文献资料。

这次实验后，"1537 年巴利亚多利德代表大会提高了金币的币值，并命令造只有 22 开的金币，这次金币升值主要是为了调整这些王国的金币与意大利、法国的金币的比价"。于是开始在卡斯蒂利亚造冠币或埃斯库多币[241]。1543 年查理五世给塞戈维亚造币厂的一封信将两个名称等同："这些冠币的一面像 1 杜卡多币那样铸我们王室的标志，币文是 "IVANA ET CAROLVS HISPANIARVM REGES"（西班牙国王胡安娜和卡洛斯）；另一面铸十字架"，4 瓣弧形突花边中的耶路撒冷十字架。币值为 350 马拉维迪，即 10 枚雷阿尔银币。达西介绍说，"因此在很长一段时间把等于 10 雷阿尔银币的钱币都叫作埃斯库多银币"。正面的盾徽中的标志分布如下：在第 1 和第 4 象限里是卡斯蒂利亚和莱昂的；第 2 象限里是耶路撒冷和纳瓦拉的；第 3 象限里是阿拉贡和西西里的。背面的耶路撒冷十字架在巴塞罗那 1521 年的二杜卡多币上就已经出现。拉科鲁尼亚制造的钱币有币文 "HISPANIARVM ET IND"（西班牙和西印度）。

1535 年仍制造杜卡多币，依据是一份文件讲道："至今成色最好的新杜卡多，每马克出 65 杜卡多，成色是 23 开 3 格令"。1543 年 4 月 28 日下命令在塞戈维亚毁掉这些 "双头像杜卡多" 或格拉纳达埃克斯塞伦特币的冲模。

二、八雷阿尔币和银铜合金币

这一币值的出现是西班牙货币史上最难搞清的情况之一。安东尼奥·比韦斯以及后来的皮奥·贝尔特兰和托马斯·达西的研究，认为最可能是在 1543 ~ 1566 年这段时间推出了这种钱币，奇怪的是 "退回" 到天主教双王 1497 年制造的雷阿尔的币图并有这两位国王的名字[242]。

概括起来支持这一假设的理由是：天主教徒费尔南多统治时期的任何文件都没有提到雷阿尔的倍数币。1536 年 7 月 15 日，新西班牙总督确定了 1 特普兹克金比索等于 8 卡斯蒂利亚雷阿尔的比价，把西班牙货币与墨西哥流通货币联系了起来。1537 年 11 月 18 日的一封国王意旨授权该总督制造八雷阿尔币。在塞维利亚的交易事务所接收墨西哥金币时，这一比价也适用于一种特别的钱币。八雷阿尔币上金属检定员的标记与 1543 年不再使用的杜卡多币模上的的标记不同，却与 1537 年以后有胡安娜和卡洛斯名字的埃斯库多币上的标记相同，也与腓力二世统治初期直到 1566 年的金属检定员的标记相同。达西补充说最早提到八雷阿尔币的著作是 1556 年萨拉曼卡出版的迭戈·科瓦鲁维亚斯·莱瓦所著的《VETERUM COLLATIO NUMISMATUM CUM HIS QUAE MODO EXPENDENTUR PUBLICA ET REGIA AUTHORITATE PERCUSA》，还有 1558 年巴利亚多利德代表大会的第 36 条要求，该要求写道 "造币厂要造雷阿尔和半雷阿尔以及四雷阿尔和八雷阿尔"。最后我们补充一个重要的事实，巴塞罗那没有为突尼斯远征造币。所有币值的钱币都用 1497 年 1 雷阿尔的币图：上有王冠的大盾徽里是各王国的标识/枷锁和箭[242]。这些钱币是在布尔戈斯、塞戈维亚、塞维利亚和托莱多用锤打造出来的，所以非常粗糙。值得提一下的特殊币是一枚布尔戈斯造的有胡安娜和卡洛斯名字的二雷阿尔，还有一枚有扇贝壳标记的八雷阿尔，应该是拉科鲁尼亚造的。

注：分别为卡洛斯一世：埃斯库多币（241）和八雷阿尔（242）；腓力二世：半雷阿尔（243）、八雷阿尔（244）、夸尔蒂约（245）和勃兰卡（247）；腓力三世：夸尔托（246）。

图 29　241～247 号币

在卡洛斯一世统治的各个阶段，反复制造天主教国王的银铜合金币。以致 1532 年的塞戈维亚代表大会请卡洛斯"下令销毁前不久赶制的成色不足的夸尔托币和半夸尔托币"。我们知道的有两枚钱币属于这种造币。一枚是币文为"IVANA ET CARLOS"（胡安娜和卡洛斯）的塞戈维亚欧恰博；另一枚是坎帕内尔提到的夸尔托，币文也是一样的名字，由格拉纳达造币厂制造。1548 年的巴利亚多利德代表大会批准发行一次与费尔南多和伊莎贝拉一样的勃兰卡，7 格令，出币率为 192枚，1552 年的马德里代表大会降为 $5^1/_2$ 格令。尽管有这些造币，银铜合金币还是不足，于是从 1532 年开始流通有城堡和狮子的西班牙钱币和外国钱币，这种钱币叫塔尔哈。有 9.60 克的九塔尔哈、4.50 克的四塔尔哈币，还有二塔尔哈，币文都是"IVANA ET CARLOS REGINA ET REGE"（女王和国王胡安娜和卡洛斯）。这种钱币的内在价值仅仅是其面值的 1/3，它们的出现是灾难性的，导致良币流失。

三、1566 年的新图版特别法

《新图版特别法》的颁布是腓力二世统治时期（1556～1598 年）最重要的货币政策举措。11 月 22 日的特别法涉及金币和银币，有埃斯库多和多乌隆，外国叫皮斯托尔，还有半雷阿尔、雷阿尔以及二雷阿尔和四雷阿尔币。两个系列的成色和出币率与过去相同，但银铜合金币的币值却相差甚远，因为此时埃斯库多的币值是 400 马拉维迪。金币的币文是"PHILIPPVS II DEI GRATIA"（腓力二世蒙恩）/"HISPANIARVM REX"（为西班牙国王），银币的币文是"PHILIPPVS D G HISPAN-IARVM"（腓力蒙恩为西班牙）/"ET INDIARVM REX"（和西印度国王），1586 年起还标注"年份"。金币的币图没变。半雷阿尔是四个象限图案和交织字母 Philippus 上有王冠[243]。其他币值的银币的正面是王冠下的大盾徽，里面是帝国的各王国卡斯蒂利亚、莱昂、阿拉贡、西西里、奥地利、勃艮第、阿图瓦、布拉班特、蒂罗尔和佛兰德的标识，背面是四个象限里的城堡和狮子，外围是 8 瓣弧形突花边和缘线。生产这种币图的有格拉纳达、塞戈维亚、塞维利亚、托莱多和巴利亚多利德，1580 年葡萄牙加入后，格拉纳达和塞戈维亚造币厂[244]加了一枚有葡萄牙国徽的小盾徽。格拉纳达的制币有些不同，弧形突的弧上有一小尖。

1566 年 12 月 14 日颁布的特别法要求制造的银铜合金币不仅改了"图版"，而且改了成色和出币率。

夸尔蒂约币[245]应该一面是城堡，另一面是狮子，城堡和狮子分别放在一个上有王冠的盾徽里，周边文字是西班牙的名字。夸尔托[246]有同样的城堡和狮子，外围不是盾徽而是边饰。为了加以区别，二马拉维迪的外围既没有边饰也没有盾徽。"

夸尔蒂约是含银高的银铜合金币，$2^1/_2$ 迪 2 格令，即 62 格令，出币率为每马克 80 枚，每枚重 2.87 克，币值 $8^1/_2$ 马拉维迪，1 雷阿尔 = 34 马拉维迪。四马拉维迪叫夸尔托，每马克出币 170 枚，每枚重 1.36 克；二马拉维迪是欧恰博，每马克出币 340 枚。欧恰博钱币有两个系列。一个系列的币文是 "PHILIPPVS DEI GRATIA HISPANIARVM REX"（腓力蒙恩为西班牙国王），之后的一个系列是 "DON PHELIPE REY DE HESPAÑA"（西班牙国王腓力）。最后还有的勃兰卡，成色是每马克只有 4 格令，出币率 220 枚，币图是城堡和王冠下的交织字母 Philippus [247]。

1566 年，1497 年的 1 杜卡多值 429 马拉维迪；1497 年的 2 杜卡多，也就是格拉纳达的埃克斯塞伦特币值 858 马拉维迪，等于 1 卡斯特亚诺的 22 开金比索值 544 马拉维迪。

在造币上极为重要的是 1582 年塞戈维亚建立了机械造币厂，安装了来自德国的最现代的机器，在西班牙叫"冲压机"，它没有影响旧造币厂继续运营。从制作的精美上看，用锤打造的旧币无法与机械制造的新币匹敌。从一开始新造币厂就按德国人的习惯在钱币上标注制币年份。

机械造的新币不容易伪造，于是腓力二世在 1596 年 12 月 31 日命令所有银铜合金币都在机械厂制造，"不加丝毫银"，这是其后无数灾难的根源。制造的币重又是"夸尔托、半夸尔托和马拉维迪"，或如另一些文件记载的"四马拉维迪币、二马拉维迪币和马拉维迪"，出币率分别为每马克 35 枚、63 枚和 126 枚。腓力命令每年造价值 10 万杜卡多，也就是 340000 马克的钱币，再加上同样价值以前流通的钱币。公众不接受的态度迫使在 1597 年决定"每马克铜里放一格令银"，使得银铜合金币的状况更加混乱。币文是 "PHILIPPVS D G OMNIVM/HISPAN REGNORVM REX 1597 或 1598"。四马拉维迪[246] * 的币图在弧形突花边和缘线里；二马拉维迪只在缘线里。腓力统治末期的一些八雷阿尔币四雷阿尔也有同样的币文。也有的巴塞罗那钱币的币文是 "PHILIPPVS SECVNDVS"（腓力二世）/ "HISPANIARVM REX 1597"（西班牙国王 1597）。

运营的造币厂有布尔戈斯（B）、格拉纳达拉（G）、托莱多（T）、塞维利亚（S）、昆卡、塞戈维亚、拉科鲁尼亚、巴利亚多利德，巴利亚多利德造币厂建于 1558 年，标记是三角，也是一种波纹。零星还有些马德里（M）、巴塞罗那（BNA）和萨拉戈萨（Z）造的钱币。在后面几章将会看到巴塞罗那和萨拉戈萨独立制造地区币。

四、百倍币和 50 倍币

货币并非总能清楚地反映一个国家的繁荣和衰败，17 世纪在西班牙再次出现了在特拉斯塔马拉家族统治时期以及之后的天主教国王时期，甚至查理五世统治时期在萨拉戈萨见到的大倍数金币。在现在讲述的这个时刻，这种情况扩展到银币，从 1618 年开始制造百倍币（Centén，音译森腾币，即 100 埃斯库多金币），1609 年就开始造 50 倍币（Cincuntín，即 50 雷阿尔银币）。事实上，此时的银铜合金币的贬值已经到了非常严重的程度，以致一次又一次地再加印币值[248]，像是在嘲笑当时的国家形势。

似乎有在腓力二世统治时期造的 50 倍币，然而除了 1652 年潘普洛纳的一种 50 倍币，所有大倍数金币和银币都是他的继任者腓力三世、腓力四世和卡洛斯二世统治时期在塞戈维亚机械造币厂制造的。科梅纳雷斯认为，这位谨慎的国王已经制造了百倍币以外其他币值的金币，他判断的依据是以下消息："这年（1587 年）10 月 14 日星期三，国王、王后、他妹妹到了我们城市（塞戈维亚）……第二天……星期四他们下到新的机械造币厂，参观制造金币埃斯库多、2 埃斯库多的多乌隆币、4 埃斯库多的多乌隆币和 8 埃斯库多的多乌隆币"……然而最早的8 埃斯库多的多乌隆币标注的年份是在腓力三世时期（1598～1621 年）。在这位君主统治时期，制造了埃斯库多，还制造了二埃斯库多、四埃斯库多、八埃斯库多等普通倍数币。

1613 年 9 月 22 日的一份文稿写道："尊敬的陛下口谕，令我造 50 雷阿尔和八多乌隆……" 1617 年 12 月 4 日，"胡安·德阿吉雷申请批准他今年再拿银到机械造币厂制造 26 枚八多乌隆、1 枚一百多乌隆和20 枚五十雷阿尔的许可证"。

腓力四世也制造这些币值的钱币，一般认为他曾将币值小于一盎司的金币的纯度降到 $21^1/_4$ 开。在他统治时期，根据 1642 年 12 月 23 日的特别法，卡斯特亚诺、埃克斯塞伦特、绥带多乌拉等旧金币彻底消失。1642 年，埃斯库多的币值涨到 550 马拉维迪，下一年涨至 612 马拉维迪。卡洛斯二世继续制造同样的钱币。

五、差额补偿，向银铜合金的雷阿尔发展

腓力三世初期（1598～1602 年或 1604 年）继续制造腓力二世那种含银极少或不含银的银铜合金币，使用同样的币图和币文 "Philippus III D. G. OMNIUM/HISPAN REGNORUM REX" 年份。有一枚 1603 年托莱多制造的二雷阿尔，也是同样的币文。有塞戈维亚冲压的和昆卡用锤打造的四马拉维迪[246]、二马拉维迪、马拉维迪。币图是城堡/狮子，四马拉维迪上有弧形突花边，其余钱币值的币上只有缘线。

第十一章　天主教双王和奥地利家族统治时期的卡斯蒂利亚货币

1604 年 7 月 14 日，银铜合金币的币值翻了一番，为此在钱币上再加印标记。同时开始制造其他钱币：八马拉维迪的币图是王冠下的盾徽里有城堡或狮子，币文是"PHILIPPVS Ⅲ D G"（腓力三世蒙恩）/"HISPANIARVM REX"（为西班牙国王）。四马拉维迪和二马拉维迪的币图是缘线中的城堡或狮子；马拉维迪是城堡和国王名字的交织字母上有王冠。有雷阿尔银币、二雷阿尔银币、四雷阿尔银币、八雷阿尔银币。八雷阿尔是在塞戈维亚、塞维利亚和托莱多制造的，盾徽里有葡萄牙国徽，就像 1580 年后腓力二世的第二种币图。半雷阿尔的币图是王冠下的交织字母和四个象限里的城堡和狮子。

腓力四世最初制造的钱币与他的前任一样，造八马拉维迪、四马拉维迪、二马拉维迪。这个时代开始习惯把 1597 年之前的银铜合金币叫作小硬币，对这年之后的钱币做了以下区分：腓力二世和腓力三世于 1597 年至 1602 年在塞戈维亚造的四马拉维迪叫双纹饰币，因为有缘线和弧形突花边；同期发行的和 1602 年至 1626 年腓力三世和腓力四世制造的二马拉维迪和马拉维迪叫单纹饰币，只有缘线。最后应该提一下厚银铜合金币，也就是在塞戈维亚以外的造币厂用锤打造的钱币。1631 年在塞戈维亚造十六马拉维迪、八马拉维迪、四马拉维迪、二马拉维迪和马拉维迪，币图是城堡/狮子，根据币值安排缘线和弧形突花边；还制造勃兰卡[249]，币图是交织字母/城堡—狮子。1636 年规定金银币对银铜合金币的"差额补偿"不得超过 25%。而到 1641 年已经高达 50%。

什么是差额补偿呢？在古代和中世纪，货币是以其内在价值流通，这样一枚钱币与其同重量的尚未制成钱币的金属锭的价格几乎没有差别，也就是内在价值与币面价值一致。同时，这枚钱币的等分辅币不论是银币还是银铜合金币，都是按照同样的比例造的，一定数量的等分币所含的贵金属加起来与这枚大额币相等。天主教国王制造的银铜合金币开始动摇这种等价关系，它们生产的夸尔托、欧恰博和勃兰卡的官方定价高于它们的内在价值。再后来腓力二世决定制造不含银的等分辅币时，上面讲的一致理论就完全消失了。此时已不知道多少枚银铜合金币（最好叫铜币）的内在价值等于一枚银币。这时银币持有者用一枚银币换银铜合金币时就会要求"差额补偿"，也就是追加一定数量的银铜合金币来保证兑换：如果 1 雷阿尔等于 34 马拉维迪，也就是 34 枚马拉维迪，那么由于小面额币发生扭曲，他就会要求多换 8 $\frac{1}{2}$ 马拉维迪，那就是补偿 25%，如果多换 17 马拉维迪，就是补偿 50%，于是雷阿尔银币实际值 51 马拉维迪。这个问题有两种解决办法：一种是改善货币，重新回到以前的比例；另一种是推出新的没有贵金属的货币，让它们以标注的币面价值流通，目前所有国家都是这样做的。然而当时既没有采用第一种方法，也没有采用第二种方法。而是任凭金银币对小额劣币继续增值，损害银铜合金币。

注：分别为腓力四世：再加印的夸尔蒂约（248）、勃兰卡（249）、四马拉维迪（250～251）和八雷阿尔（252）；卡洛斯二世：二雷阿尔（253）和八雷阿尔（254）。

图30　248～254 号币

实际存在的差额补偿和银涨价导致在 1642 年制造每马克出币 $83\frac{1}{4}$ 枚的雷阿尔，每枚重 2.85 克，那时正常的出币率是 67 枚。制造了雷阿尔、二雷阿尔和半雷阿尔。半雷阿尔的币图是面向右的胸像和四个象限图案，币文是"PHILIPPVS IIII D G"（腓力四世蒙恩）/"HISPAN-IARVM REX 1643"（为西班牙国王1643）。制造这些雷阿尔，再加上八雷阿尔币值10雷阿尔新银币，让人觉得挫败了劣币。这样8雷阿尔币值340马拉维迪，而不是之前的272马拉维迪，其他金银币也同比上涨。

1658年出现了四马拉维迪[250]和二马拉维迪的铜币，币图是交织字母Philipus上有王冠，标注币值/字母"REX"上有王冠，标注年份，两面币图都被枝叶围绕。与此同时下令废除厚金银合金币。

1660年收回所有小硬币，直到那时每马克出34枚二马拉维迪，却规定每马克造51枚四马拉维迪，马克的价值从68跃升到204马拉维迪："为让该币更易计价，它的一面放国王肖像，另一面是两根柱子，并标注币值"。仅发现很少几枚"B"、"S"和"PL"几个字母合在一起的八马拉维迪样币，因为一个月之后的10月29日另一道命令要求停止制造这种钱币，而发行另一种成色为20格令银的钱币：每马克51枚的十六马拉维迪，有时与银铜合金的半雷阿尔、八马拉维迪、四马拉维迪[251]和二马拉维迪匹配。正面是面向右的胸像，背面依币值而不同：十六马拉维迪是王冠下的大盾徽；八马拉维迪是有两个城堡和两头狮子的盾徽；四马拉维迪是有一座城堡的盾徽；二马拉维迪是有一头狮子的盾徽。币文是"PHILIPPVS IIII D G"（腓力四世蒙恩）/"HISPANIARVM REX"（为西班牙国王）年份。据卡瓦列罗介绍，民间把这些货币叫作卡里亚、戈尔塔蒂约、贡哥拉币和佩冷登盖。大部分是冲压的。这样似乎稳定了局势，然而没有。1664年这些钱币的价值降到原来的一半。这种币值的上下起落，是腓力四世统治时期的灾害，把货币变成了真正的加印满数字的金属片[248]，还不包括无数的伪造币，有的伪造币的粗糙和怪异让人吃惊，居然还能流通。

这一时期的八雷阿尔采用腓力二世时期的两种式样。没有葡萄牙国徽的是昆卡制造的；有葡萄牙国徽的是布尔戈斯、昆卡、格拉纳达、马德里、塞戈维亚、塞维利亚、托莱多和巴利亚多利德制造的。1660年在马德里做了一次检定，验证面向右的胸像和有葡萄牙国徽的盾徽的钱币与马拉维迪的币图是一致的。正常发行的有雷阿尔和二雷阿尔、四雷阿尔、八雷阿尔。半雷阿尔的币图仍然是王冠下的交织字母和四个象限图案。

六、推出银铜合金雷阿尔的 "计价" 币马利亚

卡洛斯二世统治初期继续正常制造雷阿尔银币、二雷阿尔银币、四雷阿尔银币、八雷阿尔银币。塞戈维亚制造没有葡萄牙国徽的八马拉维迪，布尔戈斯、格拉纳达、塞维利亚造有葡萄牙国徽的八马拉维迪。半雷阿尔币的正面是上有王冠的盾徽被分成四个象限，里面是城堡和狮子，背面仅仅分隔为四个象限。

银铜合金币的问题更加严重：1680 年 2 月 10 日，币值已经降为一半的 1660 年造的银铜合金币再降到初始币值的 1/8；同年 5 月 22 日生产的厚银铜合金币，是二马拉维迪，出币率为每马克 38 枚，相当于腓力四世的十六马拉维迪。币图是上有王冠的盾徽里有城堡或狮子；币文是 "CAROLVS D G（卡洛斯蒙恩）/ HISPANIARVM REX（为西班牙国王）"。做工很差，出自昆卡。1681 年制造新的银币[253]：二雷阿尔是四个象限币图/CARLOS 一词上有王冠，下有 II，卡洛斯大公后来模仿了这种币图。雷阿尔背面一样，正面是王冠下的盾徽被分为四个象限。1683 年下令去掉葡萄牙国徽，因为葡萄牙已于 1640 年获得独立。1684 年将之前的银铜合金币的币值升到 4 马拉维迪、2 马拉维迪、$1^1/_2$ 马拉维迪，并允许 1680 年废止的冲压银铜合金币按所印币值的一半流通。似乎在利纳雷斯（Linares，即哈恩）用当地矿开采的铜制造了二马拉维迪币欧恰博，正面是在王冠下的盾徽里的城堡，标注币值，背面是同样在盾徽里的狮子和年份。

两部特别法把很久以来私下的做法合法化，暂时解决了差额补偿的混乱状况。

一是 1686 年 10 月 14 日的特别法。这个法的重要性在于制造只有旧币 1/4 重的新银币，尽管既没有废除旧币，也没有停止制造旧币。确定它们折合银铜合金雷阿尔的币值也影响深远。

新的八雷阿尔币叫作马利亚[254]，重 22 克，而不是约 $27^1/_2$ 克。正面是四个象限图案的盾徽，上有王冠，周围有金羊毛骑士章；背面是交织字母 María，此币的名称源于此。背面的币文是 "VIRTVTE PROTEC-TIONE"（仁慈 保佑）和年份。应该是以 12 银铜合金雷阿尔的币值流通的，也就是因差额补偿比面额高了 50%，但实际上高了 100%，因为 12 银铜合金雷阿尔是指这种只有 6 雷阿尔重的新八雷阿尔币马利亚。从重量考虑，如果 8 雷阿尔值 272 马拉维迪，随后涨到 340 马拉维迪，那么重量减到 22 克的新八雷阿尔币马利亚最多也就值 272 马拉维迪。然而却把它定价为 12 银铜合金雷阿尔，也就是 408 马拉维迪。塞戈维亚首

先于 1686 年制造马利亚，之后马德里和塞维利亚也开始制造，塞维利亚还造没有金羊毛骑士章的马利亚。采用新出币率和币图的有四雷阿尔、二雷阿尔、雷阿尔，按比例它们分别值 6 银铜合金雷阿尔、3 银铜合金雷阿尔和 1$^1/_2$ 银铜合金雷阿尔。单位银雷阿尔的出币率为每马克 84 枚，每枚重约 2.75 克。

与此同时，正常重量的八雷阿尔叫银埃斯库多，等价于 10 雷阿尔新银币，15 雷阿尔银铜合金币。把这些雷阿尔银铜合金币与 10 雷阿尔银币或真正的八雷阿尔币相比，可以看到差额补偿为 50% 和 100%。旧的四雷阿尔叫半埃斯库多银币，重 13.3 克，等价于现在的 5 雷阿尔银币或 7$^1/_2$ 雷阿尔银铜合金币，旧的二雷阿尔涨到 2.50 雷阿尔，1 雷阿尔币涨到 1.25 雷阿尔。

金币与这些钱币的比价按币调整，等价于 120 雷阿尔银币、60 雷阿尔银币、30 雷阿尔银币和 15 雷阿尔银币的金盎司、二多乌隆、多乌隆和埃斯库多，分别等价于 152 雷阿尔新银币、76 雷阿尔新银币、38 雷阿尔新银币和 19 雷阿尔新银币，亦等价于 228 雷阿尔银铜合金币、114 雷阿尔银铜合金币、57 雷阿尔银铜合金币和 28.5 雷阿尔银铜合金币。

另一部是 1686 年 11 月 4 日的特别法。它是对前一个特别法的补充，结果使马拉维迪对金和银的比价跌了将近一半。实际上把正常重量的八雷阿尔等于 15 雷阿尔银铜合金币，也就将其定价为 510 马拉维迪，也就等于 127.5 枚四马拉维迪的夸尔托，按比例 1 雷阿尔就等于 15.9 夸尔托。为避免马拉维迪不能被整除出现的小误差，特意规定"每枚银雷阿尔永远等于整 16 枚银铜合金的夸尔托"。由于 1 夸尔托值 4 马拉维迪，那么之前值 34 马拉维迪的 1 雷阿尔银币现在值 64 马拉维迪。按比例二雷阿尔就值 32 夸尔托或 128 马拉维迪，四雷阿尔等于 64 夸尔托或 256 马拉维迪，八雷阿尔等于 128 夸尔托或 512 马拉维迪。自此这些钱币与"银铜合金雷阿尔"的比价是：1 雷阿尔银币 = 银铜合金的 1 雷阿尔 + 30 马拉维迪，2 雷阿尔银币 = 3 雷阿尔 + 26 马拉维迪，4 雷阿尔银币 = 7 雷阿尔 + 18 马拉维迪，8 雷阿尔钱币（即埃斯库多银币）= 15 雷阿尔 + 2 马拉维迪。

11 月 21 日确定多乌隆值 60 银铜合金雷阿尔，也就相当于 4 枚过去的埃斯库多银比索或 5 枚新比索，即马利亚，也就等于 40 雷阿尔新银币。按比例 8 埃斯库多多乌隆（盎司）等于 16 比索。

1691 年，塞戈维亚机械造币厂"用飞轮冲压机和一种全新的风格"

制造二马拉维迪，两面的币图都是王冠下的盾徽，一面盾徽里是狮子，另一面是城堡，两面的币文分别是"CAROLVS Ⅱ D G"（卡洛斯二世蒙恩）／"HISPANIARVM REX（为西班牙国王）1691"。

第十二章
卡洛斯二世统治前西印度的西班牙货币

第一节 殖民化与其货币

一、发现与殖民化过程

克里斯托瓦尔·哥伦布的坚韧不拔，可能也是西班牙人的坚韧不拔，加上天主教国王的支持，造就了西班牙历史上最荣耀的光辉业绩，发现了西印度（Indias Occidentales，即美洲），展开了世人所知的疆域最广、持续时间最长的殖民化。

这一宏伟事业的里程碑是哥伦布的四次航海旅行，在1492年到1504年发现了安的列斯群岛、中美洲东部沿海地区和今天的委内瑞拉到奥里诺科入海口地区。1513年9月25日，巴斯科·努涅斯·巴尔沃亚发现了南海，即太平洋。接下来费迪南德·麦哲伦抵达菲律宾群岛，这是用西班牙王储的名字为群岛命的名，胡安·塞瓦斯蒂安·埃尔卡诺第一次环世界航行一周（1519~1522年）。埃尔南·科尔特斯占领了阿斯特克人的伟大帝国及其首都特诺奇蒂特兰城，即今天的墨西哥。之后开始向南美洲挺进：弗朗西斯科·皮萨罗征服印加帝国，也就是后来的秘鲁；攻占其首都库斯科，并建立国王城，即今天的利马；迭戈·德阿尔马格罗和佩德罗·德巴尔迪维亚占领智利；弗朗西斯科·德奥雷利亚纳走遍亚马孙河流域。在费利佩二世统治时期，佩德罗·德门多萨占领拉普拉塔河，而曼努埃尔·洛佩斯·德莱加斯皮和安德烈斯·德乌达内塔则将菲律宾群岛变成殖民地，并于1581年在吕宋岛建马尼拉城。

如阿瓜多·布莱耶所讲，从一开始就在塞维利亚建立了处理西印度事务的交易事务所，它后来成为商务部、贸易法庭和科学研究中心。这种集中管理的方式有利于解决问题，却不利于西班牙其他港口的发展，它们不能直接与新发现的领地进行交易。

16 世纪末，地理学家 J. 洛佩斯·德贝拉斯科对发现的新大陆进行了划分：1535 年建立的新西班牙总督辖区将墨西哥管辖区、西班牙岛管辖区（即海地）与委内瑞拉、古巴、波多黎各等合并，再加上新加利西亚管辖区和危地马拉管辖区。1543 年建立的秘鲁总督辖区包括利马、查尔卡斯、基多、新格拉纳达 5 个管辖区和巴拿马。在文化方面，路易斯·德贝拉斯科任总督时期的 1553 年建立墨西哥大学，紧接着于1555 年在利马建立圣马科斯大学，稍后建立库斯科大学。

二、计价货币

西班牙人到达时，美洲各国用作交换的商品单位的产品统称为"大陆货币"。这里的"大陆"相当于"国家"，因而货币元素可以是任何物品：初级农产品、矿产品、手工制品。实际上有的地区使用可可豆，有的使用棉布或金属，有的以颗粒为单位，有的以锭为单位，还有的以不同的形态、重量为单位。例如铜采用"T"的形态。

这些币制是那么根深蒂固，以至于在西班牙货币已正式流通的时代，土著人还是更偏爱那些产品货币，他们蔑视小铜币甚至银币，把它们扔到墨西哥城附近的湖里。于是总督们不得不规范当地币制，把可可豆或各种金属微粒作为计价单位，这使得民众蔑视欧洲金属币的状况一直持续到 19 世纪。

最初的发现者如何与当地交易仍是一个未搞清的问题。可以想象他们把带来的货币同各种量的上述商品等价，就产生出各种不同的计价货币。我们也知道国王禁止西班牙钱币在新大陆流通，但必要时可以不执行，国王还强制将最初几批运抵美洲的西班牙迪内罗的价格定得高于在半岛的币值。由此可以判断天主教国王最初对新发现的各国的货币问题放任不管，用西班牙货币交易与用有一定"差额补贴"的西班牙货币交易是不一样的，与用"当地货币"更不一样。

已发现的文献资料揭示了西班牙君主们的各种徘徊、前进与后退，最终促使哥伦布在西班牙岛、埃尔南·科尔特斯在墨西哥在恰当的时机制造钱币，他们更想摆脱窘境，而不是赚钱，尽管他们是可观收益的受益者。

这种非正常状态使西班牙人和印第安人得以自由地设立新的计价货币，如金块和银块，可以是"普通的"未检定的，也可以是"经过检定的"，也就是经过分析达到一定纯度的。经过检定的比索有 $22\frac{1}{2}$ 开金的矿金比索，也有 11 迪 4 格令银的，约等于 450 马拉维迪或 13$^1/_2$ 雷阿尔，加西拉索在描述印加钱币时说它比 375 马拉维迪的卡斯蒂利亚杜卡多多 1/5。同样还有等于 414 马拉维迪的旧的经过检定的金比索、普通金比索和特普兹克比索。

在新西班牙（墨西哥）最广泛使用的计价货币是特普兹克金比索（peso de oro de Tepuzque，名字源于特普兹里＝铜），重量为 1 枚卡斯特亚诺币的重量，也就是 1/50 马克。它是低成色金币，币值时常变化，直到 1536 年 7 月 15 日安东尼奥·德门多萨总督将托敏的币值固定为卡斯蒂利亚的 1 雷阿尔银币。由于雷阿尔银币值 34 马拉维迪，比索等于 8 托敏，因此"特普兹克金比索"等于 272 马拉维迪。这样就产生了理论银比索，等于 8 枚实在的雷阿尔。这一计价单位使得后来真的推出了币值为 8 雷阿尔的银币，这就是八雷阿尔。1538 年一份有关建造西印度卡塔赫纳大教堂的文件里有这一换算关系：……centum et triginta valoris eisdem "pesos" seu castellanos……中译文，同时，由于每开金定价为 20 马拉维迪，可推断出特普兹里的金纯度为 13.6 开，而金比索的重量等于 1 枚卡斯特亚诺币的重量，也就相当于 49.5 克银，因此金与银之比是 1：10.7。

三、最早运往西印度的货币

据达西介绍，在一份文件里天主教国王授权哥伦布在西印度制造 1497 年的格拉纳达埃克斯塞伦特币，从西班牙派遣工匠，携带必要的工具。不知是否真的实行了，1500 年费尔南多国王收回成命。到目前为止没有见过这些币。

1504 年，这位天主教国王认为更为稳妥的是在塞维利亚造币，让交易事务所参与："这一年遵国王之命为西班牙岛制造一批钱币，一半银币，一半银铜合金币"。另一份 1505 年 4 月 15 日拟于托罗的文件写道："制造一批钱币，一半银币，一半银铜合金币。银币是币值为 44 马拉维迪的雷阿尔、22 马拉维迪的半雷阿尔和 11 马拉维迪的 1/4 雷阿尔。银铜合金币制造的是四马拉维迪、二马拉维迪和马拉维迪：用已习惯的币模造，不论是银币还是银铜合金币，每枚币上都加一个"F"以作区分。"

这份文件证实了在 1520 年左右确实有"用已经习惯的币模制造的"四马拉维迪和二马拉维迪，币图是城堡/雄狮，而我们已经证实这种币是 1497 年以前的。此外，为了区别于西班牙币，要求在发往美洲的币上加一个"F"，目的是在西印度投放一种新币，因为流通的钱币应该有很多假币。同时，所有这些钱币的发行时间都是在伊莎贝拉女王去世后费尔南多第一次摄政期间。这次发行耗费了 283 担银和 19 担铜，但是直到 1511 年仍未最后完成。由于有运输风险，这些钱币比西班牙的同等币因有"差额补偿"而币值更高。发运的收货人是"西印度和大西洋大陆"总督尼古拉斯·德奥万多。

雷阿尔的币图是上有王冠的盾徽，模仿天主教国王的雷阿尔的币图，背面是枷锁和箭，但中间有王冠下的"F"。币文："FERNANDVS ET HELISABET DG"（费尔南多和伊莎贝拉蒙恩）/"REX ET REGINA CAST LEGIO ARAGO"（为卡斯蒂利亚、莱昂、阿拉贡的国王和女王）。半雷阿尔上是"F"和枷锁/箭。银铜合金币制造了与卡斯蒂利亚一样的四马拉维迪和二马拉维迪，可能是在布尔戈斯和塞维利亚制造的。

1535 年 5 月 31 日的《国王指令》授权墨西哥造币之前，运往墨西哥的钱币也同样有"差额补偿"。但由于运往墨西哥的钱币不足，只得不断地使用有国王币模打印标记以证明成色和重量的金属块。于是这些金属坯就变成了真正的货币，它们的重量单位从托敏（0.598 克的金 = 卡斯蒂利亚的雷阿尔银币）到 4 比索（109.76 克）。银块的标记可能与金块的标记是一样的。金币的标记是"卡斯蒂利亚的万带兰和海格力斯之柱"，周边是"Castilla del Oro – Plus Oultre"。

知道费尔南多在第二次摄政的 1514 年签发了一份许可证，允许位于巴拿马海峡的达连湾附近的"大陆"安提瓜的圣玛丽造币，但不知道是否真的生产了。

有一枚边缘破损的雷阿尔可能是这一时期的，一面是枷锁和箭，另一面是字母"F"。有一种勃兰卡也应归于这一时期或前一时期，一面是"YF"上有王冠，另一面是王冠下的"F"两边各一个"S"，币文是"FERNANDVS ET HELISABET DEI GRACIA"（费尔南多和伊莎贝拉蒙恩）/"REX ET REGINA CAST LEGIO AR"（为卡斯蒂利亚、莱昂、阿拉贡国王和女王）[255]。发现的样币重 3.60 克，估计是在美洲开始系统造币而停止运送货币的 1536 年至 1541 年制造的，那已是查理五世统治时期。

第二节　最早的美洲造币

达西问：到 1535 年 5 月 11 日美洲有多少造币厂。实际上 1535 年已存在的只有西班牙岛上的圣多明各造币厂，只是还准备在墨西哥、新格拉纳达王国的圣菲和帝国重镇波托西开设造币厂。

一、圣多明各

目前认为第一家正常运作的造币厂就在这座城市，有一份 1535 年的特许证，特许造银铜合金币，这本是仅限于宗主国制造的合金。还有一份 1536 年授权造银币的特许证，有效期 5 年。1538 年规定按照西班牙钱币的重量、成色和币值造银币和铜币，因已没有运输的风险，取消"差额补偿"。1541 年的《塔拉韦拉国王指令》再次特许制银币，但重又将雷阿尔定值为 44 马拉维迪。还命令制造 1/4 雷阿尔和 4 马拉维迪的银铜合金币，制造二马拉维迪和勃兰卡铜币。大概在 1552 年这个造币厂不再运营。已知在腓力二世统治的 1573 年下令停止使用劣币的铸模和冲模，用新模制造四雷阿尔、二雷阿尔、雷阿尔和半雷阿尔，以及夸尔托和欧恰博铜币。

　　夸尔托和半夸尔托大概最早是在皇家历史科学院的一份文献里提到正面是"Y"，背面是两根柱子。币质粗糙，成色极低，以致上百枚才等于 1 雷阿尔银币。之后的另一些夸尔托[256]的正面是"Y"的两边分别是"F"和"IIII"，"IIII"是以马拉维迪计的币值，背面是王冠下的两根柱子在"S"和"P"之间，两面的币文都是"CAROLVS QVINTVS INDIAUVM REX"（查理五世为西印度国王）。这批造币以及接着介绍的几批造币的归属是有疑点的，因为这家造币厂的首写字母应该是"S"和"D"，但所有这些钱币上出现的却是一成不变地的"S"和"P"。另一批造的四马拉维迪铜币的正面是城堡在"S"和"P"之间，背面是面向左的狮子，身后有"F"。币文与上述的一样，也是两面相同。还有等分币二马拉维迪，币图、币文完全一样。

　　还知道有一枚叫作夸尔蒂约雷阿尔的银铜合金币，一些学者认为它的正面是城堡在"XI"和"F"之间，背面是王冠下的"K"在"P"和"S"之间。币值应为 11 马拉维迪。夸尔蒂约的出币率是每马克 64 枚，重 3.59 克，成色是每马克 54 格令银。有文献提到制造的二马拉维迪和马拉维迪，成色是每马克 8 格令银。

　　据达西介绍，银币应该制造了五雷阿尔和十雷阿尔，可能是 1535 年至 1544 年制造的，但是只发现了十雷阿尔[257]。它的正面是上有王冠的盾徽，盾徽分成的四个象限里分别是城堡和狮子，底端是石榴；背面是两根戴王冠的柱子有水波纹，柱子之间是写有"PLVS"的横幅，两侧分别是"S"和"P"。币文："CAROLVS ET IOANA"（卡洛斯和胡安娜）/"REGIS ISPANIA INDIARO"（西班牙、西印度国王）。

　　巴黎古币收藏室收藏的一枚四雷阿尔应该属于同一时代，该币重 13.75 克，币图与前一枚币一样。对它的描述如下：正面是盾徽，在"F"和"IIII"之间；背面是一对柱子立在地上，把横幅上的字截成"P – LVS – V"，两边是更大的"P"和"S"。没有水波纹。币文：

"CAROLVS ET IHOANA RE"（卡洛斯和胡安娜国王）／"KAROLVS ET IHOANA REGIS D"（卡洛斯和胡安娜国王蒙恩）。

1573 年发行的是四雷阿尔及其等分币，正面是上有王冠的大盾徽，背面是顶端有球的十字架，四个象限里是城堡和雄狮，腓力二世时期的墨西哥造币中也有这种币图。尚不知道圣多明各是否生产过八雷阿尔。

二、墨西哥

据塞维利亚交易事务所记载，1535 年 5 月 11 日颁布了一道《国王指令》：在墨西哥建造币厂。墨西哥的造币应该仅限于银币和银铜合金币，大约在 1537 年，最初的造币投入流通。三雷阿尔、二雷阿尔和雷阿尔[258]的正面是王冠下的盾徽的四个象限里分别是狮子和城堡，背面是两根柱子和"PLVS VULTRA"，上方的小球可能表示币值，两根柱子的币图叫双柱币图。币文是"CAROLVS ET IHOANA REGES HISPANIARVM ET INDIARVM"（卡洛斯和胡安娜为西班牙和西印度国王）。半雷阿尔[259]的背面是一样的，正面是"I"和"K"上都有王冠。夸尔蒂约的一面是首写字母"I"，一面是首写字母"K"。

从 1537 年停止造三雷阿尔，而开始造四雷阿尔，消息来源是安东尼奥·德门多萨总督"为了在支付时不与四雷阿尔相混淆，没有下令制造三雷阿尔"，除了 1535 年塞维利亚发行过四雷阿尔，以补充巴塞罗那为远征突尼斯而制造的钱币，这是第一次提到四雷阿尔。一些被判断为以胡安娜和卡洛斯之名制造的八雷阿尔看来是假的，尽管 1537 年曾授权造这种钱币。1562 年又一次准许制造八雷阿尔，还是双柱币图，但没有发现这种钱币。

1542 年，安东尼奥·德门多萨总督决定制造四马拉维迪铜币和二马拉维迪铜币，出币率分别为每马克 36 枚和 72 枚。四马拉维迪的一面是"K"，另一面是"I"，上边都有王冠，两边是城堡和狮子；二马拉维迪的正面是柱子上有王冠，还有文字"PLVS ULTRA"（海外还有大陆），背面是城堡上有王冠。所有描述过的这些钱币上出现的造币厂的标记都是"M"上边有个小圆圈。当地土著居民不欢迎这种币值的铜币，迫使总督停止制造，他又着手造夸尔蒂亚钱币，还是不受欢迎。于是不得不又回到用可可豆计价，1555 年 140 粒可可豆相当于 1 雷阿尔银币。

造币厂的第一位检定员是弗朗西斯科·德尔林孔（Francisco del Rincón，1536～1538 年），他在造币上的标记是"R"。秘鲁最早发行的钱币也是这个家族检定的。他的继任有胡安·古铁雷斯，标记是"G"；埃斯特万·佛朗哥，标记是"F"；佩德罗·德埃斯皮纳，标记是"P"。

奈史密斯认为，他们构成造币厂的第一阶段，这一阶段的特点是把卡洛斯的名字写成"KAROLVS"，双柱下没有水波纹，请见后面有关"CHAROLVS"或"CAROLVS"和水波纹的介绍。

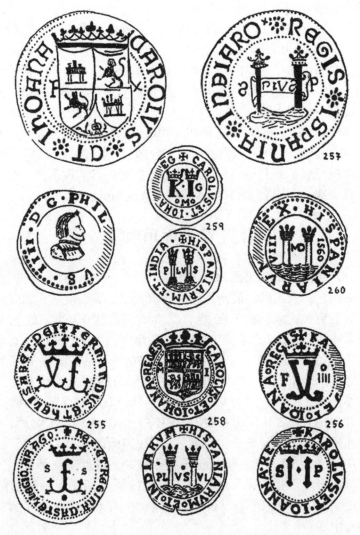

注：分别为费尔南多五世时期的勒兰卡（255）；卡洛斯一世时期圣多明各的4马拉维迪币（256）和10雷阿尔币（257）；墨西哥造币厂的雷阿尔币（258）和半雷阿尔币（259）；腓力四世时期马德里造币厂的8马拉维迪币（260），可能为了在美洲流通。

图31　255～260号币

三、秘鲁

1556 年至 1560 年，似乎有一家私人租赁货币所在帝国重镇波多西运作，后来迁至利马。那里每年开采的矿石价值 50 万比索以上，不过大部分以锭或坯的形态运往西班牙。

1565 年 8 月 21 日，建立利马造币厂，规定币图与胡安娜和卡洛斯为西班牙岛和新西班牙造的钱币相同，结果这种币图成为在美洲用腓力二世名字制造的最早的币图。同时，如伊里亚特介绍，该厂造的杜罗或八雷阿尔可能在美洲是最早的，开始用查理五世的"双柱币图"，由于这种币图在秘鲁使用时间很长，后来称为秘鲁币图[261]。币值有 8 雷阿尔、4 雷阿尔、2 雷阿尔、1 雷阿尔，币图都一样。半雷阿尔是"R"和"I"上都有王冠，1/4 雷阿尔是"R"上有王冠。据《穆尼奥斯收藏》的一份文献记载，在利马"先是制造与墨西哥一样的钱币，但含银量下降，最终变成一半银"，后来导致秘鲁币丧失信誉。

第三节　货币种类

一、八雷阿尔币（见图 32～33）

如前所述，八雷阿尔最初是作为计价货币，等于从一开始就叫比索的 1 特普兹克金比索，重 4.60 克、1/50 卡斯蒂利亚马克，成色为 13.6 开。似乎第一个制造八雷阿尔的是利马造币厂，生产的钱币没有标注年份，很可能始于 1565 年，但肯定早于 1570 年[261]。正面是王冠下的盾徽，盾徽的四个象限里是城堡和狮子，底端是石榴；背面是戴王冠的双柱下有水波纹，中间分三行写着"P/PL – VSVL – TR/8"。两面接续的币文是"PHILIPPVS II D HISPANIARVM ET INDIARVM REX（腓力二世蒙恩为西班牙和西印度国王）"。双柱币图或叫秘鲁币图。

1570 年 5 月 10 日的一道《国王指令》规定墨西哥银币成色、重量和币值与西班牙币相同，从而决定了币图按照《新图版特别法》的规定。然而美洲的币文总要有"et Indiarum（和西印度）"，这在西班牙制币上鲜有出现。

已知最早的墨西哥比索是根据这一旨令制造的[262]。正面是上有王冠的大盾徽，有的有葡萄牙国徽；背面是端头有球的十字架将城堡和狮子分隔开，人们称为"无边饰"币图或"十字"币图。币文："PHILIP-PVS II DEI GRATIA"（腓力二世蒙恩）/"HISPANXARVM ET INDI-ARVM REX"（为西班牙和西印度国王）。腓力三世统治的 1600 年以前不标注年份，这个时代的一些钱币是四个象限里的"狮子和城堡"，这种币图的异常在波托西没有年份的比索上也出现过。币文是"PHILIPPVS D G HISPANIARVM"（腓力蒙恩为西班牙）／"ET INDIARVM REX"（和西印度国王）。从 1620 年开始标注年份。我们知道曾授权拉普拉塔制造同样的钱币，但没有看到过拉普拉塔制造的这种钱币。

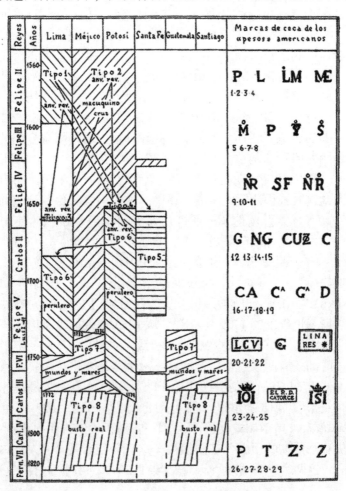

注：币图见下图。标记：1、2、3、4 利马，5 墨西哥，6 和 7 波托西，8 圣地亚哥，9、10、11 新格拉纳达王国的圣菲波哥大，12 危地马拉，13 新危地马拉，14 库斯科，15 西印度的卡塔赫纳，16 和 17 奇瓦瓦，18 瓜达拉哈拉，19 杜兰戈，20 韦拉克鲁斯钱柜，21 瓜纳华托，22 利纳雷斯，23 瓦哈卡，24 是 14 雷阿尔造币厂，25 巴尔加斯的松布雷雷特，26 波帕扬，27 特拉尔普哈瓦，28 萨卡特卡斯，29 宗戈里卡。

图32　美洲"比索"发展年代

　　腓力三世统治期间，墨西哥和波托西的造币厂只造比索，继续使用《新图版》的币图。墨西哥造币厂还造粗糙的八角形币，上面标注"M"和1611。1620年，阿尔瓦罗·图里略·耶夫拉在新格拉纳达王国建立了圣菲波哥大造币厂，但没有发现该造币厂在这一时期及下一任国王统治时期生产的八雷阿尔。

　　成色和重量不足导致秘鲁造币丧失信誉，以致在腓力四世统治的1650年10月1日和12月22日颁布两道《国王指令》，命令波托西和利马的造币厂制造新币，币图要区别于之前的旧币。波托西[263]把十字币图换成一种与利马原先的币图很像的币图：正面是上有王冠的四个象限盾徽；背面是双柱下有水波纹，上有一顶大王冠，这是主要变化之处。背面还有三行字："P – 8 – IIII/PLV – SVL – TRA/8"。只在1652年制造了这种币图的钱币。利马[264]也做了一些改动：正面是刚刚介绍的波托西背面的币图，但双柱两边是竖写的"8"和"V"，中间是星星、"M"和"659"或"660"，只标注过这两个年份。背面是墨西哥特有的十字币图。因此这版钱币用了两种背面币图，成了一版秘鲁—无边饰币图。

　　1653年波多西[265]创造了一种新的水波纹上双柱币图，使中间的文字更显要。币面就像被分隔成九格，自上而下是"P – 8 – E/PLV – SVL – TRA/E – 年份 – P"。周边币文是"POTOSI ANO 年份 DEL PERV"（秘鲁的波托西×××年）。正面是十字币图和"PHILIPVS IIII D G HISPANIARVM REX"（腓力四世蒙恩为西班牙国王）。这种样式一直持续到卡洛斯三世统治的1779年，利马从1659年就很少制造比索了，从1684年开始仿制波多西的这种钱币，直到1749年。

　　这一时期还有两家造币厂造比索。一家是墨西哥造币厂，直到腓力五世统治的1734年一直制造经典的十字杜罗币。另一家是圣菲波哥大造币厂，它最早制造比索是在腓力四世时期。那是1623年生产的有"狮子和城堡"的十字币。之后该厂有一段时间没有造币，直到1655年转而模仿利马最初的币图，在两根柱子之间分四行写"PLVS/VL/TRA/NR"，最后这两个字母连写[266]。之后到1722年，有些盾徽有石榴，有些没有。

　　大概在1625年前后，西印度的卡塔赫纳造币厂也制造了一些比索，币图与新格拉纳达王国的相仿。F. X. 卡利科介绍了一枚1655年造的有标记"C"的比索，可能是这家造币厂制造的。还有一枚半比索也有这个首写字母。

　　卡洛斯二世统治时期的一件大事是他于1687年6月7日颁布《国

王指令》，规定八雷阿尔在西印度没有"十雷阿尔银币在半岛各王国的价值及流通范围"。正如坎帕内尔准确指出的："从此殖民地币与西班牙币完全分离，甚至包括制造通货单位的等分币。"

在奥地利哈布斯堡王朝统治时期，这些造币厂都或多或少制造了所有币值的银币，按币值从大到小依次有比索、托斯通、比塞塔、雷阿尔和半雷阿尔，每种钱币估计都是原来的一半。腓力五世时期唯一的改变，准确地讲是增加了在墨西哥生产"救援的非正规比索"。

注：为美洲"比索"的币图。第1种币图：腓力二世。第2种币图：腓力二世至腓力五世。第3种和第4种币图：腓力四世。第5种币图：腓力四世至腓力五世。第6种币图：腓力四世至卡洛斯三世。第7种币图：腓力五世至卡洛斯三世。第8种币图：卡洛斯三世至费尔南多七世。

图33 261～268号币

二、美洲的金币

直到 17 世纪中叶在西印度流通的金币要么是西班牙本土制造的，要么是美洲的金锭，之所以出现这么不可思议的情况，是因为黄金被大量弄走了。

直到腓力二世统治末期，在西班牙制造的金币埃斯库多和多乌隆都是锤打出来的，因此很粗糙。之后建立了塞戈维亚机械造币厂，制造的钱币就精细许多，而且能制更大的钱币，于是开始制二多乌隆、8 埃斯库多的多乌隆和超大的一百埃斯库多，叫百倍币。

目前认为美洲第一家造官方金币的造币厂是圣菲波哥大造币厂，这家造币厂在 1622 年开始运作时就打造了 70 马克的金币。已发现的最早的是在哥伦比亚翁达的埃尔梅苏诺发现的多乌隆，年份是 1635 年，有新格拉纳达王国的首写字母，因此是圣菲波哥大造币厂制造的。这些钱币以及此造币厂制造的其他币值的金币的特点是：正面是盾徽，斜十字分隔的左边两个象限里是"狮子和城堡"，右边两个象限里是阿拉贡和西西里的标志。背面是耶路撒冷十字架。

之后的金币应该是达西讲过的利马 1659 年发行的。1675 年 2 月 25 日授权墨西哥造币厂生产金币，该厂的第一批金币是 1679 年制造的。币图与西班牙的一样，正面是西班牙君主国的大盾徽，背面是耶路撒冷十字架。因为是用锤子打出来的，它们非常粗糙，就像秘鲁的杜罗币，边缘参差不齐，有的还有一些奇怪的凸纹。

1683 年授权在库斯科制造金币，发现的一枚多乌隆币的正面无边饰，背面是隔成九格的秘鲁币图，与 1659 年和 1660 年利马比索的币图正好相反，与波托西 1653 年发行的银币相似，有盎司币和二多乌隆币。埃斯库多的一面是城堡，另一面是四瓣弧形突花边中的耶路撒冷十字架。

三、铜币

有几枚腓力四世统治时期在西班牙制造的八马拉维迪，背面都是一对戴王冠的柱子，估计是要发往美洲的，都是罕见的珍品。一枚是布尔戈斯 1660 年造的，正面是君主面向右的头像，周边是名字和年份；背面是戴王冠的柱子之间有"Ⅷ"，下边有"B"。另一枚是马德里制造的[260]，正面一样，柱子之间有标记"MD"，完整的币文是"PHIUPPVS IIII D G"（腓力四世蒙恩）／"HISPANIARVM REX"（为西班牙国王）。还有塞维利亚造的一些相同的钱币，似乎是依据 1660 年 9 月 11 日的《特别法》生产的，以全部替换半岛以前的铜币，但在这里没有流通过，不禁让人怀疑这些铜币是在美洲制造的。

第十三章
奥地利家族和腓力五世统治
时期的加泰罗尼亚货币

第一节　奥地利家族统治时期的货币体系

一、卡斯蒂利亚杜卡多

卡洛斯统治时期延承了阿拉贡国王胡安二世于 1476 年在巴塞罗那创立的杜卡多金本位制。因此，这一时期加泰罗尼亚不过是继续造以前的钱币，不同之处在于币图采用了天主教国王面对面的胸像，模仿格拉纳达的埃克斯塞伦特币，其重量相当于二杜卡多，也就是二公国币。

卡洛斯一世统治时期制造了二杜卡多[269]，正面是中间有权杖的面对面胸像，背面是上有王冠的徽章，形状很特别，几乎是正方形的，中间是耶路撒冷十字架，左边是加泰罗尼亚条纹，右边是西西里条纹和鹰。币文是 "IOANNA ET CAROLVS REGES ARAGONVM"（阿拉贡国王胡安娜和卡洛斯）和 "COMITES BARCINONE（巴塞罗那伯爵）P V 1521"。有一些年份和细节不同的，也有币值相同但币图和币文完全不同的，例如有一枚的背面是水波纹上的海格力斯之柱，还有链环、冒火花的勃艮第权杖、山和两个 "F"，周边币文是 "PLVSOLTRE"（海外还有大陆）。另一些二杜卡多[270]是在正面的两个胸像之间的上边或下边有个 "B"，如果 "B" 在下边，上边就有数字 "XXXXII"，博泰特认为是表示该币值 42 苏埃尔多，依据是佩皮尼昂 1552 年的钱币有这样的表达方式。有的这种钱币的背面是双头鹰，上边有一顶王冠，鹰守护着一个有卡斯蒂利亚、格拉纳达、阿拉贡和两西西里王国标志的盾徽。有的在盾徽两边各有一个 "B"，标识也有变化。币文是 "IOANNA ET CAR-OLVS ARAGONVM REX"（阿拉贡国王胡安娜和卡洛斯）和 "COMITES BARCHINONAE"（巴塞罗那伯爵），这个也有许多变化。这么大的差别证明是多次造币，可能年代跨度也很大，但是至今都没有把它们放到一起来研究。半杜卡多[271]一面中央是胡安娜和卡洛斯的名字的首写字母"IC"，一面是条纹盾徽，币文是"IOANNA CAROLVS D G R"（胡安娜卡洛斯蒙恩为国王）／"ARAG COMIT BARCINO"（阿拉贡 巴塞罗那伯爵）。币重是这种钱币的正常重量，四杜卡多、二杜卡多、杜卡多和半杜卡多分别重 14 克、7 克、3.50 克、1.75 克。

1534 年，皇帝在巴塞罗那为攻打突尼斯的远征做准备，下令把潘普洛纳、萨拉戈萨、托莱多、佩皮尼昂、昆卡和丰特斯造币厂都召集到这里，造出了西班牙最早的埃斯库多金币（Escudo de Oro，意译"盾徽币"）或克金朗币（Corona de Oro，意译"冠币"），成色 22 开，出币率每卡斯蒂利亚马克 68 枚，枚重 3.38 克，类似于意大利和法国最好的钱币。最初的这些钱币的正面是双头帝国鹰守护着大盾徽，背面是端头有王冠的十字架。币文："CAROLVS QVINTYS IMPERADOR"（查理五世皇帝）／"HISPANIARVM ET VTRIVSQUB SECILIE REX"（西班牙 奥地利 西西里国王）。这是帝国的造币而非巴塞罗那造币，也不是卡斯蒂利亚的，因为之后造币的背面是四瓣弧形突花边中的耶路撒冷十字架。

自此有很长一段时间，既没有金币的文字记载也没有实物。1543年，皇帝命令在塞戈维亚销毁卡斯蒂利亚的埃克斯塞伦特币的币模，只造埃斯库多币，这道命令并没有在加泰罗尼亚实行。这种资料的空白包括整个腓力二世统治时期。

据萨拉特介绍，1599 年的"巴塞罗那城的公共储蓄清单上有一些叫作'太平币'的金币和一些其他名字的曾经流通而当时已不流通的金币，该城的士绅请求允许他们将这些金币熔化，用来制造与卡斯蒂利亚王国的王储盾徽币（Escudos del Príncipe，或译为王储埃斯库多币）成色相同的金币"。费里亚公爵同意了这一请求。但不知道制造的是杜卡多还是本身意义的埃斯库多币，因为之后的几次货币发行用的都是阿拉贡国王胡安二世开创的货币单位。

据海斯讲，1614 年 8 月 13 日，阿尔马桑侯爵允许在巴塞罗那打造"重量、成色和形态与天主教徒费尔南多时期一样的弗罗林金币"。这里讲的弗罗林指的不是当时的另一份文献讲的那种旧货币单位："等于1/4 多乌隆的弗罗林金币，从天主教国王费尔南多时期该城就有，同样重量、成色和形态，等于 8 雷阿尔 3 夸尔蒂约，且没有改变货币，只是替换了其中分量不足的、残缺的或修补过的多乌隆和半多乌隆，就解了当时之急"。大概可以推断这些弗罗林是半杜卡多，也就是 1/4 双面多乌隆，即格拉纳达的埃克斯塞伦特，枚重 7.00 克。恰恰就在 1614 年前不久，巴塞罗那的塔乌拉开始流通双面多乌拉，币值为 35 雷阿尔，它的 1/4 正是上面讲的 8 雷阿尔 3 夸尔蒂约，因此半多乌拉的币值就是 $17^1/_2$ 雷阿尔。

毫无疑问，这些双面多乌隆，也就是格拉纳达的埃克斯塞伦特，即二杜卡多，在查理五世时期折合的雷阿尔少得多。前面已经介绍过的在正面有罗马数字的巴塞罗那钱币就是证明，"XXXXII"（即 42）苏埃尔多就是 21 雷阿尔。金价上涨加之大量的收藏，导致金币升值，一时间涨到 30 雷阿尔，博泰特准确地判断正是此时开始把这种钱币叫作三十雷阿尔。1614 年就涨到 35 雷阿尔。升值的结果是阿尔布开克公爵于 1618 年 3 月 2 日规定把币值降到 33 雷阿尔，并授权造 1/3 多乌隆币，根据它折合为雷阿尔的币值叫作十一雷阿尔："由于叫作三十雷阿尔的双面多乌隆升值过高，巴塞罗那城以及整个加泰罗尼亚省都急迫需要采取补救措施，为此掌玺大臣公署于今年（注：1618 年）2 月 8 日在马德里代表陛下发布《国王令》，命令将三十雷阿尔的币值下调⋯⋯每枚叫作三十雷阿尔的双面多乌隆币等价于 33 雷阿尔，半三十雷阿尔也按比减值，并命令⋯⋯应此城士绅的请求造三十雷阿尔的 1/3 币，币值为 11 雷阿尔"。

十一雷阿尔[272]或叫三十雷阿尔的 1/3 币重 2.33 克，币图是面向左的腓力三世的无冠胸像和条纹盾徽，盾徽两边分别是"XI"和"R"，表示币值为 11 雷阿尔。币文："PHILIPP D G R HISPA（腓力蒙恩为西班牙国王）"或"PHILIPP R HISPA（西班牙国王腓力）"和"CIVITAS BARCINO（巴塞罗那城）1618"。除了 3.50 克的本位币及其倍数币，1614 年制造了 1.75 克的半杜卡多或 1/4 多乌拉币，1618 年造了 2.33 克重的 1/3 多乌拉币，恰好与十一雷阿尔银相吻合。这样这个系列形成两个等分辅币体系：一个是金币单位体系，包括杜卡多（也就是等价于三十雷阿尔币的多乌隆）的倍数币和弗罗林（半杜卡多，即 1/4 多乌拉）的等分币。另一个是银币单位体系，有十一雷阿尔，也就是三十雷阿尔的 1/3 币，但也是金币。

腓力四世时期继续制造三十雷阿尔，已看到的标注了年份的有 1622 年、1626 年、1628 年、1629 年、1631 年和 1632 年。这些二杜卡多的特点是用两位天主教国王的名字，并继续用面对面胸像的币图，这非常反常是因为即使是在这两位国王统治时期巴塞罗那制造钱币的也只有费尔南多，币文从不提伊莎贝拉女王。新币的特点是：正面是面对面胸像，上有星星，下有字母"B"；背面是鹰守护着戴王冠的盾徽，盾徽的第 1 和第 4 象限里是卡斯蒂利亚和莱昂的标志，第 2 和第 3 象限里是阿拉贡和西西里的标志，下端是格拉纳达的标志石榴。正面的币文是"FERNANDVS ET ELISABET REGES"（费尔南多和伊莎贝拉国王），重 7 克。有的钱币上还有"SVB VMBRA ALARVM TV……（1622 年）"。

半三十雷阿尔，也就是杜卡多，重 3.50 克，正面是面对面的胸像，中间有星星，背面盾徽的第 1 和第 4 象限里是卡斯蒂利亚和莱昂的标志，第 2 和第 3 象限里是加泰罗尼亚船。正面币文是"FERNANDVS ELISABET REGS（费尔南多和伊莎贝拉国王）"。有 1626 年和 1630 年的，年份标在背面币文后。

三十雷阿尔的 1/3 币，即十一雷阿尔，重 2.33 克，沿用腓力三世时期的样式，有 1625 年和 1641 年的。因此正常的币值是按加泰罗尼亚的杜卡多的计价体系，币图是两位天主教国王的卡斯蒂利亚币图；然而三十雷阿尔的 1/3 币是沿用费尔南多二世在巴塞罗那的模式，币文和君主币图有一些自己的变化。所有这些钱币的成色仍然是 $23^3/_4$ 开金，在与 22 开金的埃斯库多竞争的情况下，估计是一种很难解释的坚持。

据博泰特讲，1641 年 1 月 25 日，伯爵城百人会议决定改变三十雷阿尔、半三十雷阿尔和十一雷阿尔的币值，为此下令在钱币上加铸赫罗纳的徽章。但没有发现这样修改过的钱币，不过该作者认为有巴塞罗那城徽的钱币也是出于这一目的，不要把它们与另一些本身刻有而非加铸这个城市盾徽的钱币相混淆。似乎在腓力四世统治时期，最终废除了整个杜卡多币制，创立排他性的埃斯库多金币流通体系。

二、加泰罗尼亚的克罗埃特币经久不衰

在奥地利家族统治时期，加泰罗尼亚与卡斯蒂利亚虽然在政治上联合了，但实际上却是分离的，货币是最能证明的元素之一，无论是金币还是银币沿不同的轨迹流通了很长时间，最终统一的时候，会发现与其说是政治意愿，不如说是货币演变的自然结果。

迄今发现的卡洛斯一世时期造的唯一的银币是另一章介绍的为远征突尼斯制造的银币。腓力二世时期，1566 年的新图版特别法没有影响巴塞罗那，这里继续流通每马克出币 72 枚的旧克罗埃特。不过在他统治末期时有了一些创新，如在钱币上标注造币日期 1588 年 7 月 2 日，克罗埃特正面出现了他的胸像，头上无冠，颈部出现褶皱领。有 1595 年至 1597 年克罗埃特币和 1596 年、1598 年的半克罗埃特币。

腓力三世时期，卡斯蒂利亚银币大量流入，1611 年规定托斯通币、二雷阿尔和半雷阿尔都按重量使用。同年授权用冲压机造苏埃尔多（半雷阿尔银币）、迪内罗和阿尔迪特，1612 年规定国王造币厂制造的无破损的雷阿尔、苏埃尔多和六迪内罗（1/4 雷阿尔银币）不按重量而按本身的币值使用，有破损的按重量，叫作"波斯加特拉"的假币停止流通。所有这些都是克罗埃特币已分量不足造成的，很多甚至短 16～28 格令的重量。

1617 年 10 月 23 日，准许用来自卡斯蒂利亚的银币或银锭造苏埃尔多，为了省事，接受了卡斯蒂利亚银币 11 迪 4 格令的成色，从此这一成色成为标准成色。于是这些新币比以前钱币的成色少 8 格令，出币率也从每马克 72 雷阿尔增加到 76 雷阿尔，这样每马克可造 152 枚半雷阿尔，枚重从 1.62 克降到 1.51 克。即使这样，这一规定还是被中止了，因为士绅们希望每马克出币 80 雷阿尔。

腓力家族统治时期发行的银币的背面币图有两种，一种是英币式十字架，伸到钱币的边缘，另一种是十字架限定在内缘线内，我们分别叫克罗埃特和雷阿尔。后一种只有 1611 年的半雷阿尔。正面最引人注意的特点是在他们统治期间一直使用上任君主的肖像。腓力三世时期的钱币上是腓力二世的肖像，而腓力四世时期的钱币上是前两位的肖像，恰好没有发现有腓力四世自己肖像的巴塞罗那银币。然而币文却与标注的年份一样，永远是当时在任的君主。

用腓力二世无冕头像的是 1599 年、1609 年、1620 年、1630 年、1632 年、1635 年和 1636 年的克罗埃特币和 1609 年、1620 年和 1632 年的半克罗埃特。腓力三世时期有他本人肖像的钱币，最早是 1609 年制造的一枚 1/4 克罗埃特，正面无币文，头像后加铸字母"T"。还有 1611 年和 1620 年制造的半克罗埃特，1611 年至 1619 年无间断造的半雷阿尔，其中 1612 年制造的加铸了"T"。

腓力四世统治时期，有一枚 1626 年造的克罗埃特[273]，是腓力三世的肖像，这枚钱币极为奇特，因为这个币模在他自己统治时期就没能使用，可能是制来最终统一正面币图的。还有一枚同年的半克罗埃特是那时唯一用腓力三世头像的，其他都是已经介绍过的用腓力二世头像。这样有腓力三世胸像的是 1631 年、1637 年至 1640 年（1640 年的有 T）和 1653 年至 1655 年制造的克罗埃特，1655 年制造的[273]未发行。还有 1632 年制造的一枚半克罗埃特和 1630 年、1632 年、1633 年和 1636 年制造的半雷阿尔。

三、奥地利家族统治下的银铜合金币

已知 1523 年制造小额辅币马利亚币，即梅阿哈或奥波，1534 年大批量制造了一些迪内罗，出币率为每马克 288 枚，成色是每马克 24 格令银。币图不是巴塞罗那的，是水波纹上的双柱和耶路撒冷十字架。1553 年，经赫罗纳城费利佩公爵特许，巴塞罗那制造了一些迪内罗。正面是币文"CAROLVS D G R"（卡洛斯蒙恩为国王）和国王胸像；背面是"CIVITAS GERVNDA"（赫罗纳城）和赫罗纳城徽。

卡洛斯时期的巴塞罗那迪内罗[274]正面是面向左的戴王冠胸像从上方切断缘线，背面是英币式十字架，有圆圈和圆点，中心有一个"B"。币文是"IOANA KAROLVS（胡安娜 卡洛斯）"和"BA CK NO NA"。萨拉特提到一种多乌莱尔币，背面是菱形中的标识，周边是"C BAR-CANONA（巴塞罗那城）"[275]。这种钱币根据重量有三种币值：多乌莱尔币重 0.75 ~ 0.9 克，小额辅币梅努特重 0.40 ~ 0.45 克，二多乌莱尔币重 1.50 克。

腓力二世统治的 1565 年重又提到赫罗纳的小额币，1585 年命令在整个加泰罗尼亚、鲁西永和塞尔达尼亚地区都采用伯爵城的重量和计价单位。

腓力三世登基后于 1598 年 10 月 24 日特许巴塞罗那的士绅自主决定小额币的合金比例，因为他们把这些钱币都弄到国外去了，据说成色比外国的好。可能 1605 年的造币就是根据这一特许制造的，但伪造的很多，尤其是在赫罗纳和巴尼奥拉斯，只得又在币上加印一个"B"[275*]。伪造币仍然肆虐，以致不得不像塞戈维亚那样用冲压机造币，这样只有用同样的机器才能仿造。无论是否真的使用了这些机器，可以肯定的是 1612 年造币师佩雷·里瓦抱怨"至少有 12 个城镇在造币"。

可能是为了避免这些不便，腓力三世决定制造 1.60 克重的阿尔迪特[276]来替代 2 迪内罗的多乌莱尔。阿尔迪特是纯铜的，出币率为每马克 144 枚。正面没有币文，在"A"和"R"之间是面向左的腓力三世头像，装饰有带波纹边的护喉甲，与腓力二世的一样，背面是菱形中的巴塞罗那城徽，周边是"BARCINO CIVITAS"（巴塞罗那城）和年份。有 1610 年、1613 年至 1618 年和 1621 年的。等分币是梅努特，是等价于 1 迪内罗的小额币，出币率为 288 枚，每枚重 0.80 克。博泰特把它们分为三种：一种是菱形中的城徽和币文"BAR……AS 1600"，加印字母"B"；第二种是英币式十字架将圆圈和圆点分隔开，中心有"B"，我们知道一枚是 1611 年制造的；第三种同前一种，但没有"B"和内缘

线，周边币文是"BAR CINO CIVI（巴塞罗那城）"和年份，有 1612
年、1616 年、1618 年、1619 年和 1621 年的。三种钱币的正面都是腓力
二世面向左的无冠头像，周边币文是"PHILIPP D G HISPA R（腓力蒙
恩为西班牙国王）"。

注：分别为胡安娜和卡洛斯一世：二杜卡多（269～270）、半杜卡多（271）和迪内罗银
铜合金币（274～275）；腓力三世：十一雷阿尔（272）和阿尔迪特（276）；腓力四世：克罗
埃特（273）；起义时期：六迪内罗（277～278）。

图 34 269～278 号币

腓力四世统治时期继续制造这两个币值的钱币。阿尔迪特币制造于
1624 年、1625 年、1627 年、1628 年、1632 年至 1635 年、1640 年、
1653 年至 1655 年和 1661 年。无波纹边的护喉甲出现于 1632 年至 1633

年和 1635 年以后。其他年份是有波纹边的。1654 年的一枚是倒置的
"B"；1661 年的一些币上的盾徽很大。梅努特币是第三种的英币式十字
架，有 1625 年、1628 年、1629 年和 1653 年的。还有 1632 年至 1635 年
的，背面中心有 "B"。

第二节 "收割者"战争时期的钱币

腓力四世统治时期，奥利瓦雷斯伯爵—公爵令人质疑的政策导致西
班牙许多地区发生暴乱。葡萄牙彻底分离，加泰罗尼亚在 1640 年至
1652 年一直陷在战争中。这些年间，加泰罗尼亚的货币是根据泾渭分
明的三种观念造的：第一种继续以腓力四世的名义制造；第二种在不承
认君主之后在币文中写上 "加泰罗尼亚公国"；第三种以法国路易十三
和路易十四的名义制造，这两位甚至在巴黎为新领土制造法国币。

一、加泰罗尼亚起义时期 (1640~1641 年)

这里只把政治事件作为论述的起点，让人不可思议的是伯爵城竟那
么快就制造新币，既有银币也有铜币，而且其他地区竟也同样迅速地模
仿。不过货币还是滞后于它们要反映的事件，1641 年 1 月末路易十三
已接管加泰罗尼亚，但是 1640 年下半年甚至 1641 年的钱币上还有腓力
的名字。而且在已选出国王的第二年，1642 年钱币上还没有出现新的
名字。

新币种有五雷阿尔和五苏埃尔多银币，后者是前者的一半；还有银
铜合金的六迪内罗，也叫克恩，是夸特恩的缩写，法定币值等于 1/4 雷
阿尔银币。据萨拉特介绍，这种六迪内罗出现于 1640 年 11 月 12 日，
它的成色是 "Menut Mes Malla"，也就是 1 迪 12 格令，即 36 格令。从
一开始就用巴塞罗那已有的 "冲压机" 制造，因此外表精美，与塞戈
维亚机械造币厂制造的八雷阿尔一样。

直到 1640 年，银币的成色是标准的卡斯蒂利亚的 11 迪 4 格令，但
重量上有显著变化。事实上，每马克出 72 枚的克罗埃特重 3.20 克，到
1617 年每马克出 76 枚，每枚重量减到 3.02 克，甚至更轻。如果把
3.02 克作为标准重量的话，那么用新币模造的五雷阿尔就应该重 15.10
克，然而它们的重量不超过 11.70 克，由此可以推断按照每马克 96 雷
阿尔的理论出币率计算，每雷阿尔的重量为 2.40 克。六迪内罗如其名
币值为 6 迪内罗，重 4.50 克，其中 0.56 克是银，因此实际应该是1/4
雷阿尔，2.40/4 = 0.60 克银。20 枚六迪内罗相当于 1 枚五雷阿尔，10

枚六迪内罗相当于 1 枚五苏埃尔多。不幸的是伪造的太多，大部分是纯铜的，因此这种币值的钱币被淘汰了。

最早的五雷阿尔出现于 1640 年，等于 120 迪内罗。正面是条纹盾徽，上有王冠，下有圣女尤拉莉娅十字架，两侧 "V" 和 "R" 表示币值（5 雷阿尔）。背面是英币式十字架把圆圈和圆点分隔开。币文："PHILIPP' D G R HISPANIA（腓力蒙恩为西班牙国王）/ BARCINOC IVITAS（巴塞罗那城）1640"。最早有 "V" 和 "S" 的五苏埃尔多也是这一年制造的，等于 60 迪内罗。

1641 年再次制造的这两种钱币，特点相同，但因为此时已在路易十三的统治下，不再效忠于腓力四世，正面的币文变为 "PRINCIPATVS CATALONIAE"（加泰罗尼亚公国）[270~280]，背面正中改为一个有巴塞罗那城徽的小盾徽。博泰特介绍了一种改变了的背面币文："CIVITAS：BA RC……016"。五苏埃尔多也有同样的变化，海斯公布的一枚钱币上的币文是 "CIVIT ASBA RCINO 1641"，有助于确定前一种钱币的年份。

1640 年的六迪内罗[277]的正面是面向左的胸像，背面是巴塞罗那的长菱形盾徽，两边分别是 "S" 和 "I"，表示币值，下面是圣女尤拉莉娅十字架，十字架的叉从上方和下方切断缘线，上方的两叉之间有个小头像。铭文："PHILIPP9 DG HISPANIA（腓力 9 蒙神之恩西班牙）/ BARCINO CI VI（巴塞罗那城）：1640"。1641 年再次发行，与其他币值的钱币一样，改变了币图，正面用银币的币图和币文 "PRINCIPAT9 CATAL"（加泰罗尼亚公国 9），背面没变[278]。

二、路易斯十三统治时期（1641~1643 年）

从年代上看，这一时期应该包括我们刚介绍过的 1641 年的第二种币图，因为它们是 1641 年 1 月 25 日巴塞罗那代表大会通过将公国自愿送给法国国王后开始流通的。

路易十三曾在巴黎为加泰罗尼亚造币，但似乎没有流通。金路易是面向右的胸像和端头有王冠的希腊十字架。币文："LVD XIII D G FR ET NAV REX"（路易十三蒙恩为法兰西和纳瓦拉国王）/ "CATALONI COMES"（加泰罗尼亚伯爵）"1642"。出币率是每马克 $36\frac{1}{4}$ 枚，成色 21.7 开，905‰。银路易也叫白埃居，是面向右的胸像和上有王冠的百合花，一样的币文和年份。

金路易值 33 加泰罗尼亚雷阿尔，银路易值 10 雷阿尔，也等值于卡斯蒂利亚的八雷阿尔，1642 年的卡斯蒂利亚也用这种等价关系。拉莫特补充说 1643 年：1/4 埃斯库多，也就是 1/3 路易 =7 苏埃尔多；埃斯库多金币，比 1/2 金路易多 5 苏埃尔多 = 17 雷阿尔；意大利的多乌雷 = 32 雷阿尔。

这个阶段继续制造"五雷阿尔"。正面在"V"和"R"之间是君主面向右的带桂冠胸像；背面是英币式十字架，中央是有城标的小盾徽。币文："LVD XIII D G REX FRAN ET CO BARCIN"（路易十三蒙恩为法兰西国王和巴塞罗那伯爵）／"BARC INOC IVITAS（巴塞罗那城）1641"。已知的有 1642 年 [281] 和 1643 年的。有同样的五苏埃尔多。有一枚六迪内罗 [282] 没有标注年份，应该属于 1641 年发行的第一批法国钱币：正面是面向右的带桂冠胸像从上方切断缘线，币文是"LVD XIII DG R F ET C"（路易十三蒙恩为法兰西和加泰罗尼亚国王）；背面是上有王冠的条纹盾徽和"PRINC I CATA"（加泰罗尼亚公国）。这面与起义阶段 1641 年的六迪内罗的第二种币图的正面一样，这似乎是符合逻辑的演变。1641 年和 1643 年的六迪内罗币的正面是面向右的带桂冠胸像，有的从上边、有的从下边切断缘线；背面是圣女尤拉莉娅十字架上的城市长菱形盾徽。币文："LVD XIII DG R F ETCO：B"（路易十三蒙恩为法兰西国王和巴塞罗那伯爵）／"BARCINO CIVI（巴塞罗那城）：1642"。有各种各样的变形。

路易十三统治的 1642 年和 1643 年重又出现了梅努特。佩德拉尔公示了一枚 1642 年的，正面的币图和币文和六迪内罗一样，背面是英币式十字架，无内缘线，币文标示造币厂。已知的 1643 年的梅努特有两种，一种在正面头像的两侧分别是"LVD"（路易）和"DG"（蒙神之恩）；另一种是海斯和博泰特公布的，但只是画图，有币文"LVD XIII D G R CO B"（路易十三蒙恩为国王和巴塞罗那伯爵）。

三、路易斯十四统治时期（1643～1652 年）

1645 年 3 月 21 日确认了巴塞罗那的造币特权，授权巴塞罗那造币厂为加泰罗尼亚、鲁西永和塞尔达尼亚造币，按照墨西哥八雷阿尔的成色，法国人叫皮阿斯特。1648 年有一道废止六迪内罗的命令，可能是因为伪造太多，同年斯考姆博格公爵公布了一份货币比价表。双面三十雷阿尔 = 6 巴塞罗那镑，也就是 60 雷阿尔，是有腓力三世肖像的三十雷阿尔的两倍。多乌雷、金路易币和"拉克雷乌埃塔的"埃斯库多 = 5 镑 12 苏埃尔多，即 56 雷阿尔；卡斯蒂利亚的八雷阿尔 = 1 镑 12 苏埃尔多，即 16 雷阿尔；五克罗埃特 = 13 苏埃尔多，即 $6\frac{1}{2}$ 雷阿尔，几乎为八雷阿尔的 1/3。由此可以推断，此时银币的价格高于它们的面值。

注：分别为起义时期：五雷阿尔（279）和五苏埃尔多（280）；路易斯十三：五雷阿尔（281）和六迪内罗（282）；路易十四：加印的五雷阿尔（283）、二十雷阿尔（284）、阿尔迪特（285）和小额币（286）；卡洛斯大公：二迪内罗（287）和迪内罗（288）。

图35　279～288号币

　　有一枚五雷阿尔的正面在"V"和"R"之间是路易十四的胸像，背面与之前的一样，可能造于1643年。之后的银币标注的年份是1652年，分为两类。一类是在过去发行的五雷阿尔上加两个印，一个是"1652"，另一个是"XX－R"[283]，表示新的币值（20雷阿尔），是之前的 4 倍。另一类是围困时期币[284]，币值为 10 雷阿尔，用冲压机生产，按墨西哥的八雷阿尔成色。正面是路易十四面向右的带桂冠胸像，两边分别是 "X" 和 "R"，表示币值（10 雷阿尔）。背面是短希腊十字架把圆圈和圆点分隔开，中心是菱形小城徽。没有缘线，币文是："LVD XIII D G R F C B"（路易十三蒙恩为法兰西国王和巴塞罗那伯爵），脚线下标注 "1652"/百合花 "BARCINO CIVIT OBESSA"。重量在 3.00～3.30 克。

与加印的五雷阿尔相比，围困时期币应该晚些，尽管年份相同，但五雷阿尔币重将近 12 克，币值 20 雷阿尔，而围困时期币的重量只有它的 1/4，币值却是它的一半。于 1652 年 3 月开始流通。

博泰特提到过一张比价表，应该是这个灾难时期的，从中可以看到良币的币值随着军事灾难不可遏制地上涨：三十雷阿尔 = 17 巴塞罗那镑，即 170 雷阿尔。多乌雷、金路易和拉克雷乌埃塔的埃斯库多 = 16 镑。

六迪内罗继续用之前的币图，币文是 "LVD XIIII D G R F ET CO B"（路易十四蒙恩为法兰西国王和巴塞罗那伯爵），从 1643 年至 1652 年从未间断。1640 年后，再没见过的阿尔迪特重又出现。已知的最早的年份是 1644 年，有两种类型：一种错误地出现腓力四世的肖像，另一种[285]是在 "A" 和 "R" 之间有路易十四面向右的肖像，背面是同样的菱形盾徽，无缘线，百合花将文字分隔开。已知还有 1647 年至 1648 年的。小额币仍是路易十三的系列。1643 年的币文是 "LVD XIIII D G（路易十四蒙恩）"，1646 年和 1648 年的是 "L DG（路易蒙恩）"。

四、加泰罗尼亚回归西班牙时期

腓力四世的私生子奥地利的胡安于 1652 年 10 月 16 日占领巴塞罗那，第二年他下令将六迪内罗的币值降到一个半迪内罗，阿尔迪特降到 1 迪内罗，可能是因为最后几批造币的成色太差。1653 年 11 月 17 日，莫尔塔拉侯爵下令用六迪内罗回收 "战争时期的雷阿尔"，并接受城市投降时的币值。各种命令总是没有执行，之后又于 1654 年 11 月 24 日命令所有战争时期的钱币的币值都降一半。是否有结果不得而知。

1653 年，法国军队再次进入加泰罗尼亚，围困赫罗纳，围困期间塞拉—达尔马西利亚侯爵制造了一种四雷阿尔银币，卡利科说有以下特点：正面是有奥地利君主国标识的盾徽，背面是国王面向左的胸像。币文分别是："PHILIPPVS IIII D G"（腓力四世蒙恩）/ "GERVNDA（赫罗纳）FIDELISS C 1653"。

第三节　卡洛斯二世和王位继承战争时期的钱币

一、克罗埃特—"马利亚"币

卡洛斯二世统治时期只制造克罗埃特，重量在 2.75 克左右，出币率为每马克 84 枚。如我们所知，从 1617 年起成色就是 11 迪 4 格令，这是卡斯蒂利亚特有的成色，然而已知的最早的克罗埃特制造于 1674 年，也就是说这种币制始于 1674 年，直到 1686 年这位君王制造"马利亚"系列时才在卡斯蒂利亚采用它。

1670 年 3 月 31 日，塞萨公爵禁止给或收 "Moneda de Ardits（阿尔迪特币）i Menuts（梅努特币）Prims i Llaugers Vulgarment Dits Pallofes"。有 1677 年授权按照卡斯蒂利亚的成色制造雷阿尔和苏埃尔多的授权书，但没有看到后一种钱币的实物。

1697 年 8 月 10 日，法国人再次占领巴塞罗那，直到 1698 年 1 月 4 日。1697 年 9 月 16 日，旺多姆公爵发布以下货币比价：1 多乌隆 = 6 镑 2 苏埃尔多 6 迪内罗；八雷阿尔 = 16 雷阿尔 6 迪内罗；1 雷阿尔 = 3 苏埃尔多 4 迪内罗。从这里可以看到，像卡斯蒂利亚一样，银币因差额补贴增值很多。在这些君主统治时期，值 2 苏埃尔多（24 迪内罗）的巴塞罗那雷阿尔涨到 40 迪内罗，也就是 $3^1/_3$ 苏埃尔多。多乌隆和八雷阿尔是以"银铜合金的雷阿尔"计价，估计价格已超过卡斯蒂利亚 1686 年 11 月 21 日规定的币值。

已知的克罗埃特根据胸像的位置分为两组：第一组是胸像在缘线内，造于 1674 年至 1688 年，有两种币文："CAROL"和"CARLO"，前者有 1674 年、1675 年、1677 年、1682 年、1687 年和 1688 年制造的，后者只有 1674 年、1675 年和 1677 年制造的。第二组没有缘线，胸像直到币的下边缘，造于 1693～1698 年。

根据胸像的位置和发式分为三个系列。前两个系列属于第一组，第三个属于第二组。第一系列：披散下来的头发，1674 年至 1688 年制造，但 1687 年除外。第二系列：近似三角形的发式，尖角朝上，1687 年造。第三系列：大胸像，长发构成一个尖角朝下的"三角形"，1693 年至 1698 年造。背面都是英币式十字架把圆圈和圆点分隔开，币文是 "BAR CINO CIVI"（巴塞罗那城）年份。

二、王位继承战争时期的钱币

卡洛斯二世死后有一段短暂的政权空白期（1700～1701 年），此间巴塞罗那的一些钱币上没有国王的名字，但仍然是在卡洛斯大公的治理下，应该承认是他的拥护者制造的币。没有中间的币图，只在边缘有币文和阿拉伯图案[287]*。正面在一条想象的直径两端分别是"B"和"C"，是 Barcinona – Civitas（巴塞罗那城的词首字母）；背面币文是"2 DI ANNO"（二迪内罗）年份。这些二迪内罗都是在阿尔迪特、哈卡币等以前的币上再打造的，这也更证明它们是在特殊时期出现的。前不久，我们刚介绍了一枚 1700 年的钱币，它彻底颠覆了我们对这一时期钱币的看法。现在我们知道另有一枚 1701 年的钱币，证明在腓力五世的短暂执政期间（1701 ~ 1705 年）巴塞罗那有一股强烈的反叛力量。更令人惊异的是竟敢在钱币上标注年份。

腓力五世被宣布为西班牙国王后，巴塞罗那直到公元 1705 年才以他的名义制造克罗埃特，与卡洛斯二世最后的钱币差不多，胸像直到钱币的下边缘，头发更突出，是典型的法国宫廷假发式样。正面币文："PHILIP9 DG HISP REX（腓力 9 蒙恩为西班牙国王）"。重量不超 2.50 克。

卡洛斯大公在巴塞罗那的政府从 1705 年 10 月执政到 1714 年 9 月。在此期间制造前面介绍过的二迪内罗，1707 年至 1711 年没有间断[287]。还有 1705 年和 1706 年的克罗埃特，完全是卡洛斯二世最后阶段的币图，胸像到币的下边缘，只改变世序和年份。另外，还有小额迪内罗，币图是面向左的胸像，无缘线，背面是有巴塞罗那城徽的盾牌。币文："ES VN DINER"（1 迪内罗）/ "BARCINO CIVITA"（巴塞罗那城）年份，制造于 1708 年[288]至 1710 年。这种钱币最奇特的是正面有腓力五世的头像，这非常不正常，因为在这位君主统治下没有制造过这个币值的钱币。那么可以推测此币的币模制于 1705 年，这位波旁家族的君王开赴意大利之前不久。应该是从这钱些币派生出了加泰罗尼亚地方币"迪内罗"。

除了上述钱币，阿拉贡的卡洛斯三世还在巴塞罗那用卡斯蒂利亚币图的冲模制造用于整个西班牙的二雷阿尔，与卡洛斯二世在卡斯蒂利亚制造的同币值的钱币相同。正面"CARLOS（卡洛斯）"的下面是"Ⅲ"；背面是四个象限图案。好像在伯爵城还制造迪维特币，也就是巴伦西亚雷阿尔，在这个地中海沿岸王国流通。

战争结束，腓力五世获胜后，于 1716 年 1 月 16 日颁布《新工厂》条令，下令关闭巴塞罗那造币厂。条令中写道"造币补贴等都给我留下"。1718 年在巴塞罗那制造西班牙币制的铜币，并下令废除卡洛斯大公的制币。与此同时，阿拉贡的银铜合金币大范围流通，民间叫作"十字迪内里约币"（Dinerillos de Cruz，意译"十字小迪内罗"），它的伪造币极多。

第四节　加泰罗尼亚的地方币

可分为截然不同的两组。一组包括收割者战争期间加泰罗尼亚的所有造币，可能是欺骗性地模仿那个时代的巴塞罗那钱币。另一组则包括由于各种原因在加泰罗尼亚出现的造币。无论哪种情况，令人惊讶的是，与西班牙其他地区相比，整个这个时代在加泰罗尼亚运营的造币厂如此众多，制造自己的钱币不论是银币还是银铜合金币和铜币都如此便利，甚至某次还制造了金币。

一、起义时期的货币

似乎很自然，制造这些钱币的主要动力是被"紧急需要"掩盖的利润。起初国家陷入的混乱使造币非常容易，但这还不足以令人满意地解释这些地方币，为什么总是继续巴塞罗那的造币，模仿巴塞罗那的币值和币图布局，却用地方标志和币文加以区分。这些典型特点的出现证明了其使用疆域的扩大，似乎反驳了非法造币的看法，因为它们有助于快速区分。有关此事的文件都必须区分。

巴拉格尔、巴尼奥拉斯、贝尔加、贝萨卢、拉比斯巴尔、塞尔韦拉、赫罗纳、曼雷萨、普奇塞达、比克和佩内德斯自由镇制造五雷阿尔和五苏埃尔多；阿格拉蒙特、阿尔亨托纳、菲格拉斯、格拉诺列尔斯、伊瓜拉达、莱里达、马塔罗、塔拉萨和塔雷加只制造五雷阿尔。同时，有贝尔普奇、贝萨卢、卡尔德斯—德蒙布伊、曼雷萨、萨瑙哈、索尔索纳、塔拉萨、塔雷加、巴尔斯和佩内德斯自由镇制造的六迪内罗；还有坎普罗东制造的阿尔迪特以及阿尔亨托纳、塞尔韦拉、赫罗纳、奥利亚纳、奥洛特、普奇塞达和塔雷加制造的小额币。

二、不同种类的地方货币

首先应该介绍一枚金币，现已破损严重，约重 1.50 克，可能是1.75 克重的半杜卡多，正面是面向右的头像，垂直发式，模仿天主教徒费尔南多的发型，周边币文是"PHILIPP"（腓力）……背面菱形里是有水波纹的对置银蓝钟图案，周边币文是"ERV"（赫罗纳城的缩写）。在奥地利家族前三位国王统治时期，赫罗纳确实制造迪内罗银铜合金币，比克城也生产。

制造地方币最多的是佩皮尼昂造币厂，加泰罗尼亚—阿拉贡的国王要造王冠联合王国的其他王国的法律不准许的钱币时，就到这里来制造。属于这一阶段的有三十雷阿尔金币，估计是模仿了巴塞罗那的三十雷阿尔。正面是胡安娜和卡洛斯面对面的胸像，中间有权杖，币文为"IOANNA ET CAROLVS REGES ARAGONV"（阿拉贡国王胡安娜和卡洛斯）。背面的盾徽上有十字和王冠，一边一个"P"，盾徽被分隔的四个象限里是加泰罗尼亚、耶路撒冷和西西里的标识；周边币文是"CO-MITES ROSSILONIS（鲁西永伯爵）1522"。还有皇帝卡洛斯一世时期的苏埃尔多铜币，3.35克，币图是条纹菱形和圣约翰像；它的等分币半苏埃尔多和小额币也是同样币图。腓力二世时期也造类似的铜币，用币文"INTER NATOS MVLIERYM"和"PP"区分造币厂。腓力三世时期，国王的名字之后是"COMES ROSILIONIS ET CE"（鲁西永和塞尔达尼亚伯爵）。1659年去掉了鲁西永。

一般认为帕亚罗法币始于王位继承战争，但至少巴加1591年制造的币证明实际上在16世纪末已经出现。这种钱币是黄铜圆片，只单面打造。已知的17世纪的造币有：塔拉戈纳造的青铜币，正面是三个小球之间有一个"T"，背面是该城的盾徽和字母"DE TA RA GO NA（塔拉戈纳的）"；巴尼奥拉斯制造的青铜币，腓力二世时又加铸了一个空白印记；贝尔普奇在16世纪和17世纪造的青铜币；卡尔多纳在16世纪和17世纪用黄铜和青铜造的币；塞尔韦拉造的黄铜币；格拉诺列尔斯和普奇塞达制造的银铜合金币和青铜币。据坎帕内尔介绍，1611年雷乌斯制造了上千埃斯库多的小额币帕亚罗法币，1653年和1661年又再次制造。这个世纪里，埃斯卡洛、蒙特布兰克、索尔索纳和乌尔赫尔制造帕亚罗法黄铜币，索尔索纳也以腓力三世的名义制造帕亚罗法青铜币。佩皮尼昂因缺乏小钱，只得使用圣约翰教堂的"小零钱"。其他种类还有阿尔韦卡制造的迪内罗，一面是鸟头，另一面是蓟花，两面币文都是"DE ARBECA"（阿尔韦卡的）。此外，18世纪有巴拉格尔、波夫拉德塞古尔、萨拉斯制造的钱币，可能还有阿赫尔和安普里亚斯制造的，有的钱币上标注了币值和产地，如"索尔特迪内罗""瓦尔德阿内乌迪内罗"，或只标注造币厂"布尔赫利纳城"，是从王位继承战争时期的巴塞罗那钱币中得到的启发。

第十四章
奥地利家族和腓力五世统治时期的阿拉贡、纳瓦拉、巴伦西亚、马略卡和伊维萨货币

第一节 阿拉贡的货币

一、阿拉贡采用卡斯蒂利亚的银币币制

1518～1519 年的萨拉戈萨代表大会授权路易斯·桑切斯"按照卡斯蒂利亚雷阿尔的成色和重量打造雷阿尔和半雷阿尔，并……制造小额币"。在奥地利家族统治时期，加泰罗尼亚独立造币，而阿拉贡银币却采用卡斯蒂利亚的币制，到今天都很难解释。统一货币确实是王冠联合王国巩固权力的一项基本措施，但这不是令人满意的解释。把胡安二世以来阿拉贡制造的银币都看作迫于形势，也同样解释不通，我们知道阿拉贡人一向抗拒接受他们的哈卡迪内罗以外的任何种类的金币和银币以及银铜合金币。因此，这个问题依旧有待研究。

已经发现的有 1520 年的雷阿尔，币文是"IOANA ET KAROLVS DG RX ARAGO"（胡安娜和卡洛斯蒙恩为阿拉贡国王）和"TROPHEA REGNVM ARAGONV"（胜利的阿拉贡王国）"1520"。正面"C"和"A"之间是上有王冠的条纹盾徽。背面币图有两种：一种是盾徽的下部 2/3 被分隔成四个象限，里面都是面向左的摩尔人带王冠的头像，盾徽上部 1/3 的横条左侧有一个十字架。盾徽两边分别是 L 和 S[289]。另一种也是同样的四个象限里的头像，周边是向内凹的弧形突花边，上边的十字架隔断了币文[290]，重量在 3.00～3.20 克。半雷阿尔[291]的正面是上边都有王冠的"IK"，两边分别是"C"和"A"，背面"L"和"S"之间是条纹盾徽，上有十字架。币文一样。有的币文是哥特文和罗马文。在一枚半雷阿尔上写着"ARAGONVM ET CASTEL"（阿拉贡和卡

斯蒂利亚）。

皮奥·贝尔特兰提醒说，为了与新的银币相匹配，这一时期造的小额币的成色也会不同。币图应该是面向左的戴王冠胸像切断下方的缘线，胸像背后是"S"，背面是主教十字架。币文："ARAG ONVM RX"（阿拉贡国王）和"IOANA ET KAROLVS"（胡安娜和卡洛斯）。重量在0.80~1.10克。

1528年，新的代表大会授权制造雷阿尔和半雷阿尔，并"依照……1519年1月16日……代表大会决议规定的成色和重量"制造哈卡货币的迪内罗和梅阿哈币，但似乎没有找到这些钱币。反而之后的钱币被保存下来。有一枚1547年的四雷阿尔，币文与之前的一样，币图是上有王冠的条纹盾徽，两边分别是"R"和"IIII"，表示币值（4雷阿尔）；另一面是在"A"和"C"之间的盾徽被分隔成四个象限，里面都是头像，盾徽上方有十字架。我们介绍过1554年的另一枚一样的钱币，重13.30克，比正常的略轻一点儿。有十雷阿尔，就是埃斯库多银币，只是币值变成"R－X"（10雷阿尔）。拉斯塔诺萨提到过一枚，1盎司2打兰26格令，这种币应重33.50克，略有差异。这一阶段末期的迪内罗没有路易斯·桑切斯的首写字母，银币也同样。有些0.90克重的小额币，一样的币图，但币文是"RX ARAGONVM"（阿拉贡国王）/"CAROLVS RX"（卡洛斯国王），没有胡安娜的名字，应该是她逝世后也就是1555年以后制造的。拉斯塔诺萨提到过这个时候的一种变形，币图是直到下部分的胸像，币文是"ARAGON RS"（阿拉贡国王）/"CARLOS"（卡洛斯）。但我们没有看到样币。

二、银币和银铜合金币的延续

腓力二世统治时期最早的梅阿哈小额辅币是1564年根据蒙松代表大会的决议制造的。根据《阿拉贡议会共同决议记录》，1576年再次制造。正面是面向左的戴王冠头像，背面是主教十字架；币文是"PHIL-IPVS"（腓力）和"ARAGONVM REX"（阿拉贡国王）。拉斯塔诺萨提到另一些钱币的币文改成"ARAGONVM"（阿拉贡）/"PHIUPVS I R"（腓力一世国王），重0.42克。据这位学者介绍，"成色极低，即使这些钱币不是梅阿哈，那至少是梅阿哈的重量，重量不超过海梅国王的梅阿哈，成色远不及一半"。由此可以推断成色不到1.5迪。

大约1579年下令制造"雷阿尔和苏埃尔多以及它们的二倍币、四倍币、八倍币和十倍币"。没有找到过这些钱币，不过有一条消息证明确有十雷阿尔："西班牙国王腓力三世和他的妻子玛格丽特在登基后的

1599年访问萨拉戈萨，在大学举行的隆重仪式上，腓力三世怀着美好的意愿从校长手中接过一枚带有阿拉贡标志的十雷阿尔……"如果承认那时还没有制造出新君王的币模，那么就应该认可这是腓力二世的钱币。据阿拉贡学者介绍，这种钱币与卡洛斯和胡安娜的钱币一样。

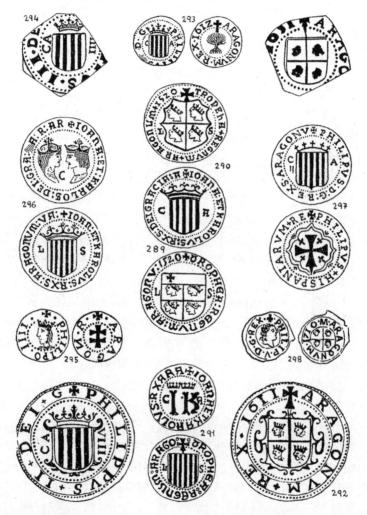

注：分别为胡安娜和卡洛斯一世：二杜卡多（296）、雷阿尔（289～290）和半雷阿尔（291）；腓力二世：多乌隆（297）；腓力三世：八雷阿尔（292）和半雷阿尔（293）；费利佩四世：形状不规则的四雷阿尔（294）和迪内罗（295）；腓力五世：迪内罗（298）。

图36　289～298号币

腓力三世时期重点依据卡斯蒂利亚币制造银币，但保留自己的币图，主要是八雷阿尔，它已经是全国的货币单位。也造四雷阿尔和雷阿尔。八雷阿尔[292]的正面是上有王冠的条纹盾徽，在躺倒的"C A"和"Ⅷ"之间，背面是四个象限里都是头像的盾徽，上方的十字架切断缘线。币文："PHILIPPVS Ⅱ DEI G"（腓力二世蒙恩）和"ARAGONVM REX（阿拉贡国王）1611"。阿索说重 15 打兰，也就是 25.35 克，差 1 打兰就等于阿拉贡的 1 银盎司（25.35 + 1.69 = 27 克；27 × 8 = 216 克，银马克重量）。雷阿尔的币图是四个象限里的头像，有弧形突花边；理论重量为 3.38 克。有 1612 年的雷阿尔和半雷阿尔[293]，也就是 1 苏埃尔多，等于 12 梅努特，背面是枝叶繁茂的树，上有十字架，币文同上。有一枚残损的 1/4 雷阿尔，正面是戴王冠的交织字母"Philipus"，背面是四个象限里的头像，币文模糊不清，但可辨认出……"1612 HIS"，这种"币值"完全不为人知。

最近我们公示了一些迪内罗，钱币上可看到"……VS Ⅱ"和"…GONV"字样，磨损非常严重，标注的年份可能是 1620 年。这个时代，巴伦西亚的"树枝币"和贝阿恩的假币流入。

在 1626 年卡拉塔尤代表大会上，四个议员团提议"每年在萨拉戈萨制造 400000 埃斯库多的银币"，国王接受"使用 15 万杜卡多打造银币，实现议员团的提案"。1651 年，造了八雷阿尔、四雷阿尔[294]、二雷阿尔和雷阿尔。因为使用的坯料不圆，大部分都是不规则的多边形，但都达到法定重量。阿索认为制造这些钱币用的是一个船队 1648 年从美洲运来的假秘鲁银和卡斯蒂利亚的"短秤"银，即重量不足的银。币图和币文如之前的币：正面是"PHILIPPVS Ⅲ DEI G"（腓力三世蒙恩）。此时有的币值是用竖写的阿拉伯数字表示。P. 贝尔特兰说有 1652 年的钱币。

有卡斯蒂利亚世序的迪内罗币带有这一统治时期极其独特的标记。这种币[295]继续使用传统币图，但币文是"PHILIPO IIII"（腓力四世）/"ARAGON R"（阿拉贡国王），布局如 1576 年的钱币。是拉斯塔诺萨让我们知道了这些至今没有找到的钱币的资料和样式，但我们不应该怀疑他的介绍，因为他在该君主生前撰写了《试金石》一书，但未出版，其中写道"卡斯蒂利亚的是腓力四世国王蒙神庇佑，而阿拉贡的是三世，没有蒙神庇佑，币重 21 格令，24 枚差 8 格令一盎司，这成色不比临近时期的高，虽然重量与佩德罗时期的一样，但最近几年的造币在重量上却有很大差异，即使梅阿哈不是这样，至少迪内罗是这样"。此外，还在制造上面提到钱币。由于与他撰写的《博物馆》和《哈卡货币论》

有各种吻合，可以推断他写这段话大约在《博物馆》面世的 1645 年，所以这种钱币不会是 1645 年之后制造的。不知为何《哈卡货币论》直到 1681 年才出版。这一世序的异常也解释了为什么第一位波旁王朝国王的迪内罗标注的是腓力五世。

拉斯塔诺萨还描述了之后发行的一种钱币："但最近制造的钱币重量不超过 10 格令，最好的 48 枚一盎司，每马克出 32 苏埃尔多，是国王陛下最初造币的两倍，完全看不出成色以致让人质疑是否含银；如果是小额辅币，成色更不足，损坏明显……"因此这种钱币枚重 0.56 克，216 克重的马克出 384 枚。

卡洛斯二世统治时期（1665～1700 年），有 1669 年制造的二雷阿尔和 1685 年制造的半雷阿尔，采用传统币图。拉斯塔诺萨在他的《哈卡货币论》中写道："我们的（纯银）马克重 8 盎司……1 盎司等于 16 打兰，8 雷阿尔为 1 盎司……因此 4 雷阿尔是半盎司，2 雷阿尔是 1/4 盎司，1 雷阿尔重 2 打兰，1 苏埃尔多重 1 打兰，赛森币重半打兰……"确认了曾引述过的天主教徒费尔南多时期的一份文件里的资料。这里提到的赛森币，也就是 1/4 雷阿尔银币，没有找到这一时期的，只看到腓力三世统治时期的，还有我们从无名币中找出的一枚 1612 年的。有可能在之后的国王统治时期制造了这种钱币。它的理论重量应是 0.85 克。

在卡洛斯二世统治时期，继续造传统图案的迪内罗，在正面加上"C"和"A"。有 1667 年、1670 年、1673 年和 1677 年至 1679 年制造的。据阿索介绍，"曾对 1678 年制造的 1 枚迪内罗进行了测定，结果是重 12 格令，其中 $1^7/_{12}$ 格令银，$10^5/_{12}$ 格令铜"，也就是重 0.60 克，含银 0.075 克（1.5 迪银）。1683 年规定"现在用 4.5 雷阿尔银制造迪内罗，相当于卡斯蒂利亚的二马拉维迪币"，其结果是每枚币只含 0.040 克银，也就是仅含 1/16 银。

三、奥地利家族统治时期的金币

最早的资料是 1528 年的，准许"在那里（萨拉戈萨）按卡斯蒂利亚的成色和重量打造杜卡多和半杜卡多金币"。有 1 枚这年的大币，币值为 100 杜卡多，重 350 克：正面是胡安娜和卡洛斯面对面的胸像，两边分别是"C"和"A"，上方是年份；背面是上有王冠的条纹盾徽，两边分别是"L"和"S"，下方的币文是"ARAGONVM"。周边币文："IOANA ET KAROLVS REGES ARAGONVM TRIVNFATORES ET KATOLICIS"（胜利者和天主教徒阿拉贡国王胡安娜和卡洛斯）/"IOANA ET KAROLVS EIVS FILVS PRIMO GENITVS DEI GRACIA RX"。直径为

81 毫米。巴黎国家图书馆古币收藏室的收藏家吉恩·拉夫博士口头对这枚钱币的真伪提出了质疑。实际上，我们知道直到腓力二世时期建立塞戈维亚机械造币厂之前，大额币都造得较差，如八雷阿尔，这是不制造更大额钱币的直接原因，当然也包括百倍杜卡多币，而且有胡安娜和卡洛斯名字的钱币应该是在 1516 年至 1554 年制造的。因此我们认为急需对这枚钱币进行一次仔细研究，如果是真的，应该是用冲压机制造的，但至今没有任何资料表明西班牙在卡洛斯一世时期就有这样的机器。已知的还有二杜卡多币[296]，或叫埃克斯塞伦特币，没有年份，两个胸像之间有字母"C"，背面没有下方的币文。周边币文："IOANA ET KARLOS DEI GRA REX AR"（胡安娜和卡洛斯蒙恩为阿拉贡国王）和"IOAN ET KAROLVS RXS ARAGONVM VA"（阿拉贡 巴伦西亚国王胡安娜和卡洛斯）。据"1534 年的塔拉索纳制币师教科书"记载，1 杜卡多等于 22 哈卡苏埃尔多。

1564 年的蒙松代表大会改变了金币单位，"因此萨拉戈萨造币厂的师傅不能制造这种埃斯库多币，也不能制造它的小额辅币"。这种埃斯库多的出币率应该是每卡斯蒂利亚马克出 68 枚，成色是 22 开。大概是 1579 年的法令规定"可以按市政法规定的重量和成色打造和再造埃斯库多和多乌隆金币……"这个市政法应该是指 1576 年关于制造币值为 2 埃斯库多的多乌隆币的法令。腓力二世时期唯一为人所知的金币就是一枚多乌隆币[297]，正面是上有王冠的条纹盾徽，两边分别是"C"和"A"，"C"的下方是"Ⅱ"，可能表示币值，背面是柱头十字架，下端有一个固定用的小尖，切断了弧形突花边；币文："PHILIPVS D G REXS ARAGONV"（腓力蒙恩为阿拉贡国王）和"PHILIPVS HISPAN-IARVM RE"（西班牙国王腓力）。

四、1701 年至 1730 年的银币和银铜合金币

这包括王位继承战争直到腓力五世下令关闭萨拉戈萨造币厂期间所制造的钱币。战争的头几年里，这位波旁家族的西班牙国王似乎没有在萨拉戈萨造币。从 1705 年萨拉戈萨支持奥地利大公卡洛斯三世起，制造了和以前一样的迪内罗，年份从 1706 年至 1709 年都有，并有相应的世序。

1707 年，波旁王朝的势力重新占领了阿拉贡的首府，属于这一时期的钱币是一些 1707 年的八雷阿尔和四雷阿尔，币图与已经介绍过的同币值币一样，币文是"PHILIPPVS V DEI G"（腓力五世蒙恩）/"ARAGONVM REX（为阿拉贡国王）1707"。这年决定制造二迪内罗、

四迪内罗和六迪内罗（即半苏埃尔多）银铜合金币。我们发现了一枚
二迪内罗，粗糙且边缘不齐，可能是良币的仿制品：正面缘线内是面向
右的头像，头上戴鳞片式假发；背面是四个象限里的头像，这是第一次
在这种小额币上看到这种币图。比其他年份的迪内罗币厚，重 1.40 克。

　　1709 年，萨拉戈萨又被大公统治，又以他的名字制造银铜合金的
迪内罗。之前所提到的这一年的钱币可能属于这一阶段，不过皮奥·贝
尔特兰注意到另一些未面世的迪内罗，年份是 1709 年或 1710 年，正面
是戴王冠的或无冠的头像，背面是四个象限里的头像，估计这些钱币是
萨拉戈萨造币厂所特有，模仿已介绍的二迪内罗和其他已绝迹的钱币，
而印有主教十字架和 1709 的钱币可能是在占领萨拉戈萨之前征战中制
造的。

　　1710 年，这座城市最终回到腓力五世的统治下，当年以及 1711
年、1712 年、1716 年、1717 年制造了银铜合金的小迪内罗[298]，背面是
四个象限里的头像，正面是面向右的披发头像。币文："PHILIP V DG
REX"（腓力五世蒙恩为国王）／"M ARAGONVM"（阿拉贡）年份。
由于制造时的失误，有些背面是阴纹。据阿索介绍，有一枚 1710 年的
钱币，重 12 格令，其中 1 格令银、11 格令铜，也就是 0.60 克中有
0.05 克银，实际上与 1683 年的一样。

　　1716 年，制造二雷阿尔和雷阿尔，币图与之前一样。阿索说这一
年的"9 枚（阿拉贡的）迪内罗银币等于 6 枚卡斯蒂利亚的夸尔托银铜
合金币"。似乎 1716 年是阿拉贡生产自己的货币的最后一年。1719 年
和 1720 年，萨拉戈萨同巴塞罗那、巴伦西亚、塞戈维亚一起参与制造
西班牙通用币制的八马拉维迪、四马拉维迪和二马拉维迪币，并在钱币
上标注萨拉戈萨的首写字母"Z"。在不制造自己的货币的 12 年后的
1728 年，一条法令命令停止用阿拉贡币图造币，1730 年 7 月 6 日最终
彻底禁止在萨拉戈萨造币。

第二节　奥地利家族统治时期的纳瓦拉货币

　　胡安娜和卡洛斯时期制造的半科尔纳多，正面是个很大的"N"，
背面是上有王冠的两根柱子，两边的币文是"PLVS VLTRA"（海外还
有大陆）[299]。他们的继任者腓力二世制造银铜合金的科尔纳多，其正面
的币图一直沿用到 19 世纪，是国王名字的首写字母"FI"，上有王冠；

背面是经典的锁链连成盾徽形，上有王冠[300]。似乎既有银铜合金的，也有青铜的。1561 年，引入塔尔哈币和半塔尔哈币，分别等于 16 科尔纳多和 8 科尔纳多，一直持续到 1580 年，规定成色都是 3 迪 15 格令，每马克出币 116 枚。还规定币值与 1495 年胡安·德阿尔布里特制造的赛森币相等，尽管赛森币的出币率是每马克 100 枚。纯铜币出现于腓力三世时期，与卡斯蒂利亚的一样，采用之前的币图。

腓力四世统治时期出现了短暂的货币复兴，制造了 8 埃斯库多和 4 埃斯库多的多乌隆金币，还有五十雷阿尔，这是西班牙唯一一次不是在塞戈维亚机械制造币厂造的货币，同时八雷阿尔[301]、四雷阿尔[302]和各种数额的马拉维迪铜币[303~305]，大部分都造于 1651 年和 1652 年。1651 年有一枚八雷阿尔[301]，正面是锁链盾徽，一边是一上一下的"A"和"P"，另一边是躺倒的"Ⅷ"，背面是柱头十字架，有弧形突花边。如在另一枚 1652 年的钱币上注意到的，世序是纳瓦拉所特有的："PHIL-IPPVS VI DG"（腓力六世蒙恩）／"NAVARRE REX"（为纳瓦拉国王）。四雷阿尔[302]是面向右的无冕头像和在"P"和躺倒的"ⅡⅡ"之间的锁链盾徽。币文："PHILIPVS DG REX NAVARE"（腓力蒙恩为纳瓦拉国王）／"SIT NOMEN DOMINI BENE"。可能这次造币是用于参加卡斯蒂利亚 1660 年对银币和银铜合金币的检测，虽然当时只流通合金币。五十雷阿尔是 1652 年的，币图是锁链盾徽和十字架。制造这些钱币的是潘普洛纳造币厂。有几枚金币的币图是国王胸像。

铜币引发的各种问题导致 1652 年制造的塔尔哈的币值仍为前面介绍的 16 科尔纳多，但出币率已经升到每马克 130 枚。同时继续制造国王名字首写字母上有王冠的钱币，但现在背面的锁链连成的是三角形。继续这一主调，卡洛斯二世时期的币图是上有王冠的字母"CAR"和锁链盾徽[306]。

第三节　巴伦西亚的货币

一、巴伦西亚推行埃斯库多金币

大量以天主教徒费尔南多名义制造的杜卡多币的支配地位在 1544 年被引入的加洛林王朝金币取代，巴伦西亚开始制造这种埃斯库多，也叫冠币，出币率为每马克 69 枚，枚重约 3.38 克，成色 $19^7/_8$ 开。正面模仿胡安娜和卡洛斯的卡斯蒂利亚"埃斯库多"的背面，背面是棱形

注：分别为胡安娜和卡洛斯一世：半科尔纳多（299）；腓力二世：科尔纳多（300）；腓
力四世：八雷阿尔（301）、四雷阿尔（302）、八马拉维迪（303）及等分币（304~305）；卡
洛斯二世：铜币（306）。

图37 299~306号币

中的巴伦西亚标识[307]，币文：“CAROLVS DEI GRACIA REX/VALEN-
CIA MAIORICARVM（卡洛斯蒙恩为巴伦西亚和马略卡国王）”。还有
二埃斯库多，正面是戴皇冠的皇帝面向左的头像，币文是“CAR-
OLVS DEI GRACIA REX ARAGON/VALENCIE MAIORICARVM SERD”
（卡洛斯蒙恩为阿拉贡、巴伦西亚、马略卡、塞尔达尼亚国王），重

6.70 克。还有四埃斯库多[308]，是面向右的戴皇冠头像，币文："CAR-OLVS DEI"小狮子"GRACIE REX/VALENCIA M"小狮子"AIORI-CARVM"（卡洛斯蒙恩为巴伦西亚和马略卡国王，每面行文中都有一头小狮子）。1 埃斯库多等于 19 苏埃尔多 8 迪内罗。1545 年熔掉23000 枚杜卡多来制造新币，已经发现许多通过这种方式制造的钱币。小狮子是阿方索·桑切斯·达尔毛的标识，他于 1551 年逝世。

虽然已经发行了新币，但杜卡多仍在流通，从 1569 年的一份比价表中可以看到：1 杜卡多 = 21 巴伦西亚和卡斯蒂利亚苏埃尔多 = 27苏埃尔多，弗罗林 = 12 苏埃尔多。与此同时，卡斯蒂利亚、阿拉贡、巴塞罗那和巴伦西亚的 1 雷阿尔银币分别等于 23 巴伦西亚迪内罗、22 巴伦西亚迪内罗、21 巴伦西亚迪内罗和 18 巴伦西亚迪内罗。

根据马特乌·略皮斯的资料，腓力二世统治时期，1575 年制造了大概 24 开（？）的新埃斯库多币，1576 年和 1577 年制造了这个成色的杜卡多币。1604 年至 1609 年制造每马克出币 69 枚或 70 枚的冠币。1630 年和 1631 年制造四倍和二倍金冠币，也就是 22 开的四倍和二倍埃斯库多。此时的世序已经是卡斯蒂利亚式的，主币图两侧的字母 L－L 是佩德罗四世加在巴伦西亚标识里的，普遍认可它们表示"忠诚"[309]*。由于这些倍数币居多，真正的货币单位埃斯库多反而被叫作半多乌隆。

卡洛斯二世统治时期的 1693 年和 1694 年制造的埃斯库多[309]的出币率是每马克 70 枚，成色 22 开。枚重 65.5 格令。他还制造倍数币，如 131 格令重的多乌隆、263 格令重的四埃斯库多的多乌隆和 526 格令重的金盎司。

二、雷阿尔银币的倍数币

卡洛斯一世登基并没有给巴伦西亚带来雷阿尔银币的根本变化，像巴塞罗那一样继续传统的主调，只是重量大幅度降低：1425 年每马克出币 74 枚，枚重 3.14 克，1502 年出币 83 枚，1510 年出币 88 枚，1547 年出币 91 枚，枚重 2.56 克。此外，兄弟会之战中制造了两种专用币。一种是总督迭戈·乌尔塔多·德门多萨逃到德尼亚后于 1521年制造的，是三苏埃尔多，也就是二雷阿尔，使用天主教徒费尔南多的币模，包括用他的名字；区别是在币背面的盾徽两边有字母"D"和"S"，分别是德尼亚和阿方索·桑切斯的首写字母。另一种是在塞戈尔韦制造的同样的钱币，那里也是保皇党的庇护地，与前一种币值相同，有塞戈尔韦的字样。币文中也提到费尔南多二世，背面有"S"

和"O"，第一个字母是"Sogorb（塞戈尔韦）"的首写字母。此外，这两种钱币两面的币图用的是巴伦西亚的狄维特币通常的币图：面向前的胸像/条纹菱形徽上有王冠。

1547 年，制造雷阿尔（18 迪内罗币）和 3 苏埃尔多的多乌隆币（Doblons de Tres Sous，即二雷阿尔），并继续造梅努特币，出币率是每马克 331 迪内罗，约 0.70 克，钱币上标注米格尔·桑切斯的首写字母"M"和"S"，他于 1522 年至 1539 年任制币师。1551 年或更早一些，出现 6 苏埃尔多的多乌隆币，亦即四雷阿尔：6 苏埃尔多，沿用传统币图，应该是阿方索·桑切斯·达尔毛的作品，侧面像尽量逼真，正面像则尝试模仿胡须像。他制造的钱币的特点是在盾徽里有头小狮子。据把这些系列钱币系统归类的马特乌·略皮斯介绍，制币师奥诺拉托·胡安接替阿方索·桑切斯·达尔毛，采用的标记是一只鹰或是字母"O‒I"，从 1553 年起在银铜合金币上出现，自 1554 年在冠币上出现。

卡洛斯一世统治的最后几年，把卡斯蒂利亚银币带进来确有利可图，因为它们更重，成色更好，为 11 迪 4 格令，而巴伦西亚的只有 11 迪，从文献中可以发现在两个王国的边境捕获很多。1551 年，小额币的成色是 1 迪 20 格令，依据 1547 年 7 月 12 日的特别法，采用通常的币图，在之后的几年一直如此。

腓力二世统治时期，继续制造银币的倍数币，成色为 11 迪，出币率为每马克 91 雷阿尔。1592 年，出现了最早标注年份的钱币，是模仿卡斯蒂利亚的钱币。一枚 6 苏埃尔多的多乌隆[310]（18 迪内罗的 4 倍：72 梅努特）的币图是面向前的头像，在 15 和 98（年份）之间，周边的币文是"PHILIPPVS DEI GRACIA REX A"（腓力蒙恩为阿拉贡国王）。从腓力二世统治的初期应该就有伪造迪内罗的，因为 1559 年 12 月 15 日就命令没收"树枝币的梅努特"和假雷阿尔，并禁止流通"Dels Menuts Strangers Axi Aragonesos Com Catalans（来自阿拉贡和加泰罗尼亚的外来小额币）Com de Altra Quals&Ool Nacio"。

腓力三世统治时期的前几年，也就是 1598 年至 1609 年[311]，继续制造每马克出币 91 枚的雷阿尔银币，币值一直是 18 梅努特，也就是 1.5 苏埃尔多。迪内罗仍保持 1551 年的成色 1 迪 20 格令。这两种钱币都继续用传统币图。

三、摩里斯科人与巴伦西亚经济

近代一个最重要的问题就是宗教的不包容。在西班牙，新教徒与伊斯兰教徒和犹太教徒混在一起，要么改教，要么被驱逐。大部分居住在被基督徒占领的土地上的摩尔人在家里仍保持摩里斯科人的本质，也就是说改信了基督教，但这不过是在表面上。

　　1609 年，腓力三世下驱逐令，摩尔人只得赶紧变卖他们的不动产，但他们不要正在严重贬值的巴伦西亚币，只收卡斯蒂利亚的金币和银币，这导致那些年（1605～1615 年）巴伦西亚和卡斯蒂利亚之间的走私猖獗，给高价倒卖的走私贩带来巨额利润。银币被叫作"森林币"，因为起初在被带入巴伦西亚之前先在森林里切掉边角。

注：分别为卡洛斯一世：埃斯库多（307）和四埃斯库多（308）；腓力二世：18 迪内罗的四倍币（310）；腓力三世：雷阿尔（311）；腓力四世：雷阿尔（312）；卡洛斯二世：埃斯库多（309）；卡洛斯大公：雷阿尔币（313）；腓力五世：六倍币（314）和三倍币（315）。

图 38　307～315 号币

更普遍的是，这一时期大量伪造小额币，以致"流通的假梅努特多于真币"，使王国的经济陷入真正的混乱。虽说摩里斯科人是始作俑者，但基督徒也有部分不可推卸的责任，他们变成这些假币的分发商和真正的受益者。看来摩里斯科人在几年前就已经伪造了 1603 年塞戈维亚制造的夸尔托和八马拉维迪。几年前，有人在切利亚的一个山洞里发现了很多这样的钱币，同时还发现了造币工具。

至于巴伦西亚的货币，肆无忌惮到了登峰造极的地步。1610 年 5 月 10 日，"国库控告 46 人制造假币，其中 8 人还出租他们的模具和用于打凿币模等用途的工具"。葡萄牙人 Fr. 达米安·丰塞卡目睹了一些这样的钱币，他补充道："这些小额币完全粗制滥造，大部分既没有币模也没有标记，就是按巴伦西亚小额币式样做的钉子头、铁皮和铁锅废料……"是基督徒们使这种"钱币"得以流通，他们以 1 苏埃尔多普通币从造伪币者手里换 3 苏埃尔多或更多的"新币"，谋取名副其实的经济利益，其直接后果就是有价值 600000 杜卡多的假币加入流通，这叫作"伊斯兰教徒的赋税"。按 1569 年 1 杜卡多等于 21 苏埃尔多的最低比价计算，进入交易的假币就达到难以置信的 151200000 枚。为了防止危害蔓延，市政府供应官发行签字的票据，作为有信用的票据货币流通，直到有优质小额币。

"驱逐摩里斯科人的行动"结束的时候，巴伦西亚王国减少了几十万居民，主要是熟悉农务的农民，因此农田无人耕作。王国自己的货币因伪造和低成色已完全失去信用，取而代之流通的是秘密流入的卡斯蒂利亚钱币。

四、白币贬值

1610 年在巴伦西亚有两家造币厂，一家是国王建的，也叫"老厂"，一直被承租人掌控；另一家是市政府建的，也叫"新厂"，属于市政。

此时制造十八迪内罗和九迪内罗，名字源自雷阿尔和半雷阿尔折合迪内罗的币值，还造小额币梅努特，每马克出币 256 枚，每枚重约 0.91 克。银币的直径很小，因为出币率增加到每马克 102 枚和 103 枚，每枚重 2.26 克。刻版工艺下降明显，最终导致这种钱币彻底消失。在这个时代，一些钱币的长菱形盾徽中的条纹从两条增到四条。杜卡多和埃斯库多分别等于 22 苏埃尔多和 18 苏埃尔多。

腓力四世统治时期没能解决好货币中存在的问题，主要问题依旧是假币泛滥。为了解决这一问题，腓力四世严令禁止银币流出，从而给贸易带来极大的不便。大概从 1640 年起, 十八迪内罗上开始标示币值, 在其正面的头像两侧分别标 1 和 8, 有时反过来标 8 和 1[312]。大量制造的银铜合金币, 但成色很低, 只有 12 格令, 出币率在每马克 204 ~ 213 枚。

卡洛斯二世时期问题依旧。1682 年雷阿尔的出币率是每马克 110 枚和 112 枚; 1693 年后升到 115 枚, 每枚重 2.03 克。这种情况引发各种暴乱, 卡洛斯二世于是下令没收所有银币, 无论优劣, 再用 "冲压机" 另行造币, 以根除隐患, 因为经历几个国王后, 当时还留存的雷阿尔几乎不可能保留完整的胸像了。"从马德里运来冲压机……并从巴塞罗那请来工匠和制币师实施, 因为当地没有人会用冲压机造币, 过去都是用币模。" 1682 年至 1686 年流通用两种方式制造的银币。据马特乌·略皮斯介绍, 用冲压机制造的钱币头像面向右, 币文是 "CAROLVS II DEI GRATIA REX" (卡洛斯二世蒙恩为国王) / "VALENTIE MAIOR-ICARVM" (巴伦西亚 马略卡), 模仿卡洛斯一世的币模, 甚至照抄有狮子的小盾徽, 这是阿方索·桑切斯·达尔毛的标记, 此时已不该用, 肯定是忘了, 或者不知其何意。用锤打制的钱币采用传统币制, 面向前的头像和 "CAROLVS II DG HISP REX" (卡洛斯二世蒙恩为西班牙国王) / "VALENCIA MAIORICA" (巴伦西亚 马略卡)。

自 1668 年, 小额币也标注年份, 但同时也流通加泰罗尼亚的阿尔迪特币和小额币以及伊维萨的钱币。大约 1694 年, 用这些 "外国" 钱币熔造自己的银铜合金币。因为要求成色为 12 格令, 而加泰罗尼亚的钱币只有 $8^{1}/_{2}$ 格令, 所以不足部分从卡斯蒂利亚购银补充。伊维萨的钱币是纯铜的。人们不太容易知道收的是哪种加泰罗尼亚币, 这是因为普遍认可卡洛斯二世时期在巴塞罗那没有制造银铜合金币, 那么只能推测是腓力四世第二阶段的阿尔迪特以及 "收割者战争" 时期的迪内罗, 但一般认为是纯铜的, 于是我们不知道哪种钱币含 $8^{1}/_{2}$ 格令银。

五、王位继承战争时期的钱币

这一时期的钱币, 比阿拉贡王冠联合王国其他地区的造币少很多。人们都知道的卡洛斯大公在巴塞罗那制造十八迪内罗, 可能是这个时代归到巴伦西亚的雷阿尔。其特点是外观更精细, 头发、王冠和背面两个 "L" 之间的盾徽的样子都有所不同, 正面的胸像在表示年份的 17 和 06 或 07 之间[313], 周边币文是 "CAROLVS Ⅲ DG HISP REX" (卡洛斯三世蒙恩为西班牙国王)。银铜合金迪内罗是卡洛斯二世时期的, 在王冠上加印一个 "3"。

从 1706 年开始，巴伦西亚强制接受葡萄牙的克鲁萨多币。克鲁萨多金币等于 6 镑 3 苏埃尔多，即 1476 迪内罗，克鲁萨多银币等于 6 雷阿尔 4 迪内罗，也就是 112 迪内罗。

腓力五世时期自己制造的是大直径铜币，有两种币值：六倍币（Sisón，即 Seisena）和三倍币（Treseta，即 Tresena）。1709 年至 1713 年制造，用作向西班牙通用钱币过渡。六倍币[314]是上有王冠的盾徽被分隔成四个象限，里面是城堡和狮子，中心有百合花，盾徽两侧分别是"F"和"V（腓力五世）"。背面两束百合花之间是上有王冠的"V"，"V"里有个 6 表示币值。币文："PHILIPPVS V DEI GRAT"（腓力五世蒙恩）/ "HISPANXARVM REX"（为西班牙国王）。三倍币[315]的正面是同样的，背面的"V"在"D"和"S"之间，上有王冠，下面用"Ⅲ"表示币值。这种等分币仅造于 1710 年和 1711 年。从 1718 年制造的铜币就已经采用西班牙通用币制了，用蝙蝠作为当地的标记，币值为 4 马拉维迪、2 马拉维迪、1 马拉维迪，前两个币值的钱币仍叫夸尔托和欧恰博。

此外，制造的其他钱币都是西班牙通用币制。金币是等于 4 埃斯库多的二多乌隆，正面是大盾徽，中心有百合花，背面是耶路撒冷十字架。银币是二雷阿尔，正面相同，背面是四个象限里的城堡和狮子。其都造于 1707 年以后。

为便于巴伦西亚钱币与卡斯蒂利亚钱币的交换，确定了以下比价：20 苏埃尔多和 240 迪内罗的 1 镑等于卡斯蒂利亚 10 雷阿尔新银币，这是卡洛斯二世 1686 年推出的小币制，等于墨西哥或秘鲁旧的 1 比索（8 雷阿尔）。1 苏埃尔多等于卡斯蒂利亚半雷阿尔新银币或 25 马拉维迪 1 勃兰卡。1 枚十八迪内罗等于 $38\frac{1}{2}$ 马拉维迪。

第四节　马略卡的货币

一、马略卡推出雷阿尔的倍数币

卡洛斯一世统治的最初几年流通天主教徒费尔南多的雷阿尔，出币率是每马克 96 枚，每枚重 2.40 克，币图正面是面向左的胸像，背面是上有十字架的菱形分隔成四个象限，里面分别是斜条纹和城堡。

卡洛斯统治最初几年的钱币的年份不确定，1537 年 7 月 10 日规定马略卡的银币要与卡斯蒂利亚的一致，应理解为要求重量和成色一致。但很难做到重量一致，因为卡斯蒂利亚雷阿尔重 3.43 克，银涨价等社会经济问题都阻碍提升马略卡雷阿尔的重量。1556 年的另一道国王令做出同样规定，这次还包括金币。这时的倍数银币上包含了币值信息，1 倍雷阿尔是一竖上加一点。这样 2 倍雷阿尔是 ¡¡，4 倍雷阿尔是 ¡¡¡¡，偶尔出现阿拉伯数字 4。也有雷阿尔和半雷阿尔，还有银铜合金迪内罗。1 枚 4 倍雷阿尔币的正面是皇帝面向右的戴皇冠胸像，背面是上有十字架的菱形被分隔成四个象限，里面分别是斜条纹和城堡，右边有 ¡¡¡¡。币文："CAROLVS REX ARAGONVM/MAIORICARVM"（阿拉贡和马略卡国王卡洛斯）—总造币师的徽章—"CATOLICVS"（天主教的）。

　　腓力二世统治的 1562 年又一次颁布法令，要求马略卡钱币与卡斯蒂利亚钱币一致，也没有执行。更过分的是，卡洛斯一世的雷阿尔实际重 2.35 克，到腓力二世时期已降到 2.25 克，每马克出币 102 枚，币图是面向左的胸像和有条纹和城堡的菱形盾徽；还有二雷阿尔和半雷阿尔币。银铜合金币的成色降到每马克含 6 迪 8 格令银，制造的有多乌莱尔（二迪内罗）和 0.82 克迪内罗。前一种的出币率是每马克 140 枚，成色是每枚含 1.08 格令银，与卡洛斯二世统治时期的阿拉贡一样，后一种重量减半，出币翻倍，为 280 枚。币图是面向前的戴王冠胸像和长拉丁十字架；币文："FILIPVS REX ARAGO/MAIORI CATOLIC"（天主教的阿拉贡和马略卡国王腓力）。

　　腓力三世时期开始在钱币上标注年份，这对确定发行的年代非常重要，同时继续之前的各种币值，四雷阿尔、二雷阿尔、雷阿尔、半雷阿尔，重量按自己的币制：四雷阿尔重 9.60 克，二雷阿尔重 4.73 克，雷阿尔重 1.80～2.02 克，出币率增到每马克 115 枚。如果接受卡斯蒂利亚币制，四雷阿尔应在 13 克以上。不可思议的是，1617 年居然请求国王授权把出币率改为每马克 100 雷阿尔，而当时已大大超过这个数，这可能是试图得到国王的认可。据坎帕内尔说，1600 年的一枚四雷阿尔是目前知道的岛上第一枚标注年份的基督教钱币。另一枚 1607 年的四雷阿尔，正面是面向右的头像，头戴有光芒的王冠，像意大利钱币那样，头像前面是 "¡¡¡¡"。背面是分隔成四个象限的菱形，里面分别是条纹和小菱形图案。币文："PHILIPPVS Ⅲ REX ARAGONMD/MAIORI-CARVM"（阿拉贡 马略卡国王腓力三世）—造币厂的制币师福图尼的小徽章—"CATOLICVS"（天主教的），还有磨损的年份。

　　坎帕内尔·富埃尔特斯是把这一系列货币系统归类的伟大学者，他确定了这一时期胸像的主要特点：短发，微微翘起的胡子，很高的护喉

甲几乎碰到王冠。银铜合金币的突出特点是像腓力四世时期的阿拉贡那
样，开始使用卡斯蒂利亚的世序。目前我们只发现了 2 迪内罗币多乌莱
尔。有一枚上可看到"FILIPVS"，重复前一国王统治时期的样式。

　　注：分别为卡洛斯一世：四雷阿尔（316）；腓力二世：埃斯库多（317）；卡洛斯二世：
半埃斯库多（318）；伊维萨的辛克纳（325）和多乌莱尔（326）；卡洛斯大公：多乌隆
（319）；腓力五世：三倍币（320）、二迪内罗（321～322）、迪内罗（323）和埃斯库多
（324）。

图39　316～326号币

　　估计腓力四世的钱币继续前任的钱币。在一枚四雷阿尔上可以看到
一个表示币值的"4"。他也制造二雷阿尔和半雷阿尔。银铜合金币是

二迪内罗和迪内罗，还有雷阿尔，都是卡洛斯二世时期的币值和币图。新颖之处是在小额币上也标注了币值。

二、杜卡多币与埃斯库多币的竞争

阿拉贡王冠联合王国中最晚使用杜卡多币的王国是马略卡，时间是天主教徒费尔南多统治的 1508 年，用杜卡多替代了经典的雷阿尔金币。新的货币单位一直用到 1556 年，几乎是卡斯蒂利亚推出埃斯库多后 20 年，且在腓力二世统治时期一直制造，从而与埃斯库多形成竞争，这让人难以理解。卡洛斯一世统治时期有杜卡多和半杜卡多币，与费尔南多二世时期同币值的钱币一样。是面向左的胸像和王国的标志，币文是"CAROLVS REX ARAGO/MAIORICA CATOLICVS"（信天主教的阿拉贡和马略卡国王卡洛斯）。1544 年，马略卡的杜卡多的币值升到 32 苏埃尔多 6 迪内罗，埃斯库多很可能是在卡斯蒂利亚制造的，值 29 苏埃尔多 6 迪内罗。1547 年它们又分别升到 33 苏埃尔多和 30 苏埃尔多。

1556 年颁布的一道国王令下令按卡斯蒂利亚钱币的成色、出币率和币值造埃斯库多和雷阿尔。改变金币的币图："……Cesaree Majestatis Regnorum Corone Aragonum，ex Una Parte Insignia，et ex Alia Parte Arma Regni Maioricarum（阿拉贡王冠联合王国的皇帝陛下，一面是联合王国的标志，另一面是马略卡的标识）"。如坎帕内尔所言，取消国王胸像和西班牙的大盾徽，正面采用条纹盾徽，背面用帕尔马城的条纹和城堡标识，有的在菱形徽里[317]*。从一开始就应该值 34 苏埃尔多。

腓力二世时期有二杜卡多和埃斯库多[317]，埃斯库多出现于 1558 年，遵循 1556 年对币图的规定，成色是 22 开，但出币率大概是每马克 67 枚，因此重量为 3.47 克，比卡斯蒂利亚的埃斯库多币略重一点。一些有关为马略卡购买法国小麦的文件证实在腓力三世时期制造四和二埃斯库多币。卡洛斯二世时期制造那个时代常规币值的钱币，如八埃斯库多、四埃斯库多、二埃斯库多、埃斯库多，还出现了半埃斯库多，或叫小杜罗币[318]，特点是无币文，在正面的盾徽两侧标有年份。币图与更高币值的钱币一样。1689 年，马略卡的多乌隆等于 32 卡斯蒂利亚雷阿尔，坎帕内尔说，这些钱币是"我们近代的八十雷阿尔或 1/4 金盎司的前辈"。32 雷阿尔等于当地货币的 4 镑 10 苏埃尔多 8 迪内罗，也就是 1088 迪内罗。许多文件都提到马略卡八多乌隆，坎帕内尔解释它等于四埃斯库多，即 1/2 盎司，这样马略卡四多乌隆就等于二埃斯库多，也就是 32 银雷阿尔。从半埃斯库多或小杜罗币也能得出同样的比价：如果半埃斯库多值 1 杜罗，这是八雷阿尔的坚挺比索，那么就推算出四埃斯库多等于 8 杜罗，也就是 8 倍。因此估计所谓"马略卡八多乌隆"是把金币的名称和它折合杜罗的币值合在一起的名称，它的一半是该币实际值金埃斯库多的数：2（杜罗）马略卡多乌隆 = 1 埃斯库多。4（杜罗）马略卡多乌隆 = 2 埃斯库多。16（杜罗）马略卡多乌隆 = 8 埃斯库多或 1 盎司。多乌隆币有八埃斯库多（26.80 克）的、四埃斯库多的、二埃斯库多的和埃斯库多的（3.36 克），还有半埃斯库多（1.67 克）的或叫小杜罗。

三、王位继承战争时期的钱币

1706 年前马略卡在腓力五世统治下，1704 年以他的名义制造多乌隆币，有四埃斯库多的（13.44 克）、二埃斯库多的、埃斯库多的和半埃斯库多的，传统币图：条纹盾徽和有条纹和城堡的菱形徽。

1706 年至 1715 年，马略卡追随卡洛斯大公的事业，在此期间英国舰队于 1708 年攻占马翁的圣费利佩要塞，并于 1712 年占领整个梅诺卡岛。在这几年，可能主要是 1707 年制造的多乌隆币有四埃斯库多的、二埃斯库多的[319]（6.66 克）和埃斯库多的（3.3 克），继续之前的币图，币文是"CAROLVS Ⅲ R ARA（卡洛斯三世阿拉贡国王）1707/MAIORICARV CATOLICVS（天主教的马略卡）"。正面的盾徽两侧各有两瓣弧形突花边。

争夺结束后，腓力五世从 1722 年在马略卡制造新币，同巴伦西亚一样，还没有使用西班牙通用币制，但已完全是铜的，比之前的银铜合金币直径大得多。币值包括三倍币（即 3 多乌莱尔 = 6 迪内罗）、多乌莱尔和迪内罗。三倍币[320]的正面是面向左的戴假发胸像，身后是"6"，表示币值；背面是上有王冠的盾徽，被压在上面的马略卡十字架分隔的四个象限里分别是城堡和狮子。币文："PHILIP V HISP REX（腓力五世西班牙国王）1722" / "MAIORIC CATOLIC"（天主教的马略卡）。多乌莱尔币有三种币图，正面都一样，是面向左的戴王冠胸像，身后是数字 2 或什么都没有，背面一种是三倍币背面币图[321]，一种是四等分的盾徽，上边是狮子和城堡，下边是百合花，还有一种是马略卡的十字架[322]，分隔的四个角里有些图案，其中有表示币值的两竖。迪内罗用多乌莱尔的后两种币图，币文没有模仿三倍币，正面是"PHILIPP V R ARAG（阿拉贡国王腓力五世）"。有种迪内罗没有币文[323]。三倍币的重量在 2.87~4.84 克，多乌莱尔重 1.64 克。还有他儿子路易斯一世的三倍币，币图一样，正面的币文是"LVDOVICVS I HIS R 1724"（西班牙国王路易斯一世 1724 年），重量在 3.47~4.38 克。

1721 年至 1726 年，制造与以前币图不一样的多乌隆币。其正面是面向右的戴王冠头像，背面是大盾徽；具体有 5 比索的多乌隆币（5 镑 2 苏埃尔多）、10 比索的多乌隆币（2 多乌隆或 4 埃斯库多）和 20 比索的多乌隆币（盎司，8 埃斯库多）。也制造埃斯库多[324]和半埃斯库多。这些钱币的币文中用"HISPANIARVM"（西班牙）取代了"ARAGON-VM"（阿拉贡）。

虽然表面看不是，其实这里讲的货币与卡洛斯二世时期是一样的，差别只是那时叫八雷阿尔，现在叫马利亚。5 枚马利亚币等于 4 枚八雷阿尔：我们知道在 1686 年到 1726 年八雷阿尔等于 15 雷阿尔银铜合金币，由于 1 多乌隆币等于 60 雷阿尔银铜合金币，所以等于 4 枚旧比索（peso viejo，即八雷阿尔）或等于 5 枚新比索（即马利亚币），因为每枚新比索或马利亚等于 12 雷阿尔银铜合金币。

1740 年，马略卡城的造币厂关闭，马略卡城现在叫马略卡岛帕尔马。

第五节　伊维萨的货币

伊维萨的铜币

在奥地利家族统治期间，伊维萨岛上流通的货币主要是马略卡的钱币，但为了便利小额交易，获得许可制造铜币。因为引入纯铜币换取银铜合金币可以谋利，所以在某些情况下，如卡洛斯二世时期，如在巴伦西亚，这种铜币大量流入半岛。

卡洛斯二世统治时期制造多乌莱尔，正面是面向右的戴皇冠的君王头像，背面是波纹上的城堡。币文："CAROL D GR R"（卡洛斯蒙恩为国王）／"VNIVER EVISA"。还有一种是粗糙的面向右有胡须的头像和没有波纹的城堡，这种像是以前的钱币。

腓力二世制造 1.25 克重的多乌莱尔，币图为面向右的有胡须的戴王冠胸像和波纹上的城堡，币文："PHI DEI GRA……MAIO"（腓力蒙恩……马略卡）／"VNIVER EBVSI DNS"。腓力三世时期有面向左的胸像。腓力四世时期引入了卡斯蒂利亚世序，按重量分成两种币值，一种 1.70 克，另一种 3.08 克。

卡洛斯二世时期制造辛克纳斯[325]，达到了最高峰。其 9 克重，直径 25 毫米，币图正面是面向右的戴王冠胸像，背面是上有王冠的条纹盾徽，币文："CAR Ⅱ HISP REX ANO 1686"（西班牙国王卡洛斯二世

1686 年）／ "MAGNI VNIVERITIS EBVSIE"。还有一些钱币的背面是城堡[326]：一些重 2.33 克，估计是多乌莱尔；另一些重 0.74 克，坎帕内尔认为是小苏埃尔多。

第十五章
奥地利家族造的欧洲和
非洲国家货币

西班牙帝国概貌与十字架——两位天主教国王建立的伟大国家包括半岛各国以及那不勒斯、西西里、撒丁岛和美洲，大部分都表现出某种同一性，然而自 1519 年创建帝国，便伸向日耳曼各邦国、低地国家、弗朗什孔泰（即勃艮第）和米兰公国。这个拼合帝国的共同基础就是它的多元性，这是真正的"阿喀琉斯之踵"，对分裂势力有利，被法国和英国不断煽动。不同种族、不同语言、不同宗教和不同特质的人民不可能在同一个整齐划一的僵硬的统治下共存，纷争频仍。查理皇帝在他统治的最后几年意识到统一的巨大困难，于是他于 1555 年 10 月 25 日让他的儿子腓力继任西班牙国王，在 1558 年 3 月 12 日把帝国让给了他的弟弟斐迪南。腓力二世统治中期，北部低地国家取得独立，美其名曰在阿尔伯特大公和伊莎贝拉大公的庇护（象征性的）之下。1659 年签订《比利牛斯和约》，西班牙失去了阿图瓦、卢森堡、鲁西永和塞尔达尼亚。1580 年葡萄牙的并入只带来了无数困扰，终于在 1640 年又重新独立出去，还险些引起加泰罗尼亚脱离。1677 年《奈梅亨条约》签订，弗朗什孔泰离去。在王位继承战争中，西班牙丢了奥兰、梅诺卡和直布罗陀，并其在 1712 年至 1714 年相继签订《乌德勒支条约》和《拉施塔特和约》，失去了所有意大利属地。

最后只剩下美洲和在东印度群岛发现的一些岛屿，西班牙君主很少关注这些领土。这里却有西班牙真正的未来。

第一节　那不勒斯、撒丁岛及米兰公国货币

一、奥地利家族统治下的那不勒斯和西西里货币

查理的钱币沿袭两位天主教国王的经典币图，特别是在他统治时期的第二部分介绍的帝国的大埃斯库多币和大银币，模仿了欧洲的其他钱币。在这方面应该注意，有些钱币的正面是双头鹰庇护着帝国盾徽，背面是端头有王冠的十字架，它们不属于这一系列，因为它们是 1534 年远征突尼斯时在巴塞罗那制造的。可能混淆源自在币文中发现了西西里的名字。那不勒斯的杜卡多银币[327]重 28.75 克，等于 10 卡尔林、100 格令。杜卡多等分为 12 卡瓦略。还有 1 格令的钱币，币图是胡安娜和卡洛斯的首写字母“I”和“C”上都戴有王冠。在西西里，盎司金币等于 30 塔林，1 塔林等于 20 格令。6 迪内罗是 1 格令，鹰的图案是这座岛屿钱币的标志。

此外还有一枚约等于 8 雷阿尔的银币，是 1528 年在罗马制造的，正值查理五世的军队将教皇克雷芒七世围困在圣天使堡的时候。

腓力二世时期的钱币分为两个阶段，主要表现在币文上。第一阶段从他 1554 年与英格兰的玛丽一世结婚到 1556 年继承西班牙王位。第二阶段直到 1598 年他去世。两个阶段的区别在于有没有西班牙国王这个头衔。

埃斯库多金币[328]的币图是面向右的戴王冠胸像和盾徽。杜卡多银币[327]的正面一样，背面有四行币文：“HILA – RITAS – VNIVER – SA”，重 28.75 克，等于 10 卡尔林；其有许多等分辅币，如半杜卡多、特斯通、格罗斯、银格令等。雷阿尔的头像有无冕的，也有戴王冠的，有面向右的也有面向左的，背面的四行币文是“FI – DEI – DEFEN – SOR”。铜币则有辛基诺、卡瓦略和格令。

腓力三世时期继续制造这些币种和币值的钱币[329]，有杜卡多，它的一半是等于 5 卡尔林 15 克重的香弗罗内或帕塔切，还有等于 2 卡尔林即 1/5 杜卡多的塔林币等。卡尔林的币值为 10 格令，后来上涨到 $12^1/_2$ 格令，取 $12^1/_2$ 格令分为 5 等分之意，在那不勒斯得名五分之五卡尔林。西西里的杜卡多是面向右或左的国王胸像，高护喉甲，背面是不同形状的盾徽，鹰或放光芒的太阳。铜币也用其中的一些币图，铜币上还有勃艮第的权杖和丰饶杯。

腓力四世时期最奇特的大概是塔林银币及其等分币[330]都有两圈缘线，为避免边缘缺失，每个直径的端头都标明币值，证明了很高的工艺。银币仍然是10卡尔林的杜卡多、5卡尔林的香弗罗内、特斯通、2卡尔林的塔林币等，铜币有格令币和九卡瓦略币、六卡瓦略币、四卡瓦略币、二卡瓦略币，其中六卡瓦略也叫图尔币。

注：分别为那不勒斯和西西里：腓力二世的杜卡顿银币（327）和埃斯库多金币；腓力三世的四卡瓦略币（329）；腓力四世的卡尔林币（330）；撒丁岛：腓力四世的卡利亚里币（331）；英格兰：腓力二世和玛丽·都铎的金安琪儿币（332）和埃斯库多银币（333）。

图40　327～333号币

总体上币图延续之前的样式，新颖之处是铜币上出现羊毛骑士团的大羊羔。占据桂冠中的整个空间，使用了之前银币等分币的题材。

卡洛斯二世时期有杜卡顿银币，正面是面向右的胸像，背面是戴大王冠的权杖庇护着两半球，"币文是 CAROLVS II D G HISPANIAR ET NEAP REX（卡洛斯二世蒙恩为西班牙和那不勒斯国王）和 VNVS NON SVFFICIT（1684 年）"。还是之前的各种币值，其中有 2 图尔和 1 图尔的铜币，1 图尔等于 3 卡瓦略。

卡洛斯大公作为西班牙国王制造了一些那不勒斯钱币，腓力五世也制造这些货币，直到 1707 年这些国家被德国皇帝约瑟夫占领。在此期间王国的杜卡多值 20 卡尔林、100 格令、3000 卡特里诺和 1200 卡瓦略。在那不勒斯还流通各种币值的多匹亚（Doppia，即二杜卡多）币，如四多匹亚（40 卡尔林）和六多匹亚（60 卡尔林）。银币还是价值 120 格令的杜卡顿及等分币。在西西里仍然是金盎司，等于 30 塔林（3 那不勒斯杜卡多），银币则是塔林币及其倍数币和等分币。

二、奥地利家族统治下的撒丁岛

查理五世在这座岛上制造了埃斯库多金币，重 3.40 克，币图是条纹盾徽和用花装饰的十字架，币文："CAROLVS IM V R SARDINIE"（查理五世皇帝为撒丁岛国王）/ "CIVITAS CALARITANA"。银币是雷阿尔的倍数币，币图是面向右的戴王冠头像和四瓣弧形突花边里的十字架，与天主教徒费尔南多统治时期的一样，币文："CAROLVS V IMP R SARDINIE"（查理五世皇帝为撒丁岛国王）/ "INIMICOS EIVS IND-VAM CONFVSIONE"。银铜合金币的币图也同之前一样，面向左的胸像 / 四个象限里分别是两个圆环和撒丁岛的前两个字母"SA"。

腓力二世在卡利亚里造十雷阿尔、四雷阿尔、二雷阿尔、雷阿尔，分别重 28.60 克、7.80 克、5.60 克、2.70 克，估计比卡斯蒂利亚的雷阿尔币减了分量，可能与马略卡王国的雷阿尔相关。正面在"C"和"A"之间是面向右的戴王冠胸像，背面是用花装饰的十字架。正面的币文是"REX ARAGONVM ET SARDINIE"（阿拉贡和撒丁岛国王）。

腓力三世时期造有铜币，正面是面向左的胸像，背面用花装饰的十字架把小头像分隔开，与阿拉贡的银币一样，币文是"PHILIPPVS REX"（腓力国王）/ "MONETA SAR……REGNI"（撒丁……王国货币）。卡利亚里币[331]的币值为 6 迪内罗，腓力四世时期在十字架分隔的四个角里都标注这一币值，作为币图主题。

卡洛斯二世时期重又制造腓力二世时期的银币，有雷阿尔、半雷阿尔和 2 倍、3 倍、5 倍、10 倍的雷阿尔，币上都标注币值。主要币图是面向右的戴王冠胸像和用花装饰的十字架，币文是"CAROLVS II ARAG ET SARDIE REX（卡洛斯二世为阿拉贡和撒丁岛国王）/ INIMI-COS EIVS INDUA CONFVS（1684 年）"。铜币的样式与以前一样，有三夸尔托和二夸尔托或卡利亚里币。

腓力五世时期的十二雷阿尔、六雷阿尔、三雷阿尔银币的币图仍然是面向右的胸像和用花装饰的十字架。根据加泰罗尼亚和阿拉贡的币制，1 雷阿尔值 24 迪内罗。金币则制造埃斯库多币，或叫塞基币，背面币图与前面介绍的一样，正面是阿拉贡的标志。

三、奥地利家族统治下的米兰公国

15 世纪中叶之前米兰公国一直被维斯康蒂家族统治（Casa de Vis-conti，1277～1447 年），之后是斯福尔扎家族（Casa de Sforza，1450～1535 年）。加莱亚佐·马里亚·斯福尔扎是 9.78 克重的欧洲厚银币的创始人（1474 年）。在 1499～1513 年和 1515～1525 年，米兰被法国人统治，1535 年马里亚·斯福尔扎死后无嗣，米兰公国又被查理五世占领，成为帝国的属地。1540 年 10 月 11 日让给他的儿子腓力。

查理名下的钱币造于 1535～1540 年，有重 33.70 克的杜卡顿银币[334]，正面是他面向右戴桂冠的英雄式胸像，背面是圣奥古斯丁，币文是"IMP CAES CAROLVS V AVG / TE DEVM LAVDAMVS"，脚线下是"S. A. G. V. S. M. M. B"，币值 100 苏埃尔多。还有半杜卡顿和 1/4 杜卡顿，币图是帝国盾徽和圣安波罗修。银币还有特斯通，币图是坐着或骑马的圣安波罗修，有等于 30 苏埃尔多（10.85 克）和 15 苏埃尔多（5.4 克）的特斯特和半特斯通以及等于 10 苏埃尔多、8 苏埃尔多[335]、6 苏埃尔多、5 苏埃尔多的等分币。银铜合金币和铜币有：币值为 12 迪内罗的苏埃尔多；6 迪内罗的帕尔帕霍拉（Parpajola，1/2），也叫塞西尼（Sessini，6）；4 迪内罗的特里伊纳（Trillina，1/3），币图是圣安波罗修；3 迪内罗的夸特里诺（Quattrini，1/4）；迪内罗，币图是有花的十字架。大额银铜合金币的正面是上有王冠的"K"，背面是双头鹰，重 2.45 克，币文是"CAROLVS DI FA CLE/ ROMANOR IMPERATOR"（罗马皇帝）。

腓力二世时期的钱币与那不勒斯的一样分为两个系列，一是他任西班牙国王之前的，因此钱币上没有国王这个称号；第二系列就有了。1541 年，腓力王子被任命为米兰大公，但 1554 年以前没有用他的名字制造的钱币，这年他和英格兰的玛丽一世结婚，为此查理授予他那不勒斯和西西里王国国王的称号。我们知道所有有他名字的米兰钱币都承认他是国王，1556 年前腓力殿下没有得到西班牙的王冠，由此推断最早有他名字的钱币造于他被选为那不勒斯和西西里国王的 1554 年。

金币的币图是上加王冠的盾徽，盾徽里有英格兰、法兰西、卡斯蒂利亚、莱昂、那不勒斯、西西里、勃艮第、奥地利、弗兰德、蒂罗尔的标志，上方有米兰的徽章；背面是端头有王冠的十字架。金币还模仿法国以前的太阳埃居币，制造太阳埃斯库多币，重 3.50 克，正面是他面向左的戴王冠胸像，上方是放光芒的太阳；币文从钱币的上部开始，而没有太阳的钱币则从下部开始。银币制造 32 克的杜卡顿，与埃斯库多一样背面有米兰的标志；还有接近 6 克的特斯通；达 27 克的埃斯库多和半埃斯库多银币；以及 3.00 克重的 10 塞西尼的贝尔灵克和 5 塞西尼的贝尔灵克。

第二阶段制造 7 克重的多匹亚金币，有时候也叫多乌拉和杜卡多。二多匹亚的正面是面向右的有护喉甲的无冠头像，或者是戴冠[336]的英雄式胸像，背面的四个象限里分别是卡斯蒂利亚、莱昂、米兰和西西里的标识，米兰的标识是蛇，西西里的标识是展翅的鹰。币文是 "PHILIP-PVS REX HISPANIAR"（西班牙国王腓力）／ "MEDIOLANI DVX"。银币则还是之前的几种币值，铜币有特里伊纳、夸特里诺和迪内罗，币值分别为 4 迪内罗、3 迪内罗、1 迪内罗。

腓力三世时期制造的银币分为三个体系。第一个体系的标准单位是币值为 100 苏埃尔多的埃斯库多，重 27.50 克；还有 1/2 埃斯库多、1/10 埃斯库多和 1/20 埃斯库多的等分币，币值分别为 50 苏埃尔多、10 苏埃尔多和 5 苏埃尔多。所有这些钱币的正面都是面向右的有高护喉甲的胸像，背面是上加王冠的大盾徽，中心是葡萄牙的国徽。

第二个体系的基本单位是价值 80 苏埃尔多的埃斯库多。重 22.15 克，背面是五行币文："MEDIO – LANI – DVX – E T C – 币值"。等分币的币值分别为 40 苏埃尔多、20 苏埃尔多、10 苏埃尔多和 4 苏埃尔多。

第三个体系是重 32 克的杜卡顿，正面是面向右的戴光芒冠的头像，背面是上加王冠的盾徽，四个象限里分别是西西里的鹰和米兰的蛇。还有半杜卡顿和币值为 10 苏埃尔多和 5 苏埃尔多的等分币，亦称腓力币。这个体系还有铜币帕尔帕霍拉、特里伊纳、夸特里诺、迪内罗和塞西尼。金币有多匹亚及其倍数币。

注：分别为米兰：查理五世的杜卡顿（334）和八苏埃尔多（335）；腓力二世的二多匹亚（336）；奥地利的玛利亚·安娜及其儿子卡洛斯二世的 1/4 埃斯库多银币（337）；葡萄牙：腓力二世的四克鲁萨多金币（338）和二十雷阿尔银币（339）。

图 41　334～339 号币

从腓力四世统治初期，埃斯库多银币就被叫作"腓力币"，且有 1/2 和 1/4 等分币。杜卡顿和腓力币的区别在于二者之比是 10：8。米兰杜卡顿的成色是 $11\frac{1}{4}$ 迪，重 32 克，而埃斯库多或腓力币成色相同，但仅重 27.62 克。币图沿用之前的主题，面向右的头像，戴光芒冠，一般有胡须。半腓力币很少，是卡拉塞纳的当政者为纪念 1649 年 10 月 3 日神圣罗马帝国皇帝斐迪南三世之女奥地利的玛利亚·安娜与腓力四世结婚所造。正面是国王戴王冠面向右的胸像，背面是王后戴王冠面向左的胸像。币文反映这一重大事件。金币和铜币仍然是那些经典币值。

卡洛斯二世统治时期最早的金币和银币反映了他母亲——奥地利的玛利亚·安娜的摄政。正面是太后和她儿子面向右的胸像,背面是上加王冠的大盾徽。币文:"CAROLVS Ⅱ HISPANIARVM REX ET MARIA ANNA TVTORA ET GVBERNATORA"(西班牙国王卡洛斯二世与监护人和执政者玛利亚·安娜)。之后的银币和银铜合金币的币图是面向右的国王头像,有的戴光芒冠,有的不戴,披散长发。腓力五世统治这个国家的时间很短(1701~1706年),发行了同样的货币,但是假发取代了披散长发,新家族的族徽三朵鸢尾花的小盾徽取代了葡萄牙国徽。

第二节 葡萄牙、勃艮第及低地国家钱币

一、以几位腓力的名义发行的葡萄牙货币

从1580年葡萄牙并入腓力二世统治的西班牙到1640年若昂四世(1640~1656年)作为独立的君王造币,其间这个兄弟国家以奥地利家族国王的名义发行了很多钱币。金币有五百雷阿尔(Quinhentos Reais),币图是有葡萄牙国徽的盾徽和基督十字架。之后是四克鲁萨多币[338]系列,成色是22$\frac{1}{8}$开,出币率为每230克重马克出18$\frac{3}{4}$枚,等于16银托斯塔奥。还有二克鲁萨多和每马克出75枚的克鲁萨多。正面是有葡萄牙国徽的盾徽,两边分别是表示里斯本的"L"和标示币值的"Ⅱ-Ⅱ";背面是圣乔治十字将四个小圆环分隔开。币文:"PHILIPPVS D G RX PORTV"(腓力蒙恩为葡萄牙国王)"ALGA"/"IN HOC SIGNO VINCES"。

银币造有托斯塔奥(即特斯通)币,成色是11迪,币值为100雷阿尔,有币值为50雷阿尔和20雷阿尔的等分币,民间称后一种钱币为二十雷[339]。1582年造了40雷阿尔币和80雷阿尔币,即二十雷。出币率为每马克33枚,重约7克,相当于卡斯蒂利亚的二雷阿尔。币图正面是有葡萄牙国徽的盾徽,背面的币图依币值不同而不同:托斯塔奥是基督教会十字架,八十雷阿尔和四十雷阿尔是希腊十字架,二十雷阿尔是"XX"。

腓力三世和四世统治时期制造同样的钱币,应注意的是一些腓力二世和腓力四世的钱币用的是作为葡萄牙国王的世序,即一世和三世。其他情况要借助币图来确定是哪位国王统治时期。尚未发现相应的铜币。

二、以腓力二世和玛丽·都铎的名义发行的英国货币

发行这种钱币的年份有4年,即1554~1558年,其中特别值得介

绍的是金安琪儿币[332]和半安琪儿币，之所以这样叫是因为钱币正面是天使长圣米迦勒，背面是法兰西和米兰的徽章，上边有"P"和"M"、加冠的圣乔治十字架，所有这些都在船上，币文："PHILIP Z MARIA D G REX Z REGINA"（腓力和玛丽蒙恩为国王和女王）和"A DNO FVCTVM EST ISTVD Z EST MIRAB"。成色是 $23^1/_2$ 开。还有金克朗，有时也叫埃斯库多，重 3.69 克；银先令[333]，正面是两个面对面的胸像，背面是有西班牙和英格兰标志的盾徽，币文："PHILIP ET MARIA D G R ANG FR NEAP PR HISP 和 POSVIMVS DEVM ADIVTOREM NOS-TRVM"，等于 12 便士（Pennies，即迪内罗）。另外还有六便士币，也就是半先令。

三、奥地利家族时期的勃艮第货币

查理五世从他的姑母奥地利的玛格丽特手中继承了弗朗什孔泰，开始以西班牙国王的名义在那里造币，直到卡洛斯二世统治中期的 1674 年。朵拉造币厂标注首字母，贝桑松造币厂标完整名称。据 J. 巴贝隆介绍，在此期间这座城市的特点是一直用查理五世的名字。

银币有泰勒及其 2 倍币，币图是面向右的戴王冠胸像和当地城徽，币文："CAROLVS V IMPERATOR"（查理五世皇帝）和"DEO ET CE-SARI FIDELIS PERPETVO"。从 1534 年起，正面的币图成为强制性的。泰勒币有 1/2 分币、1/4 分币，还有银铜合金的勃兰卡币和尼凯币。金币有皮斯托尔及其倍数币。之后几位国王统治时期继续制造这些币值的钱币，如泰勒币，也叫达埃尔德或巴塔贡；1/2 泰勒[340]等于 16 格罗斯；1/4 泰勒相当于特斯通，重 8.50 克；1/8 泰勒是半特斯通或埃斯卡林，重 4.20 克，币值为 4 格罗斯。银铜合金币有等于 1/32 巴塔贡的格罗斯、等于 1/2 格罗斯的查理币和半查理币等。

四、奥地利家族统治下的低地国家钱币

根据人种地理特点，这一广阔地区通常分为北低地国家和南低地国家。北低地国家包括后来组成联合省的弗里西亚、格罗宁根、海尔德兰、荷兰、上艾瑟尔、乌德勒支和泽兰，南低地国家包括布拉班特、佛兰德、埃诺、那慕尔、阿图瓦、卢森堡和图尔奈。

这些地区在属于西班牙帝国时期的造币多种多样，这也是其人口众多、工业和贸易发达的必然结果。这一时期的主要造币厂及其在钱币上的标记如下。布拉班特的造币厂有：安特卫普，标记是张开的手；斯海尔托亨博斯，标记是树；布鲁塞尔，标记是"B"，后来是天使的头

像；马斯特里赫特，标记是五角星。海尔德兰造币厂的标记是等长十字架；上艾瑟尔造币厂也是等长十字架，但样式不同；卢森堡是狮子小盾徽。阿图瓦的造币厂在阿拉斯，标记是鼠。佛兰德有布鲁日和冈特造币厂，标记分别是百合花和狮子。埃诺省是蒙斯造币厂，标记是塔。在荷兰是多德雷赫特造币厂，标记是玫瑰花。那慕尔的标记是链环。泽兰的标记是军舰的指挥塔、玫瑰花和王冠。马林纳是"M"和美男子腓力。乌德勒支、图尔奈和弗里西亚分别是城徽、城堡和狮子。

注：分别为勃艮第：以查理五世名义造的半巴塔贡（340）；低地国家："美男子"腓力和"疯女"胡安娜的雷阿尔银币（341）；腓力二世的圣安德烈兹金币（342）；有各属国标志的盾徽银币（343）；奥兰：腓力三世在托莱多制造的四马拉维迪（344）。

图42　340～344号币

今天都认为"美男子"腓力和"疯女"胡安娜作为布拉班特和林堡公爵时（以前以为是佛兰德公爵）于 1505～1506 年制造的钱币只是为了在西班牙流通。例如布鲁日和安特卫普的造币厂制造的雷阿尔银币[341]，重 3.20 克，标记是百合花和张开的手，正面是分隔为 18 格的盾徽，背面是勃艮第的权杖和枷锁，以及莱昂、卡斯蒂利亚、格拉纳达的徽章和金羊毛骑士章，币文是"IOHANNA DEI GRA REX REGIA / CASTELLE LECOIS ARCHIDVC AVSTR"（胡安娜蒙恩为卡斯蒂利亚、莱昂、奥地利国王王后）。半雷阿尔的一面是分别加王冠的"F"和"I"，另一面是权杖。1517 年，查理五世发行了一次同样的钱币。

腓力一世制造的真正的荷兰钱币是从 1504 年开始的，查理五世是在 1506 年至 1520 年制造的，特点是没有西班牙的头衔。金币有金羊毛勋章金币和腓力弗罗林币，银币有金羊毛勋章银币、二帕塔、帕塔及等分币。

这一时期还在流通的过去制币有太阳冠币，成色 22 开，每特鲁瓦马克出币 $71^3/_4$ 枚；15 世纪上半叶的勃艮第公爵"好人"腓力的圣安德烈金币[342]（弗罗林），每马克出币 75 枚，成色 18 开 6 格令，重约 3.40 克。腓力二世于 1566 年重又发行这种币值的钱币和克鲁伊斯达埃德尔币。

来西班牙之前，查理五世于 1517 年在安特卫普造币厂制造了雷阿尔、半雷阿尔和 1/4 雷阿尔银币，以支付来半岛旅途的开销。币图与"美男子"腓力的一样。半雷阿尔的正面是上加王冠的"I"和"K"，背面是链环，上有百合花，下有火花，重 1.70 克。

1520 年，这位君王又推出了以下几种货币：金币有等于 3 弗罗林的雷阿尔、半雷阿尔和查理弗罗林，在安特卫普、马斯特里赫特、布鲁日、奈梅亨、坎彭和多德雷赫特制造。范杰尔德认为，多德雷赫特制造的没有标注年份的查理弗罗林币的年代还有待确定，要与该城为海牙调解庭制造的筹码进行比较。腓力五世推出的银币有等于 3 帕塔的雷阿尔、半雷阿尔和帕塔等。1536 年至 1543 年又增加了新的品种。金币是太阳冠币，银币有等于 4 帕塔的弗里格和等于 20 帕塔的查理弗罗林。帕塔或斯图瓦的等分币有：等于半帕塔的里亚、等于 1/2 里亚的比戈或杜伊特和等于 1/12 里亚的米托。

腓力二世时期的 1557 年引进厚银币腓力达尔德莱，也叫达埃尔德或泰勒，取代了查理弗罗林。重 34 克，有 1/2、1/5、1/10（3.4 克，同卡斯蒂利亚雷阿尔）和1/20等分币。最后这种被称作腓力二十雷币，等于半卡斯蒂利亚雷阿尔，正面标注币值"XX"，如葡萄牙的"二十雷币"。1557年至1559年的这种钱币标明英格兰的加入，1586年以后的钱币上有葡萄牙国徽。币图是无冕头像和有各王国标志的盾徽。币文："PHS D G HISP ANG REX DVX BRA / DOMINVS MICHI ADIVTOR"。在安特卫普、马斯特里赫特、布鲁日、奈梅亨、多德雷赫特、乌得勒支、哈瑟尔特、卢森堡和米德尔堡制造。有些图案是戴王冠国王的钱币被当作二腓力达尔德莱币，其实是没有货币属性的纪年章。

金币有金雷阿尔，出币率为每特鲁瓦马克46枚，成色991‰，重5.33克，等于70帕塔，1557～1559年的币文也标明英格兰的加入。还有半雷阿尔。其他币值有帕塔（每马克出币80枚）和半帕塔；里亚和比戈，后者以折合米托的值标注币值，通过正面头像旁的圆点体现，每个圆点等于两米托。

这一地区也制造受法国影响的太阳冠币和有各属国徽章的冠币。银币制造克鲁伊斯达埃德尔币，正面是勃艮第的权杖，有1/2币和1/4币，在安特卫普和马斯特里赫特制造。单位币重29.30克，成色10迪16格令，每马克出币10⁴/₁₀枚。币值为2盾或弗罗林5斯图瓦或苏埃尔多。类似的是有各属国标志的盾徽币（Escudo de Los Estados，音译埃斯库多）[343]及其1/2（16斯图瓦或帕塔）、1/4、1/8、1/16和1/32等分币，1/16等分币等于2斯图瓦，每245克重的特鲁瓦马克出币128枚，也就是每枚1.92克。

腓力三世统治的1559年至1612年制造阿尔伯特金币，币值等于3弗罗林或60帕塔。银币制造了杜卡盾、巴塔贡（48帕塔）、半杜卡盾（30帕塔）和埃斯卡林（6帕塔）等。1612年开始制造金镑，在布鲁塞尔、马斯特里赫特和布鲁日造币厂制造，重5.50克，成色为915‰。从一开始就以阿尔伯特大公和伊莎贝拉的名字出现，他们于1598年至1621年统治尼德兰。还有2倍币，正面是阿尔伯特大公和伊莎贝拉面向前的坐像，背面是上加王冠的盾徽，被金羊毛骑士章环绕，币文："ALBERTVS ET ELISABET DEI GRATIA ARCHIDVCES"（阿尔伯特和伊莎贝拉蒙恩为大公）/ "AVSTRIAE DVCES BVRGVNDIAE ET BRABAKT"。这种币值的名称来自英国，英国金镑的币图也是国王坐像，但有15.55克重，推出时间是1489年。一枚"六镑"币可能非常稀有，1616年建于布鲁塞尔，重33.21克；1615年的"4镑"币也很罕见。再晚些时候，货币在安特卫普和图尔奈制造。

腓力四世时期出现了币图为胸像的二镑币，1626 年至 1636 年的有颈饰，1637 年到 1647 年的无颈饰，在布鲁塞尔和安特卫普造币厂制造。还制造 1 镑币，叫金狮币，钱币正面是这一猛兽，在布鲁塞尔（1630～1649 年）和布鲁日造币厂制造。当时还继续制造杜卡盾和巴塔贡银币及它们的等分币帕塔、里亚、比戈和米托。

1632 年，制造了卢森堡的最后一种金币，是金冠币，也就是半镑币，正面是有花的十字架，背面是上加王冠的西班牙—奥地利盾徽，币文："PHIL IIII D G HISP ET INDIAR REX"（腓力四世蒙恩为西班牙和西印度国王）/ "ARCHID AVST（奥地利大公）BVX BVRG LVXEM（卢森堡）"。

卡洛斯二世统治时期制造金镑及其 2 倍币、4 倍币、8 倍币甚至 16 倍币。最初发行的是君王幼年的胸像。1689 年至 1692 年由于使用飞轮冲压机，布鲁塞尔制造的钱币直径更小。其时继续制造之前各种钱币，有佛兰德制造的二杜卡盾，重 65 克，为避免钱币边被切掉，第一次在钱币的边缘增加了花边。

腓力五世继续制造金镑，此时已是国王胸像了，在布拉班特制造杜卡盾，在那慕尔造埃斯卡林。最后的金镑属于查理大公，作为西班牙国王，他还于 1710 年在安特卫普制造了金狮币。之后发行的钱币就不是西班牙的了，虽然钱币上还是同一个人的名字，但他的身份是德国皇帝查理六世。

第三节　德国泰勒币与奥兰造币

一、以查理五世名义发行的德国泰勒币

查理五世的钱币遍布所有属国，自然也不能漏掉在德国的造币，无论是市政造币还是教区造币，无论是伯爵领地造币还是公爵封地造币。从所有权讲，这些钱币更应该归于地方系列，而非每个邦国或地区的通用货币。但出于展示帝国造币覆盖地域广阔的愿望，我们根据 J. 巴伦蒂最近研究的马德里国家货币和印章厂的藏币，只简要介绍一下以查理五世名义在德国制造的大银币——泰勒币。

关于币图，正面分为上有王冠的双头鹰和皇帝胸像。皇帝胸像有的是戴皇冠的，面向右或几乎面向前，有的是与他弟弟斐迪南一世面对面的，在这种情况下，另一面就是两兄弟的祖父马克西米利安一世，这种钱币于 1518 年制造于克恩顿。1537 年至 1558 年间，除了后来的一些零

星造币外，主要造币地是奥格斯堡、巴滕堡、不来梅、克恩顿、科隆、科尔维、代芬特尔—坎彭—兹沃勒、多瑙沃特、哈默尔恩、黑内贝格、希尔德斯海姆（Hildesheim，1605 年）、伊斯尼、考夫博伊伦、肯普滕、洛伊希滕贝格、列日、吕贝克、米尔巴克、诺伊堡—多瑙沃特—迪伦堡、奈梅亨、纽伦堡、厄廷根—瓦勒施泰因、拉蒂斯邦（Ratisbona，雷根斯堡的旧称）、莱克海姆、萨克森、施瓦茨堡、史塔伦贝尔格、斯托尔贝格、托伦、蒂罗尔（1590 年）、乌尔姆和维尔茨堡。

二、为奥兰制造的钱币

奥地利家族统治时期为北非这座城市发行过两次钱币。腓力三世时期的 1618 年，托莱多造币厂制造了八马拉维迪、四马拉维迪[344]和二马拉维迪铜币，正面是上加王冠的盾徽被分隔成四个象限，背面分四行写"O－R－A－N"，且都是大直径币，其中八马拉维迪的直径有八雷阿尔那么大。

之后的卡洛斯二世时期，马德里造币厂制造八马拉维迪和四马拉维迪，正面是上加王冠的盾徽，四个象限里分别有城堡和狮子，下角还有石榴；背面是上加王冠的字母"IHS"，两旁注明年份"16－91"。

第十六章
十八世纪的西班牙货币

卡洛斯二世的遗嘱将西班牙王位传给波旁王朝的腓力五世，损害了奥地利家族的权益，引发王位继承战争，最终西班牙丧失了欧洲的领地和一些属地如梅诺卡岛和直布罗陀。

新王朝仿效法国，使西班牙的艺术、工业和公共工程重现生机。1765 年，废止了加的斯对美洲贸易的垄断，极大地促进了跨洋贸易的增长。帕蒂诺、恩塞纳达、佛罗里达布兰卡、阿兰达和埃斯基拉切等侯爵是这个时代的杰出代表。

在阿尔贝罗尼红衣主教的好战政策下，1717 年暂时收复撒丁岛，1718 年更稳定地收复西西里岛，1732 年收复奥兰，1734 年收复那不勒斯，阿拉贡王冠联合王国重生。西班牙濒临各种冲突使它丢失了许多美洲殖民地，且总是英国获益，但在 1764 年英国的美洲殖民地暴发叛乱之际，西班牙收回梅诺卡岛和佛罗里达半岛。

卡洛斯四世面对重大对外政治事件总是犹豫不决，使得这次复兴迅速衰退。他无条件地屈从法国和拿破仑封锁英国的决定，不幸引发 1805 年的特拉法加海战，结束了西班牙的海上霸权，拉开了 1808 年独立战争的序幕，在这场战争中，西班牙人拒绝被外国统治者征服。

第一节　腓力五世统一货币

全国统一货币，这是腓力五世统治时期最重要的金融和经济举措，真不知这是精心筹划的，还是仅仅是惩罚阿拉贡联合王国在王位继承战争中的敌意的后果之一。

一、发行全国统一货币

从经济学的观点看，统一货币在任何国家都是必不可少的，不仅利于管理，而且大大便利了贸易。各地区使用不同金属成分不同重量的钱币，必须进行复杂的换算，在这个时代也是有悖时代潮流和逻辑的。从前面的介绍已经看到，从卡洛斯二世时期，西班牙大部分王国的金币和银币实际已经统一，然而银铜合金币和也叫"银铜合金币"的铜币却是一片混乱。更不用说一个王国与另一个王国钱币的换算关系，那几乎是不可能搞清楚的，即便每个王国各次发行的钱币的金属成分和重量也都各不相同，根本无法弄清楚每个时期流通哪种钱币。

腓力五世第一次发行卡斯蒂利亚钱币的时间是 1710 年，正是战争最激烈的时刻，所以不能肯定他是否是为了所谓的统一。造币是在马德里和塞维利亚制造四马拉维迪和二马拉维迪铜币，币图是四个象限的图案和国王名字的交织字母，字母下边是 "M – V – 4（或 2）"，分别是造币厂的首字母、国王的世序（五世）和币值。

1718 年 6 月 19 日的《国王令》命令回收在阿拉贡和加泰罗尼亚流通的假阿拉贡迪内里约币和巴塞罗那卡洛斯大公的"伪政府"制造的迪内里约币，并在有了新币时回收 1653 年制造的腓力四世和起义时期的加泰罗尼亚币。还责令伯爵城、巴伦西亚和昆卡的造币厂做好准备"生产造纯铜的银铜合金币等钱币……这些钱币只能用于普通商贸，不得用于大宗交易、大额支付和皇室支付，因为这些只能用银币和金币"。同年 9 月 24 日，巴塞罗那、巴伦西亚、萨拉戈萨造币厂和塞戈维亚机械造币厂接到命令，制造四马拉维迪、二马拉维迪和马拉维迪，出币率分别为每马克 $25^1/_2$ 枚、51 枚和 102 枚，只有一种币图[346]*：上加王冠的盾徽分隔为三部分，里面是城堡、狮子和下边的百合花，背面是怀抱两半球的狮子，币文是 "PHILIP V D G HISPAN REX"（腓力五世蒙神为西班牙国王）和 "VTRVMQ PROTEGO" 年份。这些夸尔托、欧恰博和马拉维迪与银币的比价是：由于之前几任国王进行差额补偿，几乎等于 2 银铜合金雷阿尔的二雷阿尔银币 = 16 夸尔托 = 32 欧恰博 = 64 马拉维迪。银铜合金雷阿尔 = $8^1/_2$ 夸尔托 = 17 欧恰博 = 34 马拉维迪。

比这更早的 1709 年至 1713 年，巴伦西亚为准备"全国"货币而发行了一次这样的钱币，在更晚的 1722 年，马略卡岛可能为同一目的也发行了一次，可是从 1718 年就有了全国通用的货币，无法解释马略卡岛的这次发行。

1736 年，加泰罗尼亚应该仍流通旧币，因为那年决定"卡斯蒂利亚的"雷阿尔等于 44 阿尔迪特迪内罗，不再是之前的 42，不久后就等于 45，二雷阿尔等于 90。1737 年，又规定阿拉贡或瓦伦西亚旧币的 34

迪内里约等于 1 银铜合金雷阿尔（＝1/2 银雷阿尔＝$8\frac{1}{2}$ 夸尔托），并以此确定与卡斯蒂利亚的马拉维迪的比价。

注：分别为腓力五世：四马拉维迪（345～347）、八埃斯库多多乌隆或盎司币（348）、埃斯库多（349）、八雷阿尔（350）和二雷阿尔（351）。

图 43　345～351 号币

1739 年，马德里发行新铜币，但由于极易伪造，检测后并未流通。币图是：国王名字的交织字母上加王冠，和四瓣弧形突花边环绕的上有王冠的城堡（四马拉维迪），币文是 "DEI GRAT HISPAN REX（蒙恩为西班牙国王）1739" / "PVBLICAE VTILIT CONFLATA"。还有一种

变形，背面是两半球上的狮子，币文是"PVBLICAE VTILIT CONFLA-
TA"和"VTRVMQ VIRT PROTEGO 1739"，也没有流通。

由于小硬币的短缺，1741年，塞戈维亚机械造币厂不得不制造新
的四马拉维迪[347]和二马拉维迪，币图是上加王冠的盾徽，通常的四个象
限图案，再加上百合和石榴；背面是怀抱两半球的狮子。1745年又制
造马拉维迪，正面一样，背面是伸爪的狮子。

二、1701年至1728年间银币的浮动

王位继承战争和国库空虚导致银币制造不断变化，如果没有相关文
献资料让我们一步步跟踪这一混乱过程，很难搞清每次造币的出币率和
重量。

1706年，马德里锤制的雷阿尔银币的出币率是每马克84枚雷阿
尔，每雷阿尔重2.75克，符合卡洛斯二世1686年要求减少银币重量的
《特别法》的规定。已知有1701年塞维利亚制造的马利亚币，等于这一
规格的八雷阿尔。1707年，出币率降为每马克75雷阿尔，成色为10
迪。还有旧式二雷阿尔、四雷阿尔、八雷阿尔，也就是经典重量，略轻
一点儿，重24.48克，传统币图：大盾徽的四个象限里分别是城堡和狮
子。塞维利亚从1704年、马德里从1707年、塞戈维亚从1727年开始
制造这种八雷阿尔，大部分是标准重量27.13克。波旁家族占领巴伦西
亚后，也在那里造币，但制造的银币中没有看到杜罗币。1707年，制
造另一些同样成色和出币率的银币[352]，正面是上有王冠的盾徽，四个象
限图案加百合和石榴，背面是交织字母"Philippvs"，币文是"PHILIP-
PVS V D G HISPANIARVM REX"（腓力五世蒙恩为西班牙国王）/
"DEXTERA DOMINI EXALTAVIT ME"年份。还有埃斯库多金币[349]*及
其二倍币、四倍币、八倍币[348]*，传统币图：大盾徽／四瓣弧形突花边
中的耶路撒冷十字架，替代了王朝特有的小盾徽，币文是一般银币的币
文"PHILIPPVS V DEI GRATIA"（腓力五世蒙恩）/"HISPANIARVM
REX"（为西班牙国王）年份。

1709年7月15日，出币率改为每马克68枚雷阿尔，成色11迪。
马德里制造的八雷阿尔[350]和四雷阿尔，正面是面向右的披发胸像，背面
是盾徽，币文是"PHILIPPVS V D G HISP ET IND REX（腓力五世蒙恩
为西班牙和西印度国王），1709"/"DEXTERA DOMINI EXALTAVIT
ME"，边缘还有"AVXILIVM MEVM A DOMINO"。这些头像杜罗币只
流通了很短时间，随即制造其他四个象限大盾徽币。

1716年开始造省币，仅限于在西班牙流通，重量、成色和币图与

1707 年发行的一样，包括二雷阿尔[351]、雷阿尔和半雷阿尔。1718 年，昆卡、马德里、塞维利亚和塞戈维亚机械造币厂又制造这些货币。

1726 年，为防止金币外流，金币价格上涨：埃斯库多从 16 银雷阿尔涨到 18 银雷阿尔；多乌隆从 32 银雷阿尔涨到 36 银雷阿尔；金盎司从 128 银雷阿尔涨到 144 银雷阿尔。

总鉴定师约瑟夫·加利西亚·卡瓦列罗所著《各王国各省货币的重量和单位与卡斯蒂利亚各王国流通货币之比较（BREVE COTEJO Y VALANCE VE LAS PESAS Y MEDIDAS DE VARIAS NACIONES, REINOS Y PROVINCIAS, COMPARADAS Y REDUCIDAS A LAS QUE CORREN EN ESTOS REYNOS DE CASTILLA)》（马德里，1731 年）是了解这个时代的所有货币问题的依据。

三、银币标准化：小杜罗币

1728 年，有关货币的规定改变了制造银币的标准。事实证明，腓力五世像卡洛斯二世统治时的 1686 年一样，对形势做了一次经济分析。在全国生活已经统一标准的情况下，6 月 9 日规定金币成色 22 开，银币 11 迪，埃斯库多和雷阿尔的出币率都是每马克 68 枚，枚重 3.38 克。应该是冲压机或飞轮冲压机制造，形制为圆形，有边饰。实际上述规定是针对金币和八雷阿尔、四雷阿尔银币的，因为 8 月 10 日决定制造雷阿尔和半雷阿尔银币必须有特别许可证，成色 10 迪，出币率分别为每马克 77 枚 157 枚，重 2.98 克和 1.46 克。埃斯库多应重 $67^{13}/_{17}$ 格令，约 3.35 克[353]，1 多乌隆重 135 格令，2 多乌隆重 271 格令，金盎司重约 542 格令，即 27.1 克。

我们已经知道在卡洛斯二世统治的 1686 年，旧八雷阿尔或银埃斯库多（10 银雷阿尔）等于银铜合金的 15 雷阿尔 2 马拉维迪（512 马拉维迪 = 128 夸尔托），旧雷阿尔等于 16 夸尔托（64 马拉维迪）。与此同时，新八雷阿尔（"马利亚"）等于 12 银铜合金雷阿尔（408 马拉维迪 = 102 夸尔托）。

于是 1728 年规定"八雷阿尔相当于 10 银雷阿尔流通，半埃斯库多相当于 5 银雷阿尔，每银雷阿尔等于 16 夸尔托，西印度和各王国制造双柱新银币，二雷阿尔等于 40 夸尔托，雷阿尔银币等于 20 夸尔托，半雷阿尔等于 10 夸尔托"。

注：分别为腓力五世：雷阿尔（352）和埃斯库多（353）；费尔南多六世：阿尔迪特（354～355）；卡洛斯三世：八雷阿尔（358）、八马拉维迪（356）、六马拉维迪（359）和二马拉维迪（360）；卡洛斯四世：多乌隆币（357）。

图44　352～360 号币

由此推断半岛货币中，十银雷阿尔的价值从 128 夸尔托涨到 160 夸尔托，因为 1718 年定价为 16 夸尔托的二雷阿尔银币比 1642 年以前卡洛斯二世定价为 16 夸尔托的雷阿尔还轻。此外，所有新的比价都以上文提到的小雷阿尔即各自的新比索作为单位，规定"必须以 15 雷阿尔 2 马拉维迪的省币比索或值 160 夸尔托的 10 银雷阿尔省币坚挺比索"计算币值。8 小雷阿尔为 1 省币比索，10 小雷阿尔为 1 坚挺比索，都是腓力五世的货币。

美洲的双柱银币因为重量和成色较高而有差额补偿。事实上，如果这种雷阿尔值 20 夸尔托，那八雷阿尔即坚挺比索就值 160 夸尔托，这就是"10 雷阿尔省银币的坚挺比索"的价格。

1730 年，金和银的比值是 1∶16，因为 1 马克 22 开金等于 16 马克 11 迪银。这一年，还规定只能在马德里和塞维利亚制造金币和银币，一些雷阿尔的出币率是每马克 85 枚。

1737 年 5 月 16 日，银币单位与银铜合金币单位又一次拉大差距，规定"1 银埃斯库多等于 20 银铜合金雷阿尔，半比索等于 10 银铜合金雷阿尔"，依此类推用双柱和两半球币模制的其他小额币；省币的二雷阿尔银币加 8 马拉维迪，雷阿尔加 4 马拉维迪，半雷阿尔加 2 马拉维迪。

这样，1 雷阿尔省银币，也就是西班牙本土造币的价格是 17 夸尔托，科斯·加永 1872 年的著作写道，"从那时起，10 雷阿尔，也就是 8 旧雷阿尔的埃斯库多就等于 170 夸尔托了。这种钱币留存至今，我们称为杜罗或坚挺比索"。1737 年的比价如下：

1 旧八雷阿尔 =20 银铜合金雷阿尔 =170 夸尔托 =680 马拉维迪

1 旧四雷阿尔 =10 银铜合金雷阿尔 =85 夸尔托 =340 马拉维迪

1 旧二雷阿尔 =5 银铜合金雷阿尔 =42.5 夸尔托 =170 马拉维迪

1 旧雷阿尔 =2.5 银铜合金雷阿尔 =21.25 夸尔托 =85 马拉维迪

1 十省雷阿尔 =20 银铜合金雷阿尔 =170 夸尔托 =680 马拉维迪

1 二省雷阿尔 =4 银铜合金雷阿尔 =34 夸尔托 =136 马拉维迪

1 省雷阿尔 =2 银铜合金雷阿尔 =17 夸尔托 =68 马拉维迪

美洲雷阿尔及其倍数币的币值与旧八雷阿尔及其等分币相同。

为便于兑换，曾制造过一种钱币，恰好是埃斯库多金币的一半，等于 18 银铜合金雷阿尔 28 马拉维迪。正面是面向右的头像，背面是通常的盾徽，这面的币文是"INITIVM SAPIENTIAE TIMOR DOMINI"[353]。由于马拉维迪的零头，兑换麻烦，1742 年 6 月 22 日决定废除这种钱币，另造一种类似的钱币，币值正好是 20 银铜合金雷阿尔，故名小杜罗。相对"半埃斯库多金币"，人们更偏好"金杜罗"，其成色比之前差一些，只有 21 开 3 格令。币图一样，币文是："PHILIPPVS V D G"（腓力五世蒙恩）年份/ "HISPANIARVM REX"（为西班牙国王）。也叫二十雷币（Veintén，二十雷阿尔之意）、小冠币和小埃斯库多币，直到费尔南多七世时期都是唯一的省金币，且只在西班牙制造。面对要对银币进行新的差额补偿的意图，1743 年，规定用铜币支付不得超过 300 雷阿尔，更大额的支付应使用银币或金币。

四、腓力五世统治时期的其他重大事件

腓力五世统治的某些时代，在西班牙流通法国巴约讷制造的短雷阿尔，成色 11 迪，出币率为每马克 76 枚，价格为 32 夸尔托，相当于 1737 年以前的二雷阿尔，美洲习惯叫比塞塔。相反，允许法国的金路易、比索和半比索流入，在法国称为白色镑。

18 世纪初期，在加那利群岛流通叫作班巴的各种雷阿尔和半雷阿尔。一些是两位天主教国王时期的，一些是圣多明各和墨西哥以胡安娜和卡洛斯的名义制造的，还有一些是腓力五世 1707 年发行的。坎帕内尔提到的一些银币属于这一时期，钱币的周边没有币文，引人注意的是一面的交织字母"A P M L S"，坎帕内尔认为表示拉斯帕尔马斯。底部分别是 24、60 或 80 等数字。还混有大量欧洲各国制造的假币。

一些英国金币和银币，加印有"VIGO"（维哥）和"LIMA"（利马）字样，是用 1702～1745 年从西班牙战船上掳获的战利品制造的。

第二节　其他国家统治时期的货币

一、路易斯一世和费尔南多六世统治时期

路易斯一世统治时间很短（1724 年 1 月 19 日到 8 月 31 日）。这段时间机械造币厂制造八埃斯库多和四埃斯库多，塞维利亚制造币值更小的金币。马德里、塞维利亚和机械制造厂制造二雷阿尔的银币，币图是四个象限的大盾徽。巴利阿里以他的名义制造了一些铜币，前面已经介绍过了。

费尔南多六世统治时期（1746～1759 年），继续腓力五世的币图和币值，直到小杜罗币被广泛接受，不再制造八雷阿尔。马德里和塞戈维亚制造的二雷阿尔和雷阿尔，币图是被四个象限的大盾徽，还造半雷阿尔，背面相同，正面是四个象限的盾徽。

根据 1747 年的特别法，塞戈维亚机械造币厂制造四马拉维迪和二马拉维迪，币图与 1741 年的一样，四个象限的盾徽和怀抱两半球的狮子，正面的币文是："FERDINS VI D G HISP REX"（费尔南多六世蒙恩为西班牙国王）。

由于加泰罗尼亚缺少小硬币，机械造币厂制造了一批阿尔迪特币。正面是上加王冠的盾徽，四个象限里只有城堡和狮子，背面[354]上加王冠的盾徽的四个象限里是十字架和条纹，币文："FERDINANDVS VI D G"（费尔南多六世蒙恩）/ "CATALON PRINCEPS"（为加泰罗尼亚公爵）。币下部标注年份为 1754 或 1755。1756 年的稍有变化，背面全是条纹，约重 3.00 克，出币率应是每卡斯蒂利亚马克 76 枚；22.5 阿尔迪特值 1 雷阿尔。

二、卡洛斯三世统治时期的货币改革

1770 年，马德里发行的马拉维迪币成为制造"银铜合金币"的标准，直到 1858 年[356]*。其正面是面向右的胸像，发带束住假发，胸像两边分别是造币厂的标记和币值，周边币文是"CAROLVS Ⅲ D G. HISP REX"（卡洛斯三世蒙恩为西班牙国王），下部是年份；背面是堂佩拉约十字架，中心是百合花，十字架分隔的四角分别是城堡和狮子，桂花边饰取代了币文。1771 年 9 月 25 日和 1772 年 5 月 5 日的法规命令收回之前的所有银铜合金币，在塞戈维亚制造总值达 600 万雷阿尔的 11 马拉维迪[356]、四马拉维迪、二马拉维迪、马拉维迪，相应的出币率分别为每磅 38 枚、85 枚、187 枚、408 枚。从那时起，在抛币游戏时就有了猜"十字架面"或"百合花面"的说法。

1771 年 5 月 29 日，改革金币和银币。金币的成色降至 893‰，也就是 21.42 开金，币图为面向右的胸像[357]和被金羊毛勋章围绕的加冠大盾徽，币文："CAROLVS D G HISP ET IND R"（卡洛斯蒙恩为西班牙和西印度国王），下部是年份/ "IN VTROQ FELIX AVSPICE DEO"，造币厂标记和币值。唯一的省金币是半埃斯库多，也就是小埃斯库多或小杜罗币，正面是面向右的胸像和币文"CAROL Ⅲ D G HISP R"（卡洛斯三世蒙恩为西班牙国王），背面是上加王冠的椭圆形盾徽，里面是城堡、狮子和百合，币周环绕金羊毛勋章，没有币文。

银币有马德里和塞维利亚制造的八雷阿尔，旧币图："R"和"8"之间的四个象限大盾徽。但从 1772 年起，币图改为英雄式或有披风的胸像[358]，背面是上加王冠的盾徽，四个象限里分别是城堡和狮子，中心是百合，下部是石榴，币文是"CAROLVS Ⅲ DEI G"（卡洛斯三世蒙恩）/ "HISPANIARVM REX"（为西班牙国王）。钱币背面有币值、造币厂和检定师的标记，正面下方标注造币年份。造币厂是马德里和塞维利亚。至于成色，最后的杜罗币接近 11 迪，当时的八雷阿尔和四雷阿尔降到 10 迪 20 格令，面额更小的钱币只有 9 迪 18 格令。

1779 年，规定 1 金盎司值 320 雷阿尔，也就是 16 坚挺比索，与前几任国王统治时期对美洲的规定一样。1786 年，出现新的小杜罗币，即二十银铜合金雷阿尔，取代 1772 年以前的，由于差额补偿，旧币已经涨到 21¹/₄ 雷阿尔。这些法令悄悄地降低了金币的成色和重量：1772年金币的成色是 909‰，埃斯库多仅为 896‰。1764 年金币成色还在911‰~917‰。1772 年的一项法令禁止在卡塔赫纳流通 6 倍币、3 倍币和巴伦西亚迪内罗。

卡洛斯四世统治时期（1788~1808 年）继续前任国王的币图和币值，却改变了胸像，尽管偶尔也保留卡洛斯三世的胸像。现在实行的所谓"实际价值"造成与差额补偿相同的损害。

三、伯明翰的假杜罗币

卡洛斯四世统治期间发现在伯明翰这个英国城市里伪造美洲比索运往英国印度公司。他们自己的厂商供认"共造了数量十分可观的八雷阿尔"。1792 年，仅一个厂每周就制造价值高达 100000 银铜合金雷阿尔的钱币，也就是约 5000 枚钱币。可能最初只是出于需要，因为东方人只接受西班牙的"两半球比索"，习惯用于同马尼拉的贸易。后来逐利之心驱使他们去造假，在中国就证实有制造假币和假币模的欺诈行为。英国政府用从西班牙人手里掳获的钱币制作币模，赝币制造者甚至再仿制英国政府制造的币模。

伪造假币的主要种类有：（1）冲压一枚合法杜罗币，修剪到标准直径，减至 84 格令；（2）锉两枚杜罗币，留一个正面薄膜和一个背面薄膜，然后把它们焊成一个铜坯；（3）铜银合金中铜比标准比例多 84格令；（4）两层银包铜；（5）包银的锡币。

四、十八世纪纳瓦拉的钱币

这一时期的纳瓦拉钱币是铜币，只有一种币图，按照前几任国王统治时期的模式，且都是八边形，加工粗糙。正面是国王名字的首字母或交织字母，上加王冠，下有国王的世序，有时是作为西班牙国王的世序，有时是作为纳瓦拉国王的世序，有时还会在同一国王统治时期出现两个世序。背面是枷锁连成的盾徽，上加王冠，两边分别是潘普洛纳的第一个字母"P"和最后一个字母"A"。其中一些币文为："NA-VARRAE REX"（纳瓦拉国王）/"PHILIP V D G"（腓力五世蒙恩）、"HISPANIARVM REX（西班牙国王）1749"/"FERDINANDVS VI DG"（费尔南多六世蒙恩）、"CAROLVS VI DG"（卡洛斯六世蒙恩）/"NA-VARRAE REX（为纳瓦拉国王）1788"。像西班牙其他地区一样，制造六马拉维迪[359]、二马拉维迪[360]等马拉维迪倍数币。

第十七章
独立战争和费尔南多七世统治
时期的西班牙货币

1807 年，拿破仑强加于卡洛斯四世的《枫丹白露条约》，意在瓜分葡萄牙，却为法国军队打开了西班牙大门，使法国军队得以不战而逐渐占领西班牙。在识破法国皇帝的意图后，1808 年 5 月 8 日马德里爆发起义，拉开了独立战争的序幕。

从此时起，西班牙有两个政府。一个是执行 1808 年 7 月的《巴约讷宪法》所代表的法国先进理念的约瑟夫·波拿巴的"入侵"政府；另一个是因费尔南多七世正流亡国外而成立的王国中央政务会，1810 年中央政务会授权一个摄政理事会召开加的斯代表大会，颁布了自由派支持的 1812 年宪法。

1808 年至 1814 年，战争局势的变化使得侵略者和被占领者以双方君王的名义制造货币，有各种创新，这些创新后来成为钱币的国籍证明。

第一节　"入侵"政府的货币

一、卡斯蒂利亚的约瑟夫·拿破仑货币："计价"的银铜合金雷阿尔

这位君主是法国皇帝的长兄，于 1808 年 7 月 20 日进入马德里，1813 年 5 月 13 日离开西班牙。从一开始他就着手改革钱币，1809 年 4 月 18 日的法令规定"金币和银币应以银铜合金雷阿尔标注币值，二十雷阿尔[361]取代八雷阿尔，八十雷阿尔[362]替换二埃斯库多，依此类推其他货币"。这样官方认可了过去民间的叫法，在货币上以文字体现出来。

从这时起制造 320 银铜合金雷阿尔、160 银铜合金雷阿尔、80 银铜合金雷阿尔、40 银铜合金雷阿尔、20 银铜合金雷阿尔的金币，币值标注在背面盾徽的两边，分别相当于 27.15 克的金盎司、13.53 克的二多

乌隆、6.75 克的多乌隆、3.35 克的埃斯库多和 1.68 克的小杜罗。制造的银币的币值为 20 银铜合金雷阿尔，即 27.35 克的八雷阿尔；10 银铜合金雷阿尔，即 13.10 克的四雷阿尔；4 银铜合金雷阿尔，即 5.85 克的二雷阿尔；2 银铜合金雷阿尔，即 2.92 克的雷阿尔；1 银铜合金雷阿尔，重 1.45 克。

已发现的有马德里从 1808 年制造的二十雷阿尔[361]和一些 1809 年和 1810 年制造的八雷阿尔，用的是旧币名和计价单位。最早的钱币是用法国同时期的 6 镑的埃斯库多银币制造的，成色 901‰。塞维利亚 1812 年也有制造。金币的纯度则是 875‰。

所有这些钱币的币图基本一致：正面是约瑟夫·波拿巴的胸像，背面是上加王冠的盾徽被分成六部分，里面分别是卡斯蒂利亚、莱昂、阿拉贡、纳瓦拉、格拉纳达和西印度的标志，中心还有鹰。银币的币文："IOSEPH NAP DEI GRATIA"（约瑟夫·拿破仑蒙恩）年份/"HISPAN-IARVM ET IND REX"（为西班牙和西印度国王），造币厂和钱币检定员的标记；金币的币文是"IOSEPH NAP D G HISP ET IND R"（约瑟夫·拿破仑蒙恩为西班牙和西印度国王）年份/"IN VTROQ FELIX AVSPICE DEO"和标记。

1809 年至 1813 年，塞戈维亚沿用铜币模式制造的八马拉维迪，正面是约瑟夫·波拿巴面向左的胸像，背面保留了堂佩拉约十字架，但用鹰替代了百合。好像在 1801 年至 1813 年还制造了四马拉维迪和二马拉维迪，可能用的是卡洛斯四世的币模，钱币上是他的肖像和名字。

二、巴塞罗那的拿破仑货币：比塞塔

由于战争和对钱币的需求，1808 年 8 月 21 日巴塞罗那开了一家造币厂，该厂制造的钱币及币名都是西班牙前所未有的。

就在 1808 年，允许制造 "2 埃斯库多的多乌隆币[363*]，每枚值 4 杜罗，重量、金纯度和大小都与当时在马德里制造的相同。还有坚挺比索银币[364]；半比索，比塞塔和半比塞塔，四夸尔托[365]、二夸尔托、夸尔托和欧恰博[366]铜币。所有这些钱币上都有巴塞罗那盾徽的印章或标记，每种钱币配上简单的装饰图案；金币和银币有饰边，铜币没有；正面标注币值，周边是巴塞罗那城的名字和造币年份"。正是由于这些特点，它们比约瑟夫·波拿巴在马德里制造的改革币更先进，货币单位比塞塔在 1868 年革命后最终在西班牙推广。作为对上述法规的补充，1811 年 8 月 27 日下令将在加泰罗尼亚流通的阿尔迪特变成欧恰博，同年 11 月 29 日授权制造币值为20比塞塔的金币[363]，成色和重量与1808年马德里制造的多乌隆金币一样。检定的纯度为864‰，也就是20.7开，重6.70克。

币图和币文与西班牙无关，与卡洛斯四世和约瑟夫·波拿巴也无关。事实上，图案是抄袭法国执政府和第一帝国的钱币，币图以及币文就是出让巴塞罗那城。面对拿破仑这样一个安排自己的哥哥约瑟夫做代理人的集权君王，不得不怀疑这一出让大概只是第一步，他包藏的野心是要把加泰罗尼亚以及整个埃布罗河左岸并入法国，正如1810年他公开表示的。

注：分别为约瑟夫·波拿巴：八十银铜合金雷阿尔金币（362）、二十比塞塔金币（363）；二十银铜合金雷阿尔银币（361）、五比塞塔银币（364）；四夸尔托（365）和半夸尔托铜币（366）。

图45　361～366号币

至于表示金币和银币币值的名称，可能是因为从卡洛斯三世开始的加泰罗尼亚与美洲的贸易往来，伯爵城用比塞塔表示二雷阿尔银币，尽管在腓力五世统治时期已经看到这样的表示方式。久而久之，人们将八雷阿尔或坚挺比索叫作"五比塞塔"，这只是用这个名称及所代表的价值表示已知的倍数币。事实上，四银铜合金雷阿尔（也就是二银雷阿尔或比塞塔）的五倍是二十银铜合金雷阿尔，也就是十银雷阿尔或五比塞塔。从词法上讲，这一名称是加泰罗尼亚特有的，因为比塞塔（Peseta，复数 Pessetes）的意思是"小比索"，它等于 1/5 坚挺比索或杜罗，确实是小比索。这个时代法国把比塞塔叫作"piécette"。

小硬币的币值也发生了明显的新变化。确实，从天主教双王时期就一直用夸尔托一词表示 4 马拉维迪这个币值，但在近代从未造过一枚叫夸尔托的钱币。很可能是因为除了追求名称和币图的创新，还总力图制造高币值钱币。于是在比塞塔取代了银雷阿尔的情况下，推出了夸尔托来取代马拉维迪，甚至还推出了等于 16 马拉维迪的"四夸尔托"。从卡洛斯二世时起，就把一定数量的"夸尔托"作为银币的等分币，这才是制造这种钱币的根本原因。

所有这些钱币的一般特征是：背面是伯爵城的菱形盾徽，正面表示币值，下边饰是年份，上边饰是"EN BARCELONA"（于巴塞罗那）。半夸尔托没有币文，按币值配缘线、边饰和弧形突花边。1808 年至1814 年，年年制造 27.05 克的五比塞塔、5.80 克的比塞塔和四夸尔托。仅在 1811 年制造了欧恰博，1812 年至 1814 年制造二十比塞塔金币。"杜罗币"的纯度仍是 901‰，证明与马德里制造的"二十雷阿尔"同源。尽管有资料称还制造半比塞塔币，但没有找到。

第二节 公国中央政务会统治下的钱币

一、公国最高政务会的钱币

这些是加泰罗尼亚以费尔南多七世的名义制造的钱币，理应延续卡洛斯四世的货币，但实际上大相径庭，有的不顾分属相反的阵营，抄袭巴塞罗那造币，还有的使用地方币图和币名。

因军事冲突导致货币短缺，不得不从 1808 年开始造币。赫罗纳地方政务会[367]从一开始就发行光面坯的八雷阿尔，字模是"FER Ⅶ"（费尔南多七世），另一面分三行写着"GNA（赫罗纳）–1808 – UN DURO（1 杜罗）"，这可能是第一次在货币上这样表述。成色为 11 迪，重 15阿达尔梅，币值是 37 苏埃尔多 6 迪内罗。后来成色降到 10 迪 15 格令，币值为 36 苏埃尔多 2$^1/_2$ 迪内罗。第二年制造的"头像杜罗"币，币图是面向右的"英雄式"胸像和上加王冠的四个象限盾徽，两边分别是"5"和"P"（比塞塔），无疑是模仿伯爵城，币文："FERNANDO Ⅶ REY DE ESPAÑA 和 GERONA AÑO DE 1809（西班牙和赫罗纳国王费尔南多七世 1809 年）"。据说因币模损坏只造了 9 枚就没再造，但未证实。

同期，莱里达、塔拉戈纳和托尔托萨也发行类似的货币。1809 年，莱里达造币的字模是"5Ps（比塞塔）"，背面是有当地树枝的小盾徽，下边是"ILD"（伊莱尔达 Ilerdensis 的缩写）。1809 年还制造了一些钱币，是模仿赫罗纳同年的造币。1809 年塔拉戈纳造的币与莱里达一样，币图是条纹小盾徽。托尔托萨造的钱币像赫罗纳 1808 年的钱币那样，标注"TOR－SA（托尔托萨）"和"DURO（杜罗）"，但没有年份。马略卡岛 1808 年制造的钱币也属于这类货币，上面标着"30 S（苏埃尔多）"，在岛上等同于 8 雷阿尔、1 杜罗或 5 比塞塔，也是光面坯上的字模标着 FER Ⅶ（费尔南多七世）。有圆形的，背面是当地盾徽，邦宁制；还有八角形的[374]，应该是库斯切里制造的。

除了这些应急的货币，公国最高政务会还制造了有加泰罗尼亚标记"C"的八雷阿尔，在币上标注"R"和"8"，币图是英雄式胸像和常见的盾徽，还制造四雷阿尔、二雷阿尔、雷阿尔。由于战乱，1809 ~ 1811 年造币厂流动于雷乌斯和塔拉戈纳之间，最终于 1811 年迁到马略卡岛帕尔马，直到 1814 年。1808 年和 1809 年还制造金盎司，币图是胸像和盾徽[375]。

1801 年至 1814 年，同一政务会还制造铜币，具体有六夸尔托[368]、三夸尔托[369]、二夸尔托[370]、一倍半夸尔托[371]、夸尔托[372]和欧恰博币[373]。尚未研究这些币值为什么这样设置。它们的正面都是上加王冠的盾徽，盾徽的四个象限里分别是城堡和狮子，还有百合花和石榴，一倍半夸尔托的盾徽是椭圆形的；背面是条纹盾徽，一个币值一个形状，分别是窗框形、椭圆形、长菱形、圆形、圆形下有尖和长圆形；币文为："FERDIN Ⅶ HISP REX（西班牙国王费尔南多七世）1811"/"PRINCIP CATHAL"（加泰罗尼亚公国）。

佩德拉尔·莫林内和达西介绍过在巴塞罗那以费尔南多七世的名义制造的一枚二雷阿尔，币上的年份是 1812，正面是英雄式胸像，背面是通常的盾徽，这面的币文是"REY DE LAS ESPAÑAS"（西班牙国王）。应该承认该钱币上的日期是错的，更准确地说是由于 1812 年威灵顿在阿拉皮莱斯战役中获胜，他们认为这年能够进入巴塞罗那。这样这款钱币就成了纪念币。币上的首字母"SF"是那些年政务会造币厂检定员的名字的缩写。

二、全国政务会的费尔南多货币

与加泰罗尼亚和巴利阿里同步，西班牙各地开始制造另一些钱币，但总是遵从八雷阿尔的旧标准。

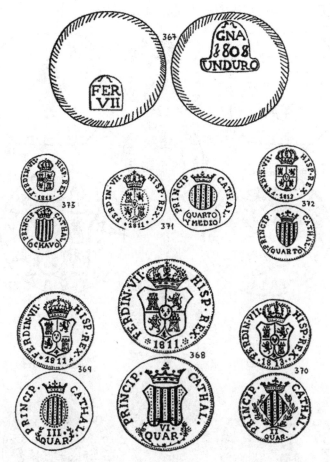

注：均为独立战争时期以费尔南多七世名义造的币，其中银币：杜罗币（367）；铜币：六夸尔托（368）、三夸尔托（369）、二夸尔托（370）、一倍半夸尔托（371）、夸尔托（372）和欧恰博（373）。

图46 367～373号币

1808年8月24日，利用约瑟夫国王在拜伦战败逃亡之机，"费尔南多七世在马德里登基"，随之议会制造了一些纪念币，是二雷阿尔、雷阿尔和半雷阿尔银币，正面是椭圆形盾徽，通常的四个象限图案，还有金羊毛勋章和王冠，背面是装饰或花押字母，里面有国王的世序Ⅶ；币文："FERDINAND Ⅶ D G HISPAN ET IND REX"（费尔南多七世蒙恩为西班牙和西印度国王）和"ACCLAMATIO AVGVSTA MATR D 24 AYG AN 1808"（拥戴奥古斯都圣母1808年8月24日）。一般认为还制造了一些八雷阿尔，用的是卡洛斯四世的币模，但可能是费尔南多七世的。马德里之后再造这位君王的钱币是在1812年。

注：分别为独立战争时期以费尔南多七世名义造的币：金盎司（375）、三十苏埃尔多或杜罗币（374）、八雷阿尔（376）；费尔南多七世统治时期：三夸尔托（377）、四雷阿尔（378）和马拉维迪（379）。

图47　374～379号币

同样在 1808 年，塞维利亚制造八雷阿尔，币图是面向右的国王胸像和通常的盾徽，两边分别是"R"和"8"。还有多乌隆币。从 1810 年起，在加的斯也制造同样的钱币，加的斯的标记是加冠的"C"[376]，可能是用在拜伦从杜邦元帅那里掳获的战利品制造的，当时掳获 60000 坚挺比索和 8000 金盎司，都入了加的斯司库。有资料说萨拉戈萨制造了八雷阿尔，但没有找到。巴伦西亚 1809 年发行四雷阿尔，1810 年发行八雷阿尔，1811 年发行了二雷阿尔、四雷阿尔、八雷阿尔。

1811 年 5 月 29 日，政务会下令开设新造币厂制造小硬币，成色、重量和图章（币图）应与塞戈维亚机械造币厂制造的钱币一样：国王胸像和堂佩拉约十字架，提到费尔南多七世的币文。于是胡比亚（Jubia，即拉科鲁尼亚）从 1812 年开始造币，标记是"J"[A]或"J"；且制造八马拉维迪、四马拉维迪、二马拉维迪，工艺极差；塞戈维亚被夺回后也制造这些钱币。1811 年 6 月 2 日，一道法令废止了金币上的英雄式胸像，这年的货币比价如下：20 法郎的拿破仑 = 75 雷阿尔；24 图尔镑的路易 = 88 雷阿尔 15 欧恰博；5 法郎 = 18 雷阿尔 12 欧恰博。

据丰特查讲，1812 年，巴利阿里最高政务会"以自己的方式解释 1811 年 3 月 11 日加的斯代表大会的法令，命令开设制造硬币的工厂"，生产的 7.28 克重的十二迪内罗[380]，等于 1 苏埃尔多。类似于路易斯一世的 3 倍币，但在币背面的盾徽两旁有"P"和"12"，币文是"FERDIN Ⅶ DEI GRATIA（费尔南多七世蒙恩）1812"／"HISP ET BALEARIVM REX"（为西班牙和巴利阿里国王）。

三、费尔南多七世统治时期

政治上在两段专制主义时期之间有一个短暂的宪政时期，费尔南多生命的最后几年，局势有所缓和，因为此时他的专制派拥护者转向他的兄弟卡洛斯，变成"卡洛斯派"。这一切都反映在货币之上。

1. 两段专制时期。第一段专制时期是从 1814 年 5 月 11 日至 1820 年 3 月 7 日。第二段专制时期是从 1823 年 10 月 1 日到 1833 年 9 月 14 日。两段时期的杜罗币都是戴桂冠的胸像和在"R"和"8"之间的盾徽上加王冠，币文是"FERDIN Ⅶ DEI GRATIA"（费尔南多七世蒙恩）年份和"HISPANIARVM REX"（为西班牙国王）。造币厂在马德里和塞维利亚。在专制主义统治的大部分时期，杜罗币上的盾徽仍是前朝卡洛斯三世和卡洛斯四世的盾徽。1833 年，在盾徽周边增加了金羊毛勋章[381]，并将"8－R"改成"20－R[S]"。

同时，用旧币名制造所有币值的银币和金币。金盎司是面向右戴桂冠胸像和 8 与 S 之间被金羊毛勋章环绕的大盾徽，币文是 "FERDIN Ⅶ D G R HISP ET IND R"（费尔南多七世蒙恩为西班牙和西印度国王）年份／"IN VTROQ FELIX AVSPICE DEO"。

1818 年，允许流通法国的战争币，并规定饰边完整的钱币继续按面值使用，饰边短缺的钱币则像锭一样，以重量计价。次年，决定从毕尔巴鄂和圣塞瓦斯蒂安悄悄运出残损的法国银币，再运进同数量的良币。

2. 自由派时期。从 1820 年 3 月 7 日到 1823 年 10 月 1 日，始于圣胡安角的列戈起义，随即重新确立 1812 年的《加的斯宪法》。

1821 年 5 月 1 日下令制造的一种新币，是唯一一种西班牙和海外殖民地都使用的钱币，金币是面向右的无冠胸像和金羊毛勋章环绕的大盾徽，币文与二十雷阿尔一样。这阶段的币值与约瑟夫·波拿巴时期一样，表示为 320 银铜合金雷阿尔、160 银铜合金雷阿尔和 40 银铜合金雷阿尔。

这时的杜罗币[382]的正面是无冠头像，背面是双柱之间的盾徽，下方是币值 "20 Rs（20 雷阿尔）"，币文是 "FERNANDO 7.° POR LA GRA-CIA DE DIOS Y LA CONSTITUCIóN"（费尔南多七世蒙恩依据宪法），年份／"REY DE LAS ESPAÑAS"（为西班牙国王）。请注意它与 1812 年的二雷阿尔极为相似。在马德里、塞维利亚和巴塞罗那制造。

还有法国的三法郎埃斯库多币被加印和重造成半杜罗币[383]：正面是费尔南多七世面向右的无冠头像，背面是两行字："RESELLADO（加印）–10 RS"（10 雷阿尔）；币的最下端有 "U、B、G" 三个大写字母。币文为："FERN 7.° POR LA G. DE DIOS Y LA CONST（费尔南多七世蒙恩依据宪法），1821"／"REY DE LAS ESPAÑAS"（为西班牙国王）。加印之前在巴塞罗那值 2 比塞塔 3 雷阿尔。

铜币是继续用卡洛斯四世的币图制造的马拉维迪，只是改了胸像，制造于胡比亚、塞戈维亚、马德里，甚至潘普洛纳 1823 年也制造了，仍有重量不一致的问题。巴塞罗那在这个时期制造 "省币"。六夸尔托和三夸尔托[377]仿照公国最高政务会制造的同值币的币图。正面是常见的四个象限盾徽，上加王冠；背面盾徽上的王冠上方有一只蝙蝠，盾徽的四个象限里是巴塞罗那的标志，两枝月桂枝托起盾徽，下端分两行标注 "6 QUAR" 或 "3 QUAR"（夸尔托）。币文："FERNAN 7.° REY CON-STITUCIONAL"（宪政国王费尔南多七世），"1823" 和 "PROVINC DE BARCELONA"（巴塞罗那省）。下面介绍的造币也是 "省币"。

马略卡岛在 1821 年爆发流行病期间发行了一些杜罗币，币图让人想起独立战争时期制造的钱币。正面写着"30 SOUS"（苏埃尔多）；背面是有当地标志的菱形盾徽和写着"SALVS POPVLI"（拯救苍生）的横幅。成色是 900‰。这次发行大概激励了 1823 年的另一次发行，钱币的正面是在"5"和"P"之间的长菱形盾徽，币文是"FERN 7.° P. LA G. DE DIOS Y LA CONST"（费尔南多七世蒙恩依据宪法）；背面是月桂枝环绕的三行字"YSLAS"（群岛）– "BALEARES"（巴利阿里）– "1823"。且就在造币期间又恢复了专制主义统治，此时币文的最后部分又改成"REY DE ESPAÑA E INDIAS（为西班牙和西印度国王）"，于是出现了两种钱币。为制造这些钱币，检测了一枚 1822 年制造的巴塞罗那杜罗币，测定的成色为 10 迪 16 格令，于是就制造了同样成色的杜罗币。

在昂古莱姆公爵指挥下"圣路易的十万孩子"进入西班牙，粗暴地结束了这段自由派执政时期，恢复了专制统治。这次外国援助在货币上的反映是，奥亚尔顺政务会于 1823 年决定将五法郎即"拿破仑币"定价为 19 雷阿尔，然而实际只值 17 雷阿尔 24 马拉维迪，这一媚外举动导致西班牙杜罗币消失，法国货币大量涌入。

面对侵略者，巴伦西亚制造了一种围困时期的半杜罗币[378]，正面是国王的胸像，背面是有当地标志的菱形盾徽，两边分别有"4 – R"和"L – L"，币文为"VALENCIA SITIADA POR LOS ENEMIGOS DE LA LIBERTAD"（被自由的敌人围困的巴伦西亚）。

据科斯·加永介绍，直到费尔南多七世逝世，一直存在以下问题：西班牙杜罗币消失和阻止拿破仑币入侵；改革金币和银币的比价；为各种币进入十进制创造条件；统一全国币制和省币制。

四、费尔南多七世统治下的纳瓦拉货币

过去无变化地一再重复的国王名字首字母上加王冠的币图，现在变成了国王头像，头像两边是"6（或 3）"和"M"，以马拉维迪表示的币值，背面是戴冠十字架上面的枷锁盾徽，十字架两边臂下各一个"P"。币文："FERDINANDVS Ⅶ D G NAVARRAE REX"（费尔南多七世蒙恩为纳瓦拉国王），年份/ "CHRISTIANA RELIGIO"（基督教），让人想起查理大帝时期的币文。有六马拉维迪[384]（即格罗斯）、三马拉维迪、马拉维迪[379]，还有半马拉维迪，即科尔纳多币。

最早制造这些钱币的年份是 1818 年，应该每磅出币 181 马拉维迪。规定 1 比塞塔值 72 马拉维迪，没有以前曾有的半马拉维迪差额补偿；

按比例半比塞塔或 1 银雷阿尔值 36 马拉维迪，1 银铜合金雷阿尔值 18
马拉维迪。但这一规定没有奏效，因为虽然对当事人自己不利，人们还
是习惯使用"38 马拉维迪的雷阿尔"做计价货币，于是比塞塔仍等于
76 马拉维迪，它的等分币分别等于 38 马拉维迪和 19 马拉维迪。1828
年和 1829 年下令制造 3 马拉维迪的 3 倍币和科尔纳多币，出币率是每
磅铜 191 马拉维迪。

注：分别为独立战争时期以费尔南多七世名义制造的钱币：马略卡岛的十二迪内罗
（380）；费尔南多七世统治时期：二十银铜合金雷阿尔银币（381～382）和十雷阿尔银币
（383）；纳瓦拉的六马拉维迪铜币（384）。

图 48　380～384 号币

五、杜罗币上费尔南多七世的肖像

目前，西班牙的钱币学研究虽然没有其他国家那么丰富多彩，但研

究的题目和焦点也是多种多样且真正有意义的。其中之一就是收藏家拉斐尔·萨沃对"费尔南多七世的肖像"的研究，可成为类似研究的典范。

据这位杰出的学者介绍，在费尔南多七世之前，波旁王朝每位君王统治时期货币上只出现一种君王肖像，但在这位国王统治时期却有很多种，其中不少在独立战争中被围困时期发行的货币上的肖像是猜想出来的。萨沃把造币厂基本分为两种：一种是制造八雷阿尔的真正造币厂，如马德里、塞维利亚和巴塞罗那造币厂；另一种是临时作坊，如加的斯、赫罗纳、莱里达、马略卡岛帕尔马、塔拉戈纳、托尔托萨、巴伦西亚的造币作坊和"加泰罗尼亚"的流动造币作坊。

猜想的肖像始于塞维利亚，是马丁·古铁雷斯 1809 年制造的，紧接着赫罗纳和莱里达也在这年制造出各种肖像币模，萨沃说有的"有非常明显的罗马特色"。加泰罗尼亚有另外一种肖像模型，是曼努埃尔·佩莱格尔 1809 年制造的，巴伦西亚 1811 年照做了这种模型，且均无冠，胸像有披风，只有赫罗纳的有胸甲。

真实肖像的"总铸模"出现于 1809 年的塞维利亚，是束带头像。另一种戴月桂头像分别于 1810～1815 年在加的斯、1811～1814 年在加泰罗尼亚、1814～1820 年在塞维利亚、1814～1818 年和 1823～1830 年在马德里反复出现。加的斯、塞维利亚和马德里的样式一模一样。

另一种真实肖像于 1816 年出现在马德里，还有一种 1812～1813 年的肖像是散发、无披风，议会为约瑟夫·波拿巴造币时也用过。

宪政时期，马德里在 1821～1823 年和 1823～1830 年使用一种老年肖像，塞维利亚和巴塞罗那在 1822～1823 年也跟着使用。最后有一种戴月桂无披风的肖像，只有马德里在 1833 年使用过。

第十八章
伊莎贝拉二世至1937年
的西班牙货币

费尔南多七世逝世引发了王位继承问题，就像他本人常说的"塞子打开了"。起初因为伊莎贝拉年幼，玛丽亚·克里斯蒂娜于1833～1840年摄政，其间她于1837年颁布自由派的宪法。最初几年，自由派和专制派之间展开了政治斗争，然而有继承王位资格的已故国王的弟弟卡洛斯五世发动1833～1840年的卡洛斯派战争后，两大阵营之争处于次要地位。在伊莎贝拉统治时期的大部分时间里，斗争在自由派内部的温和派和进步派之间展开，以致1868年爆发一场革命，终使王位空缺。临时政府短暂执政后将政权让予萨伏依王朝的阿马戴乌斯一世，随后是第一共和国，之后波旁王朝复辟，伊莎贝拉二世的儿子阿方索十二世登基。阿方索即位的最初几年，王朝继位问题再发，卡洛斯七世又发动了第二次卡洛斯派战争。费尔南多七世统治时期丢失了西印度的大部分殖民地，19世纪末古巴和菲律宾也获得独立。20世纪前30多年是阿方索十三世统治时期，期间西班牙努力弥补损失，力求用自己的力量复兴国家。

货币反映历史事件，从下面的介绍中读者将会看到西班牙钱币最后的变迁，不会因为这一时期相对短暂，又接近当代，就没有涉及钱币学和国民经济的有趣问题。

第一节　伊莎贝拉二世时期的币制

一、伊莎贝拉二世统治的最初几年

货币体系是前一统治时期的继续，延续八十雷阿尔[385]的多乌隆币制，重6.78克，币图是面向右的女王头像和金羊毛勋章环绕的大盾徽。

马德里和塞维利亚制造这个币制的金币和银币，制造银币的还有巴塞罗那，它们的标记都是城市的首字母。20雷阿尔的杜罗币的背面是上加王冠的盾徽，通常的四个象限图案，两边是"20"和"RS（雷阿尔）"，有金羊毛勋章环绕。四银铜合金雷阿尔即二银雷阿尔数量相当大，这种钱币的重量与1836年的巴塞罗那比塞塔相同，因为它们的币值也一样。与大额币一样，也是在背面盾徽的两旁用"4"和"RS"表示币值。币文通常是："ISABEL 2.ᵃ POR LA GRACIA DE DIOS"（伊莎贝拉二世蒙神之恩）/ "REYNA DE ESPAÑA Y DE LAS INDIAS"（西班牙和西印度女王），后来改为"REINA DE LAS ESPAÑAS"（西班牙女王），再后来又改为……"DE DIOS Y LA CONSTITUCIÓN / REYNA DE LAS ESPAÑAS"（……蒙神之恩依据宪法/西班牙女王）。杜罗币的边缘币文是"LEY（法律）– PATRIA（祖国）– REY（国王）"。

小硬币继续发行马拉维迪。先在胡比亚和塞戈维亚制造，直到1850年，然后从1855年到1858年在巴塞罗那制造，标记是"Bᴬ"；不可思议的是这一时期已经在制造另一个币制的小硬币。币值有8马拉维迪、4马拉维迪、2马拉维迪、1马拉维迪，也叫二夸尔托、夸尔托、欧恰博和马拉维迪，币图是卡洛斯三世开创的币图。马德里制造的有刻版部的标记"DG"的小硬币没有通过检定。1837年，在潘普洛纳出现了类似的黄铜币，都是熔铸的，椭圆形中有"8PPM"或"PP"。有一枚粗糙的硬币上是"8"和"N"，这可能是个错误，也可能是一个不知名造币坊的名字的首字母。

二、有继承王位资格的卡洛斯五世的货币

萨里亚特吉的军队在向马德里行军途中，于1837年8月4日占领塞戈维亚，并在这个城市利用费尔南多七世的币模制造八马拉维迪，图币是在脸上加了胡须。币文是"CAROLVS V D G HISP REX（卡洛斯五世蒙恩为西班牙国王）、1837"，背面不变。另外还制造一种银币，可能值1比塞塔[387]，正面是渡槽，下边四行字："CAROLVS V（卡洛斯五世）—DEI GRATIA（蒙恩）—HISP REX（为西班牙国王）—1837"；背面是金羊毛勋章环绕的盾徽，上加王冠，币周是月桂枝。

纳瓦拉之外另一个交战焦点是加泰罗尼亚。卡洛斯派在被围困的贝尔加造币厂制造六夸尔托、比塞塔和半比塞塔币。铜币[388]是面向右的戴桂冠头像和上加王冠的条纹菱形徽，两旁是"6"和"QS"（夸尔托），币文："CAROLVS V D G HISPANIAE REX"（卡洛斯五世蒙恩为西班牙国王）"1840"/ "PRINCIPATVS CATHALAVNIAE"（加泰罗尼亚公国）；下端有"BGA"（贝尔加）。

半比塞塔币[389]正面是面向右的戴桂冠头像，有穗带；背面是上加王冠的四个象限盾徽，下部有"BGA"。币文："CAROLVS V DEI G HISP ET IND REX"（卡洛斯五世蒙恩为西班牙和西印度国王），"1840"／"PRINCEPS CATHALAVNIAE"（加泰罗尼亚大公）。没有找到比塞塔币，但保存有一个正面的模压图像，币图相同，造于 1838 年。

三、伊莎贝拉二世统治下的巴塞罗那"省"币

由于第一次卡洛斯派战争，缺少资金补给战需，1836 年至 1846 年，制造了比塞塔银币和六夸尔托、三夸尔托铜币。

仅仅从比塞塔银币表示币值的方式就可以看到，巴塞罗那人没有放弃用 1808 年开创但尚未扩展到整个西班牙的币名造币，然而卡洛斯的拥护者却用此币名造币，使人怀疑他们的制币师，不论是贝尔加的还是塞戈维亚的，都应该是加泰罗尼亚人。

此外，1836 年和 1837 年的伊莎贝拉比塞塔与 1808 年至 1814 年的比塞塔惊人的相似，可以认为是出自同一位制币师[390]：正面是上加王冠的条纹盾徽，被两旁的树枝托起，下方"B"和"PS"是造币厂和检测员的标志；背面三部分分别是"＊1＊／PESETAS（比塞塔）／交叉的树枝"，下边是年份；币文："ISABEL 2.ª REYNA CONST DE LAS ESP"（伊莎贝拉二世依据宪法为西班牙女王）／"PRINCIPADO DE CATALUÑA"（加泰罗尼亚公国）。

四雷阿尔，也就是比塞塔币，通常在马德里、塞维利亚和巴塞罗那制造，用自己币图的造币很罕见，佩拉达尔塔斯解释是因为"察觉到必须使币模与全国货币的币模一样，在同一个国家不要造出两种钱币，特别是币值、重量和成色相同的情况下……奇怪的是没有看到币上有"S.M."的胸像。这也就是改变比塞塔刻版的原因"，与金币一起接受了西班牙其他造币厂同样的币图。

六夸尔托造于 1836 ~ 1841 年和 1843 ~ 1846 年，重复费尔南多七世统治下的 1823 年的币图，但加注"6 CVAR"（夸尔托）。币文与比塞塔的一样。三夸尔托[391]的制造年份与六夸尔托一样，特点也一样，但 1836 年制造的有一点儿小变化，标注的"Ⅲ－QVAR"（夸尔托），币文不再模仿 1823 年的钱币，而是继续用公国最高政务会的币文"PRINCIP CATHAL"，但在 1836 年当年就又不用了。

四、银铜合金雷阿尔币制

依据 1848 年 4 月 15 日的国王令建立了这一币制，主要目的是结束

5 法郎兑换 19 银铜雷阿尔的不利比价，因为已证实 95 西班牙杜罗币有 2 盎司，比 100 拿破仑币多 7 阿达尔梅 21 格令银。该法令还试图将不同金属币的换算形成十进制的关系，这在许多国家已经实现了。但只在小硬币取得了真实的效果，小硬币先后有两种进制在理论上与先前的钱币是不相容的。

1. 将雷阿尔十等分的信用币值

1848 年推出这种钱币，直到 1853 年。有半雷阿尔、1/10 雷阿尔（Décima，德西玛）、2/10 雷阿尔（2 德西玛）和 0.5/10 雷阿尔（半德西玛），都是铜币。造币厂是塞戈维亚和马德里造币厂。半雷阿尔[392]也就是五德西玛的币图：正面是上加王冠的盾徽，通常的四个象限图案，但盾徽的形状很新颖；背面分四行写着："MEDIO（半）—REAL（雷阿尔）—CINCO（五）—DÉCIMAS（德西玛）"。币文："ISABEL 2.^{A} POR LA G. DE DIOS"（伊莎贝拉二世蒙神之恩）/ "Y LA CONST REINA DE LAS ESPAÑAS"（并依据宪法为西班牙女王）。其他币值也是同样的正面币图和币文，只是背面表示的币值相应改变。

1852 年 8 月 5 日下令回收加泰罗尼亚小硬币，应兑换为"按本位分割的承兑票据"，直到有了新的钱币。还生产了 60 银铜雷阿尔、100 银铜雷阿尔、200 银铜雷阿尔、500 银铜雷阿尔、1000 银铜雷阿尔的票据，其中一张上写着："相当于铜币的票据，1853 年 1 月 1 日于巴塞罗那"。票据角上注明公国各省的名称，即强制流通的地方。过了承兑期，各种钱币的比价是：六倍币 = 8 马拉维迪，三倍币和四夸尔托 = 4 马拉维迪，这对政府有巨大的利益。

2. 将雷阿尔百等分的信用币值

1854 年，新币替代了之前的旧币，直到 1864 年。特点是以某种方式取消了半雷阿尔和二德西玛。制造了 1/4 雷阿尔（夸尔蒂约）、10% 雷阿尔（10 Céntimos de Real，十分雷阿尔）和 5% 雷阿尔（5 Céntimos de Real，五分雷阿尔）。夸尔蒂约[393]的正面是面向右的胸像和上加王冠的盾徽在 "UN（一）" 和 "C^{LLO}（夸尔蒂约）" 之间，背面的币文写道："REINA DE LAS ESPAÑAS（西班牙女王）– 25 CENT DE REAL（25 分雷阿尔）"。更小面值币的币图一样，直径更小，币值表示为 "10 CENT DE REAL（10 分雷阿尔）" 和 "5 CENT DE REAL"（5 分雷阿尔）。塞戈维亚于 1854 年至 1864 年制造了这三种钱币，巴塞罗那只在 1864 年制造了最大的那种。

3. 金币和银币的标准单位

1848 年推出的伊莎贝拉多乌隆是更大的创新，成色应当是 900‰，出币率为每马克 27.6 枚，每枚重 8.37 克，也就是 167 格令，1851 年曾暂时中断制造。它的重量与 6.70 克重的旧多乌隆毫无关系，因为查理五世统治的 1535 年在西班牙推出的埃斯库多金币制此时已经结束了。银币单位是每马克出 175 枚的雷阿尔，每雷阿尔重 1.31 克。

注：分别为有继承王位资格的卡洛斯五世：比塞塔（387）、半比塞塔（389）和六夸尔托（388）。伊莎贝拉二世：银币：四银铜合金雷阿尔（386）和比塞塔（390）；金币：80 银铜合金雷阿尔（385）；铜币：三夸尔托（391）和半雷阿尔（392）。

图 49   385～392 号币

1854 年再次推出伊莎贝拉多乌隆币，因为合 100 银铜合金雷阿尔，得名森滕[394]，钱币上注明了这一币值：正面是面向左的头像，背面是被分隔成许多格的椭圆形大盾徽，下边标着"100 RS（雷阿尔）"；重 168 格令，即 8.40 克，出币率为每马克 27.43 枚。1861 年制造的四十雷阿尔和二十雷阿尔金辅币，出币率分别为每马克 68.57 枚和 137.15 枚，以弥补厚银币的不足。

与金辅币配套的是重 520 格令的杜罗银币，约 26.00 克，每马克出币 8.86 枚，标示为 20 雷阿尔，从 1850 年在巴塞罗那开始制造[395]，背面是一种加了两根柱子的新盾徽，没有金羊毛勋章，币值放在下端。1855 年在马德里制造了一个"试样"，之后在 1860 年变成正式发行，这次又推出另一种新盾徽，盾徽的垂直两侧是金羊毛勋章和柱子，下边是币值。这时的一个创新是不再用名称的首字母作造币厂的标记，而是用不同数量角的星代表不同的造币厂，六角星代表马德里，七角星代表塞维利亚，八角星代表巴塞罗那。四银铜合金雷阿尔[396]，也就是二银雷阿尔或比塞塔的这一变化始于 1852 年，三家造币厂同时变化。

下面是金币币值表，第一列是币上标的"银铜合金雷阿尔"币值，然后是币名、币重，最后是折合银币的币值。

100 银铜合金雷阿尔 = 多乌隆，8.40 克 = 10 埃斯库多银币

40 银铜合金雷阿尔 =（埃斯库多），3.35 克 = 4 埃斯库多银币

20 银铜合金雷阿尔 =（小杜罗），1.60 克 = 2 埃斯库多银币

1 多乌隆 = 10 埃斯库多（5 杜罗）= 100 雷阿尔 = 1000 德西玛（/10）

1 埃斯库多 = 10 雷阿尔 = 100 德西玛

1 雷阿尔 = 10 德西玛

可以看到旧的多倍数金币消失了，只剩一种特别重的多乌隆，是最小币值的 5 倍，与该币制中的其他钱币一样，用银铜合金雷阿尔表示币值。从下文可看到 20 雷阿尔（杜罗）的银等分币的币值与其重量成正比，其中各列分别为币上标的币值、币名、重量和折合铜币的币值。

20 银铜合金雷阿尔 = 杜罗⋯⋯⋯⋯⋯ = 26.00 克 = 170 夸尔托

10 银铜合金雷阿尔 = 半杜罗（埃斯库多）= 13.00 克 = 85 夸尔托

4 银铜合金雷阿尔 = 比塞塔⋯⋯⋯⋯ = 5.24 克 = 34 夸尔托

2 银铜合金雷阿尔 = 半比塞塔⋯⋯⋯ = 2.62 克 = 17 夸尔托

1 银铜合金雷阿尔 = 雷阿尔⋯⋯⋯⋯⋯ = 1.31 克 = 8 $\frac{1}{2}$ 夸尔托

1854 年，雷阿尔被分为 100 分，中世纪以来卡斯蒂利亚一直使用的旧计价单位马拉维迪从此消失。规定 1 马拉维迪值 3 分雷阿尔，50 分可以兑换 17 马拉维迪，在当时许多产品都用这两种货币标价。

五、银埃斯库多币制

1864 年 6 月 26 日推出这一币制，是伊莎贝拉二世统治时期为使三种金属币得以统一十进制换算做的最后一次尝试。从另一方面看，是因为银铜合金雷阿尔作为币值单位过小，不得不改变货币单位。而现在使用银埃斯库多[389]，它相当于 10 银铜合金雷阿尔、半杜罗或半美洲比索，将更便利商业交易。

材料不同，币重、币值、出币率和币图也不同，金币[398]用埃斯库多标注币值，银币[399]和铜币[400]用埃斯库多和埃斯库多的百分数标注币值。下文的前两列分别是币上标注的币值和改革法的命名。

成色 900‰：

10 埃斯库多……………伊莎贝拉多乌隆……………8.387 克，金。
4 埃斯库多………… 4 埃斯库多的多乌隆……………3.354 克，金。
2 埃斯库多………… 2 埃斯库多的多乌隆……………1.667 克，金。
2 埃斯库多………… 杜罗………………………………25.960 克，银。
1 埃斯库多………… 埃斯库多…………………………12.980 克，银。

成色 810‰：

40 分埃斯库多（0.40）……比塞塔………5.192 克，银。
20 分埃斯库多（0.20）……半比塞塔……2.596 克，银。
10 分埃斯库多（0.10）……雷阿尔………1.298 克，银。

铜币（95% 铜，4% 锡，1% 锌）：

5 分埃斯库多（0.05）…………半雷阿尔…………………………12.500 克
2.5 分埃斯库多（0.025）… 1/4 雷阿尔（夸尔蒂约）……6.250 克
1 分埃斯库多（0.01）……… 1/10 雷阿尔（德西玛）………2.500 克
0.5 分埃斯库多（0.005）… 0.5/10 雷阿尔（半德西玛）… 1.250 克

与前一个币制一样，比价关系是：1 伊莎贝拉多乌隆 = 10 埃斯库多 = 100 雷阿尔 = 1000 德西玛。

在这个币制里，基本货币是伊莎贝拉多乌隆、埃斯库多、雷阿尔和德西玛。模仿前一币制的银币，现在也用不同数量角的星标注造币的工厂，除了前面介绍过的，还有胡比亚（四角星）和塞戈维亚（三角星）造币厂。只找到马德里造的杜罗币，除了 1864 年制造的，之后的极为罕见。"40 分埃斯库多"即比塞塔，有马德里所有年份制造的，塞维利亚 1865 ~ 1866 年制造的，巴塞罗那 1865 年制造的。同时，第一次就制

造铜币进行招标，奥斯切尔—梅思达驰公司中标承包，该公司的首字母
"O M" 出现在背面盾徽的下方[400]。

注：分别为伊莎贝拉二世：金币：一百雷阿尔（394）和十埃斯库多（398）；银币：二十
雷阿尔（395）、埃斯库多（397）、四雷阿尔（396）和 40 分埃斯库多（399）；铜币：25 分雷
阿尔币（393）、2.5 分埃斯库多币（400）。

图50　393～400 号币

伊莎贝拉多乌隆币[398]是面向左的女王胸像，背面是上有王冠的华盖
遮护的盾徽，有金羊毛勋章；币文："ISABEL 2.ª POR LA G. DE DIOS
Y LA CONST"（伊莎贝拉二世蒙神之恩依据宪法）/ "REINA DE LA
ESPAÑA"（西班牙的女王），"10 ES"（埃斯库多）。

铜币的正面是面向右的女王头像，背面是四个象限的椭圆盾徽，上加王冠，下有交叉的树枝[400]，币文同前一种币，币值表示为：例如 "5 CÉNTIMOS DE ESCUDO"（5 分埃斯库多）。造币年份从 1866 年至 1868 年。

1868 年临时政府时期，在塞戈维亚制造了该造币厂的最后一枚铜币，仍是这种币制。其正面是渡槽，背面分 3 行写："29 日 – 9 月 – 1868 年"；币文："SOBERANIA NACIONAL"（国家主权）/ "ESPAÑA LIBRE"（自由西班牙），"25 MILESIMAS DE ESCUDO"（25‰埃斯库多），也就是 2.5 分或 1/4 雷阿尔。

第二节　比塞塔币制

一、拉丁货币同盟

这是几个国家联合起来创立的一种国际货币，以统一流通的金币和银币的种类、重量、成色和直径。最初联合的国家有法国、瑞士、意大利和比利时。比利时在 1865 年制造的二十法郎金币曾广泛流通。法国在拿破仑三世统治时期制造的各种钱币都标注该币与其他国家钱币的比价。有一枚钱币正面是皇帝戴桂冠面向左的头像，没有币文，背面分四行写着："10 – FLORINS（弗罗林）– 25 – FRANCS（法郎）"，币周的币文是："OR ESSAI MONETAIRE，1867"。另一枚钱币的背面是："5 – DOLLARS（美元）– 25 – FRANCS（法郎）"。

根据协议，决定制造面值为 100 法郎的金币，重 32.258 克，成色 900‰，直径 35 毫米，并制造面值分别为 50 法郎、20 法郎、10 法郎和 5 法郎的等分币；五法郎金币重 1.612 克。银币制造五法郎币，重 25 克，成色 900‰；银等分币的成色是 835‰，面值分别为 2 法郎、1 法郎、0.50（1/2）法郎和 0.20（1/5）法郎。

1867 年建议金币的比价为：25 法郎（8.06 克金，纯度 900‰）= 1 金磅 = 10 弗罗林 = 5 美元 = 5 米尔雷斯 = 25 比塞塔（100 雷阿尔）= 10 卢比。5 法郎 = 1 美元 = 1 米尔雷斯 = 20 雷阿尔（1.61 克金）。

当时有三大货币体制：以英国为代表的金本位制，德国的银本位制，再有就是拉丁货币同盟国家实行的将金和银相结合并根据两种金属的市场价格定价的币制。

二、比塞塔币制

推翻伊莎贝拉二世后成立的临时政府，根据 1865 年 12 月 23 日拉丁货币同盟成立的货币协议，于 1868 年 10 月 19 日创立了一个新的币制。

从这时起，货币单位就是 1808 年巴塞罗那推出的比塞塔，重量和成色与法国法郎相同。银币是五比塞塔币，重 25 克，成色 900‰，钱币上标注币值、重量、成色以及制币人名字的首字母。还有二比塞塔、比塞塔、0.50 比塞塔、0.20 比塞塔，成色都是 835‰，重量分别为 10 克、5 克、2.50 克和 1 克。最小的钱币只在 1871 年制造过。

比塞塔为百分币，还制造了十分币、五分币、二分币和一分币，这些数字同时也表示它们的克重。合金成分是 95% 的铜、4% 的锡和 1% 的锌。

最早的五比塞塔的正面是一位向左看的侧卧着的中年妇女，背面是四个象限的长盾徽，没有百合花，有双柱和城墙式王冠；币文："ESPAÑA（西班牙）"，"1868" / "SOBERANIA NACIONAL, GOBIER-NO PROVISIONAL"（国家主权，临时政府）。1869 年[401] 和 1870 年制造的钱币的背面币文是："LEY 900 MILESIMAS. 40 PIEZAS EN KILOG. 5 PESETAS"（成色 900‰，每千克 40 枚，5 比塞塔）。

铜币[402]的正面是一位面向右坐着的中年妇女（西班牙），背面是椭圆盾徽上方有一头狮子，盾徽的四个象限里是卡斯蒂利亚、莱昂、阿拉贡和纳瓦拉的标志，下角是格拉纳达的标志。十分币的币文："DIEZ GRAMOS（10 克）. 1870" / "CIEN PIEZAS EN KILOG. DIEZ CENTI-MOS（每千克 100 枚，10 分）"。这些钱币是 1870 年至 1875 年在巴塞罗那制造的，还是奥斯切尔—梅思达驰制造。虽然阿马戴乌斯一世和第一共和国时期继续制造这种钱币，但钱币上只出现了第一个年份。因钱币上的狮子，民间把这种钱币叫作"肥母狗"和"小母狗"。

新币制的一个不便之处在于货币单位太小，为此 1870 年制造了二十五比塞塔金币取代二十比塞塔金币。但 1871 年又退回去了。还是要与拉丁货币同盟一样，制造 100 比塞塔、50 比塞塔、20 比塞塔、10 比塞塔和 5 比塞塔的金币，重量分别为 32.25 克、16.12 克、6.45 克、3.22 克和 1.61 克，成色都是 900‰。还有百比塞塔币，每千克 31 枚，币图是站着的"西班牙"和椭圆盾徽及金羊毛勋章、华盖、王冠。币文："ESPAÑA（西班牙）. 1870 / LEY 900 MILESIMAS. 31 PIEZAS EN KILOG. 100 PESETAS"（成色 900‰，每千克 31 枚，100 比塞塔）。目前只找到 10 枚样币。二十五比塞塔币重 8.06 克，每千克 124 枚。

萨沃认为，临时政府的五比塞塔银币属于阿马戴乌斯一世统治时期，钱币上的星之间标注为 1871 年，但在币文部位仍是 1870 年。后面还会看到这样或那样不一致的现象，币文部位标注发行年份，也就是政府下令的时间，而真正的造币年份放在星之间。当然星之间标注的年份比在币文部位标注的年份多，因为通常一次发行不会在一年内完成。下面介绍这一币制的主要创新，概要介绍几次发行在金属、题材和币值方面的主要变化。

1. 阿马戴乌斯一世统治时期（1871 年 1 月 2 日至 1873 年 2 月 11 日）

杜罗币，正面是他面向左的有胡须的头像，背面是两根柱子之间的四个象限盾徽，上加王冠，中央有萨伏依的小盾徽，里面一个十字。正面币文是"AMADEO I REY DE ESPAÑA"（西班牙国王阿马戴乌斯一世），"1871"。背面像之前的杜罗币那样，标注成色、出币率和币值。这些钱币出现于 1871 年 8 月，阿马戴乌斯一世退位后，第一共和国甚至阿方索十二世统治时期继续制造，因为星之间的年份有 1871 年至 1875 年的。正面币文部位始终是阿马戴乌斯一世统治的第一年，保持不变。

1871 年，在马德里还制造了 100[403] 和 25 比塞塔的金币，正面是面向右头像，边缘是"JUSTICIA Y LEBERTAD"（正义和自由）。这种钱币正面的币文是关于君王的，背面的币文像银币一样介绍货币的特点。

2. 第一共和国和安道尔

第一共和国成立于 1873 年 2 月 11 日，维持到 1874 年 1 月 3 日。渴望成为联邦州的一个州的卡塔赫纳人，受到政府军的打击，于是他们制造了一些被围困时期的杜罗币，正面的三行是：花 – SETIEMBRE（九月）–1873，背面的两行是：花 – CANTONAL（州的）；币文："CARTSGENA SITIADA POR LOS CENTRALISTAS"（被中央集权派围困的卡塔赫那）/ "REVOLUCION, CINCO PESETAS"（革命，5 比塞塔）。还制造了有半杜罗币。

安道尔也制造临时政府币制的 10 分和 5 分铜币。正面图案很大，盾徽的四个象限里分别是：第 1 和第 3 象限里是乌赫尔教区的标志主教法冠、牧杖；第 2 象限里是阿拉贡的标志条纹；第 4 象限里是富瓦的标志两头贝阿恩母牛。钱币背面："10 – CENTIMOS"（分）。币文："REPUBLICA DE LOS VALLS DE ANDORRA"（安道尔共和国）/ "CIEN PIEZAS EN KILONG"（每千克一百枚）、"1873"。而且等分币同样。

3. 有继承王位资格的卡洛斯七世的钱币

最早的银行元素是 1873 年在巴约讷发行的"公债"，每张债券 100

银铜合金雷阿尔（25 比塞塔），是"在王国局势平静的前五年可优先偿还的债务"。债券正面是十颗星星和 C Ⅶ 环绕的王冠，角上是卡斯蒂利亚和莱昂的盾徽；背面中央的上部是上加王冠的西班牙标志，被金羊毛勋章环绕，有文字"上帝、祖国、国王"。

注：分别为临时政府：五比塞塔（401）和一分币（402）；阿马戴乌斯一世：百比塞塔金币（403）；有继承王位资格的卡洛斯七世：五比塞塔（404）；阿方索十二世：二十五比塞塔金币（405）；阿方索十三世：比塞塔（406）和二分币（407）。

图51　401～407 号币

1874 年，大概是在外国工厂制造了两种运往加泰罗尼亚的杜罗币。其中一种的正面是卡洛斯面向右戴桂冠有胡须的头像，背面是通常的四个象限盾徽，上加王冠，有百合和石榴，左侧上下排列"P"和条纹菱形，右侧上下列"S"和"C"；币文："CAROLVS Ⅶ DEI GRACIA"（卡洛斯七世蒙恩）、"1874"／"HISPANIARVM REX"（西班牙国王）。另一种的正面与前一种基本相同，胸像下是条纹菱形，背面盾徽的两侧是"5"和"P"，下边是1874；币文："CAROLVS Ⅶ REY DE LAS ESPAÑAS"（西班牙国王卡洛斯七世）／"DIOS PATRIA Y REY"（上帝祖国和国王）。

1875年，吉普斯夸省的奥尼亚蒂造币厂开业，制造的一种钱币的直径和重量等同于五比塞塔币[404]，正面是上加王冠的盾徽，盾徽里只有"C"和"Ⅶ"，周边是交织的棕榈枝；背面分三行写着："OÑATE（奥尼亚蒂）– OCTUBRE（10月）– 1875"。正面的上方写着："REAL CASA DE MONEDA"（皇家造币厂）。

1875年，在比利时制造小硬币。其正面是面向右戴桂冠有胡须的头像，下面是"O. T."；背面是通常的盾徽，有交织的棕榈枝，两侧是"C"和"7"；币文："CARLOS Ⅶ P. L. GRACIA DE DIOS REY DE LAS ESPAÑAS"（卡洛斯七世蒙神之恩为西班牙国王）／"10（或5）CENTIMOS DE PESETA"（分比塞塔币）、"1875"。还有比塞塔币和五十分币，正面是上加王冠的"C"，背面是加冠的四个象限盾徽，被交织的棕榈枝托着；币文："AROLVS Ⅶ D G HISPAN REXC"（卡洛斯七世蒙恩为西班牙国王）、"1876"／"DEVS PATRIA REX，50 CENT"（上帝 祖国和国王，50分）。

1876年，卡洛斯七世被阿方索十二世的军队击败，逃到法国后，因尝试发行新杜罗币被驱逐。但最终于1885年制造了新的杜罗币，其与过去一样的头像，背面是两侧直边的盾徽在交织的棕榈枝里，一边一个上加王冠的"C"；币文："CAROLVS Ⅶ D G HISPAN REX"（卡洛斯七世蒙恩为西班牙国王）、"1885"／"DEVS PATRIA REX，5 PESETAS"（上帝 祖国 国王，5比塞塔）。有些学者认为只有在奥尼亚蒂制造的杜罗币才是真的，其他的是很久以后制造的，专门用作把玩。

4. 阿方索十二世统治时期

从1874年12月29日到1885年11月25日，按照1868年的币制造币。自1877年7月20日国王令后，就有钱币的正面是君王头像，十分和五分币的背面是棕榈枝里简单的加冠盾徽。委托巴塞罗那的奥斯切尔—梅思达驰于1877~1879年制造，用八角星标记。

五比塞塔的背面继续用阿马戴乌斯一世的币图，但萨伏依的十字架换成了波旁家族的百合花，币文是 "REY CONST. ᴸ DE ESPAÑA. 5 PE-SETAS"（西班牙宪政国王，5 比塞塔）。正面是阿方索十二世面向左的无冠头像和 "ALFONSO POR LA G. DE DIOS"（阿方索蒙神之恩）、年份。从 1882 年起，币上开始有胡须和鬓发。另外，有他的杜罗币，星之间标注的是 1886 年和 1887 年。还有 25 比塞塔[405]和 10 比塞塔金币，前一种造于 1876～1885 年，8.06 克，被称为 "阿方索币"，币图是面向右的头像和盾徽；后一种标注的年份是 1878 年和 1879 年，3.22 克。1880 年发行了一次 50 分比塞塔的银币。

5. 阿方索十三世统治时期

阿方索十三世是阿方索十二世的遗腹子，先是由其母亲玛丽亚·克里斯蒂娜摄政，后他于 1902 年 5 月掌握实权，1931 年退位。已知的金币有 1897 年制造的 100 比塞塔，1889～1892 年和 1899～1904 年制造的等分币。银币有五比塞塔、二比塞塔、10 比塞塔币[406]、半比塞塔，铜币有十分币、五分币、二分币[407]、一分币。都是按 1868 年的币制造的，与阿方索十二世、阿马戴乌斯一世以及临时政府时期的造币一起一直流通到 1937 年。在 1888 年、1892 年、1896 年等年份改变了钱币正面的肖像，如伊莎贝拉二世时期的一样，是一个值得展开研究的有趣课题。

1925 年，恢复制造用雷阿尔表示面值的 25 分比塞塔的铜镍币，币图是三桅帆船／币值和王冠。1927 年，又发行了一种同币值币，中央有孔，正面是王冠、锤子、"ESPAÑA" 和年份，背面是麦穗和币值。最后沿用此币制造的钱币有：1933～1934 年的比塞塔、1934 年和 1937 年的 25 分铜镍币，其中 1937 年的 25 分铜镍币的正面是枷锁和箭，背面是国徽。

第十九章
波旁家族统治时期
美洲殖民地和菲律宾的货币

波旁家族登上西班牙王位在美洲的反映是带来了新型贸易方式，比如开启了"中国商船"，每年从墨西哥的阿卡普尔科出发，去东印度交换产品；还成立了各种机构以扩大海外贸易。1728 年成立加拉加斯皇家吉普斯夸公司，1733 年成立的菲律宾公司，卡洛斯三世统治时期特许西班牙与殖民地之间自由贸易，这些标志着西班牙经济进入扩展时期。1777 年迁到加的斯的交易事务所（管理商品交换事宜的"协调机构"）于 1790 年关闭，其职能由西印度事务院、目的港商会和检审法院承接。

在行政区划方面，1717 年，从秘鲁总督辖区中分离出新格拉纳达王国的圣菲总督区，制造出新的钱币，F. X. 卡利科最近发现了这些钱币。1776 年，拉普拉塔河总督区也分离出来。不幸的是，社会问题依然严重，横征暴敛比比皆是，引发各种起义，1776 年美国独立，使局势更加严峻。

独立战争（1808～1814 年）后，殖民地反抗总督的起义愈演愈烈，印第安人、西班牙裔拉美人和西班牙人为了同一利益参加起义，最终阿根廷于 1816 年、智利和哥伦比亚于 1819 年、墨西哥于 1821 年获得自由。政治上的愚蠢行径在古巴重蹈覆辙，一场不幸的战争后，1898 年签订《美西巴黎条约》，西班牙失去了古巴和安的列斯群岛的其他地区以及菲律宾群岛。殖民帝国就此终结。

在今天看来，西班牙人在美洲和菲律宾群岛建立的殖民体系是举世无双的，甚至罗马帝国也难以匹敌。

第一节　美洲殖民地的货币流通

一、推出两半球和海洋"比索"

在腓力五世统治的大部分时期（1701～1728 年），美洲的造币厂制造的金币和银币都保留了传统币图，前面已经介绍过几种小变化。1728 年的各项规定彻底改变了这一状况。6 月 9 日，规定美洲的银币的成色要达到 11 迪，雷阿尔的出币率应为每马克 68 枚，枚重 3.38 克，因而优于宗主国的银币（成色 10 迪，出币率 77 枚）。9 月 8 日，又规定八雷阿尔在美洲的币值从 9.5 银雷阿尔涨到 10 银雷阿尔。同比，四雷阿尔从 4.75 银雷阿尔涨到 5 银雷阿尔。小硬币的二雷阿尔值 40 夸尔托，即 160 马拉维迪，雷阿尔值 20 夸尔托，半雷阿尔值 10 夸尔托。

推出一种新币图，参见图 33 的 267 号钱币：正面是上加王冠的圆形盾徽，分隔的四个象限里是城堡和狮子，中央有百合花，下端有石榴。两侧是检定员的标记和币值；背面是"两半球"上只有一顶王冠，下边是波浪，两边是上加王冠的柱子；币文："PHILIP V D G HISPAN ET IND REX"（腓力五世蒙恩为西班牙和西印度国王）／"VTRAQUE VNVM"，年份和造币厂。

这就是所谓的"两半球和海洋"系列钱币，英国人和美国人从广义上称其为八雷阿尔，从特定意义上称其为双柱银元。希尔韦特·佩雷斯曾说："在世界历史上，没有任何货币如此广泛地在两半球流通。从戈壁荒漠到亚马孙河和哈得逊河沿岸，从中国的长城到澳洲大陆，都流通这种钱币，因为'两半球'不仅是一种漂亮的货币，而且它保持稳定的重量和成色。从 1776 年到 18 世纪末，是美利坚合众国用作本国货币单位的唯一一种银币，直到公元 1794 年出现第一枚美元。"1777 年虽已不再制造这种钱币了，但丹麦的克里斯蒂安七世还模仿这种币图。

最先采用这种新币图的是墨西哥造币厂，从 1732 年一直到 1772 年。美洲的钱币第一次在边缘有了饰边。这种钱币是用新的辊压技术制造的，与锤打的粗制方式已相去甚远。同时，制造各种币值的钱币：比索、托斯通、比塞塔、雷阿尔和半雷阿尔。1733 年的一些钱币上，造币厂的标记不再是"M"，改成"MX"。此时这种新币图不排斥 1734 年前的旧币图，即大盾徽/四个象限图案。而以腓力五世的儿子路易斯一世的名义制造的一些钱币用的是旧币图，有币文"LVDOVICVS"，年份是 1724 年和 1725 年，还有比索和半雷阿尔，半雷阿尔的币图是国王名字的交织字母和四个象限图案。

1731 年成立的危地马拉造币厂在 1732 年至 1772 年也制造这种新币图币。大部分八雷阿尔的边缘参差不齐，但也有完整的。各种币值的都有。

美洲其他造币厂制造这种新币图币要晚得多。利马从 1749 年至 1772 年；波托西从 1767 年至 1773 年，同时还制造旧币图币，其中有 1725 年至 1727 年以路易斯一世名义制造的秘鲁比索，旧币图比"两半球"持续时间更久，直到 1779 年。智利的圣地亚哥造币厂建于 1743 年，从 1751 年到 1768 年使用新币图。看来圣菲波哥大只制造比塞塔。1758 年 2 月 8 日建立波帕扬造币厂，但没有找到这一时期的比索。

据希尔韦特·佩雷斯介绍，费尔南多六世时期 1754 年的"两半球"比索的左侧柱子上是皇冠，右侧柱子上是王冠。他认为这样设计可能是为了表示西班牙君王拥有真正的"帝国"。

二、戴假发头像的金盎司币

与银币一样，腓力五世统治的大部分时间的金币都是之前的币图，正面是有金羊毛勋章的大盾徽，另一面是耶路撒冷十字架。还有背面是这种币图的多乌隆币，正面是有火焰的祭坛，两侧是"L－N"或"L－M"，下边是年份 723[408]。各种钱币的重量为：埃斯库多重 $67 \frac{13}{17}$ 格令；多乌隆重 $135 \frac{9}{17}$ 格令；二多乌隆重 $271 \frac{1}{17}$ 格令；金盎司重 $542 \frac{1}{17}$ 格令。

1728 年，命令在马德里、塞维利亚和墨西哥制造新币图币，正面是面向右的戴假发胸像，背面是金羊毛勋章环绕的大盾徽。只有金盎司币有金羊毛勋章。币文："PHILIP V D G HISPAN ET IND REX"（腓力五世蒙恩为西班牙和西印度国王）、年份 ／ "INITIVM SAPIENTIAE TIMOR DOMINI" 造币厂。

A. 海斯说："美洲制造的金币的盾徽两侧有币值和检定员名字的首字母，而塞维利亚和马德里制造的不标币值，但在盾徽下方有造币厂和检定员的标记。"资料显示危地马拉曾于 1733 年和 1734 年制造了这种金币，但没有找到样币；之后的币图是胸像。1743 年 10 月 1 日建立的圣地亚哥造币厂也从 1744 年开始制造同样的金币。利马例外，它继续用秘鲁的九格币图制造八埃斯库多[409]，还有币值更小的钱币，币文杂乱，坎帕内尔提到过正面是城堡、背面是耶路撒冷十字架的多乌隆和埃斯库多。波托西也一样，于 1725 年以路易斯一世的名义造币。圣菲波哥大在其造币上标注新格拉纳达王国的首字母"NR"，但从 1717 年起，改为"SF"或"FS"[410]，F. X. 卡利科认为是为了纪念建立圣菲总督区，但 1756 年又改回原有的样式，此时不再有标记的异常，这可能是因为造币厂已直接隶属于王冠联合王国了。

注：分别为腓力五世：埃斯库多（408）和金盎司（409）；费尔南多六世：金盎司（410）；卡洛斯四世：1/4 雷阿尔（411）；费尔南多七世：二雷阿尔（412）、半夸尔托（413）、二夸尔托（414）、夸尔蒂约（415）和夸尔托（416）。

图 52　408～416 号币

费尔南多六世统治时期规定金盎司值 16 比索，看到一些样币上加印了"16"，可能就是因为这一规定。其间继续造秘鲁币图和十字架城堡币图的八埃斯库多，但也逐渐推行新的胸像币图，根据假发是覆盖头的大部分还是只覆盖一长条，分为"戴假发"和"半假发"两种。币文是"FERDINAND VI D G HISPAN ET IND REX"（费尔南多六世蒙恩为西班牙和西印度国王）、年份／"NOMINA MAGNA SEQUOR"。墨西哥 1747 年开始制造这种样式的钱币，瓜达拉哈拉在不久后的 1751 年也开始生产。利马在 1751 年至 1753 年继续使用腓力五世统治时期的币文："FERDND VI D G HISPAN ET IND REX"（费尔南多六世蒙恩为西班牙和西印度国王）、年份／"INITIVM SAPIENTIAE TIMOR DOMINI"。资料显示，危地马拉 1759 年用独特币图制造了 $10^1/_2$ 比索和 $2^1/_2$ 比索的金币，但尚未找到样币。费尔南多六世统治时期，圣菲、圣地亚哥和波帕扬的造币厂也造金盎司。

1750 年前后，1 马克可造 $8^1/_2$ 盎司金币，银比索的出币率也同样。因此，四埃斯库多、二埃斯库多、埃斯库多、半埃斯库多的重量与四雷阿尔、二雷阿尔、雷阿尔、半雷阿尔相同。人们把省币的半埃斯库多称为 8 银雷阿尔的小埃斯库多币是根据它与银币的比价。

三、铜币的制造

从 1701 年至 1772 年这一货币时期，有一些零星发行的铜币。腓力五世统治时期，在古巴制造一些围困币，有夸尔托和八雷阿尔、四雷阿尔、二雷阿尔。"比索"币的正面是内有一头狮子的盾徽，盾徽左侧是"F"和"C"，右侧是"V"和"8"，都在两根柱子之间，背面是一样的城堡，两侧的"1741"是年份。

卡洛斯三世统治时期，墨西哥制造了三种币值的钱币。一种是十六马拉维迪币，正面是国王名字的交织字母，上加王冠，两侧是"REX（国王）"和"Ⅲ（三世）"，下端是"1768"；背面中央是"M"，两侧是连写的"VE"和"1/16"。另两种是格令和半格令，它们在重量上是特普兹克比索的最小等分单位，因此它们分别为 0.0499 克银和这一重量的一半银。

这些铜格令的正面是上加王冠的盾徽，背面是两半球上的雄鹰；币文："CAROLVS Ⅲ INDIAR REX"（西印度国王卡洛斯三世）／"SIVE ME REGNA FATISCVNT"。有人怀疑它们可能是 1769 年菲律宾申请的夸尔蒂约币。

四、1772 年以后的银币

1772 年 5 月 29 日的特别法对于银币的发行是一重大事件，其深远

第十九章 波旁家族统治时期美洲殖民地和菲律宾的货币

影响几乎堪比 1728 年推出"两半球和海洋"比索,这次又推出一种具有普遍意义的新币图,见图 33 的 268 号币,正面是国王胸像,背面四个象限盾徽,上加王冠,币文是"CAROLVS Ⅲ DEI GRATIA"(卡洛斯三世蒙恩)、年份/"HISPAN ET IND REX"(西班牙和西印度国王),造币厂、币值和成色检定员,并悄悄把银的成色从 916‰ 降到 902‰。

墨西哥于 1772 年开始采用这种新币图,危地马拉和利马同样从这一年采用新币图,波帕扬、圣地亚哥和波托西则可能从 1773 年开始使用。但波托西直到 1779 年仍在使用秘鲁币图,应该承认这些年新旧币图同时运营。

新币图一直使用到美洲殖民地独立,其间偶然出现一些币图,但都持续时间不长。各国王统治时期,唯一变化的是国王胸像和相应的币文。因为收到西班牙制的币模时间滞后,所以有时会沿用前任国王的胸像,却用继任国王的名字。这样的情况很多,例如危地马拉在 1789 年和 1790 年仍用已于 1788 年去世的卡洛斯三世的胸像,在 1808 年至 1811 年仍用已于 1808 年去世的卡洛斯四世的胸像。在卡洛斯四世登基大典时,墨西哥制造了一种纪念币:正面是上加王冠的四个象限盾徽,两侧立柱的墩座相连,币周的币文是"CARLOS IV REY DE ESPAÑA I DE LAS YNDIAS"(西班牙和西印度国王卡洛斯四世)。背面是月桂枝环绕的五行字:"PROCLAMA/DO EN MEXI/CO AÑO DE/1789/8R"(1789 年在墨西哥宣告登基,八雷阿尔)。

在这一时期,人们将边缘参差不齐的无边饰钱币叫作"普通货币",与之相反的是"两半球和海洋"或"胸像"币图的坚挺比索,成色稳定,圆形,有保护饰边。

18 世纪末,人们把重量不断下降、边缘参差不齐的钱币叫作"拉美制造的西班牙货币",1779 年起禁止在古巴流通,1787 年古巴用硬纸片做成纸币,上面印上 1 比索、半比索和半雷阿尔。1794 年墨西哥制造了一些夸尔蒂约币[411],一面是城堡,一面是狮子,没有币文和年份,还有一些币正面有"M",背面有"1/4"和年份。还有两种夸尔托币:一种的正面是面向右的胸像,背面与西班牙的马拉维迪币一样,1791 年造;另一种的正反面是同样的四个象限盾徽,1794 年造。

这个阶段,各造币厂制造的币值极不一样,有些厂生产整个币制的所有币值,如墨西哥和波托西,有些厂却只制造一种币值。已知有墨西哥、波托西、利马、圣地亚哥、新危地马拉和瓜达拉哈拉制造的 1/4 雷阿尔。卡洛斯四世统治时期,在加拉加斯制造一分币,币图是四个象限图案和交织字母"CAROLVS"（卡洛斯）。

这一时期的最后应该是坎帕内尔看到的一枚墨西哥比索，币文是有关约瑟夫·波拿巴的。但目前不知其下落。

五、1772 年以后发行的金币

1772 年 5 月 29 日下令进行货币改革，金含量降到 893‰，也就是 21.42 开。同年 6 月 3 日的特别法规定"这些王国以及美洲的王室造币厂制造的国家金币的正面必须是我国王的胸像，要有服饰、武装和国王披风"，币文是"CAROL Ⅲ D G HISP ET IND R"（卡洛斯三世蒙恩为西班牙和西印度国王）/"IN VTROQ FELIX AVSPICE DEO"，当然也有"NOMINA MAGNA SEQUEOR"，这两种币文在 1772 年以前的钱币上已经见到。胸像有"半假发"式和"辫式假发"或"束带"式。后一种发式只有卡洛斯四世时出现过。

在费尔南多七世统治时期，墨西哥和利马造所有币值的币，包括小杜罗币，这是小杜罗币第一次在美洲制造。圣地亚哥、圣菲、波帕扬和新危地马拉制造小杜罗以外的所有币值的钱币。波托西、瓜达拉哈拉和库斯科只造金盎司。

在这个时代，小埃斯库多或小杜罗币在美洲各地区和葡萄牙叫作帕塔卡或帕塔孔。

六、费尔南多七世统治下的银币和铜币

实际上最初以这位君王名义制造的钱币都只是象征性的，因为他被拿破仑·波拿巴囚禁到 1814 年，而之后制造的大多是围困币，那些年正赶上几乎所有美洲殖民地独立。大额比索是新西班牙造，但制造小额币的新兴造币厂遍布整个大陆。

墨西哥的奇瓦瓦、杜兰戈、瓜达拉哈拉、瓜纳华托、萨卡特卡斯和墨西哥造币厂，南边的危地马拉和南美洲的波帕扬、库斯科、利马、波托西和圣地亚哥造币厂都制造八雷阿尔，通用币图，即一面是"R"和"8"之间的国王胸像，另一面是四个象限的盾徽，上加王冠，两侧是柱子。波帕扬总是用卡洛斯四世的胸像。1808 年 4 月 10 日，命令西印度的造币厂在收到西班牙的新币模之前用卡洛斯四世的胸像和费尔南多七世的名字造币，新危地马拉和波帕扬执行了该命令，但其他造币厂更愿意自行创造新国王的肖像，如墨西哥造币厂在 1808～1811 年、奇瓦瓦在 1811～1813 年、萨卡特卡斯在 1811～1812 年都是这样做的。利马在 1808～1811 年画了一个印第安人的肖像，圣地亚哥在 1808～1809 年制造的钱币的胸像有发辫和领结。

注：分别为萨卡特卡斯比索（417）、瓦哈卡比索（418）、特拉尔普哈瓦比索（420）和起义者莫雷洛斯可能在特瓦坎制造的比索（419）。

图53 417～420号币

其他造币厂在他国的比索上加印各种标志。韦拉克鲁斯钱柜[417*]用通常的背面币图做正面，但币文是"FERDIN Ⅶ DEI GRATIA 8R"（费尔南多七世蒙恩，8雷阿尔），年份。背面则采用萨卡特卡斯或松布雷特的经典币模。利纳雷斯用同样的正面，在背面的横幅里分两行加印上当地地名。新比斯开的杜兰戈在钱币的正面加印上有王冠的小树。巴尔加斯的松布雷特也采用了上面引述的简单币文，且有几乎所有币值的钱币。十四雷阿尔造币厂制造的钱币有环币周的币文和上述名字。

有些造币厂用自己的币图造币：瓦哈卡币[418]的正面的丁字形十字架的四角分别是狮子、城堡、"F"和"7°"；背面是盾徽里的狮子，熔铸件。之后是起义者何塞·莫雷洛斯在不同情况下制造的一些铜币或银币[419]，正面上方是弓箭，下方是"SUD"；背面第一行是"8–R"（雷阿尔），第二行是"18–12"（或13、14）。还有雷阿尔和半雷阿尔。全国最高政务会在特拉尔普哈瓦[420]和锡塔夸罗以费尔南多七世的名义制造的比索和其他币，正面是桥上的鹰，背面是箭和箭囊。米却肯的巴利亚多利德采用的是四个象限的盾徽，很长，上加王冠，有树枝边饰；背面是四行文字："PROVISIONAL – DE – VALLADOLID – 1813"（1813 年巴利亚多利德临时造币）。萨卡特卡斯在1810～1811 年的币图很特别[417]：上加王冠的盾徽的四个象限里分别是花和城堡，盾徽两侧是柱子，都很粗糙；背面小山上有十字架，下边是"LVO"；币文是"FERDINAND-VS Ⅶ DEI GRATIA 8R"（费尔南多七世蒙恩，8 雷阿尔）、年份/"MONEDA PROVISIONAL DE ZACATECAS"（萨卡特卡斯临时造币），并有 8 雷阿尔以下各种币值。最后韦拉克鲁斯的宗戈里卡采用自己的币图，是棕榈枝和交叉的剑。

与这些 8 雷阿尔的比索同时发行的还有许多币值更小的钱币。加拉加斯制造了四雷阿尔银币、二雷阿尔银币[412]、雷阿尔银币及夸尔托（1/4 雷阿尔）和欧恰博（1/8 雷阿尔）铜币。银币的正面是常见的四个象限图案，两侧是"F"和"7"，上下都标注币值数字；背面是秘鲁的九格币图，下边是波浪，三行文字是："PLV – SVL – TRA（海外还有大陆）/ B–年份–S / CARACAS（加拉加斯）"。铜币的一面是交织字母，下边是币值（1/4 或1/8）；另一面是王冠、十字架和狮子；币文是"CARACAS"（加拉加斯）某某年。圭亚那 1815 年制造的铜币[413]，正面是狮子，背面是城堡和"1/2"；币文："F Ⅶ ANO DE 1815"（费尔南多七世 1815 年）/ "PROVINCIA DE GVAIANA"（圭亚那省）。1814年，墨西哥制造夸尔蒂亚（二夸尔托）、特拉科（tlaco，夸尔托）和庇隆（pilón，欧恰博）币，正面是"Ⅶ"上加王冠，两侧分别是"M"和币值，背面是堂佩拉约十字架[414]，这是那个时代西班牙马拉维迪的币图；其正面币文是"FERDIN Ⅶ D G HISP REX"（费尔南多七世蒙恩为西班牙国王）、"1816"。圣玛尔塔有二雷阿尔，一面被分隔的四个象限

里分别是 "S"、"M"、城堡和剑；另一面的币图是两半球在两根柱子之间，上边只有一顶大王冠，柱子两侧分别是 "2" 和 "R" （雷阿尔），下边是 "1820"。相似的是夸尔蒂约铜币[415]。圣多明各制造的二雷阿尔和雷阿尔，正面是费尔南多七世的胸像，两侧是 "F" 和 "7"；背面是上加王冠的四个象限盾徽，两侧是 "2" 和 "R" （或 "1" 和 "R"）。铜币有夸尔蒂约[416]，一面是上有王冠的 "F" 和 "7"，另一面是 "SD" 和 "1/4"，周边环绕月桂枝；还有二夸尔托，正面是上加王冠的盾徽，四个象限里是 "狮子和城堡"，背面只有币值 "2/4"；两夸尔托的一面是狮子，另一面是币值 "1/4"。所有这些钱币都没有币文和年份，大概造于 1814～1821 年。里奥哈制造的银币，正面是四个象限图案，背面是上加王冠的柱子，下边是波浪，柱子之间三行文字 "4 – RIOXA – 822"，类似于加拉加斯的方式。门多萨和图库曼也制造同样的钱币，三家造币厂都在阿根廷。还有特古西加尔巴制造的二雷阿尔和波帕扬制造的八夸尔托和二夸尔托。

综上所述，墨西哥、利马、波多西和瓜达拉哈拉制造比索及其所有银等分币，甚至包括夸尔蒂约雷阿尔币。新危地马拉制造夸尔蒂约以外的上述钱币。波帕扬、萨卡特卡斯、库斯科、瓜纳华托、杜兰戈和圣菲以及前面提到的被围困的造币坊制造较小币值的钱币。

七、最后流通的西班牙美洲币

阿方索十三世的母亲玛丽亚·克里斯蒂娜摄政期间，马德里制造了各种运往美洲的钱币。1891 年和 1892 年，制造了用于在古巴流通的五比塞塔、二比塞塔、比塞塔及五十分银币，与同时期的西班牙钱币相同。1895 年，为波多黎各制造了比索[426]* 和二十分币。比索是幼年阿方索十三世面向左的头像和通常的盾徽；币文："ALFONSO XIII P. L. G. D. D. REY C. DE ESPAÑA （阿方索十三世蒙神之恩为西班牙当今国王），1895" 和 "ISLA DE PUERTO RICO, 1 PESO – 5PTAS （波多黎各岛，1 比索 – 5 比塞塔）"。钱币上的五角星，是马德里造币厂向海外发行的标记。1896 年，制造币值为 40 分、20 分、10 分、5 分比索的新币，分别相当于二比塞塔、比塞塔和半比塞塔、0.25 比塞塔。五分币的正面是三行文字："5 – CENTAVOS （分）– 1896"，背面是两侧有柱子的西班牙盾徽；币文："ISLA DE PUERTO RICO" （波多黎各岛）。

第二节　菲律宾货币

一、19 世纪以前的菲律宾钱币

大概从 11 世纪开始，在菲律宾群岛就有大小不等的金粒作为货币流通。据 H. O. 贝耶尔介绍，15 世纪，霍洛苏丹国就有了自己的钱币，是具有阿拉伯特色的铁币、铜币和锡币。后来出现了小厖隆金币，钱币的上下方分别有标记"B"和"M"。

1564 年，西班牙人征服群岛，以腓力二世的名字"Felipe"命名，群岛才有了今天的名字。1571 年，莱加斯皮占领马尼拉。据说 1595 年建立了一家造币厂，但 1675 年前似乎只制造了一些不规则的银币，像秘鲁币，美国人叫作科夫，也就是胸像比索。这种"科夫"币及其折合为雷阿尔的辅币直到很晚都是菲律宾的流通货币。由于钱币边缘不规则，重量不稳定，不得不一直需要称重。

腓力五世统治时期，菲律宾群岛是隶属于新西班牙总督区的一个特别自治区。从 1732 年开始流通两半球比索，这是通商的结果，也是因为每年收到从墨西哥运来的 25 万到 50 万比索的补贴，即所谓的皇家租金。墨西哥的装运港是阿卡普尔科。新币的制造技术精湛，重量和成色稳定，但是从发掘的钱币可以看到，它们却没能驱逐边缘参差不齐、无边饰的秘鲁式钱币，这再次证明了格雷欣法则，劣币驱逐良币。

由于 1762~1764 年与英国的战争，位于甲米地的一个造币坊于 1776 年制造了小硬币巴里亚。其最初是矩形的（3×5 厘米），后来是圆形的；正面是上有王冠的城堡，周边是"CIUDAD DE MAN"（马尼拉城）；背面是海豚，两侧有"B"和"1"。同时，有一种变形的钱币背面是上加王冠的菲律宾盾徽，两侧分别是连写"AB"和"I"。还有一些钱币也被认为是 1763~1771 年这一时期在菲律宾制造的：正面是上加王冠的四个象限盾徽；背面是怀抱两半球的狮子，有王冠，环绕棕榈枝；币文："CAROLVS Ⅲ D G HISP ET IND R"（卡洛斯三世蒙恩为西班牙和西印度国王）/"VTRVQ VIRT PROTEGO F"、年份"M"。1796 年和 1810 年，菲律宾频繁输入墨西哥的夸尔蒂约银币，这是从钱币上的年份判断的，它们与另一些没有标注年份的城堡和伸爪狮子的钱币不同，应该认为它们是墨西哥为菲律宾制造的。尽管墨西哥运送来了这些钱币，但菲律宾流通的银币还总是短缺，可能是由于同中国活跃的贸易往来。目前发现有大量比索被分割成 2、4 甚至 8 等分，作为等分币流通，像在秘鲁和墨西哥一样，叫作切割币。

卡洛斯四世统治时期，开始试制新的铜币。有夸尔托及其倍数币，正面是戴王冠的狮子，下边是年份和"M"（或 MA，马尼拉）；背面是上加王冠的四个象限盾徽，两侧没有柱子，只有"1"和"Q"（夸尔托）；币文："CARL IV D G HISP ET IND R"（卡洛斯四世蒙恩为西班牙和西印度国王）。

　　注：分别为费尔南多七世：重新加印的比索（421）和夸尔托（423）；伊莎贝拉二世：二比索金币（424）和四夸尔托（422）；阿方索十二世：五十分银比索（425）；阿方索十三世：比索（426）；费尔南多七世和伊莎贝尔二世统治期间用来重新加印的印模。

图54　421～426 号币

二、重新加印的钱币

菲律宾钱币的最独特之处是在钱币上重新加印标记，主要发生在费尔南多七世统治时期，伊莎贝拉二世统治时期也发生过。想以此方式不让菲律宾知道美洲殖民地已经独立，而在美洲钱币上重新加印以掩盖这些新国家发行的货币的真正特征。

重新加印的最高潮在 1828～1837 年，1828～1830 年在杜罗币一面重新加印 "MANILA"（马尼拉）[421] 和年份；另一面重新加印币文："HABILITADO POR EL REY N. S. D. FERN Ⅶ"（国王费尔南多七世授权），中央是一个上加王冠的四个象限盾徽。1832～1834 年使用一个上有王冠的 "F 7°" 的印模，见图 54 下方。伊莎贝拉统治期间使用另一个 "Y Ⅱ" 的印模，见图 54 上方，直到 1837 年，然而之后还有零星使用的情况。大部分比索来自秘鲁，数量之大，以致当前一些菲律宾学者认为菲律宾与这个新共和国之间可能有便利输送钱币的秘密协定，因为在秘鲁看到的样币与群岛的年份几乎完全一样。

三、19 世纪自己造的货币，最后运来的货币

有 1834 年和 1835 年制造的新铜币，币值为 4[422] 夸尔托、2 夸尔托、1[423] 夸尔托和 1/2 夸尔托。正面是面向右的胸像，背面是在 "1" 和 "Q" 之间的盾徽。还有一些钱币的正面是四个象限的盾徽，背面是两半球上的狮子，非常粗糙，有币文 "VIRT PROTEGO"，让人想起腓力五世的钱币。

1855 年重又想在菲律宾建一家造币厂，有这年五比塞塔的样币，是伊莎贝拉二世的胸像，币模在西班牙制造，但就到此为止了。

1857 年发现有大量来自中国的假盎司币在菲律宾群岛流通，钱币上有费尔南多七世的名字和年份 "1809"。也是在 1857 年，在马尼拉命令 "将在菲律宾流通的西班牙美洲共和国的金盎司变成 4 比索的多乌隆和 2 比索的埃斯库多以及西班牙 100 分的比索"。其结果是 1861 年又颁布一道法令，授权制造银币和金币。为此当年 3 月 19 日造币厂开业，一直正常运营到 1898 年。

金币制造四比索币，也就是 6.76 克的多乌隆；2 比索币[424]，也就是 3.38 克的埃斯库多；比索币，也就是 1.69 克的小埃斯库多，禁止这些钱币在西班牙流通。银币制造了 50 分、20 分、10 分的比索币。"四比索" 的正面是伊莎贝拉二世面向左的戴桂冠头像，下边标注年份；背面盾徽的两侧是 "4" 和 "P"，下方是 "FELIPINAS"（菲律宾）；币文：

"ISABEL 2.ᵃ POR LA G. DE DIOS Y LA CONST"（伊莎贝拉二世蒙神之恩依据宪法）／"REINA DE LAS ESPAÑAS"（为西班牙女王）。已知有1861～1864年和1868年制造的。1859年制造的"二比索"[424]背面有变化，盾徽的两侧有柱子，柱子两侧是"2"和"P"。"比索币"与"二比索"相同，都有四比索币同样的币文。

半比索也就是50分银币是面向右头像和上加王冠的四个象限盾徽，两侧有柱子。币文与金币一样。20分和10分比索币的盾徽两侧没有柱子。

这一时代还有四夸尔托和二夸尔托，与前面介绍的相同，有币文"ISABEL Ⅱ D G HISP ET IND R"（伊莎贝拉二世蒙恩为西班牙和西印度女王）和造币厂标记"MA"。

1864年至1868年这一时期，马德里造币厂制造了用于菲律宾群岛的20分比索币，等于1比塞塔，钱币上有该造币厂的标记五角星，币值与同时期在西班牙流通的40分埃斯库多相等，因为1埃斯库多＝1/2比索。

1880～1882年、1885年，重新又制造四比索金币，即多乌隆币，有阿方索十二世的头像和币文"ALFONSO ⅩⅡ POR LA G. DE DIOS"（阿方索十二世蒙神之恩）／"REY CONST DE ESPAÑA"（西班牙宪政国王）。最奇特的是，菲律宾百姓因习惯了伊莎贝拉币而拒不接受阿方索十二世的钱币，甚至到要给一定"差额补偿"的程度。结果是菲律宾政府不得不放弃这些币模，重新使用伊莎贝拉二世的币模，因此伊莎贝拉二世的币模从1886年一直用到美国人入侵菲律宾群岛，然而年份始终标注1868。这也解释了有些钱币发行量过大而另一些钱币发行量过小的原因。

马德里造币厂制造的50分、20分和10分比索银币，也就是2.50比塞塔、1比塞塔和0.50比塞塔，直到菲律宾起义时的1898年。50分比索币的正面有阿方索十二世面向右的头像，下方是年份，背面是两根柱子之间的西班牙国徽，下方是50 CENT DE PESO（50分比索）。更小币值的钱币没有柱子，两边标注币值10 CS. DE PESOS（10分比索）。1893年，授权马尼拉造币坊制造这些币值的等分币以及1分和2分铜币。

西班牙最后为海外制造的钱币是阿方索比索[426]，1897年在马德里制造，仅供菲律宾使用，币图与1895年为波多黎各造的比索币一样：幼年阿方索十三世面向左的头像／上加王冠的四个象限盾徽，两边有柱子；币文："ALFONSO XIII P. L. G. D. D. REY DE ESPAÑA"（阿方索十三世蒙神之恩为西班牙国王）、"1897"／"ISLAS FILIPINAS. UN PE-SO"（菲律宾群岛，1 比索）。

译者附录

一、西班牙历代年表

西班牙位于欧洲西南部的伊比利亚半岛，地处欧洲与非洲的交界处，西邻葡萄牙，北濒比斯开湾，东北部与法国及安道尔接壤，南隔直布罗陀海峡与非洲的摩洛哥相望，领土还包括地中海中的巴利阿里群岛、大西洋的加那利群岛及非洲的休达和梅利利亚。

第一部分　外族统治时期主要王国年表

约从公元前1000年开始，来自中北欧的凯尔特人从北部进入伊比利亚半岛，之后腓尼基人、希腊人、迦太基人等民族先后进入伊比利亚半岛建城设立定居点或者发展贸易。公元前218年，罗马人大举入侵西班牙；公元前2世纪，罗马军队攻破迦太基人防线，开始征服伊比利亚半岛；公元前19年，罗马军队控制了整个伊比利亚半岛，在此后长达500年的时间里，西班牙成为罗马帝国的一个行省。公元5世纪，罗马帝国开始走向崩溃，西哥特人入侵西班牙，建立了西哥特王国。

一、西哥特王国

西哥特王国，是西哥特人在西罗马帝国境内高卢西南部和西班牙建立的日耳曼国家。公元410年，日耳曼的西哥特人在领袖阿拉里克率领下，进入意大利，围攻罗马城。在城内奴隶的配合下打开城门，罗马被掠夺而去。此后在西罗马帝国境内伊比利亚半岛建立王国，先后定都图卢兹、托莱多。

西哥特王国年表

序号	外文统治者	中文译名	在位年代 （公元）	说明
一	早期军事首领			
1	Athanaric	阿特哈拉里克	369~381	

序号	外文统治者	中文译名	在位年代（公元）	说明
2	Alavivus	阿拉维乌斯	376～376	在位数月
3	Fritigren	弗里提格雷恩	376～380	
二		罗马帝国同盟期（380～395）		
三		高卢和西班牙的统治者		
1	Alaric Ⅰ	亚拉里克一世	395～410	又称阿拉里克一世
2	Athaulf	阿陶尔夫	410～415	注释1
3	Sigeric	西格里克	415	在位仅数天
4	Wallia	瓦利亚	415～419	注释2
5	Teodorico Ⅰ	狄奥多里克一世	419～451	
6	Thorismundo	多里斯蒙德	451～453	
7	Teodorico Ⅱ	狄奥多里克二世	453～466	
8	Euric	尤里克	466～484	注释3
9	Alarico Ⅱ	亚拉里克二世	484～507	注释4
10	Gesalec	盖萨莱克	507～511/510	
11	Theodoric Ⅲ The Great	狄奥多里克大帝	511/510～526	注释5
12	Amalarico	阿马拉里克	511～531	
四		西班牙的统治者		
1	Teudis	狄乌蒂斯	531～548	
2	Teudiselo	狄乌蒂吉斯克鲁斯	548～549	
3	Agila Ⅰ	阿吉拉一世	549～554	
4	Athanagildo	阿塔纳吉尔德	554～567	注释6
5	Liuva Ⅰ	利奥瓦斯一世	567～573	
6	Leovigildo	利奥维吉尔德	568～586	注释7
7	Reccaredo Ⅰ	雷卡雷德一世	586～586	
8	Segga	塞伽	586～587	
9	Reccaredo Ⅰ	雷卡雷多一世	587～589	复位、注释8
10	Argimund	阿尔吉蒙德	589～590	
11	Reccaredo Ⅰ	雷卡雷多一世	590～601	复位
12	Liuva Ⅱ	利奥瓦斯二世	601～603	

序号	外文统治者	中文译名	在位年代（公元）	说明
13	Witterico	维特里克	603～610	
14	Gundemaro	君德马尔	610～612	
15	Sisebuto	希瑟布特	612～621	
16	Reccaredo Ⅱ	雷卡雷多二世	621	
17	Suintila	苏因蒂拉	621～631	共治
18	Reccimer	雷克希梅尔	626～631	共治
19	Sisenando	希森安德	631～632	
20	Iudila	易乌提拉	632～633	又称伊西多尔
21	Sisenand	希森安德	633～636	复位
22	Chintila	奇恩蒂拉	636～640/39	
23	Tulga	图尔加	640～642	
24	Chindasuintho	辛达斯文托	642～653	共治
25	Reccesuintho	雷克斯文德	649～653	共治
26	Froia	福罗亚	653～653	在位7天
27	Reccesuintho	雷克斯文德	653～672	复位
28	Hilderic	希德里克	672～672	
29	Wamba	瓦慕巴	672～672	在位数星期
30	Paul	保罗	672～673	
31	Wamba	瓦慕巴	673～680	复位
32	Erwig	埃维戈	680～687	
33	Egica	厄吉卡	687～693	
34	Suniefred	苏涅弗雷多	693～693	
35	Egica	厄吉卡	693～702	复位、共治
36	Wittiza	威蒂萨	694～710	共治，厄吉卡的养子
37	Roderic	罗德里克	710～711	注释9
38	Achila Ⅱ	阿吉拉二世	约711～714	
39	Ardo	阿尔多	714～约721	

注释1：亚拉里克一世之弟，公元418年，与西罗马签订条约，定居在西南高卢。

注释2：公元418年，建立西哥特王国。

注释3：国王尤里克在位期间，西哥特王国颁布法典，废除了与罗马的同盟关系。领土包括高卢西南部和西班牙大部分。

注释4：又称阿拉里克二世，尤里克之子，于507年在武耶一战被法兰克国王克洛维所败，本人被杀，失去高卢大部分土地。此后王国中心移到西班牙，6世纪中叶定都托莱多。

注释5：即东哥特王狄奥多里克一世。

注释6：公元511年，阿塔纳吉尔德反叛了阿吉拉一世，在阿吉拉一世死后，成为唯一的国王。

注释7：利奥瓦斯一世之弟，公元585年，他灭亡了苏维汇王国，成为其国王。

注释8：公元587年，在托莱多的西哥特王国，他皈依天主教并在西班牙发动了一场运动来统一存在这片土地上的各种宗教教义。公元589年，召开第三次托莱多宗教会议，定罗马基督教为国教。

注释9：公元711年，西班牙被伊斯兰教将领塔里克·伊本·齐亚德征服，西哥特王国走向灭亡。

二、苏维汇王国

公元409年，部分苏维汇人同汪达尔人、阿兰人一起经高卢侵入伊比利亚半岛，在半岛西北部建立了苏维汇王国。公元585年，苏维汇王国被西哥特人征服。

苏维汇王国年表

序号	外文统治者	中文译名	在位年代（公元）	说明
一	苏维汇－加西里亚王国			
1	Hermeric	赫尔梅里克	409～438	
2	Heremigarius	希瑞梅伽里乌斯	427～429	
3	Rechila	雷基拉	438～448	
4	Rechiar	雷基阿	448～456	
5	Aioulf	埃奥夫	456～457	
二	苏维汇王国内战时期（注释1）			
1	Maldras	马尔德拉斯	约457～460	
2	Framta	弗拉姆塔	457	1之反对者
3	Richimund	里奇蒙德	457～464	2之继承者
4	Frumar	弗鲁玛	460～464	1之继承者
5	Remismund	瑞米斯蒙德	464～469	注释2
三	黑暗时期（469～550）			
1	Hermeneric	赫尔梅内里克	不详	
2	Veremund	维尔蒙德	不详	
3	Theodemund	西奥德蒙德	不详	

序号	外文统治者	中文译名	在位年代（公元）	说明
四	苏维汇王国统治末期			
1	Chararic	查拉里克	550～558/559	
2	Ariamir	阿里亚梅尔	558/559～561/566	
3	Theodemar	西奥德玛	561/566～570	
4	Miro	米罗	570～583	
5	Eboric	爱伯力卡	583～584	
6	Andeca	爱得卡	584～585	
7	Malaric	阿拉里克	585	

注释1：苏维汇王国因内战分裂，使得多个国王统治加西利亚较小的地区。

注释2：弗鲁玛的继承者，重新统一了苏维汇王国。

第二部分　穆斯林统治时期主要王国/王朝年表

公元711年，阿拉伯人入侵西班牙，赢得了瓜达莱特战役大捷，此后只用了7年时间就征服了伊比利亚半岛，从此西班牙开始了为期近800年的伊斯兰统治。

一、科尔多瓦哈里发国家

科尔多瓦哈里发国家，是阿拉伯人在安达卢西亚（西班牙南部）建立的伊斯兰教王朝（756～1031年）。原为阿拉伯帝国总督区，也称"西班牙埃米尔公国""科尔多瓦哈里发国""后倭马亚王朝"等。

科尔多瓦哈里发国家国王年表

序号	外文统治者	中文译名	在位年代（公元）	说明
一	科尔多瓦埃米尔（The Umayyad Emirate of Córdoba，注释1）			
1	Abderrahmán Ⅰ	阿卜杜勒·拉赫曼一世	约756～788	
2	Hixém Ⅰ	希沙姆一世	788～796	
3	Alhaquem Ⅰ	哈卡姆一世	796～822	
4	Abderrahmán Ⅱ	阿卜杜勒·拉赫曼二世	822～852	

续表

序号	外文统治者	中文译名	在位年代 （公元）	说明
5	Mohamed Ⅰ	穆罕默德一世	852～886	
6	Almondir	蒙齐尔	886～888	
7	Abdullah	阿卜杜拉·伊本·穆罕默德	888～912	
8	Abderramán Ⅲ	阿卜杜勒·拉赫曼三世	912～929	
二	科尔多瓦哈里发时期（Caliphate of Córdoba，注释2）			
1	Abderramán Ⅲ	阿卜杜勒·拉赫曼三世	929～961	
2	Alhaquem Ⅱ	哈卡姆二世	961～976	
3	Hixém Ⅱ	希沙姆二世	976～1009	
4	Mohamed Ⅱ	穆罕默德二世	1009	
5	Suleimán	苏莱曼	1009～1010	
6	Hixém Ⅱ	希沙姆二世	约1010～1013	复位
7	Suleimán	苏莱曼	约1013～1016	复位
8	Ali ibn Hammud al - Nasir	阿里·本·罕姆德	1016～1018	
9	Abd ar - Rahman Ⅳ	阿卜杜·拉赫曼四世	1018	
10	Al - Qasim al - Ma'mun ibn Hammud	阿尔·加西姆·本·罕姆德	1018～1021	
11	Yahya ibn Ali	雅赫亚·本·阿里	1021～1023	
12	Al - Qasim al - Ma'mun ibn Hammud	阿尔·加西姆·本·罕姆德	1023	
13	Abd ar - Rahman Ⅴ	阿卜杜勒·拉赫曼五世	1023～1024	
14	Muhammad Ⅲ	穆罕默德三世	1024～1025	
15	Yahya ibn Ali	雅赫亚·本·阿里	1025～1026	注释3
16	Hixém Ⅲ	希沙姆三世	1027～1031	注释4

　　注释1：这段时期统治者头衔为"埃米尔"。

　　注释2：公元929年，阿卜杜·拉赫曼三世宣布称哈里发，下令在聚礼日的祈祷和公文中，以"保卫安拉宗教的哈里发"称呼他，并获得"信士们的长官"的尊号。从此之后，史学家又称该王朝为"科尔多瓦哈里发帝国"。

注释3：公元1026～1027年被哈姆穆德王朝统治。

注释4：公元1022年，哈里发王国分裂，出现20多个小王国，被称作泰法国或诸侯国。公元1031年，哈里发希沙姆三世被废黜，哈里发国家分裂为20多个由封建主掌权的小国，后大多被柏柏尔人在非洲建立的穆拉比特王朝和穆瓦希德王朝所灭。

二、格拉纳达王国

格拉纳达王国，又称为"格拉纳达埃米尔国"，是西班牙历史上的一个以格拉纳达为首都的王国（今西班牙南部），也是泰法国之一。

格拉纳达王国年表

序号	外文统治者	中文译名	在位年代（公元）	说明
1	Muhammed Ⅰ ibn Nasr	穆罕默德一世	1238～1273	
2	Muhammed Ⅱ al – Faqih	穆罕默德二世	1273～1302	
3	Muhammed Ⅲ	穆罕默德三世	1302～1309	
4	Nasr	纳赛尔	1309～1314	
5	Ismail Ⅰ	伊斯梅尔一世	1314～1325	
6	Muhammed Ⅳ	穆罕默德四世	1325～1333	
7	Yusuf Ⅰ	优素福一世	1333～1354	
8	Muhammed Ⅴ	穆罕默德五世	1354～1359	
9	Ismail Ⅱ	伊斯梅尔二世	1359～1360	
10	Muhammed Ⅵ	穆罕默德六世	1360～1362	
11	Muhammed Ⅴ	穆罕默德五世	1362～1391	复位
12	Yusuf Ⅱ	优素福一世	1391～1392	
13	Muhammed Ⅶ	穆罕默德七世	1392～1408	
14	Yusuf Ⅲ	优素福三世	1408～1417	
15	Muhammed Ⅷ	穆罕默德八世	1417～1419	
16	Muhammed Ⅸ	穆罕默德九世	1419～1427	
17	Muhammed Ⅷ	穆罕默德八世	1427～1429	复位
18	Muhammed Ⅸ	穆罕默德九世	1430～1431	复位
19	Yusuf Ⅳ	优素福四世	1432～1432	
20	Muhammed Ⅸ	穆罕默德九世	1432～1445	第二次复位
21	Yusuf Ⅴ	优素福五世	1445～1446	

序号	外文统治者	中文译名	在位年代（公元）	说明
22	Muhammed Ⅹ	穆罕默德十世	1446～1448	
23	Muhammed Ⅸ	穆罕默德九世	1448～1453	第三次复位
24	Muhammed Ⅺ	穆罕默德十一世	1453～1454	
25	Sa'ad	萨德	1454～1462	
26	Yusuf Ⅴ	优素福五世	1462	复位
27	Sa'ad	萨德	1462～1464	
28	Ali Abu l – Hasan	阿卜·哈桑	1464～1482	
29	Muhammed Ⅻ Abu 'Abd Allah	穆罕默德十二世	1482～1483	
30	Ali Abu l – Hasan	阿卜·哈桑	1483～1485	复位
31	Muhammed ⅩⅢ Abū 'Abd Allāh	穆罕默德十三世	1485～1486	
32	Muhammed Ⅻ Abu 'Abd Allah	穆罕默德十二世	1486～1492	复位

三、穆拉比特王朝

穆拉比特王朝，又称阿尔摩拉维德王朝，是 11 世纪由来自撒哈拉的柏柏尔人在西非和西班牙南部等地建立的王朝。

穆拉比特王朝年表

序号	外文统治者	中文译名	在位年代（公元）	说明
1	Abdallah ibn Yasin	阿卜杜拉·伊本·雅辛	1040～1059	
2	Yahya ibn Umar	叶海亚·伊本·奥玛	1050～1056	注释1
3	Abu Bakr ibn Umar	阿布·伯克尔·伊本·奥玛	1056～1087	注释2
4	Yusuf ibn Tashfin	优素福·伊本·塔什芬	1072～1106	
5	Ali ibn Yusuf	阿里·伊本·优素福	1106～1143	
6	Tashfin ibn Ali	塔什芬·伊本·阿里	1143～1145	
7	Ibrahim ibn Tashfin	易卜拉欣·伊本·塔什芬	1145～1147	
8	Ishaq ibn Ali	伊斯哈克·伊本·阿里	1147	

注释 1：穆拉比特王朝的创建人之一，公元 1056 年在战役中被杀。

注释 2：公元 1061 年，阿布·伯克尔·伊本·奥玛将其领土分开，从公元 1072 年起开始分区统治。

四、穆瓦希德王朝

穆瓦希德王朝是 12~13 世纪柏柏尔人在北非及西班牙南部建立的伊斯兰教王朝。

穆瓦希德王朝年表

序号	外文统治者	中文译名	在位年代（公元）	说明
1	Ibn Tumart	伊本·突麦尔特	1121~1230	注释 1
2	Abd al – Mu'min	阿卜杜勒·穆敏	1130~1163	注释 2
3	Abu Ya'qub Yusuf Ⅰ	叶尔库白·优素福一世	1163~1184	
4	Abu Yusuf Ya'qub 'al – Mansur'	叶尔库白·曼苏尔	1184~1199	
5	Muhammad al – Nasir	穆罕默德·纳希尔	1199~1213	
6	Abu Ya'qub Yusuf Ⅱ	叶尔库白·优素福二世	1213~1224	
7	Abd al – Wahid Ⅰ	阿卜杜勒·瓦西德一世	1224	
8	Abdallah al – Adil	阿卜杜勒·阿迪勒	1224~1227	
9	Yahya 'al – Mutasim'	叶海亚·穆塔西姆	1227~1229	
10	Abu al – Ala Idris I al – Ma'mun	阿卜杜勒·伊德里斯一世	1229~1232	
11	Abd al – Wahid Ⅱ	阿卜杜勒·瓦西德二世	1232~1242	
12	Abu al – Hassan Ali 'al – Said'	阿卜杜勒·哈桑·赛义德	1242~1248	
13	Abu Hafs Umar 'al – Murtada'	阿卜杜勒·奥马尔	1248~1266	
14	Abu al – Ula Idris Ⅱ 'al – Wathiq'	阿卜杜勒·伊德里斯二世	1266~1269	注释 3

注释 1：公元 1121 年，各部落首领推举伊本·突麦尔特为苏斯地区政教领袖，成为北非穆瓦希德王朝奠基人。

注释 2：公元 1147 年，占领马拉喀什，灭穆拉比特王朝，自称哈里发，建立穆瓦希德王朝。

注释 3：公元 1269 年，摩洛哥柏柏尔人扎纳塔部落的马林族人攻占马拉喀什，穆瓦希德王朝灭亡。

第三部分　西班牙基督教主要王国年表

阿拉伯人入侵后，西班牙北部地区出现了几个基督教王国，它们各霸一方，形成了封建割据，并在抗击阿拉伯人入侵和收复失地运动中逐渐发展壮大。

一、阿斯图里亚斯王国

阿斯图里亚斯王国是西哥特王国灭亡后在伊比利亚半岛西北部兴起的第一个基督教王国，它的王室是西哥特王国的后裔。阿斯图里亚斯后来分裂成莱昂和卡斯蒂利亚等几个部分。

阿斯图里亚斯王国年表

序号	外文统治者	中文译名	在位年代（公元）	说明
1	Pelagius	佩拉约	718～737	
2	Favila	法维拉	737～739	
3	Alfonso Ⅰ	阿方索一世	739～757	
4	Fruela Ⅰ	弗鲁埃拉一世	757～768	
5	Aurelio	奥雷利欧	768～774	
6	Silo	西罗	774～783	
7	Mauregato	莫雷戈托	783～788	
8	Bermudo Ⅰ	贝尔穆多一世	788～791	
9	Alfonso Ⅱ	阿方索二世	791～842	
10	Nepotian	内波提安	842	
11	Ramiro Ⅰ	拉米罗一世	842～850	
12	Ordoño Ⅰ	奥多尼奥一世	850～866	
13	Fruela	弗鲁埃拉	866	
14	Alfonso Ⅲ	阿方索三世	866～909/910	

二、莱昂王国

莱昂王国位于伊比利亚半岛的西北部，是中世纪伊比利亚半岛上四个主要基督教国家之一。它是从阿斯图里亚斯分离出来的王国，后来又从它分离出卡斯蒂利亚王国。莱昂王国一直断断续续存在300多年。

莱昂王国年表

序号	外文统治者	中文译名	在位年代（公元）	说明
1	García Ⅰ	加西亚一世	910～914	
2	Ordoño Ⅱ	奥多尼奥二世	914～924	
3	Fruela Ⅱ	弗鲁埃拉二世	924～925	
4	Alfonso Ⅳ	阿方索四世	925～931	
5	Ramiro Ⅱ	拉米罗二世	931～951	
6	Ordoño Ⅲ	奥多尼奥三世	951～956	
7	Sancho Ⅰ	桑乔一世	956～958	
8	Ordoño Ⅳ	奥多尼奥四世	958～960	
9	Sancho Ⅰ	桑乔一世	960～966	注释1
10	Ramiro Ⅲ	拉米罗三世	966～984	
11	Bermudo Ⅱ	贝尔穆多二世	984～999	
12	Alfonso Ⅴ	阿方索五世	999～1028	
13	Bermudo Ⅲ	贝尔穆多三世	约1027～1037	
14	Ferdinand I/Fernando I	费尔南多一世	1037～1065	注释2
15	Alfonso Ⅵ	阿方索六世	1065～1072	
16	Sancho Ⅱ	桑乔二世	1072	
17	Alfonso Ⅵ	阿方索六世	1072～1109	注释3
18	Urraca	乌拉卡	1109～1126	
19	Alfonso Ⅶ	阿方索七世	1126～1157	注释4
20	Ferdinand Ⅱ／Fernando Ⅱ	费尔南多二世	1157～1188	
21	Alfonso Ⅸ	阿方索九世	1188～1230	注释5

注释1：公元958年被贵族叛乱推翻，后由哈里发阿卜杜勒－赖哈曼三世帮助复位。

注释2：统治期间，卡斯蒂里亚从莱昂王国独立。其后两个王国数度分合，终归统一。

注释3：公元1077年，阿方索六世称帝。

注释4：公元1135年，阿方索七世称帝；公元1143年，其表弟阿方索·恩里格斯在葡萄牙独立；阿方索七世死后，西班牙皇帝称号被废除。

注释5：公元1230年，卡斯蒂里亚王国兼并莱昂王国。

三、纳瓦拉王国

纳瓦拉王国原名潘普洛纳王国，是一个控制比利牛斯山脉大西洋沿岸土地（包括西班牙东北部）的欧洲王国。

纳瓦拉王国年表

序号	外文统治者	中文译名	在位年代 （公元）	说明
1	Íñigo Arista	伊尼格·阿里斯塔	约810~851	
2	García I	加西亚一世	约851~870	
3	Fortún Garcés	弗尔顿·加西斯	870~905	
4	Sancho I	桑乔一世	905~925	
5	García Sánchez I	加西亚·桑切斯一世	925~970	
6	Sancho Garcés II	桑乔二世	970~994	
7	García Sánchez II	加西亚·桑切斯二世	994~1000	
8	Sancho Garcés III	桑乔三世	1000~1035	注释1
9	García Sánchez III	加西亚·桑切斯三世	1035~1054	
10	Sancho Garcés IV	桑乔四世	1054~1076	
11	Sancho Ramírez/ Sancho V	桑乔五世	1076~1094	
12	Peter I	佩德罗一世	1094~1104	
13	Alfonso I	阿方索一世	1104~1134	
14	García Ramírez	加西亚·拉米雷斯 四世	1134~1150	
15	Sancho Garcés VI	桑乔六世	1150~1194	
16	Sancho VII	桑乔七世	1194~1234	注释2
17	Teobaldo I	特奥巴尔多一世	1234~1253	
18	Teobaldo II	特奥巴尔多二世	1253~1270	
19	Henry I / Enrique el Gordo	恩里克一世	1270~1274	
20	Joan I	胡安娜一世	1274~1305	王后、共治
21	Philip I	菲利普一世	1284~1305	共治
22	Louis I	路易一世	1305~1316	注释3
23	John I	胡安一世	1316	在位仅数天
24	Philip II	菲利普二世	1316~1322	
25	Carlos I	卡洛斯一世	1322~1328	

序号	外文统治者	中文译名	在位年代（公元）	说明
26	Joan Ⅱ	胡安娜二世	1328～1349	女王
27	Philip Ⅲ	菲利普三世	1328～1343	
28	Carlos Ⅱ	卡洛斯二世	1349～1387	
29	Carlos Ⅲ	卡洛斯三世	1387～1425	
30	Blanche Ⅰ	布兰卡	1425～1441	女王，共治
31	John Ⅱ	胡安二世	1425～1479	共治
32	Carlos Ⅳ	卡洛斯四世	1441～1461	
33	Blanche Ⅱ	布兰卡二世	1461～1464	
34	Eleanor	莱奥诺	1479	注释4
35	Francis Phoebus	弗朗西斯科	1479～1483	
36	Catherine	卡特琳娜	1483～1517	女王、共治
37	John Ⅲ	胡安三世	1484～1516	共治
38	Henry Ⅱ	恩里克二世	1516～1555	
39	Jeanne d'Albret/Jeanne Ⅲ	珍妮·德·阿尔布雷	1555～1572	女王
40	Antoine	安托万	1555～1562	
41	Henry Ⅲ	恩里克三世	1572～1610	
42	Louis Ⅱ	路易二世	1610～1620	注释5

注释1：公元1034年称帝，分封诸子形成卡斯蒂利亚、阿拉贡诸国。

注释2：最后一位西班牙人国王，传位给香槟伯爵特奥巴尔多，此后纳瓦拉王国成为法国的属地。

注释3：即法国国王路易十世。

注释4：公元1455～1479年为纳瓦拉王国的摄政王，公元1479年成为女王。

注释5：纳瓦拉王国在路易二世遇刺后，比利牛斯以北并入法国，比利牛斯以南并入西班牙。

四、阿拉贡王国

阿拉贡王国，是公元11世纪由伊比利亚半岛东北部的当地居民建立的封建王国。

阿拉贡王国年表

序号	外文统治者	中文译名	在位年代（公元）	说明
一	纳瓦拉王国统治时期			
1	Ramiro Ⅰ	拉米罗一世	1035～1063	
2	Sancho Ramírez	桑乔一世	1063～1094	
3	Pedro Ⅰ	佩德罗一世	1094～1104	
4	Alfonso Ⅰ	阿方索一世	1104～1134	
5	Ramiro Ⅱ	拉米罗二世	1134～1137	
6	Petronilla	佩德罗尼拉	1137～1164	女王
二	加泰罗尼亚家族统治时期			
1	Alfonso Ⅱ	阿方索二世	1161～1196	
2	Pedro Ⅱ	佩德罗二世	1196～1213	
3	James Ⅰ	海梅一世	1213～1276	
4	Peter Ⅲ	佩德罗三世	1276～1285	
5	Alfonso Ⅲ	阿方索三世	1285～1291	
6	James Ⅱ	海梅二世	1291～1327	
7	Alfonso Ⅳ	阿方索四世	1327～1336	
8	Pedro Ⅳ	佩德罗四世	1336～1387	
9	John Ⅰ	胡安一世	1387～1396	
10	Martin	马丁一世	1396～1410	注释1
三	特拉斯塔马拉家族统治时期			
1	Fernando Ⅰ	费尔南多一世	1412～1416	
2	Alfonso Ⅴ	阿方索五世	1415～1458	
3	John Ⅱ	胡安二世	1458～1479	注释2
4	Fernando Ⅱ	费尔南多二世	1479～1516	注释3

注释1：公元1410～1412年，王位空缺。

注释2：胡安二世在反对他的战争（1462～1472年）中一度被废黜。

注释3：公元1479年，阿拉贡王国与卡斯提尔王国成为共主邦联。

五、卡斯蒂利亚王国

卡斯蒂利亚王国，又称卡斯提尔王国，伊比利亚半岛中部卡斯提尔地的封建王国，由西班牙西北部的老卡斯提尔和中部的新卡斯蒂利亚组成。它逐渐和周边王国融合，形成了西班牙王国。当今西班牙的君主就与卡斯蒂利亚王国一脉相承。

卡斯蒂利亚王国年表

序号	外文统治者	中文译名	在位年代（公元）	说明
一	卡斯蒂利亚伯爵			
1	Fernán González	费尔南·冈萨雷斯	923～970	
2	García Fernández	加西亚·费尔南德斯	970～995	
3	Sancho García/	桑乔·加西亚	995～1017	
4	García Sánchez	加西亚·桑切斯	1017～1029	
二	卡斯蒂利亚王国			
1	Sancho Garcés Ⅲ	桑乔·加尔塞斯三世	1000～1035	
2	Fernando Ⅰ	费尔南多一世	1035～1065	注释1
3	Sancho Ⅱ	桑乔二世	1065～1072	
4	Alfonso Ⅵ	阿方索六世	1072～1108	
5	Urraca	乌拉卡	1109～1126	
6	Alfonso Ⅶ	阿方索七世	1123/1126～1157	
7	Sancho Ⅲ	桑乔三世	1157～1158	
8	Alfonso Ⅷ	阿方索八世	1158～1214	
9	Enrique Ⅰ	恩里克一世	1214～1217	
10	Berengaria	贝伦加利亚	1217	
11	Fernando Ⅲ	费尔南多三世	1217～1252	
12	Alfonso Ⅹ	阿方索十世	1252～1284	
13	Sancho Ⅳ	桑乔四世	1284～1295	
14	Fernando Ⅳ	费尔南多四世	1295～1312	
15	Alfonso Ⅺ	阿方索十一世	1312～1350	
16	Pedro	佩德罗一世	1350～1369	
17	Enrique Ⅱ	恩里克二世	1367～1379	
18	Juan Ⅰ	胡安一世	1379～1390	
19	Enrique Ⅲ	恩里克三世	1390～1406	
20	Juan Ⅱ	胡安二世	1406～1454	
21	Enrique Ⅳ	恩里克四世	1454～1474	
22	Isabel Ⅰ	伊莎贝拉一世	1474～1504	

序号	外文统治者	中文译名	在位年代 （公元）	说明
23	Juana	胡安娜	1504 ~ 1506	
24	Felipe Ⅰ	腓力一世	1506	共治
25	Carlos Ⅰ	卡洛斯一世	1506 ~ 1556	注释2

注释1：卡斯蒂利亚与莱昂合并后的第一位国王，其后很多卡斯蒂利亚王国的国王兼任莱昂国王。

注释2：其间，卡斯蒂利亚并入统一的西班牙帝国。

第四部分 西班牙统一后的主要王朝年表

公元1516年，卡洛斯一世以特拉斯塔马拉家族的外孙资格继承卡斯蒂利亚、莱昂、阿拉贡、纳瓦拉等王国的王位，建立了欧洲最早统一中央王权的共主邦联的国家，西班牙开始走向统一。

一、西班牙哈布斯堡王朝

西班牙历史上的哈布斯堡王朝，是公元1516年至公元1700年统治西班牙、西属尼德兰和意大利部分公国以及公元1580年至公元1640年统治葡萄牙的家族。

西班牙哈布斯堡王朝年表

序号	外文统治者	中文译名	在位年代 （公元）	说明
1	Carlos Ⅰ	卡洛斯一世	1516 ~ 1556	
2	Felipe Ⅱ	腓力二世	1556 ~ 1598	注释1
3	Felipe Ⅲ	腓力三世	1598 ~ 1621	
4	Felipe Ⅳ	腓力四世	1621 ~ 1665	
5	Carlos Ⅱ	卡洛斯二世	1665 ~ 1700	

注释1："腓力"又称为"费利佩"。

二、波旁王朝

波旁王朝，是一个在欧洲历史上曾断断续续统治纳瓦拉、法国、西班牙、那不勒斯与西西里、卢森堡等国以及意大利若干公国的跨国王朝。公元1700年，安茹公爵费利佩来到马德里即位，王号费利佩五世（又称为"腓力五世"），西班牙从此开始了波旁王朝。

波旁王朝年表

序号	外文统治者	中文译名	在位年代 （公元）	说明
1	Felipe Ⅴ	腓力五世	1700～1746	
2	Luis Ⅰ	路易斯一世	1724	在位7个月
3	Fernando Ⅵ	费尔南多六世	1746～1759	
4	Carlos Ⅲ	卡洛斯三世	1759～1788	
5	Carlos Ⅳ	卡洛斯四世	1788～1808	注释1
6	Fernando Ⅶ	费尔南多七世	1808	
7	Carlos Ⅳ	卡洛斯四世	1808～1814	注释2
8	Fernando Ⅶ	费尔南多七世	1814～1833	
9	Isabel Ⅱ	伊莎贝拉二世	1833～1868	注释3
10	Alfonso Ⅻ	阿方索十二世	1874～1885	注释4
11	Alfonso ⅩⅢ	阿方索十三世	1886～1931	注释5
12	Juan Carlos Ⅰ	胡安·卡洛斯一世	1975～2014	注释6
13	Felipe Ⅵ	费利佩六世	2014年至今	

注释1：公元1808年，卡洛斯四世被迫让位于其子费尔南多七世。

注释2：在拿破仑干预下，卡洛斯四世复位。

注释3：公元1870～1873年，西班牙国内混乱，王位由意大利国王阿马德奥一世占据；公元1873～1874年是西班牙第一共和国。

注释4：公元1874年，波旁王朝第二次复辟。

注释5：公元1931～1939年为西班牙第二共和国；公元1939～1975年是佛朗哥独裁统治时期。

注释6：阿方索十三世之孙，佛朗哥于公元1947年宣布西班牙为君主国，公元1975年佛朗哥死后两天胡安·卡洛斯一世即位，波旁王朝第三次复辟。

二、西班牙货币史大事记

时间	大事纪要
约公元前450至公元前380年	古希腊人在西班牙南部沿海地区制造了钱币。
公元前3世纪	迦太基人在西班牙南部沿海地区制造了迦基基银币。
公元前3世纪	罗马人在西班牙东南沿海地区开始制造德拉克马银币。
公元前2世纪末期	罗马阿斯铜币出现。

续表

时间	大事纪要
公元前 2 世纪末期至公元前 1 世纪初	伊比利亚半岛开始出现刻有伊比利亚文字的货币。
公元前 1 世纪末期	伊比利亚半岛开始发行罗马帝国钱币。
公元 1 世纪至公元 5 世纪	大量罗马帝国钱币，尤其是青铜币流入伊比利亚半岛。
公元 5 世纪初期	苏维汇人开始制造苏埃尔多金币和银币。
公元 5 世纪至公元 6 世纪	西哥特王朝发行了苏埃尔多金币和特莱米斯金币。
公元 575 年至公元 578 年	西哥特国王利奥维吉尔德引入严格自治的国家货币，开始完全自主地发行货币。
公元 8 世纪初期	阿拉伯人入侵，作为本位货币的罗马货币和西哥特货币终结。伊比利亚半岛开始进入阿拉伯的第纳尔、迪拉姆和法尔币制。
公元 8 世纪	加泰罗尼亚各伯爵领地，流通迪内罗银币。
公元 9 世纪	加洛林王朝从东北的入侵，对卡斯蒂利亚、加泰罗尼亚、纳瓦拉和阿拉贡的货币产生深远影响。
公元 11 世纪	科尔多瓦哈里发王国分解为 20 多个泰法国，各泰法国继续沿用阿里发时期的货币。
公元 11 世纪至公元 15 世纪	巴塞罗那伯爵领地，流通仿制的穆斯林迪拉姆金币、图尔的格罗斯币、克罗埃特币、米利亚雷斯币、弗罗林金币和太平币、杜卡多金币等货币。
公元 11 世纪至公元 15 世纪	纳瓦拉和阿拉贡王国，流通阿拉伯货币和加洛林王朝货币、迪内罗、奥波、雷阿尔银币、黑图尔币、埃斯库多金币等货币。
公元 11 世纪至公元 15 世纪	卡斯蒂利亚 - 莱昂王国，流通迪内罗、奥波币、国王币、城市币、马拉维迪金币、多乌拉仿制品、马拉维迪银币、科尔纳多币、雷阿尔币、图尔币等货币。
公元 13 世纪至公元 15 世纪	巴伦西亚流通旧阿拉伯货币、三迪迪内罗、巴伦西亚的雷阿尔、迪内罗和奥波、弗罗林金币、银雷阿尔、金雷阿尔、杜卡多币等货币。
公元 1475 年	卡斯蒂利亚王国和阿拉贡王国进行第一次货币改革，重新定值当时使用的卡斯蒂利亚货币。
公元 1476 年	阿拉贡国王胡安二世在巴塞罗那创立杜卡多金本位制。

时间	大事纪要
公元 1480 年至公元 1497 年	卡斯蒂利亚王国和阿拉贡王国开始制造四马拉维迪和二马拉维迪。
公元 1497 年	卡斯蒂利亚王国和阿拉贡王国颁布《梅迪纳乡村特别法》，开始进行第二次货币改革。
公元 1508 年	马略卡王国用杜卡多币替代了雷阿尔金币。
公元 16 世纪初期	奥地利家族统治时期的加泰罗尼亚独立造币。
公元 1544 年	巴伦西亚开始制造加洛林王朝的埃斯库多。
公元 16 世纪至公元 18 世纪	阿拉贡采用卡斯蒂利亚的币制，流通雷阿尔和半雷阿尔、银铜合金币、迪内罗、杜卡多和半杜卡多金币等货币。
公元 1554 年至公元 1558 年	西班牙以腓力二世和玛丽·都铎的名义发行英国货币。
公元 16 世纪	引入埃斯库多金币和推出八雷阿尔。
公元 1566 年	腓力二世颁布关于货币政策的《新图版特别法》。
公元 16 世纪至公元 17 世纪	纳瓦拉流通科尔纳多、雷阿尔、塔尔哈币。
公元 16 世纪至公元 17 世纪末期	西班牙的西印度殖民地，流通"大陆货币"、特普兹克金比索、雷阿尔银币、马拉维迪、银铜合金币、多乌隆等货币。
公元 16 世纪后期至公元 1898 年	菲律宾殖民地，先后流通秘鲁币、两半球比索、小硬币巴里亚、夸尔托、重新加印的钱币、比索币、多乌隆等货币。
公元 1609 年	西班牙开始制造五十倍币（50 雷阿尔银币）。
公元 1618 年	西班牙开始制造百倍币（100 埃斯库多金币）
公元 1636 年	腓力四世规定了金银币对银铜合金币的"差额补偿"比例。
公元 1686 年	颁布特别法，推出银铜合金雷阿尔的"计价"币马利亚。
公元 18 世纪初期	全国统一货币。
公元 1710 年	腓力五世首次发行卡斯蒂利亚钱币。
公元 1718 年	颁布《国王令》，收回在阿拉贡和加泰罗尼亚流通的假阿拉贡迪内里约币和其他货币。
公元 1728 年	银币开始标准化：小杜罗币。同年，西班牙在美洲殖民地推出"两半球和海洋"比索。
公元 1770 年至公元 1858 年	马德里发行的马拉维迪币成为制造"银铜合金币"的标准。

续表

时间	大事纪要
公元 1771 年	卡洛斯三世开始改革金币和银币。
公元 18 世纪	纳瓦拉流通铜币。
公元 1808 年至公元 1814 年	法国的"侵入"政府和费尔南多七世流亡政府以双方君王的名义制造货币。
公元 1814 年至公元 1820 年、公元 1823 年~公元 1833 年	费尔南多七世统治时期，流通杜罗币。
公元 19 世纪	伊莎贝拉二世统治初期，延续 80 雷阿尔的多乌隆币制，后流通比塞塔银币。
公元 1848 年	建立了银铜合金雷阿尔币制。
公元 1854 年	雷阿尔被分为 100 分，中世纪以来卡斯蒂利亚一直使用的旧计价单位马拉维迪从此消失。
公元 1864 年	建立银埃斯库多币制。
公元 1865 年	加入拉丁货币同盟，实行将金和银相结合，根据两种金属的市场价格定价的币制。
公元 1868 年	建立比塞塔币制；根据这种币制制造的货币，一直流通到 1937 年。
公元 19 世纪末期	制造了最后流通的西班牙美洲币。

三、地名、人名和货币术语索引

中文	西文
阿巴德王朝	Abbadíes
阿拔斯	Abbas
阿拔斯王朝	Abbasidas
阿本·阿拉玛尔，见穆罕默德·伊本·优素福·伊本·奈斯尔	Aben Al Hamar. V. Mohamed ben Yusuf ben Nasar
阿波罗	Apolo
阿勃德拉	Abdera（Adra）
阿卜杜拉·伊本·雅辛	Abdalá ben Yassim
阿布·阿布达拉·穆罕默德·纳希尔	Abu Abdalá Mohamed an Nasir
阿布拉（阿尔梅里亚）	Abra（Almería）

中文	西文
阿布鲁佐大区	Abruzzos
阿德拉	Adra（Almería）. V. abdera
阿尔贝罗尼红衣主教	Alberoni（cardenal）
阿尔伯特金币	Albertino de oro
阿尔布开克公爵	Alburquerque（duque de）
阿尔布雷希特，奥地利大公	Alberto，archiduque de Austria
阿尔迪特币	ardite
阿尔法罗（洛格罗尼奥省），见格拉古丽斯	Alfaro（Logroño）V. Graccurris
阿尔盖罗	Alguer
阿尔戈斯	Argos
阿尔赫西拉斯，见尤利亚—特拉杜克塔	Algeciras V. Iulia Traducta
阿尔亨托纳	Argentona
阿尔霍纳（哈恩）	Arjona（Jaén）
阿尔及利亚	Argelia
阿尔加维	Algarbe
阿尔卡罗比的盎司币	uncia alcarovi
阿尔卡西姆的迪拉姆币	sou cathini argenti yspani
阿尔科（里卡多·德尔）	Arco（R. del）
阿尔科拉斯（韦斯卡）	Alcoraz（Huesca）
阿尔科伊	Alcoy
阿尔勒	Arles
阿尔马登，见西萨波	Almadén，V. Sisapo
阿尔马格罗（迭戈·德）	Almagro（D. de）
阿尔马桑侯爵	Almanzán（Marqués de）
阿尔梅里亚	Almería
阿尔梅斯迪的盎司币	uncia almeçdi
阿尔米勒	Armir
阿尔米勒的盎司币	uncia almurí
阿尔穆涅卡尔（格拉纳达），见谢克斯	Almuñécar（Granada），V. Sexs
阿尔普恩特（巴伦西亚）	Alpuente（Valencia）
阿尔斯，见萨贡托	Arse，V. Sagunto

续表

中文	西文
阿尔斯，见萨贡托	Arsgitar，V. Sgunto
阿尔韦卡（莱里达）	Arbeca（Lérida）
阿方索比索，见五比塞塔	peso alfonsino，V. Cinco pesetas
阿方索的多乌莱尔币	alfonsín dobler
阿方索的马拉维迪	Maravedí alfonsí
阿方索的新白币	moneda nueva blanca alfonsí
阿方索迪内罗	dinero alfonsí
阿方索金币	alfonsín de oro
阿方索马克	marco alfonsí
阿方索梅努特	alfonsín menut
阿方索银币，见25金比塞塔	alfonsín de plata V. Veinticinco pesetas de oro
阿芙罗狄蒂	Afrodita
阿格拉蒙特	Agramunt
阿格里帕	Agrippa（M.）
阿格里真托	Agrigento
阿根廷	Argentina
阿根图	argento
阿瓜多·布莱耶	Aguado Bley（P.）
阿赫尔	Ager
阿基拉币	alquilat
阿基拉特	aquilat
阿吉拉二世	Achila Ⅱ
阿吉拉一世（西哥特国王549~554年）	Agila
阿卡狄乌斯	Arcadio
阿卡普尔科	Acapulco
阿科鲁尼亚	Coruña（La）
阿克西移民城（瓜迪克斯）	Acci, Colonia Iulia Gemella（Guadix）
阿坤廷人	aquitani
阿拉伯	árabe

中文	西文
阿拉贡	Aragón
阿拉贡币，见银苏埃尔多	aragonés V. Sueldo de plata
阿拉贡城	Alagón
阿拉贡的"仁慈的"马丁一世（1396 ~ 1410年）	Martín I, el Humano, de Aragón
阿拉贡的"修士"拉米罗二世	Ramilo Ⅱ, el Monje, de Aragón
阿拉贡的阿方索二世（1161 ~ 1196 年）	Alfonso Ⅱ de Aragón
阿拉贡的阿方索三世（1285 ~ 1291 年）	Alfonso Ⅲ de Aragón
阿拉贡的阿方索四世（1327 ~ 1336 年）	Alfonso Ⅳ de Aragón
阿拉贡的阿方索五世（1415 ~ 1458 年）	Alfonso Ⅴ de Aragón
阿拉贡的阿方索一世（斗士，桑切斯 1104 ~ 1134 年）	Alfonso I de Aragón (el Batallador, Sánchez)
阿拉贡的费尔南多二世（1479 ~ 1516 年），见卡斯蒂利亚的费尔南多五世	Fernando Ⅱ de Aragón, V. Fernando Ⅴ de Castilla
阿拉贡的费尔南多一世（1412 ~ 1416 年）	Fernando I de Aragón
阿拉贡的海梅二世（1291 ~ 1327 年）	Jaime Ⅱ de Aragón
阿拉贡的海梅一世（1213 ~ 1276 年）	Jaime I de Aragón
阿拉贡的胡安二世（1458 ~ 1479 年）	Juan Ⅱ de Aragón
阿拉贡的胡安一世（1387 ~ 1396 年）	Juan I de Aragón
阿拉贡的徽章币	timbre de Aragón
阿拉贡的加林多·阿斯纳雷斯	Galindo Aznárez de Aragón
阿拉贡的卡洛斯三世	Carlos Ⅲ de Aragón
阿拉贡的科尔纳多币，见科尔纳多币	coronado de Aragón, V. Coronat
阿拉贡的拉米罗一世	Ramilo I de Aragón
阿拉贡的玛丽亚（1377 ~ 1402 年）	María de Aragón
阿拉贡的佩德罗二世（1196 ~ 1213 年）	Pedro Ⅱ de Aragón
阿拉贡的佩德罗尼拉	Petronila de Aragón
阿拉贡的佩德罗三世	Pedro Ⅲ de Aragón
阿拉贡的佩德罗四世（1336 ~ 1387 年）	Pedro Ⅳ de Aragón
阿拉贡的佩德罗一世（1094 ~ 1104 年）	Pedro I de Aragón
阿拉贡的桑乔一世·拉米雷斯	Sancho I Ramírez de Aragón

中文	西文
阿拉贡迪的内里约币，见哈卡迪内罗	dinerillo de Aragón, V. Dinero jaqués
阿拉贡马克	marco de Aragón
阿拉贡银马克	marco de plata aragonés
阿拉皮莱斯	Arapiles
阿拉斯	Arras
阿拉瓦	Alava
阿莱奇佩（卡萨雷斯，马拉加），见拉西波	Alechipe (Casaress, Málaga) V. Lacipo
阿兰达伯爵	Aranda (conde de)
阿兰人	alanos
阿雷瓦洛（塞尔索）	Arévalo (C.)
阿雷瓦赛人	arevaci
阿里	Alí
阿里奥堡	Casteldario
阿利坎特	Alicante
阿罗尼斯	Alonis
阿罗斯	Arros
阿马拉里克（西哥特国王 511～531 年）	Amalarico
阿马特里切	Amatrice
阿米尔	Amiríes
阿莫罗斯·巴拉（何塞）	Amorós Barra (J.)
阿姆斯特丹	Amsterdam
阿纳尔多（加西亚）	Arnaldo (G.)
阿纳斯河，见瓜迪亚纳河	Anas, V. Guadiana
阿纳斯塔修斯一世（东罗马帝国皇帝，491～518 年）	Anastasio I
阿尼斯佛	anisfo
阿斯币	as
阿斯德鲁巴	Asdrúbal
阿斯蒂希，见埃西哈	Astigi, V. Ecija
阿斯丁汪达尔人	vándalos asdingos

中文	西文
阿斯特克人	aztecas
阿斯图尔人	astures
阿斯图里亚斯	Asturias
阿斯图里亚斯的"纯洁的"阿方索二世（791～842年）	Alfonso Ⅱ el Casto de Asturias
阿斯图里亚斯的阿方索一世（739～757年）	Alfonso Ⅰ de Asturias
阿斯图里亚斯的佩拉约（718～737年）	Pelayo de Asturias
阿斯图里亚斯王子	Príncipe de Asturias
阿斯托加	Astorga
阿斯托加	Asturica（Astorga）
阿索	Jordán de Asso y del Río（I.）
阿塔拉里克	Atalarico
阿塔纳吉尔德（西哥特国王，554～567年）	Athanagildo
阿特拉斯	Atlas
阿特索	atsolso
阿图瓦	Artois
阿维拉	Avila
阿维图斯	Avito
阿西多	Asido
埃比苏斯，见伊维萨	Ebusus，V. Ibiza
埃布罗河	Ebro
埃布罗河畔贝利利亚，见塞尔斯和塞尔萨	Velilla de Ebro，V. Celse y Celsa
埃德塔尼亚人	edetani
埃尔卡尼亚瓦特	Cañevate（El）
埃尔卡诺（胡安·塞瓦斯蒂安）	Elcano（J. S.）
埃尔卡维卡	Ercavica
埃尔梅苏诺	Mesuno（El）
埃尔切，见伊利西	Elche，V. Ilici
埃尔维拉（格拉纳达），见埃利韦利和伊利韦利斯	Elvira（Granada），V. Eliberri y Iliberris
埃尔维希奥	Ervigio

中文	西文
埃尔武拉，见埃武拉	Elvora，V. Ebora y Evora
埃夫勒家族	Evreux（Casa de）
埃夫雷奥（博诺姆）	Ebreo（Bonnom）
埃及	Egipto
埃及的阿尔西诺伊	Arsinoe de Egipto
埃卡夫罗（卡夫拉）	Egabro（Cabra）
埃克斯塞伦特，见卡斯蒂利亚多乌拉	excelente，V. Dobla castellana
埃利韦利，见伊利韦利斯	Eliberri，V. Iliberris
埃洛塔	Elota
埃梅里达	Emeri，V. Emerita
埃梅里达移民城（梅里达）	Emerita Augusta，Colonia（Mérida）
埃米尼奥（科英布拉）	Eminio（Coimbra）
埃内阿斯	Heneas
埃诺	Hainaut
埃塞克斯	Essex
埃斯基拉切侯爵	Esquilache（marqués de）
埃斯卡林	escalín
埃斯卡洛	escaló
埃斯库多金币，盾徽币	escudo de oro
埃斯库多银币	escudo de plata
埃斯皮纳（佩德罗·德）	Espina（P. de）
埃斯特雷马杜拉	Extremadura
埃苏里（马林堡）	Esuri（Castro Marim）
埃武拉（利维拉利达斯·尤利亚）	Ebora（liberalitas Iulia），V. Evora
埃武拉	Evora
埃西哈，见阿斯蒂希	Ecija，V. Astigi
埃希塔尼亚	Egitania
埃伊纳岛	Egina
矮子丕平	Pipino el Breve
艾格莱卜王朝	Aglabitas
艾哈迈德·本·穆萨	Ahmed ben Muza

中文	西文
艾美罗斯科佩昂	Hemeroskopeion
艾伍克莱达斯	Eukleidas
爱得卡	Audeca
爱琴海	Egeo
安达卢斯，见安达卢西亚	Al – Andalus，V. Andalucía
安达卢西亚	Andalucía
安道尔	Andorra
安德罗尼卡	Andrónico
安的列斯群岛	Antillas
安东尼安	antononiano
安东尼安银币	argenteus antoninianus
安菲波利斯	Anfípolis
安纳托利亚，见小亚细亚	Anatolia V. Asia Menor
安普里亚斯	Ampurias
安普里亚斯的乌戈	Hugo de Ampurias
安茹的查理	Carlos de Anjou
安茹的雷纳托	Renato de Anjou
安茹家族	Anjou（Casa de）
安太尔西达和约	Paz de Antálcidas
安特克拉	Antequera
安特米乌斯（西罗马帝国皇帝，467~472年）	Anthemio
安特萨纳·帕斯	Antezana Paz（F）
安特卫普	Amberes
安提瓜的圣玛丽	María la Antigua（Santa）
安条克	Antioquía
昂古莱姆公爵	Angulema（duque de）
盎格鲁人	anglos
盎司	onza
盎司币，1/12阿斯	uncia
盎司币，见金盎司	unce，V. Uncia de oro
盎司金币	uncia d'or cuty

中文	西文
盎司金币	uncia de oro
盎司制	uncial（sistema）
奥巴（希梅纳—德拉弗龙特拉）	Oba（Jimena de la Frontera）
奥波	óbolo
奥波银币，银奥波	óbolo de plata
奥布尔科（波尔库纳）	Obulco（Porcuna）
奥地利大公卡洛斯，见阿拉贡的卡洛斯三世	Carlos，archiduque de Austria，V. Carlos Ⅲ de Aragón
奥地利的胡安	Austria（Juan de）
奥地利的玛格丽特，西班牙王后	margarita de Austria，reina de España
奥地利的玛格丽特	margarita de Austria
奥地利的玛丽亚·克里斯蒂娜	María Cristina de Austria
奥地利的玛利亚·安娜	María Ana de Austria
奥地利家族（哈布斯堡王朝）	Austria（Casa de）
奥多亚塞	Odoacro
奥尔比索人	Olbisos
奥尔卡德人	Olcades
奥格斯堡	Augsburgo
奥古斯都（盖乌斯·尤里乌斯·恺撒·屋大维），见屋大维·奥古斯都	Augustus（Caius Iulius Caesar Octavianus）见 Octavio Augusto
奥古斯塔币	agostar
奥古斯塔币	augustal
奥古斯塔岛，见伊维萨和伊维西姆	Insula Augusta，V. Ibiza e Ibisim
奥克（马塞尔）	Hoc（M.）
奥兰	Orán
奥兰内萨多	Oranesado
奥雷金币	áureo
奥雷利亚科（奥斯托西奥·德）	Aureliaco（A. de）
奥雷利亚纳（弗朗西斯科·德）	Orellana（F.）
奥雷塔尼亚人	oretani
奥里波（两姊妹镇）	Orippo（Dos Hermanas）

中文	西文
奥里波分组	Oripense
奥里诺科	Orinoco
奥利瓦雷斯伯爵—公爵	Olivares（conde – duque de）
奥利亚纳	Oliana
奥林匹克竞技会（第一届）	Olimpíada（primera）
奥林匹亚宙斯	Zeus olímpico
奥隆提吉	Olontigi
奥伦塞	Aurense（Orense）
奥伦塞	Orense, V. Aurense
奥罗修斯	Orosio
奥洛隆（奥赫尔·德）	Olorón（O. de）
奥洛索尔廷	Olosortin
奥洛特	Olot
奥尼亚蒂	Oñate
奥努瓦，见韦尔瓦	Onuba, V. Huelva
奥斯卡，见博尔斯坎和韦斯卡	Osca（Vrbs Victrix），V. Bolscan y Huesca
奥斯玛	Osma
奥斯切尔—梅思达驰	Oeschger Mesdach
奥斯塔尔里克	Hostalrich
奥斯特拉西亚	Austrasia
奥苏拉	Ossura
奥苏纳，见乌尔索	Osuna, V. Urso
奥索努瓦（法鲁）	Ossonuba（Faro）
奥索塞雷人，见比克	ausoceretes, V. Vich
奥特里克人	autrigones
奥提伽岛的阿耳忒弥斯	Arthemis Ortygia
奥万多（尼古拉斯·德）	Ovando（N. de）
奥维德	Ovidio
奥维耶多	Oviedo
奥西奥	Osio
奥西塞尔达	Usecerte, V. Osicerda

中文	西文
奥西塞尔达市	Osicerda（Municipium），Véase Usecerte
奥亚尔顺政务会	Junta de Oyarzun
澳洲	Australia
八（杜罗）马略卡多乌隆，见 4 埃斯库多多乌隆	doblón mallorquín de a ocho，V. Doblón de a cuatro escudos
八雷阿尔，见比索、杜罗和五比塞塔	real de a ocho，V. Peso, Duro, Cinco pesetas
八雷阿尔	piece of eight
八马拉维迪，见二夸尔托	Maravedís（ocho），V. Dos cuartos
八十雷阿尔，见多乌隆	ochentín，V. Doblón
八十银铜合金雷阿尔，见多乌隆	reales de vellón（ochenta），V. Doblón
巴埃萨	Baeza
巴埃萨	Beatia（Baeza）
巴贝隆	Babelon（J.）
巴比伦	Babilonia
巴比伦的塞琉古	Seleuco de Babilonia
巴伯隆	Babelon（E.）
巴达霍斯	Badajoz
巴杜利亚	Bardulia
巴多卢恩戈协议	Tratado de Vadoluengo
巴尔布达币	barbuda
巴尔迪维亚（佩德罗·德）	Valdivia（P. de）
巴尔杜洛人	varduli
巴尔加斯的松布雷雷特	Sombrerete de Vargas
巴尔斯	Valls
巴尔沃（卢西奥·科尔内略）	Balbo（L. C.）
巴格达的希沙姆	Hixém de Bagdad
巴加	Bagá
巴克赛奥人	vaccei
巴克特里亚	Bactriana
巴拉格尔	Balaguer

续表

中文	西文
巴拉索特里	Balazote
巴黎	París
巴黎迪内罗	dinero parisi
巴黎古币收藏室	Cabinet de Médailles, París
巴里亚币	barilla
巴利阿里（群岛）	Baleares
巴利亚（维拉雷科斯）	Baria (Villaricos)
巴利亚多利德	Valladolid
巴利亚多利德代表大会	Cortes de Valladolid
巴伦蒂	Valentí (J.)
巴伦西亚	Valencia
巴伦西亚—德阿尔坎塔拉	Valencia de Alcántara
巴伦西亚的雷阿尔，见银铜合金迪内罗	reyal de Valencia, V. Dinero de vellón
巴伦西亚的雷阿莱特币，见巴伦西亚的雷亚尔	realet de Valencia, V. Reyal de Valencia
巴伦西亚的银雷阿尔，见狄维特币	real de plata de Valencia, V. Dihuité
巴伦西亚市政法	Fori Regni Valentiae
巴拿马	Panamá
巴尼奥拉斯	Bañolas
巴塞尔	Basilea
巴塞利亚（佩雷）	Basella (P.)
巴塞罗那	Barcelona
巴塞罗那百人会议	Consejo de Ciento, Barcelona
巴塞罗那币，见克罗埃特	barcelonés, V. Croat
巴塞罗那城的公共储蓄清单	Tabla de los Comunes, Barcelona
巴塞罗那代表大会	Cortes de Barcelona
巴塞罗那的"多毛的"威弗雷多	Wifredo el Velloso de Barcelona
巴塞罗那的阿拉贡王冠联合王国档案馆	Archivo de la Corona de Aragón, Barcelona
巴塞罗那的贝伦格尔·拉蒙一世	Berenguer Ramón I de Barcelona
巴塞罗那的博雷利二世	Borrell II de Barcelona
巴塞罗那的拉蒙·贝伦格尔三世	Ramón Berenguer III de Barcelona
巴塞罗那的拉蒙·贝伦格尔四世（1131～1161年）	Ramón Berenguer IV de Barcelona

中文	西文
巴塞罗那的拉蒙·贝伦格尔一世	Ramón Berenguer I de Barcelona
巴塞罗那的佩德罗四世	Pedro Ⅳ de Barcelona
巴塞罗那曼库索	mancuso barcelonés
巴塞诺，见巴塞罗那	Barceno，V. Barcelona
巴斯克人，见巴斯孔人	vascos，V. Bascunes y Barscunes
巴斯克斯·凯波	Vázquez Queipo（V.）
巴斯孔人，见巴斯克人	Barscunes，V. Vascos
巴斯孔人，见巴斯克人	bascones，V. Vascos
巴斯特塔尼亚人	bastetani
巴塔贡币	patagón
巴滕堡	Battenburgo
巴瓦斯特罗	Barbastro
巴西诺，见巴塞罗那	Barcino，V. Barcelona
巴西诺那，见巴塞罗那	Barcinona，V. Barcelona
巴耶奇亚	Vallegia
巴约讷	Bayona
白埃居	écu blanc
白币	moneda blanca
白色镑	libra blanca
白鼬币	armellino
百镑	centupondium
百倍金币，森腾币	centén de oro
百分	céntimos（cien）
百分努姆斯币	numus centenionalis
百合花白币	blanco de lis
柏柏尔人	berberiscos
柏林	Berlín
拜伦	Bailén
拜占庭，见君士坦丁堡	Bizancio，V. Constantinopla
拜占庭的金币	bizantino（oro）
班巴	Bamba

续表

中文	西文
半埃斯库多币，见小杜罗币	escudo（medio），V. Durillo
半埃斯库多银币	escudo de plata（medio）
半盎司制	semiuncial（sistema）
半奥波	hemióbolo
半磅制	semilibral（sistema）
半比塞塔币	peseta（media）
半德拉克马	hemidracma
半德西玛，0.5/10 雷阿尔	décima de real（media）
半杜罗	duro（medio）
半多乌隆币，见埃斯库多币	dobló（mig），V. Escudo de oro
半分埃斯库多，0.5% 埃斯库多	céntimo de escudo（medio）
半格令	grano（medio）
半夸尔托，见二马拉维迪	cuarto（medio），V. Dos maradedís
半雷阿尔，五德西玛	real（medio）
半雷阿尔金币	real de oro（medio）
半马拉维迪	Maravedí（medio）
半塔尔特莫林	hemitartemorion
邦宁	Bonnin
磅，镑	libra
磅，镑	pound
磅	pondus
磅迪内罗	libra de dineros
磅铜	aes libral
贝阿恩	Bearne
贝尔加	Berga
贝尔灵克币	berlinga
贝尔纳多（修道院院长）	Bernardo（abad）
贝尔普奇	Bellpuig
贝尔特兰（皮奥）	Beltrán（P.）
贝库拉	Bécula
贝拉（阿尔梅里亚）	Vera（Almería）

中文	西文
贝拉斯科（路易斯·德）	Velasco（L. de）
贝拉斯克斯	Velázquez（L. J.）
贝利人	belli
贝隆族人	berones
贝伦加诺斯	Verengannos
贝纳文特	Benavente
贝纳文特伯爵	Benavente（conde de）
贝内克（佩雷）	Bernec（P.）
贝尼杜努门	Benidunum
贝尼胡德	Beni Hud
贝尼亚拉夫塔斯	Benialaftas
贝萨卢	Besalú
贝萨卢的贝尔纳多二世	Bernardo（abad）Ⅱ de Besalú
贝萨卢的吉列尔莫一世	Guillermo I de Besalú
贝桑松	Besançon
贝桑特币	besante
贝斯（8 盎司）	Bes
贝提卡，见安达卢西亚	Bética, V. Andalucía
贝雅（葡萄牙），见帕克斯—尤利亚	Beja（Portugal）, V. Pax Iulia
贝耶尔	Beyer（H. O.）
比埃尔索	Beriso
比埃尔索	Bierzo（El）
比埃尔索	Oberisidense, V. Beriso
比尔比利斯（市），见卡拉塔尤	Bilbilis（Municipium Augusta）, V. Calatayud
比戈币	gigot
比克，见欧索纳	Vich, ausoceretes, Ausescen y Ausona
比利牛斯和约	Paz de los Pirineos
比利牛斯山脉	Pirineos
比利时	Bélgica
比利亚隆	Villalón
比萨人	pisanos

中文	西文
比塞塔银币，见 4 银铜合金雷阿尔	peseta de plata, V. Cuatro reales de vellón
比森斯（吉列姆）	Vicens（G.）
比森斯（佩雷）	Vicens（P.）
比斯巴尔（拉）	Bisbal（La）
比索，见八雷阿尔	peso, V. Real de a ocho
比韦斯·埃斯库德罗（安东尼奥）	Vives Escudero（A.）
比亚纳（王子），见比亚纳的卡洛斯	Viana（príncipe de），V. Carlos de Viana
比亚纳的卡洛斯	Carlos de Viana
比亚纳王子，见比亚纳的卡洛斯	Príncipe de Viana, V. Carlos de Viana
彼得拉	Petra
币制	sistema monetario
毕尔巴鄂	Bilbao
庇西特拉图	Pisístrato
贬值	devaluación
扁平·迪内罗	dinero llano
便士	pence
便士	penny
辫式假发（发式）	peluquín（peinado）
滨河阿尔莫多瓦（科尔多瓦），见卡乌拉	Almodóvar del Río（Córdoba），V. Carbula
滨河科里亚（塞维利亚），见考拉	Coria del Río（Sevilla），V. Caura
波巴斯特罗	Bobastro
波巴斯特罗的奥马尔·伊本·哈夫松	Omar ben Hafsún de Bobastro
波多黎各	Puerto Rico
波尔库纳（哈恩），见奥布尔科	Porcuna（Jaén），V. Obulco
波尔图	Oporto
波尔图卡勒，见波尔图	Portocale, V. Oporto
波夫拉德塞古尔	Pobla de Segur
波帕扬	Popayán
波旁家族	Borbón（Casa de）
波旁家族有继承王位资格的卡洛斯七世	Carlos Ⅶ（pretendiente Borbón）

中文	西文
波旁家族有继承王位资格的卡洛斯五世	Carlos V（pretendiente Borbón）
波斯	Persia
波斯的阿巴克哈	Abagha de Persia
波斯的大流士一世	Darío I de Persia
波斯加特拉币	moneda boscatera
波托西	Potosí
伯爵发行币	moneda condal
伯罗奔尼撒半岛，见摩里亚	Peloponeso，V. Morea
伯明翰	Birmingham
勃艮第	Borgoña
勃艮第的雷蒙多	Raimundo de Borgoña
勃艮第法	Burgundiorum（Leges）
勃艮第公爵"好人"腓力	Felipe el Bueno de Borgoña
勃艮第人	burgundios
勃兰卡，白币	blanca
勃兰卡币	blanco
博尔斯坎，见韦斯卡和奥斯卡	Bolscan，V. Huesca y Osca
博洛尼亚	Bolonia
博洛尼亚	Bononia（Bolonia）
博诺姆·埃夫雷奥	Bonnom Ebreo
博萨	Bossa
博斯普鲁斯海峡	Bósforo
博泰特—西索	Botet y Sisó（J.）
不来梅	Bremen
布尔德奥斯	Burdeos
布尔戈斯	Burgos
布尔戈斯币	burgalés
布尔戈斯的银马克	marco de plata de Burgos
布尔戈斯迪内罗，见银铜合金迪内罗	pipión，V. Dinero de vellón
布尔戈斯迪内罗	dinero burgalés
布尔戈斯苏埃尔多	sueldo burgalés

续表

中文	西文
布拉班特	Brabante
布拉干萨（葡萄牙）	Braganza（Portugal）V. Bergantia
布拉干萨	Bergantia（Braganza）
布拉格	Praga
布拉加（葡萄牙），见布拉加拉	Braga（Portugal）V. Bracara
布拉加拉	Bracara（Braga）
布兰卡德（路易斯）	Blancard（L.）
布里维斯卡代表大会	Cortes de Briviesca
布林迪西	Bríndisi
布鲁日	Brujas
布鲁塞尔	Bruselas
残损的雷阿尔币	real recortado
查尔卡斯，见查尔卡斯管辖区	Charcas, V. Audiencia de
查尔卡斯管辖区	Audiencia de Charcas
查柯	calco
查理币	carolus
查理大帝	Carlomagno
查理的弗罗林币	florín Karolus
查士丁二世（拜占庭皇帝，566～578 年）	Justino Ⅱ
查士丁尼二世	Justiniano Ⅱ Rinotmeta
查士丁尼一世（拜占庭皇帝 527～565 年）	Justiniano Ⅰ
查士丁一世（拜占庭皇帝，518～527 年）	Justino Ⅰ
差额补偿	premio
承兑票据	abonarés
城市币	moneta urbis
冲压机制造	molino（fabricación de）
出币率	talla
初期铁器时代	Hallstatt
传教士圣地亚哥	Santiago（apóstol）
粗铜	aes rude
达埃尔德	daelder

中文	西文
达克特（威尼斯的），见杜卡多	zecchino，V. Ducado
达连	Darién
达米尔多乌拉	dobla dalmir
达西（托马斯）	Dasí（T.）
大阿格丽品娜	Agrippina
大埃克斯塞伦特	excelente mayor
大多乌拉	dupla magna
大马士革	Damasco
大铜币	moneta majorina
大西庇阿	Escipión el Joven（P. C.）
大西洋大陆	Tierra Firme del Mar Océano
大希腊	Magna Grecia
代芬特尔	Deventer
戴克里先	diocleciano
丹吉尔	Tánger
丹吉尔省（摩洛哥北部）	Tingitania
丹麦	Dinamarca
丹麦的克里斯蒂安七世	Cristián Ⅶ de Dinamarca
丹麦的克努特大帝（1018～1035 年）	Canuto el Grande de Dinamarca
单纹饰币	moneda de una onda
德阿吉雷（胡安）	Aguirre（J. de）
德尔加多	Delgado（A.）
德尔托萨（市），见托尔托萨	Dertosa（Municipium Hibera Iulia Ilercavonia），V. Tortosa
德国，日耳曼	Alemania
德国的查理六世，见阿拉贡的卡洛斯三世	Carlos Ⅵ de Alemania，V. Carlos Ⅲ de Aragón
德国的斐迪南三世	Fernando Ⅲ de Alemania
德国的斐迪南一世	Fernando Ⅰ de Alemania
德国的弗雷德里希二世	Federico Ⅱ de Alemania
德国的马克西米利安一世	Maximiliano I de Alemania

中文	西文
德国的约瑟夫一世	José I de Alemania
德科斯顿（10 盎司）	dextans
德拉克马	dracma
德鲁索斯，恺撒	Druso，césar
德尼亚	Denia
德斯普拉（霍安）	Desplá（J.）
德西玛，1/10 雷阿尔	décima de real
德伊塔尼亚人	deitani
低地国家	Países Bajos
狄奥达哈德	Teodato
狄奥多雷多（西哥特国王，419~451年）	Teodoredo
狄奥多里克（东哥特国王）	Teodorico（ostrogodo）
狄奥多里克（西哥特国王，453~466年）	Teodorico（visigodo）
狄奥多西二世	Teodosio II
狄奥多西一世	Teodosio I
狄俄斯库里兄弟	Dioscuros
狄纳里银币	denarius argenteus
狄维特币	dihuité
狄乌蒂吉斯克鲁斯（西哥特国王，548~549年）	Teudiselo
狄乌蒂斯（西哥特国王，531~548年）	Teudis
迪（成色）	dineros（ley）
迪奥多罗	Diodoro
迪盖克兰	Duguesclín（B.）
迪拉姆币	dirhem
迪伦堡	Dillenburgo
迪内罗的苏埃尔多	sueldo de dineros
迪内罗铜币，铜迪内罗	dinero de cobre
迪内罗银币，银迪内罗	dinero de plata
敌后骚扰部队	almogávares
底比斯	Tebas
底格里斯河	Tigris

中文	西文
地方货币	moneda de la tierra
地中海	Mediterrúneo
帝国重镇波托西，见波托西	Villa Imperial del Potosí，V. Potosí
第二批白币	blanco segundo
第纳尔	dinar
第纳尔	dinaro，V. Dinar
第十合组军团	Legio X Gémina
第五云雀军团	Legio V Alaudae
第一共和国	República（primera）
蒂罗尔	Tirol
蒂托·利维奥	Tito Livio
蒂维萨	Tivissa
东盎格利亚	Anglia（East）
东方大区	Prefectura de Oriente
东哥特人	Ostrogodos
东印度	Indias orientales
东印度群岛	Insulindia
斗士熙德，见罗德里戈·迪亚兹·德·比瓦尔	Cid Campeador（El），V. Rodrigo Díaz de Vivar
独立酋长国	Emirato independiente
独立战争	Independencia（guerra de la）
杜埃尼亚斯（帕伦西亚）	Dueñas（Palencia）
杜邦元帅	Dupont（mariscal）
杜尔博莱德人	turboletas
杜卡顿	ducatón
杜卡多	ducado
杜卡多银币	ducado de plata
杜兰戈	Durango
杜罗币，见八雷阿尔和五比塞塔	duro，V. Real de a ocho y cinco pesetas
杜罗河	Duero
杜萨伊（胡安）	Dusay（J.）

中文	西文
杜伊特币	duit
镀银小钱	menudo plateado
短秤银	plata corta
短雷阿尔	real corto
多德兰（9 盎司）	dodrans
多德雷赫特	Dordrecht
多里斯蒙德（西哥特国王，451~453 年）	Turismundo
多瑙沃特	Donauwert
多匹亚币	doppia
多乌拉（意大利），见多匹亚币	dobla（Italia），V. Doppia
多乌莱尔，二倍币，二迪内罗	dobler
多乌莱尔币（二迪内罗）	dobler（doble）
多乌隆币	doblón
多兹	Dozy（R.）
朵拉	Dola
厄吉卡（西哥特国王）	Egica
厄廷根	Oettingen
恩波里翁，见安普里亚斯	Emporiae，V. Ampurias
恩波利翁，见安普里亚斯	Emporeiton，V. Ampurias
恩波利翁	Emporion
恩里凯，见卡斯蒂利亚多乌拉	enrique，V. Dobla castellana
恩里克斯（胡安娜）	Enríquez（Juana）
恩塞纳达侯爵	Ensenada（marqués de la）
恩滕萨（贝伦格尔·德）	Entenza（B. de）
二（杜罗）马略卡多乌隆，见埃斯库多	doblón mallorquín de a dos，V. Escudo de oro
二埃斯库多，见多乌隆	escudo（dos），V. Doblón
二埃斯库多金币	doblete，V. Escudo de oro
二奥波	dióbolo
二磅，都庞第	dupondio
二倍半比塞塔银币	peseta，plata（dos y media）

中文	西文
二倍币，见多乌莱尔币	duplices, V. Dobler
二比塞塔银币	peseta, plata（dos）
二比索金币，见金埃斯库多	pesos, oro（dos），V. Escudo de oro
二德拉克马	didracma
二德西玛，2/10 雷阿尔	décima de real（doble）
二迪	dinero doblenc
二迪内罗币	dinero（doble）
二分半埃斯库多，2.5% 埃斯库多	céntimos de escudo（dos y medio）
二分币	centavos（dos）
二夸尔托，见八马拉维迪	cuarto（dos），V. Ocho maravedís
二雷阿尔	real de a dos
二雷阿尔	real doblenc
二雷阿尔银币	real de plata doble
二马拉维迪	Maravedís（dos）
二十比塞塔金币，见多乌隆	peseta, oro（veinte），V. Doblón
二十分埃斯库多，20% 埃斯库多	céntimos de escudo（veinte）
二十分比塞塔	céntimos de peseta（veinte）
二十分比索	céntimos de peso（veinte）
二十分币	centavos（veinte）
二十雷阿尔，二十雷	vintem
二十雷币，见小杜罗币	veintén, V. Durillo
二十马拉维迪金币，见卡斯蒂亚多乌拉	Maravedís de oro（veinte），V. Dobla castellana
二十五比塞塔金币，见 100 银铜合金雷阿尔	peseta, oro（veinticinco），Véase Cien reales de vellón
二十五分比塞塔	céntimos de peseta（veinticinco）
二十五分雷阿尔	céntimos de real（veinticinco）
二十银铜合金雷阿尔金币，见小杜罗币	reales de vellón, oro（veinte），V. Durillo
二十银铜合金雷阿尔银币，见八雷阿尔、杜罗币和五比塞塔	reales de vellón, plata（veinte），Véase Real de a ocho, Duro y Cinco pesetas
二银铜合金雷阿尔	reales de vellón（dos）

中文	西文
发白的多乌拉	dobla blanquilla
发行年份	emisión（fecha de）
法蒂玛家族	Fatimíes
法定币值	valor legal
法定货币	moneda forera
法尔	felús
法国	Francia
法国的"好人"胡安二世（1350～1364年）	Juan Ⅱ, el Bueno, de Francia
法国的腓力·奥古斯都	Felipe Augusto de Francia
法国的路易九世	Luis IX de Francia
法国的拿破仑三世	Napoleón Ⅲ de Francia
法国第一帝国	Imperio francés（Primer）
法国路易十三	Luis XIII de Francia
法国路易十四	Luis XIV de Francia
法国之路，见圣地亚哥之路	camino francés, V. Camino de Santiago
法国执政府	Consulado（Francia）
法兰克人	francos
法兰西的"虔诚者"罗贝尔二世	Roberto Ⅱ el Piadoso, de Francia
法郎	franco
法鲁（葡萄牙），见奥索努瓦	Faro（Portugal）, V. Ossonuba
仿制币	moneda falsificadas
飞轮冲压机造	volante（fabricación con）
飞马克律萨俄耳	pegaso crysaor
飞马帕伽索斯	pegaso
非金属货币	moneda no metálica
非斯	Fas（Fez）
非斯	Fez
非洲	Africa
非洲	Ifriqiyah
菲狄亚斯	Fidias
菲格拉斯	Figueras

中文	西文
菲律宾	Filipinas
菲律宾公司	Compañía de Filipinas
菲内斯特雷（贝伦格尔·德）	Finestres (B. de)
腓力币，见埃斯库多银币	felipe, V. Escudo de plata
腓力币	filippi
腓力达尔德莱	Philippus Daldre
腓力的弗罗林币	florín Philippus
腓力二十雷币	veintén de Felipe
腓力二世	Filipo Ⅱ
腓力三世	Filipo Ⅲ
费尔南多的大多乌拉	dupla magna ffernandi
费尔南多的小多乌拉	dupla parva ffernandi
费里亚公爵	Feria (duque de)
分币	centavo
丰塞卡（Fr. 达米安）	Fonseca (Fr. D.)
丰坦斯（佩德罗·德）	Fontans (P. de)
丰特查	Fontecha Sánchez (R. de)
丰特斯	Fuentes
枫丹白露条约	Tratado de Fontainebleau
佛兰德	Flandes
佛朗哥（埃斯特万）	Franco (E.)
佛罗里达	Florida
佛罗里达布兰卡伯爵	Floridablanca (conde de)
佛罗伦萨	Florencia
佛西斯人	focenses
弗拉加	Fraga
弗拉米尼亚法	Flaminia (ley)
弗朗什孔泰	Franco Condado
弗里格	vlieger
弗里西亚	Frisia
弗罗林	florín

中文	西文
弗罗林币（半杜卡多）	florín（medio ducado）
弗洛尔（罗杰·德）	Flor（R. de）
福西亚	Focea
辅币	moneda secundaria
赴圣地的十字军远征	Cruzada a Tierra Santa
富利	follis
富瓦家族	Foix（Casa de）
富瓦家族的卡特琳娜	Catalina de Foix
盖乌斯	Caio, césar
盖乌斯·尤里乌斯·恺撒·屋大维·奥古斯都，见屋大维·奥古斯都	Caius Iulius Caesar Octavianus Augustus, V. Octavio Augusto
冈特	Gante
高卢	Galia
高卢索利多	solidus gallicum
羔羊颂白币，羔羊币	blanco del Agnus Dei
戈壁	Gobi
戈尔塔蒂约币	cortadillo
戈麦斯·莫雷诺（曼努埃尔）	Gómez Moreno（M.）
哥伦比亚	Colombia
哥伦布（克里斯托瓦尔）	Colón（Cristóbal）
格拉茨	Graz
格拉库里斯市（阿尔法罗）	Graccurris, Municipium（Alfaro）
格拉纳达	Granada
格拉纳达的埃克斯塞伦特币，见杜卡多	excelente de la granada, V. Ducado
格拉纳达的布阿卜迪勒	Boabdil de Granada
格拉纳达的穆罕默德·伊本·优素福·伊本·奈斯尔	Mohamed ben Yusuf ben Nasar, de Granada
格拉纳达的穆罕默德十一世	Mohamed XI de Granada
格拉纳达的穆罕默德四世	Mohamed IV de Granada
格拉纳达的穆罕默德五世	Mohamed V de Granada
格拉纳达第二次战争币	moneda de la guerra segunda de Granada

中文	西文
格拉纳达第一次战争币	moneda de la guerra primera de Granada
格拉纳达穆罕默德九世	Mohamed IX de Granada
格拉诺列尔斯	Granollers
格兰特（M.）	Grant（M.）
格雷欣法则	Gresham（ley de）
格雷欣法则	Ley de Gresham
格里尔森（Ph.）	Grierson（Ph.）
格令	grano
格罗宁根	Groninga
格罗斯	gros
格罗斯迪内罗，见银迪内罗	diner gros，V. Dinero de plata
格罗斯银币，见格罗斯和克罗埃特	denarius argenti grossus，V. Gros y Croat
格罗斯银币，见克罗埃特	grossa de plata，V. Croat
公国币，见杜卡多	principat，V. Ducado
公国最高政务会，1808年的	Junta Superior del Principado，año 1808
贡哥拉	gongorino
古巴	Cuba
古币博物馆	museo de medallas
古布尔戈斯人	turmodigi
古兰经	Corán
古铁雷斯（胡安）	Gutiérrez（J.）
古铁雷斯（马丁）	Gutiérrez（M.）
瓜达尔基维尔河	Guadalquivir
瓜达尔卡纳尔（塞维利亚），见西西波	Guadalcanal（Sevilla），V. Sisipo
瓜达拉哈拉（墨西哥）	Guadalajara（Méjico）
瓜达拉哈拉	Guadalajara
瓜达莱特河	Guadalete
瓜达兰克	Guadarranque
瓜丹（A. M. 德）	Guadan（A. M. de）
瓜迪克斯，见阿克西	Guadix，V. Acci
瓜迪亚纳河	Guadiana

中文	西文
瓜纳华托	Guanajuato
冠币，见巴塞罗那的三迪币	coronatorum，V. Dinero Ternal de Barcelona
圭亚那	Guayana
国王币	moneda real
国王币	moneta regis
国王城，见利马	Ciudad de los Reyes，V. Lima
过去的埃斯库多银比索	peso escudo de plata antigua
哈布纳	Hübner（E.）
哈德良	Adriano
哈德孙河	Hudson
哈蒂瓦，见赛塔比	Játiba，V. Saitabi y Saitabietar
哈恩	Jaén
哈卡	Jaca
哈卡的迪内罗	dinero jaqués
哈卡的苏埃尔多	dinar qanasir，V. Sueldo jaqués
哈卡曼库索	mancuso jacense
哈默尔恩	Hameln
哈穆德王朝	Hamudíes
哈塞塔尼亚人	jacetani
哈瑟尔特	Haselt
海地	Haiti
海尔德兰	Gueldres
海克提	Hecte
海上同盟	Liga Marítima
海神尼普顿	Neptuno
海斯	Heiss（A.）
海牙	Haya（La）
含铜量	Liga
汉堡	Hamburgo
汉尼拔	Anibal
荷兰	Holanda

续表

中文	西文
荷兰盾，见弗罗林	gulden, V. Florín
赫尔莱思	Georres
赫尔梅里克	Hermerico
赫尔蒙内吉尔德（利奥维吉尔德的长子）	Hermenegildo
赫尔米雷斯（迭戈）	Gelmirez (D.)
赫拉克勒斯（大力神）	Hércules
赫雷斯	Jerez
赫伦达，见赫罗纳	Gerunda, V. Gerona
赫罗纳，见赫伦达	Gerona, V. Gerunda
赫罗纳的苏涅尔	Sunyer de Gerona
赫塞（加斯东）	Jeze (G.)
黑海	negro (mar)
黑内贝格	Henneberg
黑图尔币，见图尔迪内罗	tornés negro, V. Dinero tornés
厚银币	plata gruesa
厚银铜合金币	vellón grueso
胡安（奥诺拉托）	Juan (H.)
胡安币，见绶带多乌拉	Juanina, V. Dobla de la banda
胡安币	Juanín
胡安币	Juayn, V. Juanín
胡安娜，贝尔特兰之女	Juana la Beltraneja
胡安娜·恩里克斯	Juana Enríquez
胡比亚	Jubia
胡卡尔河	Júcar
胡文科	Juvenco
胡西费亚马斯莫迪纳币	Mazmudina jucifia
户税	fogatje
皇帝查理五世，见西班牙的卡洛斯一世	Carlos V. emperador. Carlos, V. I de España
皇家历史科学院	Academia de la Historia (Real)
皇家租金	Situado (Real)

中文	西文
黄金溢价	prima del oro
火神伏尔甘	Vulcano
货币	moneda
货币的成色	ley de la moneda
霍洛	Jolo
霍诺留	Honorio
鸡尾勃兰卡	blanca rabo de gallo
基督教	cristianismo
基督教的第纳尔币，见阿方索的马拉维迪	dinar cristiano，V. Maravedí alfonsí
基多管辖区	Audiencia de Quito
基马拉斯	Guimaraes
基蒙	Kimón
基齐库斯	Cízico
吉普斯夸	Guipúzcoa
吉普斯夸的市政法	Fuero de Guipúzcoa
计价货币	moneda de cuenta
计价马拉维迪	Maravedí de cuenta
加的斯，见加地尔	Cádiz，V. Gardir y Gades
加的斯	Gades，V. Cádiz
加的斯代表大会	Cortes de Cádiz
加地尔，见加的斯	Gadir，V. Cádiz
加尔巴	Galba
加拉·普拉西提阿	Gala Placidia
加拉加斯	Caracas
加拉加斯皇家吉普斯夸公司	Compañía guipuzcoana de Caracas（Real）
加莱克人	callaeci
加利斯蒂奥人	caristi
加利西亚	Galicia
加利西亚省，见加利西亚	Gallecia，V. Galicia
加利西亚苏埃尔多	sueldo gallecano（gallicano，gallicario，gallicense）

中文	西文
加利亚纳宫	Palacio de la Galiana
加洛林王朝	carolingio
加洛林王朝迪内罗	dinero carolingio
加冕币，即科尔纳多币	coronate
加那利群岛	Canarias
加斯科涅	Gascuña
加斯罗那（哈恩），见加斯图勒	Cazlona（Jaén），V. Castule
加斯图勒（加斯罗那）	Castule（Cazlona）
加苏莱斯堡（加的斯），见拉斯古塔	Alcalá de los Gazules（Cádiz）V. Lascuta
加泰罗尼亚	Cataluña
加泰罗尼亚报复	Venganza Catalana
加泰罗尼亚公国	principado de Cataluña
加泰罗尼亚起义，见"收割者"战争	Levantamiento de Cataluña, V. Segadores（guerra de los）
加西亚·卡瓦列罗（J.）	García Cavallero（J.）
加印币	moneda resellada
加印的二十雷阿尔银币	reales de plata resellados（veinte）
迦太基（非洲）	Carthago（Africa）
迦太基，见非洲的迦太基	Karth Chadaschat, V. Carthago de Africa
迦太基，见卡塔赫纳	Mastia, V. Cartagena
甲米地	Cavite
贾法里	Jafar
贾法里的盎司币	uncia jahari
贾法里的曼库索	mancuso jafarí
假币	moneda falsa
假发（发式）	peluca（peinado）
假发币，见盎司	pelucona, V. Onza
坚挺比索，见8雷阿尔币	peso fuerte, V. Real de a ocho
检定金属含量	ensaye
检审法院	Jueces de Arribada
教皇	Pontificado

续表

中文	西文
教皇庇护二世	Pío Ⅱ，papa
教皇博尼费斯八世	Bonifacio Ⅷ，papa
教皇克雷芒七世	Clemente Ⅶ，papa
教宗格列高列七世	Gregorio Ⅶ，papa
教宗亚历山大二世	Alejandro Ⅱ，papa
教宗亚历山大四世	Alejandro Ⅳ，papa
教宗英诺森三世	Inocencio Ⅲ，papa
杰尔德（范）	Gelder（H. E. van）
金安琪儿币	angelot de oro
金磅	libra de oro
金镑	soberano
金本位	patrón oro
金比索，见小杜罗币	peso, oro, V. Durillo
金冠币，金克朗，见埃斯库多金币	corona de oro, V. Escudo de oro
金克朗，见冠币	crown de oro, V. Corona
金雷阿尔	real de oro
金雷阿尔	reyal d'oro, V. Real de oro
金路易	luis de oro
金狮币，见金镑	León de oro, V. soberano
金索利多，见苏埃尔多金币	solidus aureus, V. Sueldo de oro
金索利多使用惯例	Usatje solidus aureus
金羊毛勋章金币	toisón de oro
金羊毛勋章银币	toisón de plata
金属货币	moneda metálica
近伊斯帕尼亚	Hispania Citerior
经过检定的比索	peso ensayado
九迪内罗币	novenet
九科尔纳多币	novén, V. Cornado
旧埃斯库多	escudado viejo
旧比索	peso viejo
旧币	moneda vieja

中文	西文
旧勃兰卡	blanca vieja
旧的经过检定的金比索	peso de oro ensayado antiguo
旧恩里凯币	enrique viejo
旧法典	Fuero viejo
旧雷阿尔	real viejo
旧马拉维迪	Maravedí longo
旧马拉维迪	Maravedí viejo, V. Maravedí longo
救急的非正规比索	peso irregular de Resgate
君德马尔（西哥特国王，610~612 年）	Gundemaro
君士坦丁堡	Constantinopla（Constantinópolis）
君士坦丁一世	Constantino I
卡尔德斯—德蒙布伊	Caldas de Montbuy
卡尔多纳	Cardona
卡尔林币，见浅黑色卡尔林	Carlín, V. Carlín prieto
卡尔林迪内罗	dinero carlín
卡尔佩塔尼亚人	carpetani
卡尔普尔尼乌·庇索·弗卢基	Calpurnio Piso Frugi（L.）
卡尔特亚（拉利内阿）	Carteia（La Línea）
卡尔维诺（多米修斯）	Calvino（D.）
卡夫拉（科尔多瓦），见埃卡夫罗	Cabra（Córdoba），V. Egabro
卡拉奥拉	Calagorra, V. Calahorra
卡拉奥拉	Calahorra
卡拉布里亚的胡安	Juan de Calabria
卡拉古里斯—尤利亚—纳西卡市，见卡拉奥拉	Calagurris Iulia Nassica（Municipium） V. Calahorra
卡拉卡拉	Caracalla
卡拉塞纳	Caracena
卡拉塔尤，见比尔比利斯	Calatayud, V. Bilbilis
卡拉塔尤代表大会	Cortes de Calatayud
卡拉塔尤的桑切斯（路易斯）	Sánchez de Calatayud（L.）
卡拉特拉瓦	Calatrava

中文	西文
卡里哈（博尔诺斯，加的斯），见卡里萨	Carija（Bornos, Cádiz），V. Carissa
卡里萨（卡里哈，博尔诺斯）	Carissa（Carija, Bornos）
卡里西奥（普布利奥）	Carisio（P.）
卡里亚币	carilla
卡利古拉	Calígula（Caius Claudius Nero Caesar Germanicus）
卡利科	Calicó（F. X.）
卡利亚里	Cagliari, V. Cáller
卡利亚里	Cáller
卡利亚里币	cagliarese
卡利亚里克	Carriarico
卡洛斯派	carlista（partida）
卡莫（卡莫纳）	Carmo（Carmona）
卡莫分组	Carmonense
卡莫纳，见卡莫	Carmona, V. Carmo
卡佩王朝	Capetos
卡普阿	Capua
卡萨雷斯（马拉加），见拉西波	Casares（Málaga），V. Lacipo
卡塞斯（佩雷）	Cases（P.）
卡斯蒂利亚	Castilla
卡斯蒂利亚磅	libra castellana
卡斯蒂利亚的"圣徒"费尔南多三世（1217～1252 年）	Fernando Ⅲ, el Santo, de Castilla
卡斯蒂利亚的阿方索八世	Alfonso Ⅷ de Castilla
卡斯蒂利亚的阿方索六世（1072～1108 年）	Alfonso Ⅳ de Castilla
卡斯蒂利亚的阿方索七世（1123～117 年）	Alfonso Ⅶ de Castilla（Raimundez）
卡斯蒂利亚的阿方索十一世（1312～1350 年）	Alfonso Ⅺ de Castilla
卡斯蒂利亚的贝伦格拉	Berenguela de Castilla
卡斯蒂利亚的多乌拉	dobla castellana
卡斯蒂利亚的恩里凯	enrique castellano
卡斯蒂利亚的恩里克二世（1367～1379 年）	Enrique Ⅱ de Castilla

中文	西文
卡斯蒂利亚的恩里克三世（1390~1406年）	Enrique Ⅲ de Castilla
卡斯蒂利亚的恩里克四世（1454~1474年）	Enrique Ⅳ de Castilla
卡斯蒂利亚的恩里克一世	Enrique Ⅰ de Castilla
卡斯蒂利亚的费尔南多四世（1295~1312年）	Fernando Ⅳ de castilla
卡斯蒂利亚的费尔南多五世	Fernando Ⅴ de castilla
卡斯蒂利亚的费尔南多一世（1035~1065年）	Fernando Ⅰ de Castilla
卡斯蒂利亚的疯女胡安娜一世	Juana I, la Loca, de Castilla
卡斯蒂利亚的胡安二世（1406~1454年）	Juan Ⅱ de Castilla
卡斯蒂利亚的胡安一世(1379~1390年)	Juan I de Castilla
卡斯蒂利亚的科尔纳多币，见科尔纳多币	coronado（Castilla），V. Cornado
卡斯蒂利亚的佩德罗一世（1350~1369年）	Pedro Ⅰ de Castilla
卡斯蒂利亚的桑乔三世	Sancho Ⅲ de Castilla
卡斯蒂利亚的乌拉卡	Urraca de Castilla
卡斯蒂利亚的伊莎贝拉一世	Isabel Ⅰ de Castilla
卡斯蒂利亚的智者阿方索十世（1252~1284年）	Alfonso X，el sabio，de Castilla
卡斯蒂利亚马克	marco castellano，V. Marco de Castilla
卡斯蒂利亚马克	marco de Castilla
卡斯蒂利亚王子恩里克	Enrique，infante de Castilla
卡斯坎特（纳瓦拉），见卡斯坎特	Cascante（Navarra），V. Cascantum
卡斯坎特市	Cascantum（Municipium）
卡斯佩协议	Compromiso de Caspe
卡斯特罗—托拉菲	Castro Torafe
卡斯特亚诺币（双头像的）	castellano de dos cabezas
卡斯特亚诺币的马克	marco de castellanos
卡斯特亚诺金币，城堡币，见卡斯蒂利亚多乌拉	castellano de oro，V. Dobla castellana
卡塔赫纳	Cartagena
卡塔赫纳省	Carthaginense
卡塔拉（安德烈斯）	Catalá（A.）
卡特里诺	catrino

中文	西文
卡瓦略币	caballo
卡韦萨—德格里格（昆卡）	Cabeza de Griego（Cuenca）
卡维罗（喜神的可笑形象）	cabiro
卡乌拉（滨河阿尔莫多瓦）	Carbula（Almodóvar del Río）
开	quilate
凯尔特人	Celtici
凯鲁万	Cairuán
凯鲁万	Qayrawan，V. Cairuán
恺撒（尤利乌斯）	César（Julio）
恺撒－奥古斯塔（移民城），见萨拉戈萨	Caesarea Augusta（Colonia），V. Zaragoza
恺撒奥古斯塔（王国）	Cesaraugustanum（Regnum）
恺撒奥古斯塔，见萨拉戈萨	Caesaraugusta，V. Zaragoza
恺撒奥古斯塔，见萨拉戈萨	Cesaracosta，V. Zaragoza
恺撒奥古斯塔，见萨拉戈萨	Cesaraugusta，V. Zaragoza
坎帕内尔·富埃尔特斯	Campaner Fuertes（A.）
坎彭	Campen
坎普罗东	Camprodón
坎塔布里亚的奥波	óbolo cántabro
坎塔布连人	Cantabri
坎塔布连山脉	Montaña（La）
考夫博伊伦	Kaufbeuren
考拉（滨河科里亚）	Caura（Coria del Río）
科德拉（弗朗西斯科）	Codera Zaidín（F.）
科迪列斯（贝伦格尔）	Cortilles（B.）
科恩币，见六迪内罗	Qüern，V. Seiseno
科尔杜瓦，见科尔多瓦	Corduba，V. Córdoba
科尔多瓦	Córdoba
科尔多瓦	Qurtubah，V. Córdoba
科尔多瓦的阿卜杜拉	Abdullah de Córdoba
科尔多瓦的阿卜杜拉·穆罕默德	Abdalá ben Mohamed，de Córdoba
科尔多瓦的阿卜杜勒·拉赫曼二世	Abderrahmán II de Córdoba

中文	西文
科尔多瓦的阿卜杜勒·拉赫曼三世	Abderrahmán Ⅲ ben Mohamed de Córdoba
科尔多瓦的阿卜杜勒·拉赫曼一世·伊本·穆阿维叶	Abderrahmán I ben Moawia, de Córdoba
科尔多瓦的阿尔卡西姆	Alkasim de Córdoba
科尔多瓦的哈卡姆二世	Alhaquem Ⅱ de Córdoba
科尔多瓦的哈卡姆一世	Alhaquem Ⅰ de Córdoba
科尔多瓦的哈里发国	Califato de Córdoba
科尔多瓦的蒙齐尔	Almondir de Córdoba
科尔多瓦的穆罕默德一世	Mohamed I de Córdoba
科尔多瓦的希沙姆二世	Hixém Ⅱ de Córdoba
科尔多瓦的希沙姆三世	Hixém Ⅲ de Córdoba
科尔多瓦的希沙姆一世	Hixém Ⅰ de Córdoba
科尔纳多白币	blanca coronada
科尔纳多币，戴王冠币	cornado
科尔纳多币，见巴塞罗那的三迪币	coronat, V. Dinero ternal de Barcelona
科尔纳多特斯通币	testón coronado
科尔特斯（埃尔南）	Cortés（Hernán）
科尔维	Corvei
科夫币	cob
科里亚（卡塞雷斯）	Coria（Cáceres）
科林斯	Corinto
科隆	Colonia
科鲁尼亚	Clunia, V. Colouniocus
科鲁尼亚—德尔孔德（布尔戈斯），见科鲁尼亚	Coruña del Conde（Burgos）, V. Clunia
科洛姆（吉列姆）	Colom（G.）
科洛尼亚马克	marco de Colonia
科梅纳雷斯	Colmenares（D. de）
科尼多	Cnido
科宁布里加	Conimbriga（idanha-a-Velha）
科森泰纳（阿利坎特）	Cocentaina（Alicante）
科斯·加永	Cos Gayón（F.）

续表

中文	西文
科斯科利亚（巴托洛梅）	Coscollá（B.）
科瓦鲁维亚斯·莱瓦（迭戈）	Covarrubias（D. de）
科英布拉，见埃米尼奥	Coimbra, V. Eminio
可可豆（通货）	cacao（circulante de）
克恩顿	Carintia
克拉尔克	Klearcos
克拉伦西亚的费尔南多	Fernando de Clarencia
克劳狄	Claudio（Tiberius Claudius I Nero Caesar Germanicus）
克里特岛	Creta
克里泽克	Krizek（F.）
克鲁萨多币，十字分隔币	cruzado
克鲁斯—鲁伊斯	Cruz y Ruiz（C.）
克罗埃特	croat
克罗埃特	cruat, V. Croat
克罗埃特—马利亚币	croat maría
克洛维一世（法兰克国王，481～511年）	Clodoveo I
刻版部	Grabado（Departamento de）
肯普滕	Kempten
肯特	Kent
孔波斯特拉，见圣地亚哥—德孔波斯特拉	Campus stellae, V. Santiago de Compostela
孔弗朗	Conflent
孔特拉法克塔多乌拉	dobla contrafacta
孔特拉法克塔马斯莫迪纳币	Mazmudina contrafacta
库埃利亚尔法令	Ordenamiento de Cuéllar
库利	Culli（G.）
库斯科	Cuzco
库斯切里	cuscheri
库特斯塔尼亚人	contestani
夸德伦，1/4 As	cuadrante, V. Quadrans
夸德伦，1/4 阿斯	quadrans

中文	西文
夸尔蒂亚币	cuartilla
夸尔蒂约雷阿尔（1/4 雷阿尔），见夸尔蒂约	real（cuartillo de）V. Cuartillo
夸尔蒂约雷阿尔，1/4 雷阿尔	cuartillo de real
夸尔托（意大利），见卡利亚里币	cuarto（Italia），V. Cagliarese
夸尔托，1/4 币，见四马拉维迪	cuarto，V. Cuatro maravedís
夸尔托	quarto，V. Cuarto
夸特恩币，见六迪内罗	quartern，V. Seiseno
夸特里诺，1/4 苏埃尔多	quattrini
矿金比索	peso de oro de minas
奎盎司（5 盎司）	quincunx
奎拉特	quirate
奎纳里（半狄纳里）	quinario
昆卡	Cuenca
昆提利安	Quintiliano
拉昂	Laon
拉蒂斯邦	Ratisbona
拉丁磅	libra latina
拉丁货币同盟	Unión Monetaria Latina
拉夫（吉恩）	Lafaurie（J.）
拉富恩特	Lafuente（M.）
拉古斯	Lago
拉瓜迪亚（哈恩），见门特萨	Guardia, La（Jaén）. V. Mentesa
拉克雷乌埃塔的埃斯库多币	escudo de la creueta
拉奎拉	Aquila
拉利内阿，见卡尔特亚	Línea（La），V. Carteia
拉梅古	Lameco（Lamego）
拉梅古	Lamego V. Lameco
拉美造的西班牙货币	moneda criolla
拉姆图纳	Lamtuna
拉涅济什城堡	Lanhoso（castro de）
拉普拉塔	Plata（la）

中文	西文
拉普拉塔河	Río de la Plata
拉普拉塔河总督区	Virreinato del Río de laPlata
拉塞塔尼亚人	lacetani
拉施塔特条约	Tratado de Rastadt
拉斯古塔（梅萨—德阿斯塔）	Lascuta（Mesa de Asta）
拉斯塔诺萨	Lastanosa（V. J. de）
拉韦纳	Rávena
拉西波（阿莱奇佩·卡萨雷斯）	Lacipo（Alechipe，Casares）
拉耶达尼亚人，见巴塞罗那	layetani，V. Barcelona
莱昂	Leione，V. León
莱昂	Leones，V. León
莱昂	León
莱昂的阿方索九世	Alfonso IX de León
莱昂的阿方索三世（866～909年）	Alfonso III de León
莱昂的奥多尼奥一世（850～866年）	Ordoño I de León
莱昂的贝尔穆多三世（1027～1037年）	Bermudo III de León
莱昂的迪内罗	dinero leonés
莱昂的费尔南多二世	Fernando II de León
莱昂的金马拉维迪	Maravedí leonés de oro
莱昂的庞塞（胡安）	Ponce de León（J.）
莱昂的苏埃尔多	sueldo leonés
莱昂迪内罗	leonés V. Dinero leonés
莱昂市政法	Fuero de León
莱昂棕褐色金币，见卡斯蒂利亚多乌拉和马拉维迪金币	leonés de oro pardo，V. Dobla castellana y Maravedí de oro
莱夫里哈（塞维利亚），见纳布里萨	Lebrija（Sevilla），V. Nabrissa
莱加斯皮，见洛佩斯·德莱加斯皮（曼努埃尔）	Legazpi，V. López de legazpi（M.）
莱克海姆	Reckheim
莱里达，见伊尔提尔塔和伊莱尔达	Lérida，V. Iltirta y Ilerda
莱米斯慕多	Remismundo
莱皮多（维克特里斯—尤利亚），见塞尔萨	Lepida（Colonia Victrix Iulia），Véase Celsa

中文	西文
莱皮多	Lépido
莱切	Lecce
莱切	Lici, V. Lecce
莱万特（东部沿海地区）	Levante
莱因哈特（Wm.）	Reinhart（Wm.）
兰开斯特公爵	Lancaster（duque de）
兰西亚	Lancia
狼王，见穆罕默德·伊本·萨德	Lobo（Rey），V. Mohamed Saad
劳拉	Laure
雷阿尔（10）	real de a diez
雷阿尔，见狄维特币	real senar, V. Dihuité
雷阿尔，见雷阿尔银币和雷阿尔银铜合金币	real, V. Real de plata y Real de vellón
雷阿尔	Reais
雷阿尔银币	real de plata
雷阿尔银铜合金币，银铜合金雷阿尔	real de vellón
雷卡雷多二世（西哥特国王）	Reccaredo Ⅱ
雷卡雷多一世（西哥特国王）	Reccaredo Ⅰ
雷卡雷多镇	Reccopolis
雷克斯文德（西哥特国王，649～672年）	Reccesvintho
雷普顿	lepton
雷萨蒂亚多乌拉	dobla rexadia
雷乌斯	Reus
雷夏里奥	Reciario
莉维亚	Livia Augusta
里昂，见吕格杜努姆	Lyon, V. Lugdunum
里奥哈	Rioxa
里夫	Rif（El）
里斯本	Lisboa
里特	Litra
里瓦（佩雷）	Riba（P.）
里瓦戈萨	Ribagorza

中文	西文
里瓦戈萨的贡萨洛	Gonzalo de Ribagorza
里韦罗	Rivero（C. M. del）
里亚币	liard
利奥瓦斯二世（西哥特国王）	Liuva II
利奥瓦斯一世（西哥特国王，567～573年）	Liuva I
利奥维吉尔德（西哥特王国统治者，568～586年）	Leovigildo
利奥一世（东罗马帝国皇帝，457～474年）	León I
利比乌斯·塞维鲁（西罗马帝国皇帝，461～465年）	Libio Severo
利里亚（巴伦西亚）	Liria（Valencia）. V. Lauro
利里亚	Lauro（Liria）
利马	Lima
利马管辖区	Audiencia de Lima
利纳雷斯（墨西哥）	Linares（Mejico）
利纳雷斯	Linares
利物浦勋爵	Liverpool（lord）
隶属酋长国	Emirato dependiente
联合省	Provincias Unidas
两半球比索，见坚挺比索	peso de dos mundos, V. Peso fuerte
两半球和海洋比索，见坚挺比索	peso de mundos y mares, V. Peso fuerte
两姊妹镇（塞维利亚），见奥里波	Dos Hermanas（Sevilla）, V. Orippo
列戈将军	Riego（general）
列日	Lieja
列瓦纳	Liébana
列瓦纳的圣托里维奥	Toribio de Liébana（Cartulario de santo）
林孔（弗朗西斯科·德尔）	Rincón（F. del）
六倍币（6迪内罗）	seisena
六倍币（6迪内罗）	sisón, V. Seisena
六德拉马克	hexadracma
六迪内罗	seiseno
六迪内罗币	sisé, V. Seiseno

中文	西文
六夸尔托	cuarto（seis）
六雷阿尔	real de a seis
六马拉维迪	Maravedís（seis）
龙达山	Ronda
卢比	rupia
卢戈	Luco，V. Lugo
卢戈	Lucu，V. Lugo
卢戈	Lugo
卢坎	Lucano
卢库斯，见卢戈	Lucus，V. Lugo
卢塞尔纳	Lucerna
卢森堡	Luxemburgo
卢松人	lusones
卢西塔尼亚	Lusitania
卢西塔尼亚人	lusitani
卢西乌斯	Lucio，césar
鲁西永	Rosellón
鲁西永的高斯弗雷多四世	Gausfredo Ⅳ de Rosellón
鲁西永的赫拉尔多二世	Gerardo Ⅱ de Rosellón
鲁西永的赫拉尔多一世	Gerardo Ⅰ de Rosellón
鲁伊斯达埃德尔币	kruisdaelder
路易（虔诚者）	Luis el Piadoso
吕贝克	Lübeck
吕底亚	Lidia
吕底亚的坎道列斯	Candaulo de Lidia
吕格杜努姆（里昂）	Lugdunum（Lyon）
吕宋岛	Luzón
伦巴第的艾斯图尔夫	Astaulfo de Lombardía
伦巴第国王格里马尔多	Grimaldo de Lombardía
伦巴第人	lombardos
伦敦	Londres

续表

中文	西文
罗贝达尼人	lobetani
罗比诺马拉维迪	Maravedí lopino
罗达，见特尔河畔罗达	Rodda, V. Roda de Ter
罗得岛	Rodas
罗德，见罗塞斯	Rode, V. Rosas
罗德，见罗塞斯	Rodeton, V. Rosas
罗德岛人	rodios
罗德里戈（堂），见罗德里克	Rodrigo (Don), V. Roderico
罗德里戈·迪亚兹·德·比瓦尔	Rodrigo Díaz de Vivar
罗德里克，见罗德里戈	Roderico, V. Rodrigo (Don)
罗卡福特（贝伦格尔·德）	Rocafort (B. de)
罗马（女神）	Roma (diosa)
罗马	Roma
罗马磅	libra romana
罗马教廷	Sede (Santa)
罗马人	romano
罗马人的宗教仪式	rito romano
罗慕路·奥古斯都	Rómulo Augústulo
罗穆拉移民城，见塞维利亚	Romula (Colonia), V. Sevilla
罗萨里奥坡，塞维利亚	Cuesta del Rosario, Sevilla
罗塞斯	Rosas, 见 Roda de Ter
罗塞斯湾	Rosas (golfo de)
洛格罗尼奥	Logroño
洛林	Lorena (E. de)
洛林的恩里克	Enrique de Lorena
洛佩斯·德贝拉斯科	López de Velasco (J.)
洛佩斯·德莱加斯皮（曼努埃尔）	López de Legazpi (M.)
洛韦特（霍尔迪）	Lobet (J.)
洛伊希滕贝格	Leuchtenberg
马德里	Madrid
马德里代表大会	Cortes de Madrid

中文	西文
马德里加尔法令	Ordenamiento de Madrigal
马丁利	Mattingly（H.）
马尔托斯（哈恩），见图克西	Martos（Jaén），V. Barbi y Tucci
马尔托斯	Barbi（Martos）
马盖隆新城	Maguelonne
马格里布	Mogreb
马加塞拉（巴达霍斯）	Magacela（Badajoz），V. Contosolia
马加塞拉	Contosolia（Magacela）
马克（金银衡）	marco
马克西莫（法维奥）	Máximo（F.）
马克西穆斯	Máximo
马拉加	Malaca，Málaga
马拉加	Málaga，V. Malaca
马拉里克	Malarico
马拉松	Maratón
马拉维迪，见计价马拉维迪	Maravedí，V. Maravedí de cuenta
马拉维迪	Maravedí（un）
马拉维迪	morabedi，V. Maravedí
马拉维迪金币	Maravedí de oro
马拉维迪税	Maravedí（impuesto del）
马拉维迪银币	Maravedí de plata
马利亚，见八雷阿尔	maría，V. Real de a ocho
马利亚币，见梅阿哈小额辅币和奥波	malla，V. Miaja y Obolo
马林堡（葡萄牙），见埃苏里	Castro Marim（Portugal），V. Esuri
马林纳	Malinas
马略卡城，见帕尔马	Ciudad de Mallorca，V. Palma
马略卡岛	Mallorca
马略卡岛帕尔马	Palma de Mallorca
马略卡的海梅二世	Jaime Ⅱ de Mallorca
马略卡的海梅三世（1324～1343年）	Jaime Ⅲ de Mallorca
马略卡的海梅一世（1276～1311年）	Jaime I de Mallorca

续表

中文	西文
马尼拉	Manila
马其顿	Macedonia
马其顿的阿尔赫拉奥斯一世	Arquelao I de Macedonia
马其顿的德米特里一世，波里奥西特	Demetrio I, Poliorcetes, de Madeconia
马其顿的亚历山大四世	Alejandro IV de Macedonia
马萨德	Mazard（J.）
马萨里亚，见马赛	Massalia，V. Marsella
马萨龙	Mazarrón
马塞卢斯（马尔库斯·克劳狄）	Marcelo（M. C.）
马赛	Marsella，Massalia
马斯莫迪纳币	macemutina，V. Mazmudina
马斯莫迪纳币	Mazmotina，V. Mazmudina
马斯莫迪纳币	Mazmudina
马斯穆达（部落）	Mazmuda
马斯特里赫特	Maestricht
马塔罗	Mataró
马特乌·略皮斯	Mateu Liopis（F.）
马提亚尔	Marcial
马翁	Mahón
马约里安（西罗马帝国皇帝，457~461年）	Maioriano
玛丽一世（英格兰都铎家族的）	María I, Tudor, de Inglaterra
迈尔斯	Miles（G. C.）
麦哲伦	Magallanes（H. de）
蛮族	bárbaros
曼多拉斯	Mandolas
曼库索	mancuso
曼库索金币	mancuso d'or cuyt
曼雷萨	Manresa
曼苏尔	Almanzor
曼苏拉	Al－Mansurah
毛雷洛	Maurelos

中文	西文
梅阿哈（小额辅币），见奥波和迪内罗	miaja，Véase Obolo y Dinero
梅阿哈（小额辅币）	meaja，V. Miaja
梅迪纳乡村特别法	Pragmática de Medina del Campo
梅尔图拉（葡萄牙），见米尔蒂利斯	Mertola（Portugal），V. Mirtilis
梅勒哥耶	Melgueil
梅勒哥耶币，见梅勒哥耶迪内罗	melgorés，V. Dinero melgorés
梅勒哥耶的迪内罗	dinero melgorés
梅利利亚	Melilla
梅努特（1 迪内罗），见小额币	menut，V. Menudo
梅努特，见小额币	minuti，V. Menudo
梅努特雷阿尔，见巴伦西亚雷阿尔、小额币和银铜合金迪内罗	real menut，V. Real de Valencia，Menudo y Dinero de vellón
梅诺卡岛	Menorca
梅塞塔高原	Meseta（La）
梅斯	Metz
梅塔蓬托	Metaponto
美国	Estados Unidos
美元	dólar
美洲	América
门多萨（安东尼奥·德）	Mendoza（A. de）
门多萨（佩德罗·德）	Mendoza（P. de）
门多萨	Mendoza
门特萨（拉瓜迪亚）	Mentesa（La Guardia）
蒙彼利埃	Montpeller
蒙吉尔	Mondzir
蒙吉尔的盎司币	uncia almanzurri
蒙雷阿尔	Monreal
蒙斯	Mons
蒙松	Montesón，V. Monzón
蒙松	Monzón
蒙松代表大会	Cortes de Monzón

续表

中文	西文
蒙特布兰克	Montblanch
蒙特马约尔（科尔多瓦），见乌利亚	Montemayor（Córdoba），V. Ulia
蒙特塞拉特	Montserrat
孟达	Munda
米德尔堡	Middelburgo
米迪欧兰尼恩，见米兰	Mediolanum，V. Milán
米蒂利尼	Mitilene
米尔巴克	Mürbach
米尔蒂利斯，见梅尔图拉	Mirtilis，V. Mértola
米尔雷斯	milreis
米尔曼达	Milmanda
米格尔，君士坦丁堡亲王	Miguel，príncipe de constantinopla
米兰，见米迪欧兰尼恩	Milán，V. Mediolanum
米利都	Mileto
米利亚雷斯	millarés
米利亚伦斯	miliarense
米纳	mina
米却肯的巴亚多利德	Valladolid de Michoacán
米特卡尔	Metcal，V. Mitcal
米特卡尔	Mitcal
米托币	mito
秘鲁	Perú
秘鲁比索	peso perulero
秘鲁币，见秘鲁比索	perulero，V. peso perulero
秘鲁币	moneda perulera
秘鲁银	plata perulera
秘鲁总督辖区	Virreinato del Perú
模仿恩波里翁的德拉克马	dracma de imitación emporitana
摩尔多乌拉	dobla morisca
摩尔人	moros
摩里斯科人	moriscos

中文	西文
摩里亚，见伯罗奔尼撒半岛	Morea，V. Peloponeso
摩洛哥	Marruecos
摩洛哥的阿卜杜勒·穆敏	Abdelmumen de Marruecos
摩洛哥的阿布·雅各布·优素福一世	Abu Yacub Yusuf I Axahid，de Marruecos
摩洛哥的阿布哈桑	Albohacén de Marruecos
摩洛哥的阿里·伊本·优素福	Alí ben Yusuf de Marruecos
摩洛哥的多乌拉	dobla marroquí
摩洛哥的优素福·伊本·塔什芬	Yusúf ben Texufín de Marruecos
莫尔塔拉侯爵	Mortara（marqués de）
莫哈卡尔（阿尔梅里亚），见穆尔希斯	Mojácar（Almería），V. Murgis
莫亨特	Mogente
莫雷洛斯（何塞）	Morelos（J. M.）
莫利内尔（拉斐尔）	Moliner（R.）
莫萨拉贝人	Mozárabes
莫萨拉贝人的宗教仪式	rito mozárabe
莫特（拉）	Motte（La）
莫维多，见萨贡托	Murviedro，V. Sagunto
墨洛温王朝	merovingios
墨西哥	Méjico
墨西哥比索	peso mejicano
墨西哥管辖区	Audiencia de Méjico
墨西拿	Mesina
默西亚	Mercia
目的港商会	Consulado de Mar
慕尼黑	Munich
穆尔西亚	Murcia
穆尔西亚的华茨卡·伊本·穆罕默德·伊本·胡德	Al - Watsek ben Mohamed ben Hud，de Murcia
穆尔西亚的雷亚尔	reyal de Murcia
穆尔西亚的穆罕默德·伊本·萨阿德·伊本·马达尼斯	Mohamed ben Saad ben Mardenix，de Murcia

中文	西文
穆尔西亚的穆塔瓦基勒·伊本·胡德	Almotawaquil ben Hud, de Murcia
穆尔希斯（莫哈卡尔）	Murgis（Mojácar）
穆罕默德	Mahoma
穆罕默德·伊本·阿布·阿米尔	Mohamed ben Abdalá Abuamir
穆罕默德·伊本·突麦尔特	Mohamed ben Tumart
穆拉比特币，见马拉维迪币	morabati, V. Maravedí
穆拉比特王朝	almoravides
穆勒	Müller（L.）
穆尼奥斯收藏	Muñoz（Colección）
穆萨	Muza
穆斯林	musulmanes
穆瓦希德的多乌拉	dobla almohade
穆瓦希德王朝	almohades
拿破仑·波拿巴	Napoleón Ⅰ Bonaparte
拿破仑币	napoleón
那不勒斯	Nápoles
那不勒斯的阿方索二世（1494~1495年）	Alfonso Ⅱ de Nápoles
那不勒斯的费尔南多二世（1495~1496年）	Fernando Ⅱ de Nápoles
那不勒斯的费尔南多一世（1458~1494年）	Fernando Ⅰ de Nápoles
那不勒斯的玛丽亚·克里斯蒂娜	María Cristina de Nápoles
那不勒斯的让娜	Juana de Nápoles
那慕尔	Namur
纳博讷	Narbona
纳博讷省	Narbonense
纳布里萨（莱夫里哈）	Nabrissa（Lebrija）
纳赫拉	Naiara, V. Nájera
纳赫拉	Nazara, V. Nájera
纳赫拉	Nájera
纳瓦拉	Navara, V. Navarra
纳瓦拉	Navarra
纳瓦拉的"大帝"桑乔三世（1000~1035年）	Sancho Ⅲ el Mayor, de Navarra

中文	西文
纳瓦拉的"恶人"卡洛斯二世	Carlos II, el Malo, de Navarra
纳瓦拉的"高贵的"卡洛斯三世	Carlos III, el Noble, de Navarra
纳瓦拉的"强者"桑乔七世·桑切斯（1194~1234年）	Sancho VII, el Fuerte, de Navarra
纳瓦拉的布兰卡	Blanca de Navarra
纳瓦拉的恩德雷戈特·加林德斯	Endregoto Galíndez de Navarra
纳瓦拉的弗朗西斯科·费博	Francisco Febo de Navarra
纳瓦拉的胡安·德阿尔布里特	Juan de Albrit, de Navarra
纳瓦拉的加西亚·伊尼格斯	García Iñiguez de Navarra
纳瓦拉的加西亚三世	García III de Navarra
纳瓦拉的加西亚四世·拉米雷斯（1135~1136年）	García IV Ramírez de Navarra
纳瓦拉的加西亚一世·桑切斯	García I Sánchez de Navarra
纳瓦拉的桑乔六世·加尔塞斯	Sancho VI Garcés, de Navarra
纳瓦拉的桑乔四世·加尔塞斯（1054~1076年）	Sancho IV de Navarra
纳瓦拉的桑乔一世·加尔塞斯	Sancho I Garcés de Navarra
纳瓦拉的特奥巴尔多二世	Teobaldo II de Navarra
纳瓦拉的特奥巴尔多一世（1234~1253年）	Teobaldo I de Navarra
纳瓦拉的伊尼戈·阿里斯塔	Iñigo Arista de Navarra
纳瓦斯—德托洛萨	Navas de Tolosa
奈梅亨	Nimega
奈梅亨条约	Paz de Nimega
奈史密斯	Nesmith（R. I.）
奈斯尔多乌拉（格拉纳达）	dobla nasarí（Granada）
奈斯尔多乌拉	dobla ferez V. Dobla nasari
奈斯尔王朝	nasarí
南美洲	América del Sur
内夫里哈（安东尼奥·德）	Nebrija（A.）
内格雷特	negrete
内毛苏斯（尼姆）	Nemausus（Nimes）

中文	西文
尼奥帕尔利亚	Neopatria
尼凯	niquet
尼禄	Nerón
尼禄	Nerón césar
尼米亚狮	Nemea（león de）
尼姆，见内毛苏斯	Nimes，V. Nemausus
涅夫拉，见伊利普拉	Niebla，V. Ilipla
涅基	Gnecchi（F.）
纽伦堡	Nuremberg
纽约	Nueva York
努曼西亚	Numancia
努姆斯	numus
诺赛尔	Nosair
诺森布里亚	Northumberland
诺乌莱	noble
诺伊堡	Neuburgo
欧多西亚	Eudoxia
欧迈尼斯	Eumenes
欧恰博，1/8 币，见二马拉维迪币	ochavo，V. Dos maravidís
欧索纳，见比克	Ausona，V. Vich
欧索纳的威弗雷多·博雷利	Wifredo Borrell de Ausona
欧洲	Europa
帕蒂诺	Patiño（J.）
帕尔帕霍拉，半苏埃尔多	parpajola
帕克斯—尤利亚（贝雅）	Pax Iulia（Beja）
帕利亚尔斯	Pallars
帕伦西亚	Mave（Mave，Palencia）
帕伦西亚	palencia
帕皮里亚法	Papiria（ley）
帕塔币	patard
帕塔卡，见小杜罗币	pataca，V. Durillo

中文	西文
帕塔孔，小杜罗币	patacón, V. Durillo
帕塔切	patache
帕特里夏（移民城），见科尔多瓦	Patricia (Colonia), V. Córdoba
帕亚罗法	pallarofa
潘普洛纳	Pamplona
潘普洛纳金库管理委员会	Cámara de Comptos, Pamplona
庞培（Cn）	Pompeyo (Cn.)
庞培（塞克斯图）	Pompeyo (S.)
佩德拉尔·莫林内	Pedrals Moliné (A.)
佩德罗—阿瓦德（科尔多瓦），见萨西里	Pedro Abad (Córdoba), V. Sacili
佩德罗币，见头像多乌拉	petrina, V. Dobla de cabeza
佩克索奈特	Peixonat
佩拉	Pella
佩拉达尔塔斯	Paradaltas Pinto (F.)
佩莱格尔（曼努埃尔）	Peleguer (M.)
佩冷登盖币	perendengue
佩伦东人	pelendones
佩内德斯自由镇	Villafranca de Panadés
佩皮尼昂	Perpiñán
佩皮尼昂马克	marco de Perpiñán
佩特罗尼乌斯·马克西穆斯	Petronio Máximo
皮阿斯特，见八雷阿尔和比索	piastra, V. Real de a coho y peso
皮萨罗（弗朗西斯科）	Pizarro (F.)
皮斯托尔币，见多乌隆币	pistole, V. Doblón
琵特尤萨，见伊维萨和伊维西姆	Pityoussa, V. Ibiza, Insula Augusta y Ibisim
庀隆币	pilón
票据	albaran
票据	billete
票据货币	moneda de papel
珀耳塞福涅	Perséfone
葡萄牙	Portugal

中文	西文
葡萄牙的阿方索五世	Alfonso V de Portugal
葡萄牙的埃斯库多金币	escudo de oro（Portugal）
葡萄牙的贝亚特里斯	Beatriz de Portugal
葡萄牙的迪尼什	Dionís de Portugal
葡萄牙的费尔南多一世（1367~1383 年）	Fernando I de Portugal
葡萄牙的克鲁萨多金币	cruzado de oro（Portugal）
葡萄牙的女伯爵特雷莎	Teresa, condesa de Portugal
葡萄牙的佩德罗，见巴塞罗那的佩德罗四世	Pedro de Portugal, V. Pedro IV de Barcelona
葡萄牙的若昂四世	Juan IV de Portugal
葡萄牙的桑乔一世	Sancho I de Portugal
葡萄牙图尔币	tornés portugués
普哈达（尼古劳）	Pujada（N.）
普赫萨	pugesa
普拉多—德尔雷伊（加的斯），见伊普图西	Prado del Rey（Cádiz）, V. Iptuci
普拉森西亚	Plasencia
普利亚	Pulla
普列托·比韦斯	Prieto Vives（A.）
普鲁埃尔（琼）	pluer（J.）
普鲁登修斯	Prudencio
普罗迈乔司的雅典娜	Atenea Promacos
普罗文扎	Provenza
普罗文扎的拉蒙·贝伦格尔三世	Ramón Berenguer III de Provenza
普奇塞达	Puigcerdá
普通狄纳里，见狄纳里	denarius communis, V. Denario
普通货币	moneda corriente
普通金比索	peso de oro común
七国联邦	Heptarquía
齐里人	Ziríes
奇恩蒂拉（西哥特国王）	Chintila
奇瓦瓦	Chihuahua
骑士多乌拉	dobla ecuestre

中文	西文
钱	pecunia
钱币收藏	colecciones numismáticas
钱币学	Numismática
钱币学的源泉	fuente numismática
钱币学会	sociedades numismáticas
钱币学杂志	revistas numismáticas
浅黑色迪内罗	dinero prieto
浅黑色迪内罗币，见银铜合金迪内罗	prieto, V. Dinero de vellón
浅黑色卡尔林	Carlín prieto
切利亚（巴伦西亚）	Chella（Valencia）
切斯特（巴伦西亚）	Cheste（Valencia）
丘比特	Cupido
屈莱恩，1/3 阿斯	triens
全国政务会	Consejo de Regencia Nacional
全国最高政务会	Suprema Junta Nacional
日耳曼尼库斯（提比略·德鲁苏斯·恺撒）	Germánico（Tiberio Druso César）
日耳曼人	germani
荣格弗莱希（马塞尔）	Jung fleisch（M.）
撒丁岛	Cerdeña
撒丁岛	Sardinie, V. Cerdeña
撒哈拉	Sahara
撒克逊人	sajones
萨阿贡	Sahagún
萨迪斯	Sardes
萨尔堡（葡萄牙），见萨拉西亚	Alcácer do Sal（Portugal），V. Salacia
萨尔达尼亚（帕伦西亚）	Saldaña（Palencia）V. Saldania
萨尔达尼亚	Saldania（Saldaña）
萨尔曼提卡，见萨拉曼卡	Salmantica, V. Salamanca
萨尔佩萨（靠近乌特雷拉）	Salpesa（cerca de Utrera）
萨法多拉	Zafadola
萨格拉加	Sagrajas

续表

中文	西文
萨贡托，见阿尔斯和扎金索斯	Sagunto，V. Arse y Zakynthos
萨贡托	Saguntum，Sagunto
萨卡特卡斯	Zacatecas
萨拉（佩雷）	Sala（P.）
萨拉戈萨	Saracusta，V. Zaragoza
萨拉戈萨	Zaragoza
萨拉戈萨	Çaragoça V. Zaragoza
萨拉戈萨代表大会	Cortes de Zaragoza
萨拉戈萨的阿布·阿尤布·苏莱曼	Abu Ayub suleimán ben Hud, de Zaragoza
萨拉戈萨的阿尔哈费里亚	Aljafería de Zaragoza
萨拉戈萨的艾哈迈德·塞弗德拉	Ahmed ceifodaullah, de Zaragoza
萨拉戈萨的盎司币	uncia saragonciana
萨拉戈萨的蒙吉尔·伊本·叶海亚	Mondzir ben Yahia de Zaragoza
萨拉戈萨的穆斯坦·比亚赫·阿布·贾法尔	Almostain billah Abu Giafar, de Zaragoza
萨拉卡廷（乌特雷拉，塞维利亚），见塞亚罗	Sarracatín（Utrera, Sevilla），V. Searo
萨拉曼卡	Salamanca
萨拉曼卡币，见银铜合金迪内罗	salamanqués，V. Dinero de vellón
萨拉斯	Salás
萨拉特	Salat（J.）
萨拉西亚（萨尔堡）	Salacia（Alcacer do Sal）
萨里涅纳	Sariñena
萨里亚特吉将军	Zariátegui（general）
萨卢特	salute
萨摩斯岛	Samos
萨莫拉	Semure，V. Zamora
萨莫拉	Zamora，V. Semure
萨莫拉	Çamore（Zamora）
萨莫拉多乌拉	dobla zamorí
萨纳利亚	Sanabria
萨纳利亚	Senapria，V. Sanabria
萨瑙哈	Sanahuja

中文	西文
萨塞克斯	Sussex
萨珊王朝	Sasánidas
萨沃（拉斐尔）	Sabau（R.）
萨乌勒（胡安·德）	Saulers（J. de）
萨西里（佩德罗—阿瓦德）	Sacili（Pedro Abad）
塞尔达（阿方索·德拉）	Cerda（Alfonso de la）
塞尔达尼亚	Cerdaña
塞尔蒂坦	Celtitan
塞尔萨（维克特里斯—尤利亚—莱皮多移民城）	Celsa（Colonia Victrix Iulia）
塞尔斯，见塞尔萨	Celse, V. Celsa
塞尔韦拉	Cervera
塞戈尔韦	Segorbe
塞戈尔韦	Sogorb, V. Segorbe
塞戈尔韦的	segorbín
塞戈维亚	Secovia, V. Segovia
塞戈维亚	Segovia
塞戈维亚代表大会	Cortes de Segovia
塞戈维亚法令	Ordenamiento de Segovia
塞戈维亚机械造币厂	Ingenio de Segovia, V. Segovia
塞格比里塞斯，见塞格布里伽	Secobirices, V. Segobriga
塞格布里伽，见塞格比里塞斯	Segobriga, V. Secobirices
塞格雷河	Segre
塞基币	cequí
塞克斯坦（1/6 阿斯）	sextans
塞拉—达尔马西利亚侯爵	Serra d'Almasilla（marqués de）
塞雷人	ceretes
塞利农特	Selinonte
塞林	Celin
塞龙	Serón
塞米盎司（1/2 盎司）	semiuncia
塞米斯（半索利多）	semis

中文	西文
塞内加	Séneca
塞佩达多乌拉	dobla ceptí
塞浦路斯	chipre
塞普蒂的盎司币	uncia ceptí
塞普蒂米乌斯·塞维鲁	Septimio Severo
塞萨公爵	Sessa（duque de）
塞萨洛尼基	Tesalónica
塞塞，见塔拉戈纳	Cese，V. Tarragona
塞斯达尼亚人	cessetani
塞斯特提（1/4 狄纳里）	sestercio
塞韦拉（巴托梅乌）	Cervera（B.）
塞维利亚	Sevilla
塞维利亚勃兰卡	blanca sevillana
塞维利亚的阿布·卡西姆·穆罕默德	Abu－l－Casim Mohamed，de Sevilla
塞维利亚的交易事务所	Casa de Contratación，Sevilla
塞维利亚的穆尔台迪德	Almotadid de Sevilla
塞维利亚的穆尔台米德	Almotamid de Sevilla
塞西尼，六迪内罗	sessini
塞亚罗（萨拉卡廷，乌特雷拉）	Searo（Sarracatín，Utrera）
赛森币，六科尔纳多币	seisén
赛塔比，见哈蒂瓦	Saitabi，V. Saitabietar y Játiba
赛塔比，见哈蒂瓦	Saitabietar，V. Saitabi y Játiba
三奥波	trióbolo
三倍币（3 迪内罗）	tresena，V. Treseta
三倍币，三马拉维迪币，三多乌莱尔，六迪内罗	treseta
三迪	dinero ternal
三夸尔托币	cuarto（tres）
三雷阿尔	real de a tres
三马拉维迪	Maravedís（tres）
三十雷阿尔，见杜卡多	treintín，V. Ducado

续表

中文	西文
三十苏埃尔多币	sueldos（treinta）
桑切斯（阿方索）	Sánchez（A.）
桑切斯（加夫列尔）	Sánchez（G.）
桑切斯（路易斯）	Sánchez（L.）
桑切斯（米格尔）	Sánchez（M.）
桑切斯·阿尔沃诺斯（克劳迪奥）	Sánchez Albornoz（C.）
桑切斯·达尔毛（阿方索）	Sánchez Dalmau（A.）
桑切台币，见银铜合金迪内罗	sanchete, V. Dinero de vellón
桑斯·阿里斯门迪（克劳迪奥）	Sanz Arizmendi（C.）
桑坦德	Santander
色雷斯	Tracia
色雷斯的利西马科斯	Lisímaco de Tracia
森林币	bosquero
森特纳奇（纳西索）	Sentenach（N.）
山南高卢	Galia Cisalpina
上艾瑟尔	Overyssel
舍客勒，见舍客勒币	shekel, V. Siclo
舍客勒币	siclo
胜利女神币	victoriato
圣安德烈金币	Andrés de oro（san）
圣安托林，见帕伦西亚	Antolín（san）V. Palencia
圣安托林	Antonn（beati）V. San Antolín
圣巴勃罗	Pablo（san）
圣地庞塞（塞维利亚），见意大利加	Santiponce（Sevilla），V. Italica
圣地亚哥—德孔波斯特拉	Compostela, Santiago de
圣地亚哥—德孔波斯特拉	Santiago de Compostela
圣地亚哥之路	Camino de Santiago
圣殿骑士团	Orden del Temple
圣多明各	Domingo（Santo）
圣法昆多，见萨阿贡	Facundo（san），V. Sahagún
圣菲波哥大	Fe de Bogotá（Santa）

续表

中文	西文
圣菲总督区	Virreinato de Santa Fe
圣根拿丢	Genadio（san）
圣胡安·德阿卡雷	Juan de Acre（san）
圣胡安角	Cabezas de San Juan
圣家族	Sagrada Familia（La）
圣经	Biblia
圣克努特（1080~1086年）	Canuto（san）
圣路易，见法国的路易九世	Luis（san）V. Luis IX de Francia
圣路易的十万孩子	Hijos de San Luis（Cien Mil）
圣玛尔塔	Marta（Santa）
圣佩德罗	Pedro（san）
圣佩赖	Pelay（Saint）
圣乔治	Jorge（san）
圣让—皮耶德波尔	Jean Pied de Port（Saint）
圣塞瓦斯蒂安	Sebastián（san）
圣塔伦（葡萄牙），见斯卡利亚比斯	Santarem（Portugal），V. Scallabis
圣天使堡	Santángelo（castillo de）
圣伊希多罗	Isidoro（san）
省币	moneda provincial
省雷阿尔银币	real de plata provincial
施瓦茨堡	Schwarzburgo
施洗者圣约翰	Juan Bautista（san）
十埃斯库多金币，见伊莎贝拉多乌隆	escudo de oro（diez），V. Doblón de Isabel
十比塞塔金币，见埃斯库多金币	peseta，oro（diez），V. Escudo de oro
十德拉克马	decadracma
十二德拉克马	dodecadracma
十二迪内罗	dineros（doce）
十二雷阿尔	real de a doce
十分埃斯库多，10%埃斯库多	céntimos de escudo（diez）
十分比塞塔	céntimos de peseta（diez）
十分比索	céntimos de peso（diez）

续表

中文	西文
十分币	centavos（diez）
十分雷阿尔，10% 雷阿尔	céntimos de real（diez）
十雷阿尔新银币	reales de plata nueva（diez）
十六（杜罗）马略卡多乌隆，见盎司	doblón mallorquín de a dieciséis，V. Onza
十六迪内罗，见狄维特币	dieciocheno，V. Dihuité
十六马拉维迪	Maravedís（dieciséis）
十马拉维迪金币，见卡斯蒂利亚多乌拉	Maravedís de oro（diez），V. Dobla castellana
十努姆斯	decanummium
十努姆斯币	numus decargyrus
十四雷阿尔造币厂	Real de Catorce（El）
十五马拉维迪金币，见卡斯蒂利亚多乌拉	Maravedís de oro（quince），V. Dobla castellana
十一雷阿尔	onzeno
十银铜合金雷阿尔	reales de vellón（diez）
十字比索	cruz（peo de）
十字迪内里约币，十字小迪内罗币，见哈卡迪内罗币	dinerillo de cruz，V. Dinero jaqués
十字分隔的多乌拉，克鲁萨多多乌拉	dobla cruzada
史塔伦贝尔格	Stahrenberg
士瓦本公爵康拉丁	Conradino, duque de Suabia
士瓦本人	schwaben
市政发行币	moneda municipal
饰边	cordoncillo
收复失地运动	Reconquista
绶带勃兰卡	blanca de la banda
绶带多乌拉	dobla de la banda
束带（发式）	lazo（peinado）
树枝币	ramillet
树枝币	ramillo
树枝币的梅努特	menut de ramellet
双马币	bigatus

中文	西文
双面多乌拉	dobla de dos caras
双面多乌隆	doblón de dos caras
双头像杜卡多	ducado de dos cabezas
双纹饰币	moneda de dos ondas
双柱币图	columnario
双柱银元	pillar dolar
斯巴达	Esparta
斯德哥尔摩	Estocolmo
斯蒂利亚的大多乌拉	dobla mayor castellana
斯法克斯	Safaqus
斯法克斯	Sfax
斯福尔扎（加莱亚佐·马里亚）	Sforza（G. M.）
斯福尔扎家族	Sforza（Casa de）
斯海尔托亨博斯	Bois – le – Duc
斯卡利亚比斯（圣塔伦）	Scallabis（Santarem）
斯考姆博格公爵	Schonberg（duque de）
斯拉夫人	eslavos
斯欧索斯	Sosión
斯塔特币（金标币）	estátera
斯坦利·杰文斯	Jevons（S.）
斯特林，英币	esterlín
斯图瓦币	stuiver
斯托尔贝格	Stolberg
四（杜罗）马略卡多乌隆，见多乌隆	doblón mallorquín de a cuatro, V. Doblón
四埃斯库多，见4埃斯库多的多乌隆	escudo（cuatro），V. Doblón de a cuatro
四埃斯库多金币	quatrete, V. Escudo de oro
四比索金币，见多乌隆	pesos, oro（cuatro），V. Doblón
四德拉克马	tetradracma
四迪	dinero quartenal
四迪内罗	dinero（cuádruple）
四分之一币，见太平币和雷阿尔币	quarterola, V. Pacific y Reyal

中文	西文
四夸尔托，见十六马拉维迪	cuarto（cuatro），V. dieciséis maravedís
四雷阿尔	real de a cuatro
四马拉维迪，见夸尔托	Maravedís（cuatro），Véase Cuarto
四十分埃斯库多，40% 埃斯库多，见二雷阿尔和比塞塔	céntimos de escudo（cuarenta），V. Real de a dos y peseta
四十分币	centavos（cuarenta）
四十银铜合金雷阿尔，见埃斯库多金币	reales de vellón（cuarenta），V. Escudo de oro
四银铜合金雷阿尔	reales de vellón（cuatro）
驷马币	quadrigatus
苏埃尔多	soldini，V. Sueldo
苏埃尔多	sueldo
苏埃尔多金币，金苏埃尔多	sueldo de oro
苏埃尔多银币，银苏埃尔多	sueldo de plata
苏尔莫纳	Sulmona
苏黎世	Zurich
苏涅弗雷多（692~693 年）	Suniefredo
苏瓦松	Soissons
苏维比人，见苏维汇人	suabos，V. Suevos
苏维汇人	suevos
苏因蒂拉（西哥特国王）	suinthila
索尔索纳	Solsona
索尔特	Sort
索夫拉韦之树	árbol de Sobrarbe
索莱尔（西蒙）	Soler（S.）
索里亚	Soria
索利多，见苏埃尔多	sólido，V. Sueldo
索韦尔·德桑格罗尼兹	Zóbel de Zangróniz（J.）
索乌，见苏埃尔多	sou，V. Sueldo
塔尔哈	tarja
塔尔特莫林	tartemorion

中文	西文
塔霍	Tajo
塔拉戈（移民城），见塔拉戈纳	Tarraco（Colonia Vrbs Triunphalis），V. Tarragona
塔拉戈纳，见塞塞和塔拉戈	Tarragona，V. Cese y Tarraco
塔拉戈纳	Tarracona，V. Tarragona
塔拉戈纳省	Tarraconense
塔拉孔萨利尔，见塔拉戈纳	Taraconsalir，V. Tarragona
塔拉萨	Tarrasa
塔拉索纳	Tarazona
塔拉韦拉国王旨令	Cédula de Talavera（Real）
塔兰托	Tarento
塔雷加	Tárrega
塔里法	Tarifa
塔里克	Tarik ben Zeyad
塔林币	tarín
塔伦托	talento
塔特苏斯，见塔希施	Tartessos，V. Tarschisch
塔希施	Tarschisch
太平币（四分之一的）	pacific（quarterola de）
太平币	pacific
太平币	pacífico，V. Pacific
太阳埃居币	écu au soleil
太阳埃斯库多币	escudo del sol
太阳冠币	corona del sol
太阳神赫利俄斯	Helios
泰法（王国）	taifas
泰勒	thaler
泰里斯，见巴伦西亚	Tyris，V. Valencia
坦尼特女神	Tanit
特尔河畔罗达，见罗塞斯	Roda de Ter（Gerona），V. Rosas
特古西加尔巴	Tegucigalpa

中文	西文
特拉尔普哈瓦	Tlalpujahua
特拉法加	Trafalgar
特拉科币	tlaco
特拉斯塔马拉家族	Trastamara（Casa de）
特拉斯塔马拉家族的阿方索，王位继承人（1465~1468 年）	Alfonso de Trastamara，pretendiente
特莱米斯（1/3 索利多）	tremís，V. Triente
特雷莎·德恩特萨	Teresa de Entenza
特里蓬（佩雷）	Tripón（P.）
特里伊纳，1/3 苏埃尔多	trillina
特列恩特币（1/3 苏埃尔多）	triente
特鲁埃尔	Teruel
特鲁瓦马克	marco de Troyes
特鲁希略和约	Paz de Trujillo
特米斯托克利	Temístocles
特诺奇蒂特兰城	Tenochtitlán
特普兹克，见特普兹克金比索	Tepuzque，V. Peso de oro de Tepuzque
特普兹克金比索	peso de oro de Tepuzque
特普兹里，见特普兹克金比索	Teputzli，V. Peso de oro de Tepuzque
特斯通	testón
特瓦坎	Tehuacán
特许币	moneda concesionaria
提比略	Tiberio（Tiberius Claudius I Nero Caesar）
提比略二世·君士坦丁	Tiberio Ⅱ Constantino
提拉索纳，见塔拉索纳	Tirasona，V. Tarazona
提提人	titti
提乌德贝尔特一世	Teodeberto Ⅰ
天使加冕币	coronate del angelo
天主教双王	Reyes Católicos
通货紧缩	deflación
通货膨胀	inflación

中文	西文
铜的银铜合金币	vellón de cobre
铜镍合金雷阿尔	real de cuproníquel
铜苏埃尔多	sueldo de cobre
头像杜罗币	duro de cabezas
头像多乌拉	dobla de cabeza
头像克罗埃特	croat de cabeza
头像雷阿尔	real de cabeza
突尼斯	Túnez
突尼斯的齐里王朝	Zawí de Túnez
图德（图伊）	Tude (Túy)
图德拉（纳瓦拉）	Totela (Navarra), V. Tudela
图德拉	Tudela
图德拉	tutelane monete, V. Tudela
图尔	Tours
图尔币，见图尔迪内罗	tornés, V. Dinero tornés
图尔的迪内罗	dinero tornés
图尔加（西哥特国王）	Tulga
图尔奈	Doornik, V. Tournai
图尔奈	Tournai
图尔特塔尼亚人	turdetani
图尔银币，银图尔，见图尔迪内罗	tornés de plata, V. Dinero tornés
图克西（马尔托斯）	Tucci (Martos)
图库曼	Tucumán
图拉真	Trajano
图里略·耶夫拉（阿尔瓦罗）	Turrillo Yerba (A.)
图里亚索（市），见塔拉索纳	Turiaso (Municipium), V. Tarazona
图卢兹	Toulouse
图伦王朝	Tulúnidas
图伊（蓬特韦德拉），见图德	Túy (Pontevedra), V. Tude
土耳其	Turquía
土耳其人	turcos

中文	西文
托尔托萨，见德尔托萨	Tortosa，V. Dertosa
托莱（托莱多）	Tole（Toledo）
托莱多	Toledo
托莱多的恩里凯	enrique toledano
托莱多的马克	marco de Toledo
托莱多的叶海亚·卡迪尔	Yahia Alkadir de Toledo
托莱多的叶海亚·玛蒙	Yahia Almamún de Toledo
托莱多金币，见恩里凯	toledano de oro，V. enrique
托莱托，见托莱多	Toleto，V. Toledo
托勒密	Ptolomeo
托勒密	Tolomeo
托雷多法令	Ordenamiento de Toledo
托伦	Thorn
托罗（萨莫拉）	Toro（Zamora）
托罗代表大会	Cortes de Toro
托罗法令	Ordenamiento de Toro
托洛萨，见图卢兹	Tolosa，V. Toulouse
托马斯（琼）	Thomas（J.）
托敏	tomín
托其比王朝	Tochibies
托斯卡纳	Toscana
托斯塔奥，见托斯通	Tostao，V. Tostón
托斯通	Tostón
瓦尔德阿内乌	Val de Aneu
瓦哈卡	Oaxaca
瓦拉杜多乌拉	dobla valadí
瓦勒塞普	Vallespir
瓦勒施泰因	Wallerstein
瓦伦提尼安三世（西罗马帝国皇帝，425～455年）	Valentiniano Ⅲ
瓦慕巴（西哥特国王，672～680年）	Wamba

中文	西文
瓦西特	Wasit
王储盾徽币，王储埃斯库多币，见埃斯库多金币	escudo del príncipe, V. Escudo de oro
王国的杜卡多	ducato di regno
王位继承战争	Sucesión（guerra de）
旺多姆公爵	Vendôme（duque de）
危地马拉	Guatemala
危地马拉管辖区	Audiencia de Guatemala
威蒂萨（西哥特国王）	Wittiza
威灵顿将军	Wellington（general）
威尼斯	Venecia
威塞克斯	Wessex
韦尔瓦，见奥努瓦	Huelva, V. Onuba
韦拉克鲁斯	Veracruz
韦拉克鲁斯钱柜	Cajas de Veracruz（Las）
韦斯卡，见博尔斯和奥斯卡	Huesca, V. Bolscan y Osca
韦斯卡	Cestavvi（Huesca）
韦斯卡	Weschka, V. Huesca
韦斯卡银币	argentum oscense
韦通人	vettones
维多利亚法令	Ordenamiento de Vitoria
维尔茨堡	Würzburgo
维哥	Vigo
维拉堡	Vila do Castelo
维拉德利	Vilardell（B.）
维拉雷科斯（阿尔梅里亚），见巴利亚	Villaricos（Almería）, V. Baria
维纳斯	Venus
维塞乌（葡萄牙）	Viseo（Portugal）, V. Veseo
维塞乌	Veseo（Viseo）
维斯康蒂家族	Visconti（Casa de）
维特里克（西哥特国王）	Witterico

中文	西文
维也纳	Viena
位于上边的边界，上边境	frontera superior
位于下边的边界	frontera inferior
委内瑞拉	Venezuela
温迪加，见安普里亚斯	Undica，V. Ampurias
翁达	Honda
倭马亚王朝	Omeyas
乌达内塔（安德烈斯·德）	Urdaneta（A. de）
乌德勒支	Utrecht
乌德勒支条约	Tratado de Utrecht
乌尔赫尔	Urgel
乌尔赫尔的阿门戈尔八世	Armengol Ⅷ de Urgel
乌尔赫尔的阿门戈尔十世	Armengol Ⅹ de Urgel
乌尔赫尔的奥雷比亚斯	Aurembiax de Urgel
乌尔赫尔的格劳·德卡夫雷拉	Guerau de Cabrera，de Urgel
乌尔赫尔的庞塞·德卡夫雷拉	Ponce de Cabrera，deUrgel
乌尔赫尔教堂	Seo de Urgel
乌尔索（奥苏纳）	Urso（Osuna）
乌尔索（奥苏纳）	Ursone（Osuna）
乌尔索分组	Ursonense
乌尔塔多·德门多萨（迭戈）	Hurtado de Mendoza（D. ）
乌利亚（蒙特马约尔）	Ulia（Montemayor）
乌奇巴尔迪（格劳）	Huchbaldi（G. ）
乌特雷拉（塞维利亚），见萨尔佩萨	Utrera（Sevilla），V. Salpesa
屋大维·奥古斯都	Octavio Augusto
五比塞塔银币，见八雷阿尔和杜罗	peseta，plata（cinco），V. real de a ocho y Duro
五分埃斯库多，5%埃斯库多	céntimos de escudo（cinco）
五分比塞塔	céntimos de peseta（cinco）
五分币	centavos（cinco）
五分雷阿尔，5%雷阿尔	céntimos de real（cinco）

续表

中文	西文
五分之五卡尔林	cinque cinquine
五雷阿尔	real de a cinco
五雷阿尔银币	reales de plata（cinco）
五努姆斯	pentanummium
五十倍币	cincuntín
五十分比塞塔	céntimos de peseta（cincuenta）
五十分比索	céntimos de peso（cincuenta）
五十里特	pentacontalitra
五苏埃尔多币	sueldos（cinco）
武耶	Vogladum
西班牙边区	Marca Hispánica
西班牙岛	Española（La）
西班牙岛管辖区	Audiencia de La Española
西班牙的阿方索十二世	Alfonso XII de España
西班牙的阿方索十三世	Alfonso XIII de España
西班牙的阿马戴乌斯一世	Amadeo I de España
西班牙的腓力二世（1556~1598年）	Felipe II de España
西班牙的腓力三世（1598~1621年）	Felipe III de España
西班牙的腓力四世（1621~1665年）	Felipe IV de España
西班牙的腓力五世	Felipe V de España
西班牙的费尔南多六世（1746~1759年）	Fernando VI de España
西班牙的费尔南多七世	Fernando VII de España
西班牙的卡洛斯二世（1665~1700年）	Carlos II de España
西班牙的卡洛斯三世	Carlos III de España
西班牙的卡洛斯四世（1788~1808年）	Carlos IV de España
西班牙的卡洛斯一世	Carlos I de España
西班牙的路易斯一世（1724年）	Luis I de España
西班牙的罗马人	hispanorromano
西班牙的美男子腓力一世	Felipe I, el Hermoso, de España
西班牙的伊莎贝拉二世	Isabel II de España
西班牙的约瑟夫·波拿巴	José Bonaparte de España

中文	西文
西班牙帝国	Imperio español
西庇阿（格奈乌斯）	Escipión（Cneo）
西庇阿·埃米利安努斯	Escipión Emiliano（P. C.）
西德纳姆	Sydenham（E. A.）
西尔毕塞妮人	cilbiceni
西哥特人	visigodos
西利克	siliqua
西洛斯的古代仪式	Ritual de Silos
西萨波（阿尔马登）	Sisapo（Almadén）
西斯内罗（红衣主教）	Cisneros（dardenal）
西西波（瓜达尔卡纳尔）	Sisipo（Guadalcanal）
西西里	Sicilia
西西里岛的腓特烈二世（1296～1337 年）	Fadrique Ⅱ de Sicilia
西西里岛的康斯坦斯	Constanza de Sicilia
西西里岛的曼弗雷德	Manfredo de Sicilia
西西里的腓特烈三世	Fadrique Ⅲ de Sicilia
西西里的费尔南多一世，见那不勒斯的费尔南多一世	Fernando Ⅰ de Sicilia, V. Fernando I de Nápoles
西西里的玛丽亚，见阿拉贡的玛丽亚	María de Sicilia, V. María de Aragón
西西里的佩德罗二世（1337～1342 年）	Pedro Ⅱ de Sicilia
西西里的小马丁一世（1402～1409 年）	Martín I, el Joven, de Sicilia
西西里晚祷	Vísperas sicilianas
西印度	Indias occidentales
西印度的卡塔赫纳	Cartagena de India
西印度事务院	Consejo de Indias
希俄斯岛	Quíos
希尔德里克	Childerico
希尔德斯海姆	Hildesheim
希拉克略	Heraclio
希腊	Grecia
希腊的伊莎贝尔·奥利亚	Isabel Auria de Grecia

中文	西文
希梅拉	Himera
希梅纳—德拉弗龙特拉（加的斯），见奥巴	Jimena de la Frontera（Cádiz），V. Oba
希瑟布特（西哥特国王）	Sisebuto
希森安德（西哥特国王）	Sisenando
希特（英国七国时代银币）	sceatta
希约纳	Jijona
锡巴里斯	Sibaris
锡林汪达尔人	vándalos silingos
锡塔夸罗	Zitacuaro
锡耶纳	Siena
先令	shilling
香槟家族	Champagne（Casa de）
香弗罗内	cianfrone
小埃克斯塞伦特	excelente menor
小埃斯库多币，见小杜罗币	escudito，V. Durillo
小杜罗币	Durillo
小额币（1 迪内罗），梅努特	menudo
小冠币，见小杜罗币	coronilla，v. Durillo
小庀隆	piloncito
小苏埃尔多	sou（petit）
小亚细亚	Asia Menor
小银币	argenteus minutulus
小硬币（纯铜或青铜），辅币	calderilla
协调机构	trocadero
谢克斯（阿尔穆涅卡尔）	Sexs（Almuñécar）
辛达斯文托（西哥特国王，642～653 年）	Chindasvintho
辛基诺	cinquina
辛克纳币	sinquena
辛肯币，见勃兰卡币	cinquén，V. Blanca
新比斯开	Nueva Vizcaya
新比索	peso nuevo

续表

中文	西文
新勃兰卡	blanca nueva
新大陆	Nuevo Mundo
新杜卡多	ducado nuevo
新恩里凯币	enrique nuevo
新格拉纳达管辖区	Audiencia de Nueva Granada
新格拉纳达王国	Nuevo Reino de Granada
新加利西亚管辖区	Audiencia de Nueva Galicia
新迦太基（移民城），见卡塔赫纳	Carthago（Colonia Vrbs Iulia Nova）V. Cartagena
新迦太基城，见卡塔赫纳	Qart – Hadaschat，V. Cartagena
新教徒	protestantes
新雷阿尔银币	real de plata nueva
新图版特别法	Nueva Estampa（pragmática de la）
新图版特别法	Pragmática de la Nueva Estampa
新危地马拉	Nueva Guatemala
新西班牙	Nueva España
新西班牙总督区	Virreinato de Nueva España
新银币	plata nueva
信使墨丘利	Mercurio
兄弟会之战	Germanías（guerra de las）
匈牙利	Hungría
胸像比索	peso de busto
休达	Ceuta
休达德亚	Ciudadela
休达的叶海亚·穆塔里	Yahia Almotali de Ceuta
叙拉古	Siracusa
叙拉古的菲丽媞思	Filistis de Siracusa
叙拉古的格隆	Gelón de Siracusa
叙拉古的希罗二世	hierón II de Siracusa
叙拉古的希罗尼穆斯	Hieronimus de Siracusa
叙拉古的希罗一世	hierón I de Siracusa

中文	西文
叙利亚	Siria
雅典	Atenas
雅典公爵曼弗雷德	Manfredo, duque de Atenas
雅典娜女神	Atenea
雅努斯神	Jano
亚拉里克	Alarico
亚拉里克二世（西哥特国王484～507年）	Alarico II
亚历杭德里亚—德伊索	Alejandría de Iso
亚历山大大帝	Alejandro Magno
亚马孙河	Amazonas
耶路撒冷	Jerusalén
耶路撒冷圣约翰医院骑士团	Orden de San Juan de Jerusalén
一百比塞塔金币	peseta, oro (cien)
一百杜卡多	ducados (cien)
一百银铜合金雷阿尔	reales de vellón (cien)
一倍半奥波（3半奥波）	trihemióbolo
一倍半夸尔托币	cuarto y medio
一分埃斯库多，1%埃斯库多	céntimo de escudo
一分比塞塔	céntimo de peseta
	céntimos de peseta (dos)
伊阿索斯	Iasus
伊巴密浓达	Epaminondas
伊比利亚（山脉）	Ibéricos (montes)
伊尔杜里尔	Ildurir
伊尔提尔塔，见莱里达	Iltirta, V. Lérida
伊尔提尔塔萨利尔，见莱里达	Iltirtasalir, V. Lérida
伊格莱西亚斯	Esgleyes
伊格莱西亚斯	Iglesias
伊瓜拉达	Igualada
伊拉克	Irak
伊莱尔达（市），见莱里达	Ilerda (Municipium), V. Lérida

中文	西文
伊莱尔赫特人	ilergete
伊莱尔卡翁人，见托尔托萨	ilercavones, V. Tortosa
伊莱尔人，见托尔托萨	ilerces, V. Tortosa
伊朗	Irán
伊里亚，见圣地亚哥	Iria, V. Santiago
伊里亚特	Yriarte (J. de)
伊利里亚	Iliria
伊利帕	Ilipa
伊利彭塞	Ilipense
伊利普拉，见涅夫拉	Ilipla, V. Niebla
伊利韦利斯（埃尔维拉），见埃利韦利	Iliberris (Elvira), V. Eliberri
伊利西移民城（埃尔切）	Ilici Augusta, Colonia Iulia (Elche)
伊利亚特	Ilíada
伊卢尔科（伊略拉达）	Ilurco (Illora)
伊略拉（格拉纳达），见伊卢尔科	Illora (Granada) V. Ilurco
伊普图西（普拉多—德尔雷伊）	Iptuci (Prado del Rey)
伊莎贝拉·克莱拉·尤金尼亚	Isabel Clara Eugencia
伊莎贝拉币，见四比索币	isabelina, V. Cuatro pesos
伊莎贝拉的多乌隆币	doblón de Isabel
伊莎贝拉的森滕币，100雷阿尔币	centén de Isabel
伊斯兰教徒	mahometanos
伊斯兰教徒的赋税	garrama
伊斯尼	Isny
伊斯帕里，见伊斯帕里斯和塞维利亚	Ispali, V. Hispalis y Sevilla
伊斯帕利斯，见塞维利亚	Hispalis, V. Ispali y Sevilla
伊斯帕尼亚	Hispania
伊特鲁里亚	Etruria
伊图西	Ituci
伊维萨岛，见奥古斯塔岛和伊维西姆	Ibiza, V. Insula Augusta y Ibisim
伊维西姆，见伊维萨	Ibisim, V. Ibiza
伊西多尔（西哥特国王）	Iudila

中文	西文
以弗所	Efeso
以物换物	trueque
易卜拉欣·阿布萨特·阿本胡德	Abrahim Abuçat Abenihua
意大利	Italia
意大利的迪内罗	denaro（Italia），V. Dinero
意大利的多乌雷	doble de Italia
意大利加市（圣地庞塞）	Italica, Municipium（Santiponce）
因格拉达	Inglada Ors（L.）
因普里亚斯，见安普里亚斯	Inpurias, V. Ampurias
银磅	libra de plata
银本位	patrón plata
银比索	peso de plata
银币，见格罗斯	argenteus, V. Gros
银冠币，银克朗	corona de plata1
银雷阿尔	reyal d'argent
银路易	luis de plata
银马克	marco de plata
银铜合金奥波币	óbolo de vellón
银铜合金币	bossonaya
银铜合金币	bussana
银铜合金的苏埃尔多	sueldo de vellón
银铜合金迪内罗	dinero de vellón
银图尔，见图尔银币	turnensi argenti, V. Tornés de plata
印迪赫特人，见安普里亚斯	indigete, V. Ampurias
印迪赫特人的钱币，见安普里亚斯	Unticescén, V. Ampurias
印迪加，见安普里亚斯	Indica, V. Ampurias
印第安人	indios
印记铜	aes signatum
印加	incas
英镑	libra esterlina
英镑	pound sterling

中文	西文
英国，英格兰	Inglaterra
英国金镑	sovereign
英国印度公司	Compañía inglesa de Indias
鹰币	aquilotxa
鹰币	águila
尤安捏托斯	Evainetos
尤利亚—特拉杜克塔（阿尔赫西拉斯）	Iulia Traducta（Algeciras）
犹太教徒	Judíos
有各国标志的盾徽币（埃斯库多）	escudo de los estados
有各属国徽章的冠币	corona de las estados
有关钱币的文献	documentos numismtáicos
雨果·卡佩	Hugo Capeto
远伊斯帕尼亚	Hispania Ulterior
再加印的夸尔蒂约币	cuartillo resellado
造币年份	acuñación（fecha de）
泽兰	Zelanda
扎金索斯，见阿尔斯和萨贡托	Zakyntos，V. Arse y Sagunto
詹达湖	Janda（lago de la）
战神马尔斯	Marte
直布罗陀	Gibraltar，Jibraltar
纸币	papel moneda
智慧女神帕拉斯	Palas
智利	Chile
智利的圣地亚哥	Santiago de Chile
中国的长城	Muralla de China（Gran）
中国商船	nao de la China
中美洲	América Central
重铜，见磅铜	aes grave，V. aes libral
重新加印的比索	peso resellado
宙斯	Zeus
朱庇特神	Júpiter

中文	西文
主币	moneda principal
主教发行币	moneda episcopal
兹拉尔	Zyhlarz
兹沃勒	Zwolle
宗戈里卡	Zongolica
（英国七国时代铜币）	styca
1/3 磅制	triental（sistema）
1/4 雷阿尔	reyal（quarterola de）
1/4 马拉维迪	Maravedí curto
1/6 磅制	sextantal（sistema）
10 比索的多乌隆币，见 4 埃斯库多的多乌隆	doblón de diez pesos, V. Doblón de a cuatro escudos
160 银铜合金雷阿尔	reales de vellón（ciento sesenta）
1808 年的王国中央政务会	Junta Central Gubernativa del Reino, año 1808
1812 年宪法	Constitución de 1812
1837 年宪法	Constitución de 1837
1868 年临时政府	Gobierno Provisional, año 1868
20 比索的多乌隆币，见盎司	doblón de veinte pesos, V. Onza
20 法郎金币	francos oro（veinte）
25‰埃斯库多	milésimas de escudo（veinticinco）
2 埃斯库多的多乌隆	doblón de a dos escudos
2 比索的埃斯库多	escudo de dos pesos
320 银铜合金雷阿尔，见盎司	reales de vellón（trescientos veinte）, V. Onza
38 马拉维迪的雷阿尔	real de a 38 maravedís
3 磅	tripondio
3 法郎的埃斯库多币	escudo de tres francos
3 苏埃尔多的多乌隆币	dobló de tre sous
4 埃斯库多的多乌隆	doblón de a cuatro escudos
5 比索的多乌隆币，见多乌隆	doblón de cinco pesos, V. Doblón
6 镑的埃斯库多	escudo de seis libras

中文	西文
6 苏埃尔多的多乌隆币	dobló de sis sous
8 埃斯库多的多乌隆，见盎司	doblón de a ocho escudos, V. Onza
8 夸尔托	cuarto（ocho）
8 银雷阿尔的小埃斯库多币，见小杜罗币	escudo pequeño de ocho reales de plata, V. Durillo
E. S. G. 鲁滨孙	Robinson（E. S. G.）
J. 费兰迪斯·托雷斯	Ferrandis Torres（J.）
"回溯的"肖像	retrato de《restitución》
"收割者"战争	Segadores（guerra de los）
"无边饰"币	macuquino
"御座"恩里凯	enrique de la silla
《哀怨集》	*Tristes*
《巴约讷宪法》	Constitución de Bayona
《加的斯宪法》	Constitución de Cádiz
《美西巴黎条约》	Tratado de París
《新工厂》条令	Nueva Planta（decreto de）
《尤利亚法》	Julia（ley）